Traders, hippies et hamsters

DU MÊME AUTEUR

Une brève histoire du tracteur en Ukraine, Éditions des Deux Terres, 2000 ; J'ai lu, 2010.

Deux caravanes, Éditions des Deux Terres, 2010 ; J'ai lu, 2011.

Des adhésifs dans le monde moderne, Éditions des Deux Terres, 2011 ; J'ai lu, 2013.

Rien n'est trop beau pour les gens ordinaires, Éditions des Deux Terres, 2017.

MARINA LEWYCKA

Traders, hippies et hamsters

ROMAN

Traduit de l'anglais (Grande-Bretagne)
par Sabine Porte

TITRE ORIGINAL :
Various Pets Alive and Dead

ÉDITEUR ORIGINAL :
Fig Tree ; Penguin Books Ltd, Londres

©Marina Lewycka, 2012.
www.marinalewycka.com

POUR LA TRADUCTION FRANÇAISE :
©Éditions des Deux Terres, 2013.

Le Code de la propriété intellectuelle interdit les copies ou reproductions destinées à une utilisation collective. Toute représentation ou reproduction intégrale ou partielle faite par quelque procédé que ce soit, sans le consentement de l'auteur ou de ses ayants droit ou ayants cause, est illicite et constitue une contrefaçon sanctionnée par les articles L335-2 et suivants du Code de la propriété intellectuelle.

Au paisible Don

*Non, l'homme vertueux n'a pas été choisi pour héros.
On peut même en indiquer la raison.
Parce qu'il est temps, enfin,
de laisser reposer ce malheureux [...]*

Nicolas GOGOL,
Les Âmes mortes, 1842

Première partie

BÊTES EN TOUS GENRES

Serge : L'Usine

Le monde a perdu la tête, même si la plupart des gens ne s'en sont pas encore aperçus. Tout a l'air normal, mais Serge sent comme un léger parfum de folie flotter dans l'atmosphère. Il est huit heures du matin, en ce lundi 1er septembre 2008, à Londres, le Stock Exchange vient à peine d'ouvrir et tout autour de lui, les traders ont déjà le nez collé sur l'écran.

La salle de marché de Finance & Trading Consolidated Alliance ressemble à une énorme usine à profits qui génère des bénéfices à l'échelle industrielle. La salle aux allures de caverne accueille une centaine de personnes qui occupent six longues rangées de postes de travail placés face à face, sur lesquels s'alignent des séries d'écrans affichant minute après minute les incessantes fluctuations des marchés. Les fenêtres sont obscurcies afin que, à aucun moment, le soleil ne blanchisse les moniteurs et le plafond est suffisamment haut pour absorber le bourdonnement industriel des échanges et du cliquetis des claviers qui accompagne les transactions. Cependant, l'air y est renfermé et il flotte une vague odeur soufrée de plastique surchauffé provenant du matériel informatique, qui tourne non-stop depuis son installation, car le moindre instant de pause ou d'arrêt serait un instant où l'on ne gagne pas d'argent.

La salle est bordée des deux côtés par des bureaux vitrés réservés aux responsables d'équipe. Le bureau d'angle situé à l'autre bout, côté nord, est utilisé par les analystes quantitatifs attachés à l'équipe de titrisation, ce qui reflète leur importance dans la hiérarchie de la société. Lesdits « quants » sont représentés par six garçons et une fille censés éliminer le caractère risqué du risque grâce au génie mathématique.

L'unique fille est Maroushka. De son poste de travail, Serge la voit par la porte ouverte, renversée sur un fauteuil pivotant, les pieds sur le bureau, le portable vissé à l'oreille. Pieds nus. Jambes nues. Les ongles de pied rouge bling-bling, comme des rubis. Elle parle dans cette curieuse langue pétillante qui est la sienne et il se surprend à écouter au lieu de se concentrer sur les données qu'affiche son écran. Il n'a jamais composé de poème jusque-là, mais il faut dire qu'il ne s'est jamais senti aussi inspiré.

Princesse Maroushka !
Entends la chanson de Serge !
Que nos destins convergent
Sur ces... machin-chose...
Vertes et lumineuses ? Obscures et sataniques...
  berges.

« Hello Sergei ! » Elle surprend son regard et agite quatre doigts dans sa direction.

Il passe la tête par la porte. « Hello, belle princesse de Zh... » D'où elle vient, déjà ? « Alors tu t'es bien amusée pour ton anniversaire, vendredi ?

— Très bien, merci. Ça va ? Tu étais très beaucoup ivre. Tu as tombé à terre.

— Oui, je me suis un peu cuité. Mais ça valait le coup de te voir danser sur la table.

— C'était le danse folklorique de mon pays. À Zhytomyr c'est comportement normal pour anniversaire. »

Elle lui souffle un baiser et se détourne pour reprendre sa conversation téléphonique.

« Tu devrais ranger ça. Si Timo te voit tu vas avoir des ennuis.

— Pourquoi ? »

Ses jambes lisses sont d'une pâleur laiteuse, ses chevilles croisées, ses mollets renflés à l'endroit où ils se touchent, le galbe de ses genoux disparaissant dans l'ombre de sa jupe abricot clair. D&G ? Versace ? Son parfum est brut, musqué, légèrement animal – il en serait presque rebutant, mais en fait il est incroyablement excitant.

« Tu n'es pas censée te servir de ton portable perso ici.

— Pas censée ? » Elle hausse un sourcil. « Dans mon pays il est normal, tout le monde fait.

— C'est une question de sécurité... Ils doivent garder la trace de tous les appels téléphoniques. Les délits d'initiés, tout ça... » Il se penche dans l'embrasure de la porte, les mains nonchalamment enfoncées dans les poches. Elle se rend compte, au moins, à quel point il est cool sous son look de matheux volontairement décalé ?

« J'ai pas initié. J'appelé ma pauvre maman à Zhytomyr. Elle a l'opération de sein.

— Je suis désolé.

— Pourquoi tu désolé ? » Elle plisse son front délicieux.

« La plupart des femmes guérissent très bien, bafouille Serge. Le taux de réussite est beaucoup plus élevé qu'avant... » Il s'efforce de prendre un ton avisé et rassurant alors qu'il n'y connaît rien. « Mais ça doit être dur pour elle... pour vous deux... de vivre dans l'attente d'être sûr qu'il n'y ait pas de récidive.

— Pas le récidive. Trop cher », répond-elle en faisant la moue. Son joli petit nez se relève.

« Il n'y a pas de gratuité des soins médicaux au... dans ton pays ?

— Bien sûr il y a. Mais pas pour l'opération de sein. »

Timo Jääskeläinen s'avance vers eux entre les rangées de tables en fredonnant tranquillement. Serge glisse un clin d'œil à Maroushka pour la prévenir et elle range le portable dans son sac. Timo Jääskeläinen, le responsable adjoint de l'équipe de titrisation, est un Finlandais discret avec un gros nez, une dentition parfaite et 100 000 livres de Porsche dans le parking souterrain. Le samedi, il est ténor dans un quatuor vocal et il va voir sa mère à Helsinki tous les mois. On l'appelle Tim le Finnois.

« Des problèmes ? » Il apparaît dans l'embrasure de la porte toutes dents dehors. Mais de toute évidence, il ne sourit pas. Son after-shave sent l'anis et l'essence à briquet. « Je vous ai bien vue avec votre portable, Maroushka ?

— Elle appelle sa mère au... euh, s'empresse d'expliquer Serge. Elle a un cancer du sein.

— Ah, OK. » Il essaie de prendre une mine compatissante, mais de toute évidence, ça ne lui est pas naturel. « La prochaine fois, vous appellerez dehors, s'il vous plaît. Pas ici. Si les gens commencent à se servir de leur portable personnel, ça compromet l'intégrité de la salle de marché. Vous comprenez ? »

Tim s'éloigne en direction des toilettes. On raconte qu'il a des problèmes de prostate. Maroushka ressort son portable et se tourne vers Serge.

« Pourquoi tu parlais comme ça, Serge ? Cancer ? Quel cancer ? Tu as le vision trop nihiliste de la vie.

— Tu m'as bien dit qu'elle s'était fait opérer du sein, non ?

— Oui, pour faire les beaux gros seins. Les hommes ils aiment ça.

— Ah, je vois. »

Serge a récemment eu sa mère au téléphone, lui aussi, mais il ne s'agissait pas d'augmentation mammaire. Elle l'a appelé sur son portable alors qu'il courait prendre le métro, pour lui demander s'ils pouvaient se voir parce qu'elle avait quelque chose d'important à lui dire. Il a dû réfléchir vite et bien.

« Je suis vraiment désolé, maman. En ce moment, je suis à Londres, je travaille sur un projet avec... euh... des gens d'Imperial College.

— C'est passionnant. Il faudra que tu me racontes ça quand on se verra. Je suis un peu désœuvrée, maintenant qu'Oolie-Anna travaille. C'est une bonne excuse pour faire un saut à Londres. »

En fait, ses parents croient qu'il habite toujours à Cambridge. Il n'a pas encore osé leur parler de son nouveau poste. La plupart des parents seraient ravis d'avoir un fils qui, à moins de trente ans, gagne déjà 90 000 livres sterling. Mais pas Marcus et Doro. À leurs yeux, ce serait l'ultime trahison de ses idéaux, ou plus exactement des leurs, car Serge n'affiche aucun idéal – à part une vague bienveillance à l'égard du genre humain. Et de la gent féminine. Surtout de Maroushka.

Gros plan sur Maroushka Malko, tout juste vingt-huit ans, belle, enfant unique et chérie d'universitaires distingués (ils ont déjà échangé quelques renseignements personnels mais aucune sécrétion corporelle à ce jour), diplômée avec mention très bien de la prestigieuse université européenne de Zh... peu importe. Inscrite en thèse de mathématiques à l'University College de Londres et travaillant pour payer ses études. Elle a commencé par être employée dans une entreprise de nettoyage de bureaux, jusqu'à ce que chez FATCA, on s'aperçoive de ses talents de mathématicienne et lui confie un poste temporaire dans l'équipe des analystes quantitatifs.

Travelling sur Serge Free, presque vingt-neuf ans, diplômé de Cambridge, beau... enfin, séduisant... séduisant pour qui aime (ce qui ne saurait tarder, avec un peu de chance) les petits malingres avec des lunettes à la Buddy Holly et le sourire en coin. Fils délaissé de hippies gauchistes et survivant de Solidarity Hall, la communauté du South Yorkshire où il a grandi au milieu d'une population fluctuante d'adultes, d'enfants et de bêtes en tous genres, mortes ou vives.

Malgré ces différences superficielles, quand on y pense (ce qui lui arrive souvent), il a beaucoup en commun avec Maroushka. Ils sont tous les deux entrés chez FATCA il y a à peine plus d'un an. Ils sont tous les deux mathématiciens, ils travaillent tous les deux sur les produits dérivés à risque, ils sont tous les deux intelligents. En toute logique, ils devraient bien s'entendre. Quand on y pense, rares sont les couples qui peuvent converser sur l'oreiller de la suite de Fibonacci ou de la copule gaussienne. Certes, il y a des pans entiers de son histoire qu'il ne pourra jamais lui révéler : la chasse effrénée aux vêtements le matin, à Solidarity Hall, qui explique sa passion pour la mode, l'existence imprévisible qu'il a connue étant jeune et qui a créé chez lui une forme d'addiction au risque. Quoique, Maroushka comprendrait peut-être, car le risque est la raison d'être des quants de FATCA, leur nectar, leur drogue de prédilection.

Depuis la crise du crédit de l'an dernier et la faillite de Northern Rock, le jeu a atteint un degré d'incertitude inégalé. On ne peut pas allumer la télévision sans voir des hommes politiques paniqués conseiller au public de ne pas paniquer et des experts prétentieux venir expliquer après coup que de respectables sociétés de crédit immobilier se sont réinventées sous la forme de sociétés de capitaux, de véritables casinos qui se sont mis à distribuer à tout va des emprunts à de mauvais clients – des clients qui n'avaient pas de travail, qui avaient menti sur leurs revenus ou croulaient déjà sous les dettes. Des gens à qui on n'aurait jamais dû proposer de prêt, si ce n'est que les banques étaient inondées de liquidités et qu'il fallait bien que ça aille quelque part.

Et si on regroupait les professeurs quinquagénaires et les dentistes du secteur privé avec les parents célibataires et les plâtriers qui travaillaient au noir, avant de les rediviser en tranches à haut, moyen et faible risque, on pouvait persuader les agences de notation comme Fitch, Moody's et Standard & Poor's d'attribuer un triple A aux tranches supérieures. Après tout, même s'il y a un risque élevé de voir un ou deux défauts de paiement sur ces crédits baptisés NINJA (*No Income, No Job or Asset*, autrement dit ni revenus, ni travail, ni actif – franchement, qu'est-ce qu'ils espéraient ?), ils ne peuvent quand même pas tous être insolvables ?

Il sourit. C'est dans ces moments-là qu'il est essentiel d'avoir le sens de la dérision.

Les gens sont tellement bêtes. Ils ne comprennent rien au risque. Ils se laissent éblouir par des rendements de 7 %, 8 %, 9 %. Qui est prêt à vous verser des montants pareils sans raison ? Puis le gouvernement a commencé à fixer les règles et décrété que ce n'était pas à lui de tirer d'affaire les joueurs imprudents. Et il avait bien raison. Mais ils les ont tout de même sortis d'affaire parce qu'ils se sont aperçus qu'ils n'avaient pas le choix. Comme le répète son boss, Ken dit La Poule : « Si je dois 10 000 livres à la banque, je suis dans le pétrin. Mais si je lui en dois 10 millions, c'est la banque qui est dans le pétrin. La bonne blague. »

Et maintenant ? Personne ne sait, et c'est pour ça qu'ils sont tous si nerveux. La peur se lit dans le regard de ses collègues, le matin, quand ils s'entassent dans leurs bureaux alignés le long de la salle de marché pour s'efforcer d'analyser les menaces, comme des lapins recroquevillés dans leur cage alors que le renard rôde. Les marchés sont-ils en train de s'affoler ? Faut-il vendre à découvert ou acheter à découvert ? Que va-t-il advenir de leur rémunération ? Même Maroushka est sur les nerfs, bien qu'elle ne le montre pas.

Ce qu'il y a, c'est que Maroushka se croit plus maligne que lui. En fait, elle se croit plus maligne que tout le monde, quasiment. L'année dernière, elle a touché une rémunération plus importante, c'est vrai. Mais c'était parce qu'elle travaillait avec l'équipe CDO sur le deal juteux conclu avec Paribas. La plupart du temps, ils sont au coude à coude, luttant l'un contre l'autre et contre tous les quants de toutes les banques déréglementées du monde financier dans une course de plus en plus effrénée au génialissime algorithme du génialissime investissement sans risque qui permettra de générer une richesse infinie, la pierre philosophale de l'ère de la monétisation : un potentiel de gains illimité.

Quand elle est arrivée, les types de la salle de marché – et surtout ceux qui l'avaient connue à l'époque où elle nettoyait les bureaux – ont fait des commentaires sur sa poitrine, essayé de la peloter, et, d'une manière générale, se sont conduits en imbéciles, mais elle s'est contentée de les regarder dédaigneusement du haut de son nuage. Le bruit courait que c'était une jeune prodige des mathématiques autodidacte, qu'elle avait débarqué à Londres sans parler un mot d'anglais et avait appris toute seule en lisant *Sherlock Holmes*, qu'elle était mannequin pour des défilés de lingerie, que c'était une espionne. Elle est même sortie avec deux ou trois traders, mais aucun d'entre eux n'a jamais lâché d'indiscrétion sur elle, ce qu'elle faisait au lit, ce qui se cachait sous ses tenues ultra-moulantes. Rien. Motus.

Lorsqu'il l'a vue détacher ses cheveux vendredi, à sa soirée d'anniversaire, il a eu une véritable révélation. Ils étaient tous réunis dans un petit restaurant chic du West End, près de Haymarket, avec des meubles anciens, un menu incompréhensible et une carte des vins qui allait de 50 à 3 000 livres. Elle doit y être habituée, maintenant. Une chose est sûre, c'est qu'elle a un solide coup de fourchette et une bonne descente. C'est incroyable de voir quelqu'un d'aussi mince avaler de telles quantités – où est-ce que ça passe ? Ils se trouvaient dans un salon privé et, une fois le dessert terminé, le cognac et la vodka ont coulé à flots. Brusquement, elle a envoyé balader ses chaussures, a sauté sur la table et s'est mise à tournoyer pieds nus, le vernis rouge de ses ongles étincelant, évitant soigneusement les assiettes et les verres et frappant des mains en chantant ou plutôt en psalmodiant dans son étrange langue gutturale. Puis les deux Français de l'équipe se sont levés pour reprendre avec elle un vieux morceau de Carla Bruni, et bientôt tout le monde s'est mis à danser, chanter et balancer son verre par-dessus son épaule. Et ce n'était pas les seuls dégâts, sans doute. Malheureusement, alors qu'il frimait en dansant le moonwalk, il a posé le pied sur une bouteille vide qui avait roulé par terre et il est tombé à la renverse en s'encastrant la tête au passage dans un tableau accroché au mur. Quand il est revenu à lui, tout le monde était parti, à part deux serveuses à l'air inquiet, qui se sont empressées de le fourrer dans un taxi dès qu'il a réussi à se lever.

Ce qu'il s'est passé après ? Il a oublié.

C'était une de ces soirées inoubliables.

Il surprend son regard à travers la paroi vitrée et lui souffle un baiser ; elle détourne les yeux, mais il aperçoit l'ombre d'un sourire.

Qu'arrivera-t-il s'il l'amène à Doncaster pour la présenter à ses parents, Marcus et Doro ? Hmm. Il y aura peut-être un léger malaise au début. Il faudra préparer soigneusement le terrain. Le hic, c'est qu'il ne leur a pas encore annoncé qu'il a laissé tomber sa thèse de maths à Cambridge pour devenir analyste quantitatif dans la filiale britannique d'une banque internationale d'investissement. Et qu'il gagne… disons, bien plus qu'ils n'ont jamais gagné eux-mêmes. Quand il verra Doro, demain, il le lui dira.

Oui, c'est promis, il le lui dira.

Clara : Le vandalisme, la pisse et le climat de Doncaster

Le 1ᵉʳ septembre 2008, le jour de la rentrée, Clara Free s'engage dans une morne allée en demi-lune bordée de maisons mitoyennes de Doncaster, passe la marche arrière de sa petite Ford Ka et aligne le portail de l'école dans son rétroviseur. Elle regarde par-dessus son épaule. Accélère un peu. La voiture recule légèrement et érafle le portail : *scratch*. Zut !

Quand elle sort pour inspecter les dégâts, elle n'est pas sans éprouver une certaine satisfaction. Quelqu'un d'autre, probablement miss Historik Postlethwaite, alias miss Hippo, a fait plus de casse. Le panneau de l'école est à moitié couché sur la vilaine clôture métallique hérissée d'une frise de barbelés, *eenhills Primary Schoo* (le Gr de *Greenhills* et le l de *school* ayant disparu depuis des années), recourbée sur un paysage rural de collines verdoyantes ininterrompues alors que l'école est au beau milieu d'une cité de Doncaster.

Elle n'est pas très douée pour les créneaux et ce matin, elle a la tête ailleurs. En fait, c'est un miracle si elle est encore en vie, car la collision aurait pu se produire sur l'autoroute, alors qu'elle essayait de lire au volant la lettre de sa mère qu'elle venait de recevoir.

Je voulais t'annoncer une grande nouvelle. Avec Marcus, nous songeons à nous marier.

Qu'est-ce qui vous prend, les parents ? Au bout de quarante ans ou presque, franchement, pourquoi chercher autre chose ?

Sa classe, où flotte une odeur d'eau de Javel et d'encaustique, attend en silence l'arrivée des enfants. Clara sort de son sac le mot froissé de sa mère en se demandant pourquoi elle a pris la peine d'écrire une lettre et d'y mettre un timbre au tarif économique au lieu de lui téléphoner. Un signe de gâtisme, probablement.

Nous allons faire une grande fête, réunir tous les anciens de la communauté, nous rappeler le bon vieux temps...

Aurait-elle la nostalgie de la bouillie de lentilles ? Du plancher peint en vert ? Des caftans en crépon ? Des tours de rôle ?

... commémorer tout ce que nous avons vécu ensemble...

Les tours de rôle pour la cuisine. Pour le ménage. Pour la lessive. Pour les enfants. Pour le sexe. Ils étaient tous affichés sur le panneau de la cuisine, à côté de la liste des courses.

Nous tenons à ce que vous soyez là, toi, Serge et Oolie-Anna. Mais n'en parle pas tout de suite à Oolie-Anna.

Ah ! Ça doit avoir à faire avec Oolie-Anna. Au bas de la lettre, elle a casé un post-scriptum en tout petits caractères.

Tu pourrais peut-être contacter les autres enfants de la communauté pour les inviter ? J'aimerais bien voir ce qu'ils sont devenus.

Voyez-vous, sa mère estime qu'elle a du temps libre à n'en savoir quoi faire. Contrairement à son frère Serge – qui, en vertu de son génie, est dispensé des obligations familiales sous prétexte qu'il rédige sa thèse. Ça fait des années que ça dure. « Oh, Serge est si intelligent – il faut lui laisser le temps », dit Doro. Enfin, franchement, il faut combien de temps pour faire une thèse ?

Coincée entre le génie de son frère et le handicap de sa sœur, elle a pris la place de la fille raisonnable, de l'organisatrice, de l'épaule sur laquelle on peut toujours s'appuyer. Tout ça, c'est très bien, si ce n'est que de temps en temps, elle aimerait bien avoir une épaule sur laquelle s'appuyer, elle aussi.

Elle fourre la lettre dans son sac, allume son portable pour appeler Doro, change d'avis et envoie à la place un texto à Serge.

Rappelle-moi, Soz. Les parents nous mijotent quelque chose.

Puis elle file saluer ses collègues dans la salle des maîtres.

*

Il règne l'effervescence des jours de rentrée ; ils sont tous là à exhiber leur bronzage et leurs photos de vacances et à échanger des informations sur les nouvelles classes dont ils héritent avec les instituteurs qui les ont eues l'année précédente. Mr Kenny lui apprend que Jason Taylor est un chapardeur et un éternel fauteur de trouble, que Dana Kuciak, la Polonaise, est la première de la classe et que Robbie Lewis se masturbe sous la table. Avec ses quarante ans de cigarettes à raison de deux paquets par jour, le pauvre Mr Kenny est victime de la décision qu'a prise le nouveau directeur d'interdire de fumer dans l'établissement et ses mains tremblent de façon incontrôlable quand il discute. Mais elle regrette tout de même qu'il lui ait parlé de ses nouveaux élèves – parfois, il vaut mieux se faire son propre jugement.

À neuf heures moins dix, la cloche sonne dans la cour de récréation. Dans un tonnerre de cris stridents, la 6F déboule dans la classe et sa journée commence.

Ils passent la matinée à faire connaissance et la masse indifférenciée des enfants se dissocie peu à peu en trente-deux individus, avec chacun leurs particularités, leurs problèmes, leur situation familiale compliquée et leurs talents cachés. C'est dans des moments comme celui-là qu'elle se dit qu'elle fait à la fois le plus beau des métiers et le plus difficile aussi.

Dès midi, le soleil a tourné et, dans la classe, la chaleur est suffocante. Après leurs six semaines de vacances, les enfants ne tiennent pas en place et rêvent de prendre l'air tant qu'il fait beau.

Elle s'apprête à s'éclipser dans la salle des maîtres pour avaler un café avant de prendre son service de récréation quand Jason Taylor se faufile jusqu'à son bureau. C'est un gamin pâle et chétif avec des cernes sous les yeux et une maigre poignée de cheveux ternes.

« S'il vous plaît, miss, j'ai oublié l'argent de la cantine. Ma maman dit que vous pouvez m'en prêter jusqu'à demain ? »

De près, elle est assaillie par l'odeur de l'enfant – une odeur de cigarette, de friture rance et de pisse. Une image stéréotypée de la mère lui vient instantanément à l'esprit : négligée, obèse, un peu crasseuse, le genre de femme qui va faire ses courses en pyjama. (*Une Bénéficiaire des allocations familiales dépense l'argent de la cantine de son fils en cigarettes et en alcool.*)

« Je suis désolée, Jason. Tu sais bien que je ne peux pas.

— Alleeez, miss…

— Tu n'as pas le droit de manger gratuitement à l'école ?

— Non, miss, cause que ma maman elle travaille chez Edenthorpe. »

Bon, le stéréotype de Mrs Taylor a déjà pris un coup dans l'aile.

« Qu'est-ce qu'y a, miss ? Vous m'faites pas confiance ? » gémit-il.

Tenace, celui-là.

Quand elle est arrivée à l'école il y a trois ans, elle débordait d'idées, rêvant d'apporter sa contribution à cette communauté sans ressources, de faire jaillir la petite étincelle qui stimulerait ces enfants et les propulserait hors de cet univers morne et étriqué, bardé de grillage et de fils barbelés. Au bout d'une semaine, elle avait déjà planté une renouée de Chine vivace dans l'espoir qu'elle recouvre la vilaine clôture du parking, mais depuis, même cette liane rampante a quasiment abdiqué devant le vandalisme, la pisse et le climat de Doncaster. Et tout comme la renouée de Chine, elle s'aperçoit que les conditions locales mettent sa résistance à rude épreuve. Elle ouvre sa boîte repas et en sort une barre chocolatée hyper sucrée qui lui permet de tenir jusqu'au déjeuner. Elle la coupe en deux et en donne la moitié à Jason. En dépit de ce que lui a dit Mr Kenny, Jason fait partie de ces enfants dont la détresse est poignante.

« Garde ça pour toi. Et maintenant, file. »

Jason la fourre dans sa poche à contrecœur. Mais à l'instant où elle referme la boîte, il plonge la main dedans avec une vivacité de chat et attrape une carotte crue sculptée en forme de fusée.

« C'est quoi ça, miss ? »

Avant même qu'elle n'ait eu le temps de répondre, il a engouffré la carotte en trois bouchées. Au moins, il a encore des dents.

« C'est une carotte, Jason. Un légume. »

Il se tient le ventre en faisant semblant de vomir. « Naaaan ! J'vais mourir empoisonné au légume ! »

Elle ne peut pas s'empêcher de rire.

« Si j'meurs, miss, ça s'ra vot' faute.

— Tu as plus de chance de mourir parce que tu ne manges pas de légumes.

— Maman dit que si j'mange des carottes j'plairai à toutes les filles. » Il lui glisse un sourire équivoque semé de caries. « J'vous plais, miss ? Pasque moi, vous m'plaisez grave. »

Parmi tous les gamins sans espoir de sa classe, il y en a toujours un qui la fait craquer.

*

Sur le chemin du retour, il y a eu un accident sur la M1 et la circulation est quasiment au point mort. Le temps que les bouchons se dissipent, il est déjà six heures et elle plonge dans Sheffield en contournant le rond-point de Parkway, sous le pont en courbe du tramway et le toboggan aquatique du complexe de loisirs. Comparé au triste maquis de brique de Doncaster, Sheffield est une éblouissante métropole vibrante de culture et de séduction. Elle se gare sur sa place de parking, ouvre sa porte et balance les chaussures qu'elle met à l'école comme si elle se débarrassait d'une mue. Puis elle fait chauffer la bouilloire, allume sa seule cigarette de la journée et, de sa fenêtre remplie de plantes, observe les gens qui se promènent sur la place et les lumières qui scintillent sur l'eau en songeant à ses nouveaux élèves.

Quand on est petit, on croit qu'il n'existe pas d'autre univers que celui qui vous entoure, on ne se rend pas compte que tout est éphémère, provisoire. Que tout peut changer du jour au lendemain. Elle aimerait pouvoir prendre Jason Taylor à part pour le rassurer. « Ne t'inquiète pas, lui dirait-elle, tu peux t'échapper. Regarde, moi par exemple, je ne vis plus dans une communauté. J'habite un joli appartement moderne en plein centre de Sheffield, avec une salle de bains toute propre pour moi toute seule et de grandes fenêtres débordant de plantes, qui donnent sur une place avec des cafés et des fontaines. Un jour, tu seras grand et tu seras libre de choisir ta vie. »

Mais elle n'est pas sûre que ce soit vrai.

SERGE : Cappuccino

Un, un, deux, trois, cinq, huit, treize... Les lapins fantômes sont toujours là, tapis sur le lit de Serge, qui s'efforce d'émerger de son rêve. Ils observent, les oreilles dressées, le museau qui remue, humant l'air comme pour l'avertir d'un danger. Il répète : aller au métro, aller au bureau, saluer l'équipe, saluer Maroushka, travailler, travailler, travailler, faire une rapide pause-déjeuner. Puis ça lui revient – il doit retrouver Doro cet après-midi.

En temps normal, il serait ravi de décrocher de son ordinateur et de passer l'après-midi avec sa mère – mais l'ennui, c'est que ses deux univers, le passé et le présent, sont si différents, si hostiles que, telles des particules subatomiques, leur collision risquerait de l'annihiler.

Comment affronter cette menace ? Il tire la couette sur sa tête et se rendort.

Les lapins ont disparu et il se voit errer dans les couloirs biscornus du labyrinthe délabré de sa maison d'enfance, Solidarity Hall. C'est le matin, ils se préparent pour aller à l'école, leurs vêtements sont entassés par terre dans le grenier. Ils se disputent âprement les affaires. S'il perd, il sait qu'il ira en classe avec quelque chose de trop petit, trop fille ou totalement ringard. Il se retrouve avec le gilet en crochet bariolé. La honte et l'horreur lui nouent l'estomac. Il a l'impression d'avoir la tête pleine de béton.

Puis le décor de son rêve change, c'est l'après-midi, ils attendent devant l'école. Il se fait tard. Comme personne n'est venu les chercher, Clara prend la situation en main. « Allez ! Suis-moi ! » Elle s'enfonce à grands pas dans la pénombre en chantant la chanson des vannés de la terre. Le chemin long et sinueux est bordé de conifères lugubres. Clara se met à courir et il lui court après pour ne pas se laisser distancer. Son cœur bat à tout rompre : boum, boum, boum ! Il a le souffle pantelant. Quand ils arrivent, la maison est plongée dans l'obscurité et ils tombent, dans l'entrée, sur l'employé de la compagnie d'électricité qui leur annonce que le courant a été coupé. La tante de quelqu'un sanglote au pied de l'escalier. Tous les Grands ont disparu. Puis il entre dans le salon et les voit tous qui gisent par terre, morts. Il pousse un hurlement et Doro se redresse en souriant.

« On fait juste semblant d'être morts, mon cœur. Les situationnistes hollandais sont là. »

Tout le monde se lève et se met à bavarder en riant.

Il se frotte les yeux. C'est un rêve ou ça s'est vraiment passé ?

Douche, café, métro, bureau, salut l'équipe, salut Maroushka.

Une heure plus tard, il assiste à la réunion du matin avec les six autres quants. À présent, il a l'impression d'avoir la tête pleine de polystyrène. Il y a de l'espoir.

À midi, Maroushka se penche sur sa table. Elle porte une veste jaune assortie d'une robe très courte en lin ivoire et d'escarpins ouverts à l'arrière qui poignarderaient un chaton.

« Tu viens déjeuner bientôt, Sergei ?

— Oui. Non. Désolé, je dois... aller chez le dentiste.

— Oyoyò ! Bon chance ! »

Sa mère n'a aucune idée du sacrifice qu'elle lui demande. En fait, elle ne se rend même pas compte que le seul fait de s'éclipser deux heures du bureau pour prendre un café avec elle pourrait le mettre dans l'embarras. La tour de FATCA est un monde autarcique où les employés ne se contentent pas de travailler, mais peuvent aussi se retrouver entre collègues, aller au club de gym, se faire couper les cheveux, acheter des articles de base et des petits cadeaux de luxe, manger à la cafétéria ou, de plus en plus, par les temps qui courent, avaler un sandwich à leur poste de travail – autrement dit, ils n'ont pas vraiment de raison de quitter les lieux pendant la journée.

Serge et Doro se sont donné rendez-vous au Café Rouge, en face de Saint-Paul, le premier mardi de septembre 2008, car celle-ci refuse de mettre les pieds chez Starbucks, qu'elle qualifie de bastion de l'impérialisme américain. Il s'est abstenu de lui dire que le Café Rouge est une filiale à 100 % du groupe Whitbread PLC, autrement ils risqueraient de passer l'après-midi à errer en quête d'un café adéquat.

Il fait encore doux et les abords de Saint-Paul sont bondés de touristes mal fagotés, qui se bousculent en contemplant dans leur viseur l'immense dôme doré de Christopher Wren qui resplendit sur le ciel d'azur. Ils ne se rendent pas compte que c'est une illusion – en réalité deux dômes soutenus au milieu par un robuste cône en brique. S'il le lui expliquait, Doro lui répondrait sans doute que c'est l'image même de l'édifice doré du capitalisme soutenu par le labeur invisible des masses.

Hélas, Doro est tout aussi mal fagotée ; dommage car c'est une jolie femme – grande, encore mince, des cheveux bruns ondulés légèrement grisonnants et une belle peau. Mais passé quarante ans, aucune femme ne devrait porter une jupe en jean à volants façon gitane, et qui plus est à paillettes – en fait, quel que soit son âge. Et cette veste en lin vert était peut-être pas mal en son temps, mais c'était il y a une vingtaine d'années. Il n'a rien contre le chic vintage tant qu'il est porté avec un certain décalage, mais il craint que sa mère n'ait aucun recul sur la question.

« J'ai une grande nouvelle à t'annoncer, Serge. » Elle se penche au-dessus de la table en plongeant par inadvertance la manche de sa veste dans la mousse de son cappuccino, puis la frotte avec un kleenex, ne réussissant qu'à étaler le chocolat en poudre. « Avec Marcus, on a décidé de se marier.

— Pourquoi ça ? »

Évidemment, il ne s'agit pas d'un coup de foudre, sa mère et Marcus vivaient déjà ensemble bien avant leur naissance, à Clara et lui. Mais Doro aime bien ménager ses effets et il se penche en haussant les sourcils.

« Raconte ! »

Elle plonge un doigt dans la mousse de cappuccino puis le lèche. Heureusement, ils ne sont pas chez Franco's, où un de ses collègues pourrait les voir.

« On s'est dit qu'après toutes ces années, ce serait bien d'officialiser notre amour. »

Il a beau être expert en gestion de l'imprévisible, les revirements de sa mère le laissent toujours aussi perplexe. Durant leurs années de vie commune, elle a passé son temps à décrier l'institution du mariage qu'elle qualifiait d'instrument de l'oppression patriarcale. Et la voilà à présent tout émue.

« Félicitations, maman. Tu as fini par mettre la main sur ce vieux cavaleur. Hé hé. »

Franchement, ils ont plus de soixante ans ! Il n'est même pas sûr que son père bande encore.

« Oui, on a plein de choses à fêter. Notre décision de régulariser, avec Marcus. La promotion de Clara qui devient directrice des Sciences. Oolie qui a décroché son premier boulot. Le quarantième anniversaire de Solidarity Hall. Et bientôt, ta thèse. »

Oh oh. Le terrain devient glissant.

« Elle est jolie, ta veste, maman. Elle est griffée ? » Il cherche à gagner du temps en se demandant comment lui annoncer la nouvelle.

« Jaeger... » Doro hésite. « Recyclée, bien sûr. »

Elle veut dire qu'elle vient du dépôt de charité d'Oxfam. « Toi et ton recyclage ! En fait, maman...

— Il faut apprendre à vivre avec moins, Serge. Moins de déchets ! Moins de cupidité ! Moins de consommation effrénée ! »

Parmi la longue liste de choses que réprouve Doro figurent le consumérisme, le racisme, la guerre, Jeremy Clarkson, le présentateur de *Top Gear*, les acides gras trans. Peut-être y a-t-elle déjà ajouté les banquiers ; sinon, cela ne saurait tarder.

« Ça ne marche pas comme ça, maman. L'économie repose sur le fait que les gens empruntent et dépensent, c'est ce qui crée la richesse. » Il sait qu'aux yeux des gens de la génération de sa mère, cette vérité qui dérange est totalement saugrenue. Pour eux, le capitalisme est l'ultime tabou.

« C'est ridicule. Comment veux-tu que l'endettement crée de la richesse ? lâche-t-elle d'un ton dédaigneux. Ceux qui prétendent ça ne sont jamais venus à Doncaster, ça se voit. »

Ça va être plus difficile que prévu.

« Le recyclage est peut-être bon pour l'environnement, maman, mais l'économie a besoin de croissance.

— N'importe quoi. On ne peut pas continuer à dilapider les ressources de la planète en camelote inutile, créer des monceaux de déchets en plus de montagnes de dettes. » Elle a la manie embarrassante de hausser le ton en public, comme pour réveiller les vannés de la terre. Pester est sans doute un des rares plaisirs qui lui restent à son âge. Dans les rayons obliques qui filtrent par la fenêtre, les petits plis de sa lèvre supérieure ressemblent à du papier froissé et elle a des rides plus marquées entre les ailes du nez et les coins de sa bouche. Elle est nettement hors limite. À son dernier anniversaire, elle a franchi le cap des soixante ans. Pauvre Doro. L'âge ne lui réussit guère. Enfin, ça ne réussit pas à grand monde.

« Si tout le monde était comme toi, maman, le système s'écroulerait.

— Mais c'est bien ce que nous voulons. Non ?

— Oui, mais... » Il sourit avec indulgence. L'illogisme de Doro a un côté particulièrement déroutant.

« Et ta thèse, comment ça va ? » Elle change de sujet, en recyclant au passage quelques sachets de sucre dans son sac à main. « Rappelle-moi déjà, mon chéri. De quoi ça parle ?

— De la dimension de Hausdorff-Besicovitch, maman. »

Doro hoche la tête d'un air absent. Ils ont presque toujours la même conversation. Visiblement, elle n'a pas encore saisi.

« La théorie du chaos. Tu sais, l'effet papillon ? Comment des événements mineurs peuvent avoir d'énormes conséquences imprévues ? Par exemple, le battement d'une aile de papillon au Mozambique peut engendrer un typhon à des milliers de kilomètres en Thaïlande. Tu as entendu parler de Poincaré ?

— L'homme aux lapins ?

— Ça, c'était Fibonacci.

— Ah oui. J'ai toujours su que tu étais un petit génie, mon chéri. Un jour, on donnera ton nom à un théorème. »

Quand il était petit, Doro lui disait toujours qu'il était brillant et elle était si convaincante qu'il finissait presque par la croire, même si au fond de lui, il estimait que ces petits jeux mathématiques étaient d'une telle évidence qu'ils étaient à la portée de n'importe qui. Parfois, cette facilité qu'il a avec les nombres, cette manie de voir des modèles partout, est plus un handicap qu'autre chose – un peu comme ces gens qui sont hyper sensibles aux pollens ou à la lessive.

« Et ces recherches, elles ont des applications pratiques ?

— C'est un outil pour prévoir ce qu'on croit généralement imprévisible...

— Gagner au loto, par exemple ?

— Ce genre de choses, oui. Mais le plus souvent, ce sont les épidémies, les tremblements de terre, les ouragans...

— Je suis sûre qu'un de ces jours, tu deviendras fabuleusement riche, dit-elle innocemment.

— Si jamais ça arrive, je t'emmène faire la virée shopping de ta vie. » Il sourit à part lui. Il se pourrait bien que ça se produise plus tôt qu'elle ne l'imagine. « Et pas chez Oxfam, maman.

— Qu'est-ce que tu as contre Oxfam ?

— Rien, je me disais seulement que tu aimerais... »

Elle se penche en travers de la table et le regarde sévèrement.

« Qu'est-ce que c'est que ce costume tape-à-l'œil ? Je parie qu'il ne vient pas d'Oxfam. »

Quand il avait touché son premier chèque de paie, il avait claqué une fortune aux soldes d'une boutique de Shoreditch.

« Ermenegildo Zegna, maman. Mais je l'ai eu en solde. Même pas à moitié prix. »

Sa bouche se plisse comme si elle ne savait pas s'il fallait s'indigner qu'il puisse s'offrir une marque pareille ou se réjouir de cette bonne affaire.

« Et pourquoi portes-tu des lunettes aussi grosses, mon chéri ? Elles ne te vont pas. On dirait Buddy Holly.

— C'est fait pour.

— Mais il était grand et beau, mon chéri.

— Maman...

— Pardon, je ne dis pas que tu n'es pas grand et beau. Pas pas beau, en tout cas, mais je dis juste que...

— Arrête, maman...

— Ces lunettes te donnent l'air...

— C'est du second degré.

— Je vois mal comment des lunettes pourraient être du second degré ?

— Je t'assure. Crois-moi. »

Doro se renverse sur sa chaise et part d'un rire de gorge qui trahit les années. Il rit lui aussi, comprenant à quel point il aime Doro, ses défroques, ses rides, sa gaieté. Il ne la changerait pour rien au monde – enfin, à quelques détails près. Au fond de lui, il sait qu'il est encore un fils à sa maman.

En revanche, Clara tient davantage de leur père. À chaque fois qu'il pense à sa sœur, il entend l'écho lointain d'une porte qui claque. Bien qu'elle n'ait que trois ans de plus que lui, elle passe son temps à lui donner des leçons sur sa façon de mener sa vie. Elle ne rate jamais une occasion de le sermonner quand elle estime qu'il se fourvoie d'une manière ou d'une autre. Du style : « C'est tellement abstrait, les maths, Serge. Il faut que tu sois en prise avec la réalité. »

Ce qu'elle entend par « réalité », c'est le Nord désindustrialisé. Elle se prend pour une brave petite institutrice engagée qui vient inculquer le savoir à des enfants sans espoirs, alors qu'en fait c'est juste une histoire d'ego, une façon de se donner un sentiment de supériorité morale, de culpabiliser les autres à propos de leurs choix de vie et d'avoir un prétexte pour pontifier sur des sujets auxquels elle ne connaît strictement rien, comme le réchauffement climatique, la mode ou le capitalisme. Dieu sait ce qu'elle va dire quand elle apprendra ce qu'il fait dans la vie.

Elle n'est pas mal – grande et mince comme Doro, avec les cheveux bouclés de Marcus et de magnifiques yeux bleus –, mais les hommes ne l'approchent pas de peur de se faire mordre. Apparemment, elle a plaqué son dernier copain, un chic type du nom de Josh, ingénieur des travaux publics, sous prétexte qu'il était toujours d'accord avec elle. À sa connaissance, elle est seule depuis un an – et ce n'est pas étonnant. Si Clara est comme ça, c'est sans doute parce qu'elle est le premier enfant à avoir vu le jour dans la communauté. Elle est née en 1976 et doit son nom à Clara Zetkin, une féministe allemande de la première heure, à l'origine de la Journée internationale de la Femme. À cette époque-là, la nourriture était particulièrement exécrable à Solidarity Hall, car les précurseurs des « nouveaux hommes » avaient pris la relève aux fourneaux et s'évertuaient à faire cuire à gros bouillons des mélanges hasardeux de haricots secs, de lentilles et de légumes, tandis que les femmes restaient assises à se plaindre de « l'impression des femmes », comme disait Clara qui, du haut de ses neuf ans, avait le droit de se joindre aux adultes. Quand il était né, en 1979, on l'avait appelé Serge en hommage à Victor Serge, un révolutionnaire russo-belge avec des « tendances littéraires ».

Leurs parents avaient vécu l'époque d'euphorie et d'aventure de la fin des années soixante et soixante-dix, s'affranchissant des entraves de la convention et se libérant pour adopter un mode de vie totalement inédit, une musique cool et des tenues grotesques – euphorie qui n'est sans doute pas si éloignée que cela de celle que l'on éprouve à créer des formules révolutionnaires pour améliorer la gestion du risque et envoyer les capitaux se balader en toute liberté aux quatre coins du monde en quête de rendements inespérés.

Si seulement il pouvait expliquer à Doro à quel point c'était excitant.

« Comme je te disais, maman, les tempêtes, les nuages, les galaxies. Toutes les grandes forces de la nature... »

Mais elle n'écoute plus. Son attention est attirée par une dame qui tient en laisse un gros caniche marron occupé à faire ses crottes sur le trottoir. Elle tapote à la fenêtre. La dame tourne la tête. Leurs regards se croisent.

« ... obéissent à des règles cachées. »

Doro tapote de nouveau. Le chien est encore en train de pousser.

« Et pas seulement la nature. Par exemple, tu vois, le marché boursier...

— Ce n'est qu'une loterie géante, non ? dit-elle.

— Tout à fait. Mais si on l'étudie dans le temps...

— Mon chéri, les gens qui étudient le marché boursier n'apportent généralement rien de bon à la société et vivent aux dépens du travail des honnêtes gens. »

Elle a dans le regard une lueur fanatique qu'il ne connaît que trop bien. Ça va être encore plus difficile de tout avouer qu'il ne l'imaginait.

« Je sais, mais si on l'étudie, on voit apparaître des tendances et des modèles... »

La dame qui porte un caleçon rose rentré dans des bottes noires tire légèrement sur la laisse de son chien pour l'encourager.

« ... de sorte qu'on peut appliquer la même théorie aux marchés... »

Sa mère a les yeux rivés sur la scène qui se déroule devant le café. Ce n'est peut-être pas le moment de lui annoncer la nouvelle.

« Regarde-moi ça ! lance-t-elle. Prendre l'espace public pour des toilettes. Sans penser une seconde aux autres. »

La dame tire plus fort mais le chien s'arc-boute et continue à pousser. Serge est pris dans ce mini-suspense, mais il s'efforce tout de même de poursuivre sa confession.

« Tu te souviens de Fibonacci, maman ? L'homme aux lapins ? Eh bien, il y a des gens qui se servent de la suite de Fibonacci... »

Sa mère se pince le nez entre le pouce et l'index d'un geste théâtral. Le chien pousse une dernière fois et – merveille ! – un monticule doré apparaît sur le trottoir à la verticale de son derrière.

« ... pour prévoir les retournements... »

Le pauvre cabot affiche une expression de contentement. Doro continue à taper au carreau en se pinçant le nez de l'autre main. Elle a peut-être raison, mais quelqu'un de normal ne ferait jamais ça, non ?

« ... même si, évidemment, le paradoxe des prévisions des marchés... »

La dame au caleçon rose est manifestement contrariée. Le chien renifle allègrement son tas d'or fumant. Elle tire sur la laisse et s'éloigne.

« ... c'est que si elles étaient infaillibles, il n'y aurait pas de marché ! »

« Arrêtez ! » Doro bondit hors de sa chaise et se précipite dans la rue en hurlant à tue-tête. « Quelqu'un risque de marcher là-dedans ! Un enfant ! »

Les passants s'arrêtent. La dame en caleçon donne un coup sec sur la laisse mais le caniche s'attarde en arrière, rechignant à se séparer de son œuvre. Doro gesticule avec frénésie. Il faut reconnaître qu'elle a du cran. Enfin, le chien se laisse traîner et Doro revient dans le café se poser devant son cappuccino tiède.

« Les gens sont tous devenus fous. Il n'y en a plus que pour moi, moi, moi ! Ils n'ont aucun sens de leur responsabilité vis-à-vis de la société !

— Calme-toi, maman. »

Au moment où l'attroupement se disperse, il remarque une femme en veste jaune, le regard fixé sur la devanture du café, en direction de leur table. Maroushka ! Mais qu'est-ce qu'elle fait là à vadrouiller dans la nature ?

« Et il faudrait que quelqu'un lui dise qu'elle n'a plus l'âge de porter un caleçon rose ! »

Clara : Hamlet, Fizzy

Le nouveau directeur de Greenhills s'appelle Mr Gorst. Mr Alan Gorst. Avec ses bonnes joues roses et ses cheveux noirs hérissés sur le crâne, il fait bien trop jeune pour un directeur. Quand il a pris la tête de l'école à la fin du dernier trimestre, il a annoncé que la traditionnelle journée sportive de l'été (trop de perdants) serait remplacée par une Journée du Quartier en automne (uniquement des gagnants), pour accueillir les nouveaux parents et tisser des liens entre l'école et les habitants du coin. À voir la lueur sombre qui pétillait dans son regard quand il leur avait annoncé la nouvelle, le personnel (et tout particulièrement le personnel féminin) avait eu le sentiment d'avoir fait un choix de carrière suprêmement gratifiant.

Tout le monde ne partageait pas cet enthousiasme.

« Des liens, ils en ont déjà avec la police et les caisses d'allocations, a maugréé Mr Kenny en manque de nicotine. Qu'est-ce qu'il leur faut de plus ? »

Mais Clara soutient cette démarche. « Pour un Greenhills plus vert », tel est le thème du stand de la Journée du Quartier de la 6F. Si elle réussissait à inciter les enfants à aimer davantage leur environnement immédiat, cela les sensibiliserait à la beauté et à la fragilité de notre planète, dit-elle à un Mr Gorst pétillant. (Osera-t-elle l'appeler Alan ? C'est trop intime.) Mr Gorst/Alan est enthousiasmé par l'idée.

Leur stand présentera des plants d'arbres en pot – sorbier, peuplier, aubépine et cerisier –, qui ont donné leur nom aux rues du quartier. Les parents les planteront devant chez eux, avec un peu de chance dans les rues correspondantes (faute de quoi, on risque de ne plus s'y retrouver d'ici vingt ans). Il y aura aussi des pétitions pour sauver des dauphins, réduire les émissions de carbone et interdire aux enfants de jouer au foot sur les pelouses de Rowan Green (cette dernière suggestion émane de Mrs Salmon, dont la mère n'habite pas loin). Il y aura des poubelles de recyclage pour le papier et des caisses de recyclage pour le plastique, où les parents pourront jeter leurs bouteilles de plastique vides. Les élèves de la 6F, chaussés de bottes en caoutchouc, pourront sauter dessus. (Moi ! Miss ! S'il vous plaît ! Moi ! Moi ! Moi !) À la fin de la journée, le tout sera ramassé pour être recyclé dans une entreprise locale appelée Syrec (South Yorkshire Recycling) basée à Askern. C'est le plus compliqué à organiser.

Elle a passé deux heures à écumer les pages jaunes avant de trouver une entreprise qui accepte de ramasser les déchets. L'employé de Syrec à qui elle a parlé avait l'air d'un petit jeune défoncé au speed ou d'un télévendeur essayant de lui refiler un prêt immobilier douteux. Il a accepté de prendre le tout pour vingt livres et elle n'était pas en position de discuter, mais depuis, elle n'a pas réussi à le recontacter pour confirmer et d'après Mr Kenny, dont la femme travaille à la mairie, ils viennent de recevoir une grosse aide au développement de la région, ce qui expliquerait peut-être la chose.

Dans le couloir, après le déjeuner, elle tombe sur miss Historik Postlethwaite, qui trimbale dans le hall deux grands panneaux de présentation. Elle porte des sandales hautes à semelle compensée style spartiates, une blouse de fermière et une espèce de chaîne moyenâgeuse autour de la taille. (Franchement, l'Histoire a ses limites.)

« Bonjour Heidi. C'est votre exposition de la Journée du Quartier ?

— Je montre aux gens du quartier un petit aperçu de leur histoire, souffle-t-elle en faisant tinter ses pendants d'oreilles néo-victoriens. Ils sont privés de tout lien avec leur passé. »

Clara regarde les panneaux couverts de photocopies de clichés noir et blanc soigneusement présentées, accompagnées de souvenirs rédigés en pattes de mouche. À en croire la présentation d'Historik Heidi, le lotissement de Greenhills a été construit dans les années trente, pour remplacer les sordides pavillons en brique qui s'étendaient autour de Doncaster, et ses rues ont été baptisées de noms d'arbres pour lui donner un petit côté campagne anglaise.

« Fascinant ! »

Elle passe l'après-midi avec la 6F à afficher une vision idéalisée du quartier, où les dessins gauches des rues et des logements réalisés par les élèves flottent sur un océan de verdure en papier crépon. Après leur départ, elle range sa classe et prépare ses affaires pour le lendemain, quand elle entend frapper à la porte et voit entrer Mr Philpott, le gardien, dans sa salopette marron à boutons. Il s'avance avec un sourire mystérieux, en lui tendant un gros paquet en papier kraft.

« Et voilà !

— C'est pour moi ? »

Elle déchire le papier. Dedans, elle trouve une boîte en plastique transparent munie de trous d'aération avec une boule de fourrure rousse qui dort pelotonnée. Une vague d'émotion lui rosit les joues.

« Pourquoi... ?

— Pour apprendre à ces petits chenapans la gentillesse et le sens des responsabilités. Vous vous souvenez de ce qu'a dit le directeur ? Vous pouvez le garder dans la classe. Je m'en occuperai le week-end. » Elle se rappelle vaguement qu'au cours d'une réunion du personnel, Mr Gorst/Alan avait en effet évoqué une idée qu'elle avait rejetée sur-le-champ en décrétant que ce n'était pas pour elle (*Mort tragique d'un hamster – Arrestation d'une enseignante*).

« Je... je ne pense pas que je peux le garder. » Elle a le cœur qui bat si fort qu'il doit certainement l'entendre. « J'ai eu de mauvaises expériences avec des animaux domestiques. »

Mr Philpott a la mine déconfite. « Je croyais que ça vous plairait, mon petit. »

La boule de fourrure rousse s'agite. De minuscules pattes roses frottent des moustaches tremblantes. Deux yeux brillants en boutons de bottine s'ouvrent. Il est si adorable que c'en est à fendre le cœur. Les braves gens comme Mr Philpott et Mr Gorst/Alan croient qu'il n'y a rien de tel que de s'occuper des animaux pour apprendre la gentillesse et le sens des responsabilités, mais elle sait qu'en réalité, tout ce que cela vous apprend, c'est la précarité de la vie et l'inéluctabilité de la mort.

« Oui... c'est juste que... Il a un nom ?

— 'Amlet l''Amster.

— C'est un joli nom. Mais... Hamlet est mort jeune !

— L'avait des problèmes personnels, pas vrai ? Mais çui-là, y fait que dormir tout' la journée. »

La petite créature s'est remise en boule et rendormie.

« Car quels rêves peut-il nous venir dans ce sommeil, quand nous sommes débarrassés de l'empreinte de cette vie.

— L'étreinte de cette vie. Il parle de la mort.

— Savez quoi, je me demandais de quoi y pouvait bien causer. J'ai vu la pièce au Civic Theatre. J'l'ai vue deux fois et j'ai toujours rien compris. J'ai même acheté le liv'.

— Votre chaufferie est un sanctuaire d'érudition et de culture dans un monde barbare, Mr Philpott.

— Ah ça, si que je pouvais r'commencer à zéro, je pourrais êt' un intellectuel comme vous. »

Après son départ, elle pose la boîte du hamster sur le rebord de la fenêtre, sort son portable de son sac et cherche le numéro de Serge. Le petit animal roux roulé en boule a ébranlé sa mémoire.

Il arrive souvent que Serge reste injoignable pendant des semaines, mais cette fois, il décroche à la première sonnerie.

« Serge Free.

— Je sais que c'est toi, espèce d'andouille. Tu m'évites, ou quoi ?

— Mais enfin, Claz ! Pourquoi veux-tu que je t'évite ?

— Doro t'a parlé de ce projet de noces parentales ?

— Oui, elle est venue à Londres aujourd'hui. »

Ce qui est curieux, car Serge est toujours à Cambridge où il termine sa thèse. Il lui explique vaguement qu'il collabore avec une équipe de mathématiciens d'University College avant de se lancer dans une sombre histoire de dispute avec une dame en caleçon rose au sujet d'une crotte de chien. Visiblement, sa mère devient de plus en plus excentrique en vieillissant.

« Mon pauvre. Tu devais être embarrassé, non ? Il y avait des gens qui regardaient ?

— Un peu, oui.

— Tu te souviens de la fois où tu es tombé dans le parc quand tu étais petit ? Tu en étais couvert quand tu es rentré à la maison. Tu en avais même dans les cheveux. Doro avait piqué une de ces crises. »

Quand il était petit, Serge était d'une maladresse incroyable. Doro disait qu'il était dyspraxique.

« Oui, je me souviens. Ce n'est pas Freud qui disait que dans les rêves, la merde est la métaphore de l'argent ?

— Comment devenir riche grâce aux crottes de chien ! Les secrets d'un milliardaire enfin révélés !

— Qui sait, il y a peut-être du vrai, là-dedans.

— Atterris un peu, Soz. » Il est presque aussi dingue que Doro. « Toujours est-il qu'elle veut qu'on retrouve les enfants de la communauté. Mais je n'ai pas une minute à moi, en ce moment, je suis en pleine organisation de la Journée du Quartier pour l'école. Je n'arrive pas à trouver une entreprise de recyclage. »

Elle lui parle de ses problèmes avec Syrec et de la curieuse lettre de Doro. Il compatit en grommelant à l'autre bout du fil.

« J'ai cherché sur Facebook, mais aucun des anciens de Solidarity Hall n'a l'air d'être inscrit.

— Tosser et Kollon ne sont pas du genre à être sur Facebook. La dernière fois que j'ai vu Tosser, c'était il y a bien… deux ans, peut-être ?

— La dernière fois que j'ai vu Star, c'était à la télé. Lors d'une descente de police sur un camp action climat. Elle portait toujours le même haut bariolé au crochet avec une jupe de velours en loques. Je croyais qu'ils étaient à fond dans les réseaux sociaux, ces gens-là.

— Mmm. Peut-être. »

Il a l'air distant, un peu ailleurs. Elle commence à être agacée. Comment se fait-il que ce soit toujours à elle de veiller à ce que la famille reste unie ?

« Et puis c'est bizarre qu'Otto ne soit pas sur Facebook, avec son obsession pour tout ce qui est technique.

— Otto ? Je ne sais pas. Il a peut-être changé de pseudo. C'est plutôt ton truc, tout ça, non ? marmonne-t-il.

— Pourquoi c'est toujours à moi de tout faire ?

— Tu es douée pour ça. Tu as un côté organisateur.

— Et toi un côté tueur.

— Attends ! Tu ne vas tout de même pas me ressortir cette histoire de hamster immonde. Passe à autre chose !

— Ce n'est pas le hamster, Soz. C'est ton refus absolu d'assumer la responsabilité de... Oh ! »

Elle raccroche brutalement et respire à fond pour se calmer.

Quel que soit le début de la conversation, ils en reviennent toujours à parler de Fizzy. Malgré les années, à chaque fois qu'elle pense à lui, elle est étranglée par le remords et elle ne sait pas si elle doit en vouloir d'abord à Serge de l'avoir tué ou à ses parents d'avoir laissé faire ça.

Fizzy était la mascotte de sa classe quand elle était à l'école primaire à Campsall. Il (ou peut-être elle) vivait dans une cage posée sur la table du coin nature. Fizzy avait été baptisé ainsi à cause du groupe pop Bucks Fizz, qui était alors numéro un au hit-parade. Il était incroyablement mignon, comme Hamlet, avec le pelage roux et le ventre tout blanc, des pattes roses et une petite tache noire, un peu comme une tache d'encre, sur le bout du museau. Le vendredi, les enfants prenaient Fizzy chez eux à tour de rôle pour le week-end. Clara avait eu la chance de l'avoir pour toute une semaine aux vacances de printemps. Doro était allée la chercher à l'école, l'avait aidée à rapporter la cage à la maison et l'avait installée dans un coin du salon.

Fizzy était un rongeur de carottes hors pair. Il tournoyait à toute vitesse dans sa roue comme un pilote de course et quand elle le sortait de sa cage, il restait dans le creux de sa main, les moustaches tremblantes, en regardant autour de lui de ses yeux vifs en boutons de bottine. Serge, qui n'allait pas encore à l'école, était fou de jalousie.

« J'veux essayer ! » Il avait cherché à l'attraper.

« Lâche, il est à moi ! » Clara avait protégé le hamster de sa main, en sentant le petit squelette qui se tortillait entre ses doigts.

« J'veux juste le tenir !

— Non, j'ai dit !

— N'arrache pas comme ça, Serge, a dit Marcus qui essayait de lire son journal dans le canapé.

— Tu peux bien le lui laisser un peu, ma chérie, a dit Doro.
— Non.
— Doro a dit que je peux.
— Tu ne peux pas parce que tu es trop petit et que tu vas le tuer.
— J'suis pas petit. J'veux juste le tenir.
— Ne sois pas égoïste, Clara, a dit Doro.
— Tu ne peux pas m'obliger, a dit Clara en le serrant.
— Si, je peux. » Serge s'était rué sur elle et lui avait arraché le petit animal des mains. Il l'avait levé en l'air comme un avion et s'était mis à courir dans la pièce en hurlant « Na na na nère ! Na na na nère ! ».

« Rends-le-moi ! »

Clara l'avait poursuivi, lui avait repris le hamster de force et l'avait mis contre elle. Puis elle avait remarqué quelque chose de bizarre. En fait, ce n'était pas bizarre, c'était tout simplement horrible. Le hamster ne se tortillait plus.

« Aaaahhh ! Il est mort ! »

Elle avait ouvert les mains et fixé la petite chose en fourrure toute molle. Il avait un œil qui sortait de l'orbite.

« Remets-le dans sa cage, a dit Doro. Il doit avoir peur, c'est tout. »

Ils avaient remis Fizzy dans sa cage et Clara l'avait touché à plusieurs reprises du bout du doigt. Mais il ne bougeait pas.

« Il l'a tué ! » avait-elle sangloté.

Marcus avait levé les yeux de son journal. « Voilà ce qui se passe quand on se dispute quelque chose. Et maintenant allez jouer dehors ! Déguerpissez !

— Et qu'est-ce que je vais dire, moi, quand je retournerai à l'école ? avait gémi Clara.

— On en trouvera un autre », lui avait assuré Doro.

Le samedi, Nick Holliday les avait emmenés à Doncaster faire le tour des animaleries. Il n'y en avait que deux, et le tour avait donc été vite fait. La première n'avait qu'un hamster, un gros albinos blanc avec des yeux roses. L'autre en avait quatre, très mignons, avec des rayures gris-brun mais qui ne ressemblaient pas du tout à Fizzy. Clara s'était remise à sangloter.

« Il y a peut-être une animalerie à Rotherham », avait suggéré Nick.

Mais à Rotherham, il n'y avait que des bébés hamsters.

Sans se décourager, ils étaient partis pour Sheffield, Clara et Serge se chamaillant à l'arrière de la voiture avec la cage vide du hamster entre eux. Elle voulait que Serge admette qu'il avait tué Fizzy et qu'il s'excuse, mais il ne voulait même pas admettre qu'il était mort. Il n'arrêtait pas de lui donner des coups et elle était obligée de lui répondre.

Au bout d'un moment, Nick, qui était généralement d'humeur égale, s'était garé sur le bas-côté et leur avait crié : « Si vous n'arrêtez pas tout de suite, vous pouvez descendre tous les deux et rentrer à pied ! »

À Sheffield, ils avaient fini par trouver un hamster de la même couleur que Fizzy et même de sa taille, avec le même pelage blanc sur le ventre. En revanche, il n'avait pas de tache noire sur le museau.

« Ça ne va pas ! avait-elle hurlé en trépignant.
— Personne ne s'en apercevra, lui avait assuré Nick. Tu verras. »

Fizzy avait été enterré dans un sac en papier au fond du jardin. Clara était allée le déterrer en douce – pour voir s'il était déjà monté au paradis. Elle avait appris à l'école qu'on allait au paradis si on avait été gentil. Mais il était toujours là.

Cela n'avait fait que redoubler ses hurlements.

Le lundi de la rentrée, elle avait amené à l'école le nouveau hamster dans sa cage et l'avait tendu à l'institutrice, qui l'avait posé sur la table du coin nature en y jetant à peine un coup d'œil. Aucun des autres élèves n'avait l'air de s'y intéresser. Elle avait poussé un soupir de soulagement. Sur ce, la fille qui avait eu le hamster juste avant elle avait levé la main.

« C'est pas l'bon 'amster, miss. »

C'était une fillette maigrichonne au visage criblé de taches de rousseur qui venait d'une grande famille de tantes braillardes, d'oncles coriaces et de cousins méchants qui habitaient tous dans le lotissement des Prospects, un dédale de pavillons mitoyens délabrés non loin de l'école.

« C'est pas vrai ! avait rétorqué Clara. On ne voit même pas la différence.

— Si, cause que l'aut' y avait un peu d'noir su' l'nez », avait répondu la fille.

Le lendemain, trois de ses cousins attendaient Clara à la sortie de l'école. Ils l'avaient traitée de meurtrière, lui avaient donné des coups de poing, tiré les cheveux et volé les barrettes avec une étoile rouge que Moira lui avait fabriquées. Jen, qui était venue les chercher en retard, ne s'était aperçue de rien. Le lendemain, la fille avait débarqué à l'école, ses cheveux châtains attachés par les barrettes rouges au lieu des barrettes à marguerites roses qu'elle portait d'habitude. Clara les avait tout de suite repérées.

Personne d'autre n'avait remarqué.

SERGE : La Poule

« C'est qui le vieille dame que tu vois aujourd'hui ? lui demande Maroushka en s'approchant discrètement de son poste de travail.
— Quelle vieille dame ?
— Au Café Rouge. Je te vu !
— C'était... juste une amie... une amie dentiste. » (Pardon maman !)
« Hé, tu connais le gens agité.
— Oui. Mais qu'est-ce que tu faisais par là-bas, ma belle ? Attends, laisse-moi deviner – un rendez-vous avec ton amant ?
— Tu as l'idée très amusant, Sergei. Chut ! Voilà Le Poule ! »

Elle lève le bout d'un doigt couleur de rubis et suivant son regard, il voit leur patron qui vient de faire son entrée dans la salle de marché.

Malgré son surnom, Ken Porter, l'associé principal de FATCA, est un bel homme musclé qui ressemble davantage à un doberman qu'à une poule, un chien de chasse adulte aux crocs blancs acérés, avec le poil noir bien lustré et l'œil vif. Certes, à cinquante ans, il n'est pas exactement de la première jeunesse, mais il dégage encore une espèce de vigueur animale gonflée de testostérone qui, si l'on en croit la rumeur, le rendrait irrésistible aux yeux des femmes. Son bureau tout en cuir et acajou est un sanctuaire de trophées de golf, de tapis à poils longs et de placements en œuvres d'art, au dernier étage de la tour en verre et acier de FATCA, où les associés principaux reçoivent des clients si importants que lorsqu'il est question d'eux, on ne les désigne que par leurs initiales ou un numéro de compte.

Serge n'est monté là-haut qu'une fois, le jour de son entrevue pour le poste. C'était plus une entreprise de séduction qu'une entrevue : l'offre de La Poule – « recherche de pointe, opportunité de mettre vos compétences à profit dans un environnement international dynamique ; de l'argent, beaucoup d'argent, à n'en savoir que faire » – contre la satisfaction solitaire de sa thèse encore inachevée, une cellule de moine dans une université moyenâgeuse et une misérable bourse de 9 000 livres.

Alors qu'il hésitait, La Poule avait planté son doigt sur le logo de FATCA qui figurait sur un rapport – un globe entouré des mots : *AUDACES FORTUNA JUVAT*.

« Vous êtes un universitaire, Free. Vous savez ce que ça veut dire. La chance sourit aux audacieux. »

Puis il avait agrippé la main de Serge et l'avait secouée énergiquement comme un chien tueur essayant de briser le cou d'une bête qu'il vient d'attraper.

La plupart du temps, La Poule vient faire un tour dans la salle de marché en se dandinant, les jambes légèrement arquées comme s'il bandait en permanence. Ou il passe dans les réunions du matin histoire de répandre encore un peu plus de testostérone. On la sent flotter dans les parages, à moins que ce ne soit simplement son after-shave. Une odeur forte, musquée, qui rappelle vaguement à Serge son enfance.

Il s'arrête devant le poste de travail de Serge et se penche pour examiner ses écrans. « Tout va bien, Freebie ?

— Impeccable, Chef Ken. »

Freebie est le surnom de Serge chez FATCA. Ils ont tous un surnom, ici (sauf Maroushka, qui est déjà un diminutif). Et ce pour créer une atmosphère informelle et productive. Ken Porter croit que son surnom est Chef Ken, mais il n'a pas fallu longtemps pour qu'un petit farceur de la salle de marché abrège la chose en *Chicken*, autrement dit La Poule. En dépit de ce surnom, c'est indubitablement le chef de meute et on ne peut qu'éprouver de l'admiration pour un type qui a réussi à ce point et le prouve par ses costumes.

« Je vois que votre fonds ABS dépasse légèrement les deux millions, Freebie. »

L'ABS est une stratégie d'investissement basée sur un algorithme que Serge a conçu en mars pour tirer parti de la chute du marché immobilier aux États-Unis, au moment où tout le système bancaire international s'est retrouvé dans la tourmente en raison de l'incertitude liée aux milliards investis dans les subprimes américains. Mais dès qu'il y a de l'incertitude, il y a du risque, or le risque est le garant de gros bénéfices. Et des bénéfices, il en a produit un sacré paquet pour le compte de FATCA cette année.

« C'est ce qu'on veut. Que les meilleurs, les plus brillants de votre génération travaillent pour nous. » La Poule lui serre vigoureusement la main.

Serge rayonne de fierté, grimace et s'efforce de soutenir son regard, le tout en même temps. C'est super que La Poule ait remarqué sa contribution parmi celle des centaines d'employés qui travaillent chez FATCA. La Poule lui lâche brusquement la main. Son sourire se fige, mais il continue à montrer les dents.

« Il faut que je sache comment vous avez obtenu cette information. » Vent de panique. « Je n'ai pas obtenu d'information. Je... euh... j'ai trouvé un système de couverture du risque plus efficace pour pouvoir booster le rendement. C'est... c'est un prolongement du lemme d'Itô. » Il est satisfait de voir une lueur de respect dans le regard vif de chien.

« Le lemme, ah oui. »

Il soupçonne La Poule de patauger en maths modernes. Il appartient à la précédente génération de banquiers – les arrivistes, comme on les appelait –, des hommes impitoyables, avides, recrutés en masse à la City à la fin des années quatre-vingt pour remplacer les rupins en chapeau melon, dont le respect des convenances paraissait bien peu adapté à l'état des marchés financiers au lendemain du Big Bang. Pour s'enrichir dans ce nouvel environnement dérégulé, il fallait de la ruse et de l'agressivité et Chef Ken en avait à revendre. Toutefois, à l'heure actuelle, les recrues sont plutôt des grosses têtes, des cracks en maths et en physique comme lui, qui se trouvaient un peu mal à l'aise au début dans les milieux d'argent mais se sont étonnamment bien habitués à toucher plus de 80 K par an.

« Le risque sans risque. Des pertes limitées. C'est pour ça qu'on vous paie, Freebie. Vous en avez parlé à l'équipe ? »

Il est persuadé qu'il existe une astuce numérique révolutionnaire qui permette d'évacuer le risque de l'investissement, une sorte de code secret à la Dan Brown qui ouvrirait la porte blindée conduisant à la salle resplendissante de la richesse infinie.

« C'est complexe, Chef Ken.

— Tant mieux. Plus c'est complexe, mieux c'est – ça complique la tâche des petits malins qui voudraient voler ou copier en douce. »

La Poule sourit et Serge a l'impression de baigner dans un rayon de soleil. Il pourrait ajouter que cela complique aussi singulièrement la tâche de ceux qui chercheraient à savoir ce que contenait le portefeuille d'investissement initial, tant et si bien qu'en définitive, personne ne sait plus ce que les clients valent, à part les analystes quantitatifs comme lui qui ont constitué ces portefeuilles. Et la plupart d'entre eux ne s'en souviennent pas, à moins qu'ils n'aient fini par se lasser et soient passés à autre chose.

Mais ce n'est pas ce que La Poule veut entendre, alors il se contente de dire : « J'en parle aux quants à la réunion de demain matin, Ken.

— Très bien. Je vais en toucher un mot à Maroushka. »

Il s'approche du poste de travail de Maroushka, en faisant jouer sa musculature soigneusement entretenue sous la luxueuse étoffe de son costume sur mesure. Un jour, je porterai un costume comme ça, songe subitement Serge.

Doro : Marxiste
tendance Groucho

« Je n'aurais vraiment pas dû insulter la dame en caleçon rose. Ça n'a servi à rien, ça a embarrassé Serge et en plus ça m'a mise d'une humeur de chien », se dit Doro en regardant son reflet dans la vitre du train qui la ramène vers le nord, filant à travers des kilomètres et des kilomètres de campagne déprimante. Londres est à moins d'une heure et demie de Doncaster et pourtant, on dirait une autre époque, dans un autre pays. Elle ne comprend pas comment on peut supporter d'habiter là – la circulation est tellement embouteillée, les rues dégoûtantes, les gens mal élevés. C'était déjà comme ça il y a quarante ans, quand elle y vivait avec Marcus. Elle est soulagée d'y échapper.

Soulagée aussi d'échapper à Serge, qui n'était pas dans son état normal, aujourd'hui – tendu, agité, discourant de choses incompréhensibles. Le seul fait de l'écouter est épuisant. Si seulement il pouvait enfin se décider à terminer sa thèse, qu'il traîne comme un boulet depuis des lustres. Clara a également l'air de s'inquiéter pour des broutilles dans son travail. Doro aimerait avoir des rapports ouverts et confiants avec ses enfants ; elle aimerait qu'ils ne passent pas leur temps à la traiter avec condescendance comme une relique dont la vie serait derrière elle. Pour eux, les valeurs audacieuses, radicales et scandaleuses de sa génération ne sont que des modes de vie fantaisistes, de charmantes lubies au même titre que la vogue du tie-dye et des pattes d'éph'.

Elle a bien essayé de leur faire comprendre ce qu'étaient la solidarité et la conscience des classes, mais ces mots n'ont aucun sens pour eux. Le langage n'est plus le même. Ce qui est « révolutionnaire » de nos jours, c'est le dernier cri en matière de téléphonie mobile. « Lutter », c'est essayer de monter dans le bus alors qu'on est chargé de sacs. Ils croient qu'il suffit d'écouter des groupes indie pour être rebelle. Ils croient avoir inventé le sexe. À leur âge, elle était comme eux, évidemment, et c'est bien ça le pire – face à eux, elle se sent vieille.

Elle repense à ses parents avec une tendresse vaguement coupable : elle aimait leur bienveillance tolérante de quakers, appréciait leurs coups de pouce financiers quand elle traversait une passe difficile, se moquait de leur conformisme bourgeois et de la conception rigide et dépassée qu'ils se faisaient du sexe à l'époque où elle avait plongé tête la première dans le mouvement étudiant de 1968.

« Les jeunes femmes doivent absolument porter un soutien-gorge, avait décrété sa mère quand Doro avait jeté le sien, dont les étroites bretelles en coton (c'était bien avant l'époque du Lycra) lui sciaient les épaules.

— C'est un symbole du patriarcat, maman.

— Si les patriarches avaient eu des seins, Dorothy, ils ne les auraient certainement pas laissés ballotter dans tous les sens. »

Elle n'avait jamais vraiment pardonné à sa mère de l'avoir baptisée Dorothy.

« Pourquoi les femmes devraient-elles s'étrangler dans un soutien-gorge pour plaire aux hommes ? avait-elle rétorqué d'un ton dédaigneux. C'est de la fausse conscience. Adopter les valeurs et les croyances de l'oppresseur. »

Les soutiens-gorge et la fausse conscience avaient suscité de vifs débats au sein du groupe de sensibilisation qu'elle avait créé en 1968 avec six autres jeunes femmes de l'université, dont Moira Lafferty (qui s'appelait encore Moira McLeod), quand elles se retrouvaient tous les mercredis soir pour déverser les sentiments que leur inspiraient leur corps, leurs petits copains, leur famille et leurs espoirs. C'est à ce moment-là qu'elle avait laissé tomber Dorothy ainsi que son soutien-gorge, pour se faire appeler Doro, qui avait un côté intéressant et énergique. En ce temps-là, déjà, Moira, la plus vieille amie de Doro et sa grande rivale de toujours, était un peu légère sur le front idéologique et sujette aux dérives de la fausse conscience. C'est Moira qui prétendait que dans la mesure où les hommes couchaient à droite et à gauche, elles devaient les imiter pour se libérer, et les autres acquiesçaient, faute d'avoir suffisamment confiance en elles pour contester quelque chose auquel elles ne connaissaient pratiquement rien. C'est la même Moira qui s'était cramponnée à son soutien-gorge quand toutes les autres avaient mis les leurs à la poubelle par solidarité avec leurs sœurs américaines, pouffant de rire à l'idée de ce mythe qui voulait qu'elles les aient jetés au feu.

À présent, c'est Oolie qui déteste que ses seins plantureux et ballottant dans tous les sens soient comprimés et Doro qui insiste.

« Quel oppresseur ? s'était moquée sa mère.
— Papa, je suppose. »

Ce qui les avait fait rire toutes les deux, car il était difficile d'imaginer un homme moins adapté à ce rôle que ce grand timide si affable qu'était son historien de père.

« Ne sois pas ridicule, ma chérie. Ce n'est pas une question d'homme, c'est une question de pesanteur. »

Doro partageait un appartement d'Islington avec deux autres filles de son cours, Moira McLeod et Julia Chance. Julia, une fine beauté celte originaire de Wallasey, était fiancée à Pete Lafferty, son amour de jeunesse, qui passait la plupart des week-ends dans leur appartement. En l'espace de six mois, Julia et Pete s'étaient séparés et Julia était retournée à Merseyside, le cœur brisé et, dans la main, une touffe de cheveux auburn arrachée à Moira.

Ayant observé ce qui s'était passé, Doro, au début, n'avait guère envie de ramener Marcus Lerner à l'appartement. Elle l'avait rencontré à peine quelques mois plus tôt, lorsqu'il l'avait extirpée d'une haie de Grosvenor Square où elle se recroquevillait, terrifiée par un cheval de la police montée cabré devant elle, lors d'une manifestation contre la guerre du Vietnam, en mars 1968. Au milieu du chaos des coups de matraque qui pleuvaient et des sabots des chevaux, il lui avait saisi la main.

« Ça va, camarade ? » Il avait des yeux bleus étincelants et des cheveux bruns bouclés en bataille ; il portait un blouson en cuir noir et un bandana rouge autour du front comme un vrai révolutionnaire.

« Ça va, oui. Merci, camarade, lui avait-elle répondu en redoutant l'instant où il comprendrait qu'elle n'était qu'une simple étudiante en troisième année de sociologie et pas du tout une révolutionnaire.

— Allez viens, on va te tirer de là. »

Il l'avait mise à l'arrière de son scooter et elle avait cru qu'il allait la ramener chez elle, mais il l'avait emmenée tout droit dans la chambre qu'il occupait dans une maison près de Hampstead Heath. C'était une petite mansarde avec un matelas par terre, des étagères faites de vieilles lattes de parquet soutenues par des briques et, en guise de bureau, une porte en bois posée sur quatre colonnes de briques et jonchée des notes que Marcus avaient prises pour sa thèse. Le rideau était un drap rose crasseux orné d'une tache en forme de poumon au milieu. Doro trouvait tout cela d'un romantisme délicieux. Quand, d'une belle voix grave, il lui avait parlé du mouvement révolutionnaire qui avait éclaté à Paris d'où il revenait et des masses qui luttaient pour défendre leur liberté et leur dignité, elle s'était empressée de sacrifier sa virginité sur l'autel de la cause.

Puis ils étaient restés là, à regarder la lueur des bougies danser sur l'auvent taché d'humidité en écoutant les galopades des souris et le martèlement qui s'élevait de la chambre d'en dessous, que Doro avait tout d'abord attribué à un fan de bricolage insomniaque, avant d'apprendre qu'il s'agissait en réalité d'un autre étudiant en thèse du nom de Fred Baxendale, qui rédigeait son mémoire – un truc obscur sur la *Critique du programme de Gotha* de Karl Marx – sur une machine à écrire préhistorique.

Elle était tombée sur lui le lendemain, alors qu'il sortait de la salle de bains pleine de moisissures du premier étage enroulé dans une petite serviette. À sa grande surprise, c'était un garçon maigre tout pâle, avec un bonnet tiré sur les oreilles d'où dépassaient des mèches couleur de poussière. À l'entendre taper comme un malade sur cette machine, elle s'attendait à voir un Hercule tout en muscles.

« Salut, je m'appelle Fred. » Il lui avait tendu la main en tenant de celle qui était libre les bords de sa serviette.

« Salut, moi c'est Doro », lui avait-elle répondu en évitant son regard, craignant que la serviette ne tombe.

Fred le Rouge, comme on le surnommait, jouait de la guitare sèche et de temps à autre, il recevait à dormir sa petite copine, qui était tout aussi maigre et pâle que lui, avec des cheveux également poussière coupés court. Marcus lui avait dit qu'ils étaient tous deux althussériens et Doro avait hoché la tête sans savoir de quoi il parlait, en se disant que ce devait être une histoire de poussière ou de moisi. Quoi qu'il en soit, Doro était amoureuse – non seulement de Marcus, mais du côté moisi et poussiéreux de leur installation, les draps tachés, les cigarettes roulées, le thé lavasse, les toasts brûlés, les heures de conversation ponctuées d'ébats torrides.

Quand Marcus avait appris que ce n'était pas une révolutionnaire mais une étudiante en sociologie, cela n'avait pas eu l'air de le déranger. Quelques mois plus tard, quand elle avait passé son diplôme et décroché son premier poste de professeur, elle s'était installée dans sa chambre en laissant l'appartement d'Islington à Pete Lafferty et Moira, qui s'étaient mariés et séparés en l'espace de six mois. Une fois redevenue célibataire, Moira avait emménagé dans la maison de Hampstead en prenant la chambre voisine de celle de Fred, au premier, qui appartenait à un étudiant passant l'année à la Sorbonne. Le propriétaire de la maison était un universitaire brésilien qui était retourné dans son pays en 1963 sans prendre de dispositions pour encaisser les loyers. Ils pouvaient donc habiter là sans rien débourser, mais la maison se délabrait à vue d'œil. Aucune des fenêtres ne fermait convenablement, le plafond de la chambre de Fred ployait sous le poids des briques et des livres de Marcus, et les moisissures noirâtres de la salle de bains, qui avaient colonisé les joints du carrelage et le tour de la baignoire et du lavabo, commençaient à envahir le plafond. Moira, qui passait des heures dans la salle de bains avec des shampooings aux herbes et des conditionneurs, s'efforçait de contrôler la moisissure avec une vieille brosse à dents trempée dans de l'eau de Javel, mais la bataille était perdue d'avance.

Comme il n'y avait pas de loyer à payer, non seulement les gens ne partaient jamais, mais ils étaient de plus en plus nombreux à venir s'installer. Quand l'étudiant dont Moira occupait la chambre était revenu avec sa petite copine française, il y avait eu une pénurie de places qui avait tourné à la dispute. Moira avait refusé de partir. L'autre couple avait posé un matelas par terre et s'était installé avec elle, espérant que le vacarme de leurs ébats amoureux finirait par la chasser. Doro avait bien essayé de la persuader de se trouver une place ailleurs, mais Moira avait pour objectif de coucher avec l'étudiant et de remplacer la Française. Ayant échoué (et Doro soupçonnait qu'elle avait également essayé de coucher avec Fred et Marcus), Moira avait décidé de recruter une succession de volontaires pour les surpasser en amour. Devant la salle de bains, un cortège de types nus abasourdis venaient grossir la file d'attente sans trop comprendre ce qu'ils faisaient là, sentant confusément que ce n'était pas juste une histoire de sexe. Les Brésiliens du rez-de-chaussée, des amis d'amis du premier Brésilien, semblaient également se multiplier en nombre et en volume. Il fallait désormais vidanger les toilettes avec un seau car le mécanisme de la chasse d'eau avait fini par se casser à force d'être actionné.

Un soir, peu après onze heures, alors que tout le monde était au lit et que la maison résonnait de cris, de hurlements, de râles, de soupirs, de battements, de coups, d'accords de guitare, de jurons et de bossa-nova, Doro avait perçu dans un coin de leur mansarde un autre bruit, un léger grincement qui semblait provenir du sol. Marcus s'était endormi après une demi-heure d'ébats particulièrement animés. Elle était allée voir. Quand, pieds nus, elle s'était avancée avec précaution, elle avait remarqué que les planches avaient l'air de céder un peu sous le lino. La sensation était si bizarre qu'elle s'était arrêtée. Puis le grincement s'était changé en grondement et soudain, le sol s'était dérobé sous elle. Elle s'était raccrochée au chambranle de la porte pour éviter de glisser, regardant, horrifiée, une énorme fissure s'ouvrir entre le mur et le sol et déverser en bas une tonne de briques, de livres et de lattes de parquet dans un vacarme assourdissant.

« Put… ! » Elle avait entendu le hurlement de Fred, suivi d'un couinement étouffé de l'althussérienne. Puis plus rien.

Marcus, qui était à présent bien réveillé, avait tendu la main pour l'écarter du trou et ils avaient dévalé l'escalier pour trouver Fred et la fille qui se tortillaient sous un monceau de draps couleur poussière jonchés de livres (les briques et les lattes étaient heureusement tombées à l'autre bout de la pièce), d'où émergeaient des éclats blafards de membres dénudés et des cheveux hirsutes également couleur poussière, se demandant visiblement ce qui avait bien pu se passer. En découvrant une énorme entaille sur son tibia, la fille avait fondu en larmes. Doro s'était assise sur le lit et lui avait passé un bras autour des épaules.

« Ce n'est rien comparé à ce qui arrivera à la révolution, camarade. »

Après l'effondrement du plafond de Fred et du plancher de Marcus, la pénurie de places était devenue criante. Marcus et Doro avaient traîné leur matelas dans la cuisine humide du sous-sol, la seule pièce restée libre, et tous les matins, ils étaient réveillés par les autres qui les enjambaient pour aller préparer le petit déjeuner. Devant le thé, les toasts brûlés et le porridge plein de grumeaux, l'idée s'était peu à peu fait jour d'un lieu où ils pourraient tous vivre ensemble dans une communauté non bourgeoise, non privée, non nucléaire, non monogame, où ils pourraient mettre la théorie en pratique et aider les masses ; une communauté fondée sur le marxisme, le végétarisme, la non-violence, la non-compétitivité, la créativité, la propriété collective, les légumes du potager, l'amour libre, les idées althussériennes (en option) et le refus de la répartition stéréotypée des rôles selon le sexe (en d'autres termes, pas de corvées domestiques), un lieu orné de lampes à pampilles de nacre, de cache-pots en macramé, un lieu où ils partageraient tout, de chacun selon ses moyens à chacun selon ses besoins.

*

Doro soupire. Quelle aventure. Si c'était à refaire, elle recommencerait sans doute. Mais en freinant un peu sur les lentilles.

La nuit tombe lorsque le train arrive à Doncaster et elle voit Marcus qui l'attend sur le quai. Ses boucles brunes ont blanchi, mais il reste grand, ses yeux sont toujours aussi bleus et il porte le tee-shirt rouge qu'elle lui a offert il y a des années, celui qui est orné du slogan « *Je suis marxiste tendance Groucho* ».

Serge : La Sirène

Il y a très longtemps de cela, avant la naissance de Serge et de Clara, leurs parents, qui jusque-là étaient normaux, avaient été subitement possédés par des idées démentes. C'est ce que Clara lui avait dit. Ils avaient décrété, expliquait-elle, que la propreté privée était du vol, que la vie de famille était une impression, et ils avaient abandonné leur maison et leur hamster pour aller vivre en communauté. Étant l'aînée de ladite communauté, Clara avait pour rôle d'interpréter les discours déconcertants des Grands, mais comme, à l'époque, elle avait une légère surdité, il lui arrivait d'inventer des choses.

L'ennui, c'est que si elle n'a plus de problème d'audition, Clara est toujours aussi autoritaire et continue à fabuler. Style, elle est convaincue qu'il est entièrement responsable de la catastrophe du hamster et le traite comme une petite racaille alors qu'il a près de vingt-neuf ans. Ce qui explique qu'il ne lui dise pas tout.

Hier, par exemple, il lui a menti quand il lui a dit qu'il n'avait aucune nouvelle d'Otto. En fait, un an après le départ d'Otto, qui avait été retiré de la communauté à la suite de l'incendie, ils s'étaient croisés par hasard à Glastonbury et étaient restés en contact. À Cambridge, ils s'étaient encore rapprochés. Bien que Serge ait un an de plus, qu'il ne soit pas allé dans le même collège et qu'il ait du mal à comprendre pourquoi Otto avait choisi l'informatique, si prosaïque comparée aux maths ou à la physique, il leur arrive d'aller se prendre une cuite et d'échanger des discussions passionnées dont ils ne conservent aucun souvenir par la suite. Le fait est qu'il a tout à fait le droit de garder cette information pour lui car il sait pertinemment qu'Otto préfère éviter ce genre de réunion débile. Et que si jamais il vient, on peut être sûr qu'il ira raconter à Clara que Serge a changé de voie – non par méchanceté ou par jalousie, mais parce qu'il est du style bavard.

Il se trouve qu'Otto lui a téléphoné hier soir et a fini par lui révéler qu'il était dans un sale pétrin car sa petite copine est enceinte et que son appartement va être saisi. Les deux sont liés, dans la mesure où Molly Mackie – une jolie rousse avec laquelle Serge est sorti autrefois – est danseuse dans une petite troupe subventionnée. Ses revenus combinés à la maigre bourse d'étudiant d'Otto leur ont permis d'obtenir un prêt pour acheter un deux pièces, au-dessus de chez un coiffeur de Mill Road. Mais comme elle est enceinte, Molly a dû démissionner alors même que le taux d'intérêt de leur prêt venait d'augmenter et ils risquent de se retrouver sans toit.

« Merde, je n'aurais jamais dû traiter avec ces requins », a soupiré Otto, avec ce vague accent de Californie dont il ne s'est jamais débarrassé depuis qu'il y a passé un an.

Et Serge lui a répondu, bêtement s'avère-t-il : « Ne t'en fais pas, mec. Je suis solvable. Je peux te dépanner. »

Il faut dire qu'il a reçu son relevé de compte ce matin et ce qu'il ne comprend pas, c'est qu'à sept, ils aient réussi à récolter une addition de 13 107,01 livres pour l'anniversaire de Maroushka. Ce qu'il ne comprend pas non plus, c'est que le total ait été prélevé sur sa carte de crédit. Il se rappelle avoir tendu sa carte au début de la soirée, et avec insistance, encore. Elle observait la scène avec son léger sourire énigmatique, bon d'accord, c'est un peu triste de confondre la taille du sexe et celle du compte en banque et elle ne pensait probablement pas du tout à ça, mais l'ennui, c'est qu'on ne sait jamais à quoi pensent les femmes quand elles vous regardent comme ça. De toute façon, il est convenu que les hommes se partagent les frais en fin de soirée, non ? Il se rappelle vaguement qu'à un moment tout le monde a brandi des cartes et du liquide, et il se revoit fourrer des billets qu'on lui tendait dans les poches de son pantalon. Il se rappelle que le maître d'hôtel s'est montré relativement désagréable. Pour une simple histoire de verres cassés. Il se rappelle s'être heurté la tête avant de s'évanouir. Il se rappelle avoir vomi dans les toilettes. Et ensuite dans le taxi. Le chauffeur était relativement désagréable lui aussi, ce qui se comprend, et il a dû lui donner un bon pourboire. Après avoir reçu le relevé de compte, aujourd'hui, il a vérifié dans ses poches de pantalon. Le reçu de sa carte de crédit était bien là mais pas l'addition détaillée, et il n'a retrouvé que quatre billets de cinquante tout froissés.

Une fois arrivé au neuvième étage de la tour de FATCA, il sort de l'ascenseur en se demandant comment aborder cette question délicate. La plupart des quants sont à leur poste. Tim le Finnois a disparu mais il a déjà dû passer par là car le desk de Titrisation est encore imprégné du parfum entêtant de son after-shave. Les deux Français diplômés de HEC ont bien picolé l'autre soir. Et là, ils sont en conférence avec un analyste des marchés à terme pour ficeler un contrat de cacao qui transfère le gros du risque sur les cultivateurs en cas de baisse. Il les verra tout à l'heure. Joachim Dietzel (que tout le monde appelle Le Hamburger, parce qu'il est originaire de Hambourg – subtil, hein ?) est à son ordinateur, cogitant sur un modèle de martingale. Lucian Barton et Toby O'Toole (surnommés respectivement Lucie et Tootie), les deux anciens physiciens de University College et piliers de pub de l'équipe, ont le nez rivé sur leur écran. Lucie a le teint légèrement rougeaud avec des taches de rousseur, les cheveux carotte et une coupe à la Mac Gyver qu'il doit trouver cool. Tootie, lui, a des yeux gris pâle aux pupilles curieusement dilatées, une déplaisante voix nasale et d'anciennes traces d'acné.

« Vous vous rappelez la fête de Maroushka ? » Serge s'appuie avec désinvolture contre le bureau de Lucie. « Tu savais que l'addition dépassait les 13 000 ? »

Lucie hausse les épaules. « Ils se sont peut-être trompés au resto. »

Tootie esquisse une moue de dédain. « Ne me dis pas que tu as des soucis pécuniaires, Freebie ?

— C'est juste que je me demandais, comme on était sept...

— Pourquoi tu ne le lui demandes pas à elle ? C'est elle qui a commandé le Château d'Yquem. »

Tootie fait un signe du menton en direction de la porte à double battant, à l'instant même où Maroushka fait son entrée. Aujourd'hui, elle est en vert pâle, avec un collier orné de boules argent. Elle se faufile devant eux pour rejoindre le bureau vitré en s'arrêtant une seconde devant son poste pour lui demander : « Tout va bien ? »

Doit-il lui parler du Château d'Yquem ? Non, ce serait la honte. Il vaut mieux qu'il règle ça directement avec le restaurant ou demande aux autres de mettre la main à la poche.

Pour appeler le restaurant, il faut qu'il attende de pouvoir faire un saut dehors à l'heure du déjeuner. À moins que... Les toilettes pour handicapés sont la seule pièce de l'étage qu'on peut verrouiller de l'intérieur et le bruit court qu'elles abritent les amours clandestines et les conversations téléphoniques prohibées avec les chasseurs de tête. Il quitte discrètement son poste de travail et attend l'air de rien que la voie soit libre, puis il se glisse discrètement dans les toilettes, verrouille la porte et sort son portable. La chaleur est étouffante et ça empeste le chlore, la pisse et... c'est quoi cette odeur ? Un parfum familier lui picote les narines, un parfum qui provient d'un tout autre contexte. Il se concentre sur ses composantes dominantes. Benzène. Anis.

Apparemment, le restaurant n'a pas de site Web et il est obligé d'appeler les renseignements. Quand il réussit enfin à joindre l'établissement, il laisse sonner un long moment et s'apprête à raccrocher lorsqu'une voix de femme manifestement irritée finit par répondre. « Oui ? »

Il demande à parler au directeur.

« Si c'est La Poire d'Or que vous voulez, lui répond-elle, c'est pas le bon numéro, même que c'est la quatrième fois aujourd'hui, et si vous voulez mon avis, si j'étais vous, je m'emmerderais pas à y aller, parce que c'est dégueulasse et ça coûte la peau des fesses.

— Désolé, miss. Mais ce n'est pas une raison pour me hurler dessus.

— Allez-vous faire foutre ! »

Elle raccroche.

Il regarde de nouveau le reçu qu'il tient à la main. C'est curieux, ce montant – 13 107,01 livres. Ce penny à la fin – d'où vient-il ? Sur le menu, il n'y avait aucun prix qui se terminait en 1. En fait, il n'y avait que des multiples de vingt, même l'eau. Ça ne peut pas être non plus un pourcentage de service. On dirait plutôt un nombre surgi de nulle part, auquel on a rajouté quelques pence pour lui donner un semblant de précision. Non, il a déjà vu ce nombre quelque part. Il l'examine : 131071. Ce ne serait pas le sixième nombre premier de Mersenne ? $M_p = 2^p - 1$, où p est un nombre premier, dans ce cas, 17. Oui ! Une coïncidence ? Un modèle ?

Quand il revient dans la salle de marché, les traders s'activent et le bruit de fond est monté d'un cran. Tout autour de lui, on génère des profits à une vitesse phénoménale – en fait, il a contribué à en générer une quantité à lui seul. Ces types ne sont pas plus brillants que lui, ils seraient sans doute incapables de reconnaître un nombre premier de Mersenne, et pourtant ils gagnent un paquet de blé. La plupart des quants n'opèrent pas sur les marchés, à part certains VIP comme Timo Jääskeläinen qui cumulent les deux rôles. Il s'est souvent retrouvé aux côtés de Timo, à observer la valse des données en essayant de les réduire à un algorithme. Timo est un type compétent, mais il est un peu bourrin. On raconte que c'est lui qui a « découvert » Maroushka, un soir où il séchait sur un algorithme alors qu'elle passait l'aspirateur autour de son bureau. Elle lui avait montré l'erreur, avant de reprendre son aspirateur. Si Timo réussit à gagner de l'argent en tradant, il en est sûrement capable lui aussi. Il pourrait éviter toute cette histoire en réglant lui-même l'addition, puis se faire rembourser par les autres si le restaurant ne crache pas.

Ce n'est pas la première fois qu'il songe à trader pour son propre compte. À l'époque où il avait besoin d'un apport pour acheter son appartement, il avait commencé à se renseigner auprès de cabinets d'investissement de Doncaster, par sentimentalité tout d'abord, mais aussi parce qu'il se disait qu'il serait avantagé par sa connaissance du terrain. Mais sur ce, son courtier en prêt lui avait proposé de financer l'achat à hauteur de 110 %, et il avait mis son projet en veilleuse. Mais entre le sale coup de l'addition et les problèmes de trésorerie d'Otto, il a toutes les raisons de le mettre à exécution plus tôt que prévu. Il jouera la prudence, se fixera des limites strictes. Il gardera les pieds sur terre, contrairement à d'autres qu'il a vus perdre la tête.

Il s'installe confortablement et prend le temps d'étudier les indices FTSE des petites et moyennes capitalisations et du marché secondaire non réglementé de l'AIM, l'Alternative Investment Market. Il a constaté récemment une activité intéressante de ce côté-là. Un frémissement à la hausse aussitôt suivi d'une baisse. Le même frémissement se retrouve sur le front des petites valeurs où se situent les actions qu'il cible, mais seul un œil avisé peut le déceler. Le schéma est familier et correspond aux fluctuations habituelles du marché – ce qui est plus inhabituel, en revanche, c'est le retracement, qui est repassé en dessous du point pivot précédemment atteint. Il s'est déjà produit un phénomène similaire la semaine dernière, et hier encore, mais à la clôture des marchés, la situation s'était rétablie. Cela s'est reproduit aujourd'hui, et cette fois, le retracement est de 38, 4 % – soit 0,2 %

de moins que le niveau admis par Fibonacci. Est-ce une simple variation qui se situe dans la normale des retracements de Fibonacci, ou le signe d'un retournement du marché ? Les battements de son cœur s'accélèrent. Il affiche les graphiques sur son écran.

Prévoir les marchés est autant une question de psychologie que de science. Plus les gens sont nombreux à prévoir un phénomène, plus il a de chance de se produire – c'est l'effet de masse. Fibonacci intègre ce facteur humain, c'est un système intuitif qui est très en vogue parmi les traders, en partie grâce à Dan Brown, évidemment. Il y a toutes sortes d'adaptations grossières du nombre d'or par ici mais, pour gagner de l'argent, c'est bien simple, le secret c'est d'arriver en premier.

« On peut gagner de l'argent sur des marchés à la baisse, à condition d'être assez culotté pour saisir l'occasion et assez malin pour savoir quand elle se présente. »

Il se souvient des termes exacts qu'a prononcés La Poule le jour de son entretien, il y a un an. Serge était assis sur un fauteuil en cuir pivotant, transpirant de nervosité, à moitié étranglé par cette même cravate de Queens' College qu'il porte aujourd'hui (la différence, c'est que maintenant, c'est du second degré), les genoux bien serrés, les pieds ancrés au sol pour résister à la tentation de faire pivoter le siège.

Quand on lui a offert ce poste et qu'on l'a initié à ce jeu, il lui a paru incroyable qu'on puisse emprunter des actions et les revendre aussitôt avant même de les avoir payées, puis attendre qu'elles baissent pour les racheter moins cher qu'on les a vendues et les rendre au courtier en empochant la différence. Cela se pratique tous les jours chez FATCA. Certains traders n'empruntent même pas les actions – ils se contentent de les vendre avec l'intention de les racheter par la suite. Cela s'appelle une vente à découvert « à nu », c'est parfaitement légal et s'ils savaient, son père et sa mère en feraient une crise d'apoplexie.

Étant donné les millions qu'il rapporte à FATCA, qu'y a-t-il de mal à vouloir empocher un petit bénéfice au passage – histoire de se sortir de ce pétrin et d'aider un ami d'enfance ? Strictement parlant, ce n'est pas bien – les traders comme lui ne sont pas censés trader pour leur propre compte pendant leurs heures de travail. Les bonus qu'ils reçoivent sont là pour compenser cet élan d'égoïsme qui, quoi qu'en dise Doro, est inhérent à la nature humaine. Mais beaucoup d'entre eux ont des comptes personnels déclarés auprès du Responsable de la Conformité, qui vérifie qu'ils n'enfreignent pas le règlement. Et certains ont également des comptes personnels non déclarés qui offrent davantage de possibilités. Bien que leurs appels soient enregistrés et leurs mails stockés, c'est plus un suivi *a posteriori* – personne ne va vérifier sans raison.

Ce n'est pas facile d'ouvrir un compte en banque anonyme à l'heure de la lutte antiblanchiment. Mais en fait, il a déjà accès à un compte à moitié dormant d'un club de Cambridge ouvert au nom d'un certain Dr Black, qui continue à fonctionner grâce à une poignée d'anciens étudiants ayant oublié d'annuler le prélèvement de leurs cotisations – c'est un reliquat de ses premières années à Cambridge, où il avait été trésorier de l'éphémère Cluedo Society de Queens' College. Et même après avoir tiré Otto d'affaire, il devrait lui rester 12 000 livres sur son compte épargne. Si seulement cette histoire empoisonnante d'addition ne lui était pas tombée dessus, il ne penserait même pas à trader pour son compte.

Bon, par où commencer ?

Son domaine, à la banque, ce sont les *Synthetic Collateralised Debt Obligations* dites CDO synthétiques, ces produits dérivés sophistiqués basés sur le risque de défaut qui génèrent le plus de profits, mais il est hors de question qu'il place son argent durement gagné dans ce ramassis de prêts hypothécaires hasardeux, de crédits à la consommation et de prêts automobiles non garantis, couverts par quelques emprunts haut de gamme, le tout roulé comme un strudel aux pommes, coupé en tranches et emballé pour être vendu et revendu jusqu'à ce qu'il soit impossible de retrouver les composants d'origine. Ça s'appelle la titrisation et c'est censé réduire le risque – quelle blague. Difficile d'imaginer un mécanisme moins sûr. Il sait – tout le monde sait – que l'on court de nouveau à la catastrophe.

Au moins, avec le vieux système des actions et des parts on sait ce que l'on achète ; on peut être à peu près sûr du contenu du portefeuille que l'on acquiert. À l'heure actuelle, ce qui rapporte le plus, c'est d'échanger de gros volumes en jouant sur les petites variations de prix, mais il faut le capital pour se lancer et il n'a pas les reins assez solides. Pour atteindre rapidement son objectif, il va lui falloir prendre des risques.

Il passe en revue le registre des entreprises pour trouver des renseignements sur les sociétés du South Yorkshire, où sa connaissance du terrain et ses contacts devraient l'avantager et minimiser les risques. En voilà une, basée à Askern. Syrec : South Yorkshire Recycling. Ça lui dit vaguement quelque chose. Clara lui a bien parlé d'une grosse aide au développement de la région ? Askern Villa, le club de foot qu'il soutient depuis qu'il est petit, dégringole au classement de la ligue, mais le profil de Syrec est nettement plus souriant. Syrec n'est pas cotée en Bourse, mais la société mère, South Yorkshire Consolidated, est cotée sur le marché secondaire de l'AIM. SYC est une holding qui détient des intérêts dans la valorisation des déchets, la finance, le développement immobilier, les résidences spécialisées, les maisons de retraite et les zones commerciales. Au bout de dix minutes de recherche, il découvre qu'ils ont une confortable réserve de contrats de collectivités locales situées dans le Nord, mais cette nouvelle aide au développement n'est apparemment pas encore parvenue à l'attention des médias nationaux, car elle n'a pas été suivie d'une hausse brutale du cours. C'est l'avantage de connaître le terrain. L'actionnaire principal de SYC est une autre société du nom de DASYS Ltd, qui est enregistrée au Luxembourg. Pourquoi le Luxembourg ? Il est difficile d'y retrouver l'identité des propriétaires ; mais la société affiche des perspectives encourageantes.

Edenthorpe Engineering, qui est cotée sur le marché des sociétés à faible capitalisation dit Small Cap – encore un nom familier : une vieille entreprise familiale du Yorkshire qui fabrique des machines-outils depuis 1957 et se trouve être un des plus gros employeurs de la région de Doncaster. Il a effectué un stage d'entreprise dans leurs bureaux, non loin de l'école de Clara, et il garde un souvenir ému de cet été-là et d'une réceptionniste du nom de Tiffany, qui avait une poitrine absolument sublime. Mais les derniers résultats d'Edenthorpe sont plutôt chancelants et pour reprendre le credo des banquiers, sur les marchés, les sentiments n'ont pas leur place.

Il s'arrête également sur Endon (Enterprise Doncaster) et WyMad (West Yorkshire Media Advertising – la publicité, c'est un peu éloigné de son domaine, mais quelle idée d'aller intégrer « Mad » dans leur nom – ils vont droit dans le mur) et lorsqu'il regarde les chiffres, il distingue la même amorce d'un modèle de marché sur le point de passer d'une phase haussière à une tendance baissière. C'est peut-être l'occasion à saisir.

Les gens comme Doro croient que pour faire fortune, il faut simplement acheter des actions et attendre que leur valeur grimpe grâce à la noble sueur qui perle au front des travailleurs. Ils ne comprennent pas que les banques continuent à gagner de l'argent quand le marché chute, en empruntant et en vendant des actions qu'elles ne possèdent même pas, pour ensuite les racheter quand leur prix a baissé. Le hic, c'est quand à la place, leur prix augmente et qu'il faut les racheter à perte.

Doro avait failli piquer une crise de nerfs quand il avait essayé de le lui expliquer un jour. « C'est totalement immoral de jouer à la loterie avec le gagne-pain des gens ! » avait-elle hurlé, n'ayant manifestement rien compris.

Ça ne va pas être facile de la convaincre d'accepter son nouveau métier, mais pour l'instant, il n'a pas la tête à ça.

Il retourne dans les toilettes pour handicapés, s'enferme et appelle une société de courtage qui fait de la publicité dans les journaux du dimanche. Il place ses ordres, 2 K en position courte sur chacune des trois valeurs du Small Cap, en utilisant presque la moitié de sa cagnotte puis, à la réflexion, mise le reste sur l'AIM, en prenant une position longue sur SYC. En tout, ça lui prend moins de dix minutes, mais la tension est telle qu'il a l'impression que ça fait une heure. Quand le courtier lui confirme les données, il se met à suer à grosses gouttes. De nouveau, il sent flotter des relents douceâtres d'anis et de benzène dans l'atmosphère étouffante des toilettes. Tim le Finnois a dû venir ici soigner ses problèmes de prostate. Le pauvre.

Quand toutes les transactions sont confirmées, il sort avec précaution dans le couloir et retourne à son poste de travail. Le retracement est toujours là, miroitant derrière l'écheveau de graphiques sur l'écran comme une sirène prise dans les filets d'un pêcheur à la marée descendante – prêt à être cueilli. Si les marchés sont réellement en passe de chuter, ce pourrait être la chance de sa vie, l'occasion rêvée de ramasser une petite fortune au moment où ils plongent. Il observe le reflet de la suite de nombres se décomposer, s'estomper et se reformer, et murmure : « Allez, vas-y ! »

DORO : Sous l'œil vigilant de Che Guevara

C'est tout de même curieux, se dit Doro en creusant des trous dans le carré du potager, que Serge et Clara n'aient pas été plus enthousiastes à l'idée que leurs parents se marient. Curieux également que Marcus l'ait suggéré alors qu'il était question de l'adoption d'Oolie. Elle n'en a pas encore parlé à Oolie. Il faudrait lui expliquer que Marcus et elle ne sont pas ses vrais parents et elle n'est pas prête à déterrer des souffrances qui remontent à l'époque de la communauté.

Ce matin, en rentrant de la pépinière où elle a acheté ses semences, elle est passée devant la ruelle qui menait à Solidarity Hall et elle a été submergée par une telle nostalgie qu'elle avait peine à dire si elle était empreinte de douceur ou d'amertume. En ce temps-là, elle ne s'inquiétait de rien. Tout était plus vivant, les couleurs plus éclatantes, la musique meilleure, les gens plus amusants.

Elle sourit en se remémorant cette époque
– sachant que c'est le signe qu'elle vieillit, mais
se laissant porter par les souvenirs.

La terre sèche s'effrite entre ses mains tandis
qu'elle prépare les rangées en se demandant s'il
est encore trop tôt pour planter les choux de
printemps. Elle met les semences dans les trous
en les enfonçant avec les doigts. D'une certaine
façon, ses enfants sont un peu ses semences
de choux à elle, plantées dans le sol friable des
années soixante-dix, nourries d'un terreau riche
d'idées bien enracinées qu'ils avaient explorées
comme des vers de terre furetant en quête
d'aventure et d'une société plus libre, plus juste
– peu importe ce que cela signifie. Comme tant
de choses, tout était plus simple, plus joyeux en
ce temps-là. Aujourd'hui, ses semences poussent
dans un monde bien plus dur. Elle s'inquiète.
Pourront-elles survivre et s'épanouir ?

Elle se disait que ce qui lui manquait le plus,
c'était le jardin – ces mille mètres carrés quasi
sauvages qu'elle avait apprivoisés et cultivés –
les tournesols, les tomates et mêmes ces fichus
lapins. Après l'incendie, en 1994, quand ils étaient
venus s'installer dans la maison de Doncaster
avec sa pelouse de la taille d'un mouchoir de
poche, elle avait déposé une demande de jardin
ouvrier. Elle avait mis sept ans pour arriver en
tête de la liste d'attente, mais aujourd'hui elle
est là, dans ce coin de soleil perdu en périphérie de la ville, occupée à planter ses choux de
printemps. Songeant que ce qui lui manque, en

réalité, ce n'est pas le jardin, mais sa jeunesse et les premières années de ses enfants.

Ils étaient arrivés à Askern en novembre 1969 par un de ces bonds de l'imagination typiques de l'effervescence qui régnait au lendemain de 68. À l'époque, il était mal vu d'admettre que l'on avait fréquenté des écoles privées, que l'on appartenait à la bonne bourgeoisie ou que l'on avait de l'argent. Quelle n'avait pas été leur surprise, par conséquent, quand ils avaient découvert qu'en dépit de son bonnet de laine et de son accent cockney, Fred le Rouge disposait d'une fortune familiale. Enthousiasmé par leurs conversations, il avait acheté un beau jour l'ancienne demeure du propriétaire de la mine d'Askern pour 1 300 livres, à une vente aux enchères des biens du National Coal Board, la société des charbonnages, sans même l'avoir visitée. Il leur avait annoncé la nouvelle alors qu'ils étaient attablés dans la cuisine de Hampstead.

« Nous allons passer de la pratique théorique à la pratique en soi », avait-il déclaré.

Elle n'avait pas la moindre idée de ce qu'il voulait dire, mais c'était convaincant.

« Nous allons nous servir de notre éducation non seulement pour nous enrichir, nous, mais enrichir la société, avait ajouté pensivement Marcus de sa voix caverneuse qui la faisait frissonner, en nous rappelant que l'économie est déterminante, mais uniquement en dernier ressort.

— Nous bâtirons une société où tout le monde pourra se réaliser pleinement en tant qu'être humain ? avait-elle ajouté avec hésitation, craignant qu'ils se moquent de sa naïveté.

— Parce que l'individuel est politique », avait minaudé Moira, de ce ton extatique qu'elle prenait pour enfoncer des portes ouvertes.

Quand ils avaient fait le voyage tous les cinq pour le South Yorkshire – Fred et un ami du nom de Nick Holliday, Marcus, Doro et Moira – avec la Coccinelle orange de Nick, ils avaient eu du mal à cacher leur déception en s'apercevant que la demeure en question n'était pas à côté de la mine, mais à l'écart, au bout d'une route de campagne, non loin du village de Campsall, à près d'un kilomètre de la houillère d'Askern, dont les deux molettes grêles dominaient le paysage plat de champs carrés joints par des haies broussailleuses qui s'étendait à perte de vue.

Solidarity Hall, puisque c'est ainsi qu'ils avaient baptisé leur nouvelle maison, était une énorme bâtisse gothique en brique rouge, une sorte de Saint-Pancras à l'échelle réduite, à mi-chemin de Pontefract et de Doncaster. Elle avait été construite en 1890 pour le propriétaire d'une mine près de la jolie bourgade d'Askern, jadis célèbre pour ses thermes, et reflétait les ambitions grandioses de son temps – lorsque la glorieuse Albion régnait sur les mers et que les grands gisements de houille du Yorkshire alimentaient l'essor industriel de la nation et ravitaillaient les trains et les bateaux qui transportaient les marchandises aux quatre coins de l'Empire.

En 1946, dans la fièvre des nationalisations qui avait suivi la guerre, elle avait été reprise par le NCB, qui y avait installé ses bureaux et bâti une annexe pour loger le directeur. Mais par la suite, les charbonnages avaient fait construire de nouveaux bureaux plus fonctionnels près du gisement et le dernier directeur en date était allé s'installer depuis belle lurette dans une jolie maison moderne d'Askern, tant et si bien que la demeure était vide depuis plusieurs années quand la communauté y avait emménagé.

Elle sentait l'humidité, les étroites fenêtres gothiques ne laissaient entrer qu'un filet de lumière et la décoration vert vomi avait été rénovée pour la dernière fois en 1950, mais elle était en meilleur état que la maison de Hampstead et possédait six chambres glaciales, plus quatre sous les toits, où les enfants devaient plus tard établir leur domaine. En enlevant les cloisons en contreplaqué des bureaux, ils avaient découvert deux énormes salles de réception et une vaste cuisine pleine de courants d'air, tout en Formica crasseux et en émail ébréché. Et puis il y avait l'annexe du directeur de la mine, dont Moira avait décrété qu'il ferait un atelier d'artiste idéal, alors que Marcus et Fred y avaient vu d'emblée un centre d'études du marxisme destiné à la population locale. Doro était éblouie par les mille mètres carrés du jardin en broussaille, avec ses lilas, ses pommiers, son carré de potager envahi par la végétation et ses lianes galopantes, qui s'échappaient à travers les haies.

Furieuse à la perspective de déménager, l'althussérienne avait accusé Fred de dilettantisme et d'interpellation de la fonction par l'idéologie, et elle était partie en claquant la porte de la maison de Hampstead avec une telle violence qu'une pluie d'éclats de verre provenant de la fenêtre du dessus était retombée dans l'allée. Et c'est ainsi que Nick, un étudiant de troisième cycle en maths, petit, sérieux, qui ne faisait pas partie du collectif de départ mais possédait la Volkswagen orange, avait été invité à emménager. Quand Doro avait avoué à Moira que dans le genre cérébral, elle le trouvait plutôt séduisant avec ses grands yeux bruns et ses beaux cils recourbés qui battaient derrière ses lunettes à monture noire, Moira avait mis un point d'honneur à coucher avec lui. Elle était comme ça, Moira.

Nick recevait également de temps à autre une petite copine du nom de Jen, une fille tapageuse à moitié hystérique, qui prétendait que le féminisme dérivait de la sorcellerie et essayait de convaincre les femmes de danser nues autour d'un grand feu dans le jardin par les soirs d'été (elles avaient été sauvées par le climat du Yorkshire). À part peut-être l'attraction des contraires, on avait du mal à comprendre ce que Nick lui trouvait. Un beau jour, elle était partie vivre avec un type dans une communauté de thérapie reichienne qui pratiquait le revécu de la naissance et le cri primal, et Doro avait éprouvé une pointe de soulagement coupable.

Askern se trouvait en bordure du bassin houiller du Yorkshire et Marcus avait essayé de se faire embaucher à la mine pour être aux côtés du prolétariat, mais ayant été jugé trop qualifié, il s'était vu offrir à la place un poste dans les nouveaux bureaux du NCB. C'était leur premier titulaire d'une thèse. Fred, qui lui n'avait toujours pas terminé sa thèse, avait été engagé à la mine de South Kirby, mais au bout d'un mois à peine, il avait décidé de se consacrer à la fondation d'un centre d'études du marxisme dans une chambre de l'annexe. Nick enseignait les maths à l'école primaire de Doncaster et devait être l'enseignant le plus diplômé qu'ils avaient jamais eu. Moira travaillait deux jours par semaine à Rotherham comme art-thérapeute dans un centre destiné aux victimes de traumatismes crâniens et, par la suite, avait pris un stand au marché du samedi de Pontefract, où elle vendait des tableaux, des abat-jours, des mobiles en papier coloré et des bijoux en perles de verre, qu'elle fabriquait à la table de la cuisine de l'annexe. « Pour embellir la vie des masses », disait-elle. Doro travaillait à mi-temps au lycée technique, où elle enseignait les lettres et les sciences humaines à des apprentis électriciens et des monteurs du NCB, ce qui lui laissait suffisamment de loisir pour commencer à apprivoiser le jardin.

Le soir, ils s'asseyaient à la longue table peinte en jaune de la cuisine, en fumant du hasch sous l'œil vigilant de Che Guevara affiché au mur tout en discutant des progrès qu'ils avaient accomplis au service de la cause révolutionnaire. Elle avait toujours le poster de Che Guevara, quelque part roulé au fond d'un placard.

CLARA : La lenteur des plantes

Vivement trois heures et demie ! Les enfants ont joué avec les nerfs de Clara tout l'après-midi. Quand il fait chaud et humide comme aujourd'hui, ils sont impossibles. Elle leur parle des plants d'arbres alignés sur le rebord de la fenêtre. Le mystère des plantes tient dans leur lenteur – elles prennent le temps de s'établir dans leur environnement, s'adaptent à ses exigences. Certains arbres mettent treize mille ans à atteindre leur taille adulte ; ces plants commencent à peine leur croissance, explique-t-elle aux enfants. Ils bâillent en ronchonnant.

Avant de rentrer chez elle, elle jette un œil à Hamlet. Il est empêtré dans sa litière. Prise de panique, elle le dégage, lui remet de l'eau dans sa bouteille et lui gratouille le ventre. Ne meurs pas, je t'en prie, ne me fais pas ce coup-là, Hamlet ! Il lui jette un regard bougon et se retire sous son édredon de paille imbibée de pisse.

Quand elle part avec son sac bourré de devoirs à corriger jeté sur l'épaule, la voiture de Mr Gorst/Alan est toujours là. Le voilà justement qui traverse le parking d'un pas viril. Elle sourit. Il lui rend son sourire. Sur ce, la porte se rouvre et une autre silhouette se dirige vers eux en se tortillant, vêtue d'une robe Regency au corsage bien rempli, assortie de sandales de centurion romain et d'une sacoche de médecin style XIXe. Elle monte dans la voiture du directeur côté passager. Où est passée la Fiat préhistorique ? Ratatinée ? Se pourrait-il que Mr Gorst/Alan soit attiré par miss Historik Postlethwaite, sa maladresse au volant, ses soupirs exaltés et la thématique historique de sa garde-robe ? Ils font un signe de la main à Clara et s'en vont.

Elle sait bien que sa réaction est irrationnelle, peu charitable et injustifiée, et c'est pour cette raison qu'elle veille à traiter miss Posthlewaite avec une politesse absolue. Mais celle-ci fait partie de ces gens qui lui font apprécier la compagnie des plantes.

Il est presque six heures quand elle arrive à son domicile. Ida Blessingman, qui occupe l'appartement d'en face, a déversé le contenu de ses sacs à provisions sur le palier, au pied de la porte, et cherche ses clefs en marmonnant des jurons orduriers. Ce qui se produit régulièrement.

« Alors, comment ça s'est passé ? lui demande Ida qui a fini par trouver sa clef et ouvre la porte. Ou plutôt, comment va-t-il ? »

Clara lui a déjà parlé de Mr Gorst/Alan. Elle pousse un soupir et lui raconte comment il est parti avec miss Hippo.

« Que veux-tu, il y a des hommes qui se complaisent dans la banalité, répond Ida en soulevant péniblement ses sacs de course. Et ils choisissent leurs compagnes en conséquence.

— Le problème, c'est qu'elle est vraiment gentille.

– Aucune importance. Fais comme si c'était une salope. »

Ida a beau avoir quatre ans et facilement dix kilos de plus que Clara, elle s'habille avec des vêtements chers et bien coupés qui la mettent en valeur, lui donnent de l'élégance, et ses bouclettes noires de mouton frisotté sont toujours savamment décoiffées. Elle est avocate à Paradise Square, a déjà divorcé deux fois et déclare préférer le cheesecake aux hommes.

« Sur Facebook, elle a mis comme centres d'intérêt l'histoire et la couture, dit Clara.

— Un mélange détonnant, répond Ida. Tu as besoin d'un gin bien tassé. »

SERGE : L'Élite mondiale

Quand Serge a fini par joindre La Poire d'Or, mercredi soir, le restaurant ne savait rien au sujet de l'addition, mais lui a promis de se renseigner. Depuis, il n'a pas eu de nouvelles mais il ne s'inquiète pas trop car les titres sur lesquels il a pris une position courte baissent régulièrement et, à la clôture jeudi soir, l'indice du Footsie affichait un repli de 70 points. Il a calculé que s'il devait les racheter maintenant, il dégagerait une marge de quasiment 20 % sur sa mise de départ. Pas mal pour une heure de boulot. L'essentiel, maintenant, c'est d'avoir les nerfs solides pour tenir le plus longtemps possible afin d'optimiser ses gains.

À sa stupéfaction, dès le vendredi après-midi, il a déjà empoché suffisamment pour rembourser la majeure partie du montant débité sur sa carte de crédit et, s'il le souhaite, proposer à Otto de lui avancer sa prochaine mensualité. C'était d'une simplicité enfantine. Un autre coup comme celui-là et il sera revenu au point de départ. Et même légèrement au-dessus. Il a ramassé un joli magot et les retracements de Fibonacci continuent à jouer en sa faveur. La prochaine fois, il augmentera le plafond qu'il s'était fixé. Il a encore la tête qui tourne et il a besoin de se calmer. Il envoie un texto à Otto pour lui proposer de fêter ça en prenant un pot, mais ce dernier ne lui répond pas, aussi va-t-il voir la princesse Maroushka à son poste de travail.

« Tu as des projets ce soir, Vénus ? »

Lorsqu'il se penche au-dessus de son fauteuil, il sent les effluves de son étrange parfum.

« Oui », répond-elle. Sur son écran, il entrevoit brièvement l'éclat d'une fenêtre qui se ferme.

« Demain ?
— Oui aussi.
— Dimanche ?
— Tu veux quoi, Sergei ? »

Elle pivote brusquement dans son fauteuil et leurs regards se croisent. Cette façon déroutante qu'elle a de sourire sans sourire est incroyablement sexy.

« Un verre ? Un dîner ? Un film ? »

C'est d'une extrême sagesse comparé à ce qu'il a en tête, mais c'est un début.

« OK. » Elle se retourne vers son écran.

Elle a peut-être ses règles. Les femmes sont souvent de mauvais poil dans ces moments-là. Sa dernière petite amie, Babs, était comme ça – impossible de l'approcher. Il refera une tentative quand elle aura eu le temps de se calmer.

Mais à six heures pile, avant qu'il n'ait pu mettre au point le programme de dimanche, elle enfile sa veste et se précipite vers l'ascenseur. Pourquoi cette hâte ? La plupart de ses collègues vont sans doute rester encore au moins une heure. Il s'attarde quelque temps, n'ayant pas envie de rentrer tout de suite. Dans la salle, c'est l'atmosphère électrique des vendredis soir, où le monde entier s'apprête à fêter la fin de la semaine. Dans la journée, on parle anglais dans la salle de marché, mais à mesure que les gens se détendent, les conversations se changent en un brouhaha confus de langues étrangères. Les trois blonds australiens sont devenus potes avec les deux blondes américaines (espérons qu'elles ont une copine) et ils vont aller prendre une cuite. Les trois traders obligataires japonais tirés à quatre épingles se tordent de rire dans leur coin. Il y a également deux types de Singapour dans leur équipe, mais ils ont tendance à traîner avec les Chinois dans leurs palais extravagants de Gerrard Street. Même les Indiens un peu guindés des Devises vont au pub avec Lubkov, le mathématicien russe aux cheveux longs et le souriant Ishmail al-Ali, un ancien étudiant palestinien en aéronautique, dont on raconte qu'il a fait perdre 5 millions de livres sterling à FATCA à cause d'une erreur informatique. Ça n'a pas l'air de le perturber outre mesure.

Au milieu du brouhaha, la voix de Tim le Finnois entonne *I'm forever blowing bubbles...*, l'hymne du club de West Ham, et quelques autres se joignent à lui.

Serge ne sait pas chanter mais il se sent pétillant de légèreté. Il a quelque chose à fêter, lui aussi, et bien qu'il soit obligé de garder le secret, il décide de suivre les Français, tous deux proches de la trentaine, avec ce côté beau brun ténébreux limite louche typique de chez eux, et Le Hamburger, blond, un peu plus âgé, qui mettent le cap sur un pub pour boire à la beauté de la vie, à la petite fille que Le Hamburger vient d'avoir et au sourire de Carla Bruni.

« ... *hyper mignonne... plutôt baisable. Qu'en pensent les Anglais* ?

— Euh... *comme une gazelle* ? » suggère-t-il.

Ils éclatent de rire et il se met à rire lui aussi, soudain englué dans la douce sensation de ne faire qu'un avec cette élite mondiale, jeune, brillante, mobile, libre de toute attache, qui a pour titre la richesse, pour passeport l'intelligence et pour unique nation l'argent.

Clara : La famille
de moineau parental

À l'entrée de Sheffield, Clara se retrouve coincée dans les embouteillages du vendredi soir et tapote le volant avec ses pouces au son de Bob Marley qui passe à la radio. « By the Rivers of Babylon. » C'était sa chanson préférée à l'époque de Solidarity Hall. Ça la ramène sur les traces presque oubliées de son enfance.

… there we sat down, yea-ea, we wept…

Après la mort de Fizzy le hamster et la raclée que lui avaient infligée ces sales gamins, elle s'était repliée sur elle-même ; elle avait arrêté de lever la main quand l'institutrice posait une question ; les sons lui paraissaient si étouffés, si lointains, elle avait la flemme. Peu à peu, elle s'était mise à buter sur les mots quand elle lisait. Elle avait souvent mal aux oreilles et séchait l'école pour rester à Solidarity Hall, où il se passait toujours quelque chose.

« Je veux changer d'école, avait-elle dit un jour à Doro.

— Pourquoi ça, ma chérie ?

— Je n'ai pas d'amis.

— Il faut apprendre à être ami avec toutes sortes de gens.

— Pourquoi ?

— Parce qu'on croit à la coopération. »

Comment se faisait-il qu'on ne le lui ait jamais dit ?

« Pourquoi ? »

Doro avait haussé les épaules et l'avait prise dans ses bras.

« Parce qu'on est comme ça. »

... when we remembered Zion...

Elle chante en se remémorant cette époque.

À l'école, on avait pitié d'eux – les enfants de la communauté – car ils échangeaient leurs vêtements et se jetaient sur les repas gratuits de la cantine. Ils n'avaient pas vraiment faim, mais elle se souvient à quel point ils avaient envie de viande et de dessert, car il n'y en avait pas souvent au menu de Solidarity Hall. Ce que les autres enfants ignoraient et qu'ils ne pouvaient pas leur expliquer, c'était l'avantage d'être entourés d'adultes qui jouaient vaguement le rôle de parents avec bienveillance et qu'ils pouvaient monter les uns contre les autres. Ils n'avaient aucune idée de la liberté qui était la leur dans la salle de jeux de la communauté, qu'ils avaient baptisée la Filande parce que c'était l'ex-île du leader Lennie. Et Clara en était la reine.

... carried us away... captivity... required of us a song...

Un jour, alors qu'elle avait presque neuf ans, deux ans après l'épisode du hamster, elle avait entendu Mrs Wiseman, son institutrice, dire au directeur : « Ils viennent tous de familles de moineau parental. » Elle chuchotait en camouflant du registre sa bouche maquillée, comme si l'expression était trop choquante pour être prononcée à voix haute mais, aux oreilles de Clara, elle avait des accents magiques.

Elle avait dû retrouver un peu de confiance en elle car elle avait levé la main pour demander : « C'est quoi une famille de moineau parental, miss ?

— Je ne m'adressais pas à toi, Clara. »

Ce soir-là, alors qu'ils dînaient autour de la longue table peinte en jaune de la cuisine de Solidarity Hall, elle avait demandé : « C'est quoi une famille de moineau parental ? »

Comme d'habitude, plusieurs conversations étaient menées de front et tout le monde parlait si fort qu'il était dur de placer un mot. Elle avait dû reposer sa question plusieurs fois et taper sur la table avec sa cuillère pour se faire entendre.

« Ne crie pas comme ça, Clara », lui avait dit Marcus. Il discutait avec Fred le Rouge de la propreté privée. (Curieusement, ils semblaient éprouver pour le sujet une inépuisable fascination.)

C'était au tour de Moira Lafferty de préparer le dîner et comme c'était une végétarienne qui croyait aux protéines équilibrées, il y avait une fois de plus au menu des haricots et du riz complet. Otto et Serge avaient commencé à se lancer à la figure leurs haricots durs comme la pierre – s'ils étaient durs c'était que tout le monde oubliait de les faire tremper. En esquivant un haricot, Serge avait basculé en arrière et il était tombé de sa chaise. Personne n'y avait prêté attention, sauf Doro.

« Ça va, Serge ? Tu tombes tout le temps. C'est à croire que tu es dyspraxique. »

Clara avait redonné des coups de cuillère.

« Pourquoi personne ne m'écoute ?

— Parle, Clara, avait dit Nick Holliday.

— Qu'est-ce que tu disais, ma chérie ? avait demandé Doro.

— La maîtresse a dit qu'on est une famille de moineau parental. Alors comment ça se fait que vous ne chantez jamais ?

— Debout les vannés de la terre... ! avait entonné Fred le Rouge de sa voix grave de baryton à l'autre bout de la table.

— Debout l'effort ça donne faim... ! l'avait accompagné Marcus.

— Ce n'est pas moineau parental mais monoparental, Clara, avait expliqué posément Nick Holliday de son ton professoral. C'est quand les enfants n'ont que leur père ou que leur mère... »

Elle avait éprouvé une pointe de déception devant la banalité de la chose.

« La raison tonne et tombe à terre... beuglait Fred en brandissant sa louche pour attirer l'attention afin d'intervenir dans la discussion. À mon avis, la famille, ça veut dire ce qu'on veut. Historiquement, elle a pris plusieurs formes, dont...

— Et nous, on est une famille monoparentale ? avait couiné Serge.

— Bien sûr que non, espèce de crispatique. On a plein de parents.

— Arrête de me traiter de crispatique.

— Doro dit que tu es un crispatique !

— Clara, Serge, soyez gentils...

— C'est elle qui a commencé...

— Ça suffit !

– C'est délicieux, Moira. » Marcus avait pris la louche des mains de Fred pour reprendre du ragoût uniquement composé, mis à part les haricots, d'oignons hachés, de tomates en boîte et de quelques cheveux longs appartenant à Moira. « Vous qui êtes féministes, vous ne croyez pas que vous devriez expliquer à Clara que la famille est une construction patriarcale destinée à faciliter la subordination des femmes et leur asservissement à la sphère domestique ? »

Tandis qu'il parlait, un déclic s'était produit dans l'esprit de Clara. Elle avait remué les mots comme une potion magique. Elle les avait appris par cœur. Elle s'entraînait à les prononcer à voix haute quand elle était seule. Ils avaient un goût de pouvoir.

Et puis un jour, elle avait enfin pu les employer.

« Et maintenant, je veux que vous écriviez tous une page sur votre famille », avait déclaré l'institutrice, Mrs Wiseman.

Elle avait pour habitude de leur donner du travail, et de les laisser pour aller fumer en douce dans la salle des maîtres. Les enfants la voyaient tirer sur sa cigarette par la fenêtre de la classe.

Clara avait levé la main. « Miss, la famille est une construction pyramidale destinée à faciliter la stupeur des nations de femmes et leur saisissement face au spectre du Harpic. »

Tout le monde l'avait dévisagée avec stupéfaction. La maîtresse l'avait fixée d'un regard glacial.

« Ce sont là de bien grands mots pour une toute petite fille. »

Clara s'était contentée d'esquisser un sourire en baissant les yeux, laissant agir la magie des mots.

Une vague d'agitation et de chuchotements avait parcouru la classe. Sentant la rébellion, Mrs Wiseman leur avait ordonné de sortir leurs cahiers avant d'aller bouder en fumant une cigarette dans la salle des maîtres. Quand elle était revenue, juste avant le déjeuner, c'était l'émeute et les enfants couraient dans tous les sens en braillant « Super nation ! », tandis que d'autres faisaient claquer le couvercle de leur pupitre en scandant « Amygdale ! Amygdale ! ».

... how shall we sing the Lord's song in a strange land ?....

À partir de ce jour-là, les autres élèves, et même la fille du hamster, lui avaient manifesté du respect. Ils lui demandaient son avis sur l'orthographe, le sexe, les cigarettes et autres informations essentielles. Elle répondait volontiers à leurs questions de façon détaillée, inventant quand elle ne savait pas. Chez elle, devant la glace, elle s'exerçait au Regard.

C'est ainsi qu'elle avait découvert les joies de l'enseignement.

C'était Nick Holliday qui l'avait encouragée à devenir institutrice, avec sa compagne Jen, la mère d'Otto, une fille bizarre qui passait son temps à crier, jusqu'au jour où elle avait décampé dans une communauté féministe révolutionnaire, où les noms de famille avaient été abolis et où tous les enfants s'appelaient Wild. Parfois, ses drôles de coparents lui manquaient. Chris Howe et Fred le Rouge, qui avaient choisi le prénom d'Oolie-Anna, théorisaient sur le développement de la personnalité socialiste. Fred le Rouge portait d'un bout à l'autre de l'année le même pull couleur de bouse assorti d'un bonnet noir tiré sur les oreilles et il sentait le fromage et les égouts, mais il jouait de la guitare et leur racontait des histoires captivantes sur les aventures de Lennie en Filande. Chris Howe, qui était rondouillard et rose comme une saucisse pas cuite, se baladait dans la maison vêtu uniquement d'un tee-shirt, sous les yeux des enfants qui pouffaient de rire. Moira Lafferty, avec ses beaux cheveux et ses bijoux en nacre, leur apprenait à faire des marionnettes à doigt. Chris avait eu l'idée de sculpter les légumes pour ôter leur aspect de légume et inciter les enfants, qui faisaient la fine bouche devant tout ce qui était vert et croquant, à imaginer que c'était autre chose. (Pour Clara, la magie opère encore et manifestement, c'est également le cas de Jason.) Et à une époque, il y avait aussi eu Mystery Megan – les enfants l'avaient surnommée ainsi car elle ne disait jamais rien.

Tant de parents pour vous démolir à coups de bonnes intentions. Elle soupire en repensant à l'intimité crasseuse de la salle de jeux de Solidarity Hall, son plafond bleu ciel, ses murs arc-en-ciel et ses piles de livres poussiéreux entassés dans un coin, et à la conviction insensée, dont les Grands les avaient abreuvés, qu'ils avaient pour mission de changer le monde.

... yea-ea, we wept, when we remembered Zion...

Doro a peut-être raison après tout – ce serait peut-être drôle de réunir tout le monde encore une fois. Quelques grosses gouttes de pluie tombées d'un lourd nuage violet qui flotte au-dessus de la ville s'écrasent sur le pare-brise. L'atmosphère est humide et étouffante. Elle met les essuie-glaces en marche en espérant que, d'ici demain, le temps s'éclaircira pour la Journée du Quartier.

SERGE : Talons aiguilles

Serge sort en suivant la marée humaine qui se déverse de la tour sous un ciel menaçant ; quelques gouttes lui tombent sur la tête mais l'air est doux et elles sèchent rapidement. Il se demande où Maroushka a bien pu passer. Les Français et Le Hamburger sont loin devant et il reste en arrière, prêt à les laisser tomber si jamais elle se matérialise.

Il continue à les suivre et traverse le parvis de Saint-Paul en direction d'un bar à vins qui, au dire du Hamburger, a un bourgogne absolument fabuleux. C'est alors que son regard est attiré par un éclair de jaune dans la foule grouillante du vendredi soir. C'est bien Maroushka. Curieusement, elle est quasiment au même endroit que le jour où il l'a aperçue alors qu'il prenait un café avec Doro. Une simple coïncidence ? Ou pas ?

Il s'écarte du groupe pour se diriger vers elle. Elle se faufile au milieu des masses en sueur qui rentrent après leur journée de travail et des touristes qui s'attroupent autour de la cathédrale. Elle disparaît. Puis il l'aperçoit à nouveau. La veste jaune est facile à repérer. Elle l'attire tel un flambeau. Un élan lyrique parcourt ses veines.

Princesse Maroushka !
Entends la chanson de Serge !
Ne sens-tu pas qu'en toi émerge
L'envie d'être à mes côtés
Sous le ciel étoilé ?
D'imperceptibles spirales de Fibonacci
Tournoient dans de lointaines galaxies.
Nous retiendrons notre souffle
En attendant que la foudre
Éclate au-dessus de nos têtes
Et sur la plage nous courrons en baskets...

Bon d'accord, on oublie les baskets.
Soudain, quelqu'un le bouscule, une grande blonde élancée avec des mèches et un Vuitton classique au bras.
« Holà, doucement », marmonne-t-il, mais elle est déjà hors de portée et fonce vers Maroushka. Visiblement, elle est sur ses talons.
Alors qu'elle l'a presque rattrapée, elle pousse une longue plainte à mi-chemin entre le gémissement et le cri de guerre. Maroushka l'entend, s'arrête, se retourne, la voit et se met à cavaler. La blonde court également. Il leur emboîte le pas en zigzaguant dans la foule tout en veillant à ne pas les perdre de vue.
La blonde hurle quelque chose qui ressemble à « lutte iranienne ! ».
C'est quoi cette histoire ?

Maroushka retourne la tête l'espace d'une seconde pour lui lancer « Va te pisser dessus ! », puis repart à toute allure, mais elle est gênée par ses talons aiguilles et titube dans tous les sens en risquant de se tordre la cheville.

La blonde, qui est en ballerines, gagne du terrain.

Doit-il intervenir ? Quelque chose lui dit qu'il ne vaut mieux pas.

Brusquement, Maroushka s'arrête net, enlève ses escarpins, les plante au beau milieu du trottoir, remonte sa jupe à mi-cuisses (waouh !) et se met à sprinter comme une pro. En trois secondes, elle a disparu au détour d'une rue.

L'autre s'arrête au coin et regarde autour d'elle.

Il s'arrête également.

Elle se retourne. Leurs regards se croisent. Il ramasse les chaussures et les glisse dans les poches de sa veste. Elle éclate en sanglots.

« Madame...

— Mais vous êtes tous les mêmes, merde ! Une bande de sales pervers obsédés par le sexe ! »

Elle pousse un sanglot déchirant avant de replonger dans la foule et disparaît.

Il sort les escarpins de sa poche et les renifle. Ils sentent la transpiration fraîche et le cuir neuf. Il imagine déjà une série de scénarios délicieux pour les rendre à leur propriétaire. Il remonte Godliman Street en direction de la Tamise d'un pas nonchalant, en les serrant contre lui sous sa veste. Quand il arrive sur les quais, il se met à pleuvoir des cordes. Il lève la tête et laisse les gouttes ruisseler sur son visage comme une pluie de baisers.

Clara : La fusée en carotte

Alors que le Yorkshire a été submergé par une vague de chaleur tardive pendant toute la semaine, le temps a brusquement changé vendredi soir. Au grand désespoir de Clara, la Journée du Quartier se déroule sous une pluie battante. Ils sont obligés de déplacer les stands sous le préau et les élèves n'arrêtent pas d'entrer et de sortir en courant avec leurs chaussures crottées, traînant derrière eux des parents maussades. L'espace est si confiné que les familles tournent en rond en se bousculant, créant des espèces de remous d'où s'échappent des relents douceâtres de misère suintant l'humidité. Les fenêtres sont tout embuées ; le bruit est assourdissant.

Le gardien, Mr Philpott, arbore un costume marron antédiluvien et un nœud papillon rouge qui lui donnent un air de dignité passée. Mr Gorst/Alan est craquant avec son pantalon beige porté avec une veste. Il circule entre les stands, serrant la main des parents, lançant des sourires encourageants aux instituteurs, ébouriffant les cheveux des enfants avec un naturel empreint d'une grâce toute divine. À présent, il est avec miss Hippo au stand d'à côté, où il la félicite pour son exposition de photos du *Greenhills d'Antan*, qui attire une foule bruyante de retraités pointant le doigt, tandis qu'elle fait tinter ses boucles d'oreille à la Cléopâtre en tortillant son postérieur style Regency. Il n'a pas encore lancé un seul regard en direction de Clara, mais c'est bientôt à son tour. (Calme tes ardeurs !)

Malheureusement, jusque-là, un seul plant d'arbre de son stand a été adopté, par une dame de Rowan Drive qui tenait absolument à prendre un cerisier alors qu'un sorbier aurait été plus adapté au nom de sa rue. Le broyage de plastique a été annulé en raison du mauvais temps et les sacs de journaux et de bouteilles en plastique apportés par les parents s'accumulent sous la table et le long des murs ; ils les lui tendent avec un sourire satisfait, fiers de se montrer aussi généreux – « Voilà, mon petit » – comme s'ils lui faisaient un cadeau. La pétition contre le football sur Rowan Green a déjà recueilli soixante signatures. Certains ont même signé deux fois. Il n'y a que deux personnes qui aient signé celle des émissions de carbone. La pétition des dauphins a été pliée en quatre pour être coincée sous un pied de table bancal.

Elle commence à se sentir découragée, quand la foule est parcourue d'un frémissement et qu'elle aperçoit Jason Taylor. Il est suivi d'une fille absolument ravissante avec une cascade de boucles blondes soyeuses qui lui tombent sur le visage.

« C'est elle, chuchote-t-il en donnant un coup de coude à la fille. C'est ma maman, miss. »

Mrs Taylor n'est pas du tout comme Clara l'imaginait. Elle s'attendait à voir une femme plus laide, plus grosse, plus sale.

« Bonjour Mrs Taylor. » Elle lui serre la main, une main si petite, si frêle, qu'elle a l'impression d'écraser un perce-neige.

« Jason dit que vous savez faire des fusées avec des carottes, miss. »

À la voir, on lui donnerait dix-sept ans, mais sur le plan biologique, c'est impossible et en réalité elle doit avoir une bonne vingtaine d'années. Elle a les mêmes yeux gris intenses que Jason, le même teint pâle, mais chez elle, loin d'être maladif, il est délicat, transparent presque.

Clara est saisie d'un élan protecteur qui la prend au dépourvu. « Appelez-moi donc Clara. Ma mère va faire une démonstration de sculpture sur légumes tout à l'heure. »

La mère de Jason sourit en lui jetant un coup d'œil à travers ses boucles d'ange. « Le nouveau directeur est là, miss ? Jason dit qu'il est vraiment gentil.

— C'est vrai. Je vous le montrerai. »

Jason observe la scène avec un regard de sollicitude inquiète. « Ça va, maman ? Ça va, miss ?

— Mmm. Nos plants n'ont pas beaucoup de succès, lui confie-t-elle. On ne réussit même pas à les donner.

— Mais non, miss. 'Savez pas y faire. »

Il prend la pancarte qui annonce « Arbres de Greenhills – À placer gratuitement dans un foyer accueillant ! », la retourne, prend le stylo destiné aux pétitions et écrit en grosses lettres au dos :

> offre spésial
> arbres minature 1f seuleman
> super afaire !!!!!

À cet instant précis, elle aperçoit dans son champ de vision Mr Philpott qui agite un bras de veston marron à l'autre bout de la salle. Elle lui fait signe de venir. Il se fraie un passage dans la foule.

« 'Amlet… »

Puis son regard tombe sur Mrs Taylor.

« Belle nymphe ! » Il rajuste son nœud papillon. « Être ou ne pas être, là est la question. »

Mrs Taylor rougit et ses joues se creusent de fossettes. « Je suis bien de votre avis. J'espère que Jason ne vous cause pas trop de souci. Autrement, dites-le-moi, et je lui flanquerai une raclée.

— Mr Philpott… ! » chuchote Clara, mais il est perdu dans les brumes du château d'Elseneur.

Soudain, il y a de l'agitation au fond du préau – puis une voix familière retentit. « Viens, Oolie ! Par ici ! »

Une haute silhouette, qui tient une jeune fille boulotte par la main, joue des coudes dans la foule en se déhanchant à pas chassés comme si elle s'était échappée d'un concours de danse télévisé, une longue cape de pluie argentée flottant derrière elle. Clara grimace. Mais qu'est-ce que c'est que cette tenue ? Dans ces moments-là, elle rêverait que Doro ne soit pas sa mère pour pouvoir s'amuser de son excentricité avec un certain recul.

Oolie a l'air inquiète et se cramponne à Doro car elle n'aime pas la foule. Dès qu'elle aperçoit Clara, elle se précipite vers elle pour l'embrasser.

« Coucou, Clarie. C'est nous qu'on a mis ces plantes en pot, hein maman ? »

Elle met le doigt dans le terreau puis le lèche.

« Oui, ma chérie. N'y touche pas, dit Doro. Désolée, Clara, on est en retard. J'ai apporté des légumes pour la démonstration, comme tu me l'as dit. »

Elle écarte sa cape de pluie argentée d'un revers de la main, remonte ses manches et fourrage dans son cabas. Puis elle grimpe sur une chaise et, d'une voix retentissante qui porte jusqu'au fond du préau, lance : « Les parents et les enfants, puis-je avoir votre attention ? Je vais vous faire une démonstration de techniques de sculpture simples. »

Sa mère a beau avoir passé près de quarante ans dans le Yorkshire, elle a conservé son accent caractéristique du sud de l'Angleterre. Oolie, en revanche, parle avec l'accent de son institut spécialisé de Doncaster.

« De quoi elle cause ?

— Pour embellir votre table de légumes artistiques aussi beaux qu'appétissants ! »

Embellir votre table ! Clara revoit la table jaune crasseuse de Solidarity Hall encombrée d'assiettes sales, de cendriers débordants de mégots de joint et de restes desséchés de plats végétariens.

En un tournemain, Doro découpe des pétales en demi-lune sur le pourtour d'un radis et, d'un geste théâtral, le laisse tomber dans une carafe d'eau que Clara a apportée pour arroser les plants.

« Le secret, c'est de les plonger dans de l'eau froide ! »

Dans la salle, le silence se fait. Tous les yeux sont rivés sur l'espèce de grande foldingue d'un certain âge dressée sur une chaise, un radis dans une main et un couteau à éplucher dans l'autre.

« Les pétales ne vont pas tarder à gonfler et à s'épanouir ! »

Clara se sent rougir en voyant les gens se bousculer pour mieux voir, tandis que sa mère répète le même exercice embarrassant sur d'autres radis. Puis elle brandit une carotte géante.

« Et maintenant, je vais sculpter une fusée ! » Elle se met à tailler.

« Merveilleux, hein ? » murmure Mrs Taylor.

À l'insu de Doro, Oolie repêche les radis du bout des doigts et les gobe un à un. Clara essaie d'attirer son attention pour la dissuader, mais Oolie fait mine de l'ignorer. Jason a disparu.

Puis elle remarque que sur le stand d'à côté, Mr Gorst/Alan dit au revoir à miss Hippo (ce n'est pas trop tôt !) et se fraie un passage parmi la foule pour se diriger vers sa table, une lueur dangereusement pétillante dans le regard. Son cœur s'emballe. Il est accompagné d'un inconnu, grand et bronzé, bel homme, sexy dans le genre tempes grisonnantes, avec le regard perçant et les cheveux acier.

« Je vous présente le conseiller Malcolm Loxley, notre président du conseil d'établissement.

— Puis-je vous proposer un arbre ?

— Tout ce que vous voudrez, mon petit. Je vais prendre le cerisier. » Il lui tend une livre sterling avec un sourire désinvolte. Elle aperçoit une petite croix de Saint-George en émail épinglée au revers de sa veste. Un supporter de foot ? Un patriote ? Un nationaliste de Doncaster ?

« Que diriez-vous d'une fusée en carotte, Mr Loxley ? lance Doro du haut de sa chaise en continuant à tailler.

— Qui... ? lui chuchote Mr Gorst/Alan.

— Ma mère – elle fait une démonstration de sculpture sur légumes.

— Ah je vois. C'est fascinant. » Puis il remarque Mrs Taylor. « Qui... ?

— Mrs Taylor, la mère de Jason. » Clara fait les présentations. « Je vous présente le conseiller Loxley, président du conseil d'établissement, et voici le nouveau directeur, Mr Gorst/A... »

Jason a réapparu sous la table, où il ouvre les sacs de bouteilles en plastique. Elle lui lance le fameux Regard, mais il continue malgré tout.

« Enchantée... enchantée... » Le regard de Mrs Taylor passe du conseiller Loxley au directeur. Curieusement, le dernier bouton de son chemisier se défait, comme mu par une force psychique. « Je croyais que c'était lui. » Elle indique Mr Philpott d'un geste dédaigneux.

« Excusez-moi, Mr Philpott... un malentendu », chuchote Clara en le voyant s'assombrir.

Sur ce, une autre crise éclate. Oolie s'est volatilisée. « Oolie ! Oolie ! » Doro scrute le sol du haut de sa chaise.

Clara se met à la chercher. Sa sœur risque de paniquer – elle est si petite qu'elle peut aisément disparaître dans la foule.

Soudain, un cri retentit. « Attention ! »

En levant les yeux, elle voit voler à travers le préau une carotte en forme de fusée. À l'autre bout de la salle, Mrs Salmon glapit et chancelle contre le stand du café. Du café bouillant éclabousse la foule agglutinée. L'agitation se propage à la manière d'une onde de choc. Les épaules se bousculent, les derrières se tamponnent, les têtes s'entrechoquent – holà ! Adieu l'exposition du *Greenhills d'Antan* ! Miss Hippo pousse un piaillement historique des plus distingués.

Le sol du préau est inondé de café, d'eau de pluie, de bouteilles en plastique et d'enfants qui courent dans tous les sens. Clara se prend le pied dans quelque chose, trébuche et se rattrape à la première chose qui lui tombe sous la main – et qui se trouve être visiblement la cuisse de Mr Gorst/Alan. Elle sent... Avant même de sentir quoi que ce soit d'intéressant, il la prend par la main et la relève si brusquement qu'elle renverse la chaise de Doro – « Désolée maman ! » – qui vacille et bascule – « Au secours ! » –, entraînant dans sa chute le stand *Pour un Greenhills plus vert* et le conseiller, qui atterrit sur Mrs Taylor qui culbute à son tour sur Clara. Les choses prennent une tournure d'une intimité troublante. Quelques boutons du chemisier de Mrs Taylor en profitent pour sauter. Au milieu de ce chaos, Mr Philpott émerge de sous la table en tenant par la main Oolie-Anna, qui laisse échapper un gros rot empestant le radis.

« La voilà. Allez viens, le petit clown. »

Clara essaie de lui lancer un regard d'avertissement, mais il est trop tard – Doro est hors d'elle. « Je vous interdis de l'appeler comme ça, espèce de vieux schnock ignare et prétentieux ! Elle n'est pas drôle ! Elle est parfaite ! Vous entendez !

— Maman, franchement ! »

Elle n'a jamais vu Mr Philpott aussi terrifié.

Oolie se met à vagir. « C'est pas vrai ! J'suis drôle ! J'veux passer à la télé ! J'veux tirer un coup avec Russell Brand ! »

On entend un ricanement sous la table.

« Jason ! braille Mrs Taylor, également hors d'elle. Sors de là, 'spèce de p'tit salopiaud ! »

Jason émerge à son tour en échangeant timidement un sourire avec Oolie. Mrs Taylor, toujours à moitié déboutonnée, attrape une bouteille plastique par terre et se met à taper comme une malade sur ses maigres épaules jusqu'à ce que Clara intervienne.

« Ça ne fait rien, Mrs Taylor. Je suis sûre qu'il ne pensait pas à mal.

— C'est ça, ouais ! » rétorque Mrs Taylor.

Ce n'est qu'à mi-chemin de chez elle, sur l'autoroute, qu'elle se rappelle avoir oublié de jeter un œil au hamster. Et il y a autre chose qui la perturbe. Où sont passés les plants d'arbres ? Ils se sont tous volatilisés.

Doro : Pessimisme de l'intellect et optimisme de la volonté

En gravissant péniblement l'escalier du bus qui a redémarré tout en tenant fermement Oolie-Anna par la main, Doro se dit : « Je n'aurais jamais dû passer un savon à ce vieux bonhomme. Il voulait sans doute être gentil. » Elle rougit d'embarras en se rappelant qu'elle le connaît vaguement pour l'avoir croisé dans les réunions du jardin ouvrier. Elle regrette aussi d'avoir grondé Oolie, même s'il est évident que sa fille sait pertinemment que c'est une bêtise de jeter des choses à la tête des gens. À présent elle boude en disant qu'elle veut aller vivre chez Clarie, et Doro se retient de lui répondre : « Clarie ne veut pas de toi, Oolie. Elle a sa vie. »

« Regarde, maman ! Greggs ! Je veux descendre ! »

Oolie tape à la vitre du bus, qui avance péniblement à travers la ville en passant devant les tristes rangées clairsemées de magasins à prix cassés et de bars karaoké. La boulangerie Greggs est un des repaires favoris d'Oolie. Étant donné sa tendance à l'embonpoint, Doro est obligée de se montrer stricte avec elle – d'autant qu'elle-même n'a rien contre un petit chou à la crème par-ci par-là. C'est une raison de plus pour laquelle elle estime qu'Oolie n'est pas prête à s'installer toute seule dans un appartement. Elle mangerait n'importe quoi, et qui veillerait sur elle ?

« Chut. On déjeunera en rentrant. »

L'assistant social débordant de zèle, avec son bloc-notes et ses brochures paternalistes, lui a vraiment tapé sur les nerfs quand il a osé lui suggérer qu'elle couvait trop sa fille et qu'Oolie-Anna devait « sortir de son cocon », « se connecter à ses rêves personnels » et « s'épanouir dans la plénitude de son individualité ». Pour l'amour du ciel. Et qui a inventé l'individualité et les rêves personnels dans les années soixante-dix, à son avis ?

« Hé ! L'est canon ! »

Oolie agite les deux mains en direction d'un agent de la circulation occupé à coller une série de PV à des voitures rangées le long des magasins. Bien qu'elle n'en ait pas parlé à l'assistant social, la sexualité débridée d'Oolie est également préoccupante. Penserait-elle à prendre la pilule tous les soirs s'il n'y avait personne pour le lui rappeler ?

« Allez viens, Oolie. On est arrivées. » Elles descendent tant bien que mal les marches de l'impériale en se raccrochant à la rampe et se retrouvent sur le trottoir de Hardwick Avenue, où Oolie se précipite tout droit vers une flaque laissée par la pluie de tout à l'heure et saute dedans à pieds joints.

La maison mitoyenne de l'entre-deux-guerres protégée par des buissons de houx est légèrement en retrait d'une rue tranquille bordée d'arbres, habitée par des dentistes et des comptables. Elle a trois grandes chambres et un petit jardin ensoleillé – ils n'auraient jamais les moyens d'avoir une maison comme celle-là s'ils devaient retourner à Londres ; pour le même prix, ils auraient tout juste un deux pièces, et encore, avec de la chance. C'est à cause de la désindustrialisation du Nord, lui a expliqué Marcus. Alors même qu'ils croyaient expérimenter des modes de vie révolutionnaires, la vraie révolution se dessinait peu à peu sous leur nez : la disparition de la production, le triomphe de la finance.

Depuis qu'il a quitté l'Institut pour prendre sa retraite, Marcus s'est confortablement installé dans l'ancienne chambre de Serge qui lui sert de bureau. Si jamais Serge veut rentrer finir sa thèse, il faudra qu'ils trouvent une solution. Dieu sait ce que Marcus fabrique là-haut. Il dit qu'il écrit une histoire de la gauche communiste non trotskyste – la Cinquième Internationale, comme il l'appelle. Ce n'est pas bon pour lui de passer ses journées à ressasser le passé, ça ne peut que le déprimer. C'est vrai, il est de plus en plus maussade et renfermé depuis quelque temps.

Elle met la bouilloire à chauffer et ouvre le réfrigérateur pour sortir du lait.

« *Soyez le changement que vous voulez voir dans le monde.* » Les mots du mahatma Gandhi sont fixés sur la porte du réfrigérateur avec un magnet en forme de grenouille verte. Ils ont remplacé « *De chacun selon ses moyens, à chacun selon ses besoins* », fixés sur celle de Solidarity Hall grâce à un aimant drapeau rouge.

Elle monte une tasse de thé et la pose sur le bureau de Marcus.

« Comment ça va, mon cœur ? » Elle lui ébouriffe les cheveux.

Il sursaute et lève la tête en souriant, clignant des yeux derrière ses lunettes rondes avec des airs de hibou, comme s'il émergeait d'un profond sommeil.

« Le camarade italien qui est venu en 1984 – tu te souviens de son nom ?

— Bruno. Bruno Salpetti. »

Doro ferme les yeux un instant et s'aperçoit qu'elle se souvient non seulement de son nom, mais de ses joues mi-lisses mi-rugueuses à l'endroit où les poils de barbe laissaient la place à la douceur d'une peau de bébé, l'odeur fraîche de son savon, les fins poils noirs de ses bras et de son ventre et la toison de boucles brunes en dessous.

« C'est ça ! » Il griffonne le nom. « Il était à Potere Operaio ?

— Lotta Continua. »

Marcus est-il au courant, pour Bruno et elle ? Est-ce que ça le contrarierait, après toutes ces années ?

« C'est là que j'ai découvert la politique de l'autonomie. Écoute ça. » Il se penche pour lire sur l'écran de son ordinateur. « "Bien que les travailleurs soient obligés de vendre leur temps aux capitalistes qui possèdent leur lieu de travail, les besoins et les aspirations qui sont les leurs en tant qu'être humains s'opposent à ceux des capitalistes." »

« Ma plus belle *compagna* », l'avait appelée Bruno. Il y avait longtemps que Marcus ne lui avait rien dit de ce genre. Eh oui, à cette époque, elle pouvait encore donner du fil à retordre à Moira Lafferty malgré ses cheveux auburn et ses bonnets D. Visiblement, les nouveaux hommes n'étaient pas si différents que ça de leurs prédécesseurs.

« "L'autonomie est la lutte que mènent les travailleurs pour affirmer leurs objectifs personnels et économiques..." »

Même Fred le Rouge, qui passait ses journées à errer dans le maquis verbeux de la théorie marxiste et ses nuits en compagnie d'une succession de Londoniennes larmoyantes, trouvait le temps de s'occuper de Moira. En fait, il était probablement le père de Star.

« "...face à l'implacable quête du profit de l'employé..." »

Les lois de la sororité interdisaient d'éprouver de la colère ou de la jalousie envers les autres femmes, car nous étions toutes victimes du sexisme et nous devions rester solidaires. Les belles femmes étaient opprimées car elles étaient convoitées en tant que simples objets sexuels et les laides étaient opprimées parce qu'elles n'étaient pas convoitées du tout.

Nous étions vraiment sœurs, Moira et moi, se dit-elle. Nous nous sommes serré les coudes comme des sœurs, mais nous nous sommes aussi chamaillées et battues comme des sœurs, surtout à propos de Bruno Salpetti.

*

Bruno venait de Modène et avait débarqué à Solidarity Hall en 1984, au début de la grève des mineurs, en déclarant qu'il voulait partager la lutte du prroletarriate. Il dormait sur un matelas posé à même le sol dans le centre d'études du marxisme, qui avait été transformé depuis longtemps en salle de jeux pour les enfants. Il avait pour tout bagage un petit sac à dos qui contenait des extraits des *Carnets de prison* de Gramsci, un rasoir et un tout petit slip noir. (Moira, inutile de le dire, avait été fouiller sous un prétexte quelconque et chuchoté à Doro ce qu'elle avait trouvé.) Le rasoir ne servait pas – il portait la barbe, qu'en général Doro n'appréciait pas particulièrement chez les hommes, mais qui, dans son cas, lui donnait un côté léonin très excitant. Le slip apparaissait sur la corde à linge avec une aimable régularité. Bruno rompait la monotonie de leur régime de haricots avec de fabuleux plats de spaghettis à base de tomates fraîches et d'huile d'olive, soutenait que Gramsci avait plus à offrir à la révolution que Trotsky, et croyait à l'amour libre qu'il pratiquait allègrement. Il n'avait que vingt-cinq ans, mais qu'est-ce qu'une petite dizaine d'années entre amis ?

Comme on pouvait s'y attendre, Moira l'avait eu en premier.

« Il a une bite de gorille ! » avait-elle confié avec sa délicatesse coutumière.

Doro avait été agacée. Qu'est-ce qu'elle y connaît, aux gorilles ?

« Ah oui », avait-elle répondu.

C'était déjà assez pénible de supporter que Moira couche avec Bruno à n'importe quelle heure du jour ou de la nuit, mais elle se croyait obligée de faire savoir qu'elle prenait son pied en poussant de petits cris et des soupirs allant crescendo qui résonnaient aux quatre coins de la maison. La bâtisse avait beau être robuste, Solidarity Hall était agencé de telle façon que le son se propageait par les couloirs et les escaliers. Et quoi que l'on fasse, on ne pouvait pas faire autrement que d'arrêter pour écouter – impossible d'y échapper. Un jour, le laitier aux cheveux bouclés était passé se faire payer ; Doro était en robe de chambre sur le seuil et cherchait des pièces au fond de son sac quand soudain il avait dressé l'oreille. Leurs regards s'étaient croisés. Il avait esquissé un sourire en la regardant d'un air interrogateur.

« Elle a la tuberculose, avait dit Doro. Elle tousse souvent comme ça. Je pense qu'elle n'en a plus pour très longtemps. C'est vraiment une tragédie. » Elle avait claqué la porte.

Naturellement, les enfants étaient intrigués et Nick leur avait expliqué que c'était le signe que

Moira était très heureuse. Ce dont ils avaient eu confirmation le jour où deux dames de l'association des Femmes contre les fermetures de puits étaient venues faire une collecte pour la soupe populaire qui venait d'être installée dans les locaux de l'association des mineurs du village. Doro les avait invitées à prendre un thé. Elles s'étaient glissées à l'intérieur avec précaution, en enjambant les déchets qui jonchaient l'entrée, examinant d'un œil perplexe les posters affichés au mur (« LES LARMES DES PHILISTINS SONT LE NECTAR DES DIEUX » était encore là) et reniflant l'odeur de lentilles. Elles l'avaient suivie en petit groupe dans le long couloir lugubre qui menait à la cuisine, où Clara et Serge prenaient leur goûter, du beurre de cacahuète et des cornflakes, autour de la table qui n'avait pas été débarrassée depuis la veille. Au moment où elles s'asseyaient, tandis que Doro mettait la bouilloire à chauffer, le plafond juste au-dessus s'était mis à grincer et le bonheur de Moira s'était soudain manifesté de manière on ne peut plus audible.

« Fichtre, m'a l'air ben contente. L'a dû voir les fées au fond du jardin », avait dit la plus jeune, qui s'appelait Janey.

— Et l'est à louer lui ? avait demandé la plus âgée, June, qui avait une voix de fumeuse et un visage flasque tout ridé.

— Oui, avait répondu Doro, mais il y a la queue. »

Elles avaient échangé un coup d'œil.

Janey avait dit : « Ça vous dit d'nous aider à la soup' populaire ?

— Bien sûr, avait répondu Doro.

— Amenez-le aussi », avait lancé June en découvrant deux rangées de dents étonnamment nacrées.

Une autre fois, c'étaient deux témoins de Jéhovah.

« C'est un cas très sérieux de possession du diable, on essaie de l'exorciser... » avait commencé Doro, mais ils n'avaient pas attendu la suite.

Peut-être était-ce le laitier, ou June et Janey, ou même les Témoins, toujours est-il que la rumeur s'était répandue dans le village et ils avaient commencé à recevoir un défilé de visiteurs, hommes et femmes, qui venaient sous un prétexte quelconque et s'attardaient sur le pas de la porte en essayant de glisser un œil dans la maison. Durant les semaines qu'avait duré la grève des mineurs, il y avait toujours quelqu'un qui passait dans leur communauté collecter des fonds pour payer l'essence des piquets de grève ou des dons pour la soupe populaire afin que les mineurs et leurs familles aient au moins un repas par jour, et ils étaient enthousiastes à l'idée de pouvoir enfin établir des liens avec les habitants du coin qui jusque-là n'avaient guère manifesté d'intérêt pour le centre d'études du marxisme ou le groupe de discussion anticolonialiste.

Bruno avait été ravi d'apprendre que les femmes du village l'avaient invité à les aider bénévolement à la soupe populaire.

« Elles aiment découvrir la cucina italienne ?
— Euh... je crois, oui », avait répondu Doro.
Moira était nettement moins enchantée. Sur le piquet de grève d'Askern, elle avait une sacrée allure avec sa chevelure flamboyante et ses slogans étonnants (« Les mineurs sont les accoucheurs du socialisme ! »), qui suscitaient des regards aussi perplexes qu'admiratifs parmi les grévistes.

« On m'a traité de tous les noms, avait déclaré Jimmy Darkins, président de la branche locale de l'Union nationale des ouvriers de la mine, mais jamais d'accoucheur. Faudra qu'j'essaye. »

Moira était évidemment ravie de faire l'objet de toute cette attention masculine. Au retour du piquet de grève, Bruno et elle se précipitaient régulièrement à la maison pour se jeter sur le matelas et faire l'amour sans discrétion. C'était épouvantable.

À présent, elle allait devoir choisir, soit passer ses journées à effectuer un gigantesque monceau de corvées ménagères en compagnie d'une cargaison de femmes, soit lâcher son amant dans cet environnement gorgé d'hormones.

« Le rôle des femmes est absolument crucial dans cette lutte, Bruno, avait dit Doro.
— Mais c'est sur le piquet de grève que ça se passe, camarade, avait insisté Moira.
— Hmm. Toute la façon, comme dit Gramsci, l'importante est de construire les posizioni contre-hégémoniques dans toutes les istituzioni sociales. » Bruno enroulait sa fourchette dans les pâtes.

« Exactement ! » s'était écriée Doro.

Moira avait jeté l'éponge en haussant les épaules et avalé une bouchée de spaghetti alla Napoletana en laissant la sauce dégouliner sur son menton.

« Doux Jésus ! » avait lancé June le lendemain quand Doro était arrivée avec Bruno dans les locaux de l'association des mineurs d'Askern.

Vingt femmes s'étaient interrompues dans leur tâche pour dévisager le nouveau venu, plongeant la salle dans le silence.

« Entre donc, mon chou ! Faut pas êt' timide ! On va point t'arracher le froc. 'Tout cas, pas avant l'repas. »

Bruno souriait avec innocence.

Janey avait chuchoté à Doro : « Y cause anglais ? »

Puis June à son tour : « Y comprend le langage de l'amour ? »

Malheureusement, Doro avait cours cet après-midi-là et elle avait dû partir. Bruno était rentré plusieurs heures plus tard en titubant, remontant son pantalon, la figure marbrée de taches rouges.

« La cuisine était comment ? avait demandé Moira d'un air boudeur.

— Les ingredienti étaient pas bons. » Il avait une petite voix. « C'est une désastre que les masses britanniques ont un régime de l'appauvrissement comme ça.

— Ça s'est bien passé avec les femmes des mineurs ? avait demandé Doro.

— Les prolétariennes ont montré une très grande... comment dire ? » Il avait cherché ses mots. « ... conscience de classe. »

La question de la conscience de classe avait turlupiné Doro pendant des jours. Si c'était ça le secret, c'était fichu pour elle, se lamentait-elle devant l'évier, noyant sa déception dans l'eau de vaisselle en lavant le bric-à-brac du petit déjeuner. Car elle était indéniablement et irrémédiablement bourgeoise, elle n'y pouvait rien. Moira également, d'ailleurs. Comme eux tous, dans leurs idées, leurs habitudes, leurs goûts et leurs préférences. Et le fait d'avoir tous participé au piquet de grève n'y changeait absolument rien. Parmi les femmes de la soupe populaire, y en avait-il une seule qui mettait des salopettes, lisait George Eliot ou mangeait du rata végétarien ? Ils avaient beau vivre depuis quinze ans en marge de cette communauté ouvrière, ils ignoraient quasiment tout de sa vie. Une fois la vaisselle terminée, elle avait fumé un joint en songeant amèrement à l'injustice inhérente au système de classe, qui semblait lui interdire toute chance de bonheur.

« Pourquoi tu es triste, ma plus belle *compagna* ? »

Il l'enlaçait par l'épaule.

« Oh ! je... – les larmes lui étaient montées aux yeux – je pensais juste à l'injustice... – un sanglot lui était monté à la gorge – du système de classe.

— Ne pleure pas, noble esprit. C'est bien sûr injuste. Mais c'est bien pour ça qu'on lutte, si ? »

Il collait sa joue poilue contre la sienne, ses mains tièdes cherchaient à déboutonner son chemisier.

« Si !
— Pessimisme de l'intellect et optimisme de la volonté ?
— Si ! »

Doro avait beaucoup appris sur la conscience et la lutte des classes ce jour-là. Et elle avait éprouvé d'autant plus de plaisir qu'un peu plus tard, elle avait croisé Moira qui sortait de la salle de bains, l'air ronchon.

Des fois, Bruno couchait avec Doro (qui couchait aussi avec Marcus, qui n'était pas au courant), des fois avec Moira (qui couchait aussi avec Nick Holliday et Fred le Rouge, qui eux, savaient), à d'autres moments, il revenait de la soupe populaire trop éreinté pour faire autre chose que dormir. Et puis un soir, il était rentré de la soupe populaire accompagné d'une jeune femme.

« Voici Megan. »

Il l'avait présentée aux membres du groupe en lui répétant leur nom un à un.

« Salut. »

Au début, Doro ne se sentait pas particulièrement menacée par Megan. Elle n'était pas jolie – à proprement parler du moins. Elle avait le corps anguleux, les seins lourds, un rideau de cheveux noirs et des yeux gris-vert attentifs. Elle se déplaçait en silence comme un félin et ouvrait à peine la bouche. Et, même après toutes ces années, elle ne sait toujours pas qui était vraiment Megan, si ce n'est qu'elle avait été mariée à un briseur de grève et qu'elle avait été amenée dans la communauté par Bruno. Doro se souvient encore de ce soir-là. Elle frémit.

C'était en plein hiver, l'interminable hiver glacial de 1984-85, et curieusement, elle n'avait pas d'affaires avec elle, pas même un manteau. Bruno leur avait expliqué qu'elle s'était enfuie pour échapper aux violences conjugales. Ils l'avaient accueillie sans hésitation, lui avaient préparé un lit dans l'annexe, dans l'atelier de Moira, et les femmes lui avaient prêté les vêtements nécessaires.

Il s'était avéré que Megan avait un fils, Carl, qui habitait la semaine à Harworth, chez la mère de Megan, mais venait souvent passer le week-end à Solidarity Hall. C'était un garçon collant et mal dans sa peau, qui restait à l'écart des autres enfants et volait dans la cagnotte. On le surnommait Crunchy Carl car il avait la manie d'écraser entre ses doigts des insectes – araignées, mouches, papillons, tout ce qui lui tombait sous la main. Un jour, Chris Watt l'avait grondé et il lui avait craché à la figure en la traitant de grosse pute. Il n'était jamais question de son père et quand Doro avait interrogé Megan, elle s'était contentée de hausser les épaules en disant : « Il s'est cassé, pas vrai ? »

Chris et Doro avaient essayé de lui expliquer le principe de la communauté en évitant de prendre un ton moralisateur.

« Tu vois, on essaie de créer une société basée sur une communauté d'objectifs, sur le partage de ce que nous avons, sur le fait de veiller les uns sur les autres. »

Megan était restée un long moment sans rien dire. « Vous voulez dire, il n'y a rien qui vous appartient ?

— Si, on a des choses qui nous appartiennent. Mais on partage l'argent qu'on gagne et les objets du quotidien, comme les livres, les vêtements.

— Moi, je partage mes vêtements avec personne. »

Doro s'était retenue de lui faire remarquer que pour l'instant c'étaient elles qui partageaient leurs vêtements avec elle.

« "Nous sommes passés de la vision d'après-guerre d'une société fondée sur le partage de la prospérité à une société fondée sur l'accumulation grotesque de richesse personnelle d'un côté, et d'insécurité croissante de l'autre." »

Marcus lève les yeux de son écran et croise son regard.

« Bois ton thé avant qu'il refroidisse, mon cœur. »

SERGE : Les lapins

Serge devait avoir à peu près six ans quand il a découvert Fibonacci, car il se rappelle que cette année-là, tous les Grands de Solidarity Hall étaient préoccupés par la grève des mineurs et les enfants étaient souvent livrés à eux-mêmes. Un jour, cependant, Nick Holliday et l'Italien avaient construit une cage à lapins en grillage au fond du jardin, et y avaient mis deux lapins censés donner aux enfants le sens des responsabilités, leur apprendre à jouer sans compétition et leur faire découvrir une société non patriarcale, en d'autres termes, normalement, il ne devait pas y avoir de Monsieur Lapin.

Malgré tout, un jour, en rentrant de l'école, les enfants avaient trouvé cinq bébés lapins pelotonnés contre leur mère, encore aveugles, presque chauves et incroyablement mignons. Ils les avaient sortis un à un et se les étaient passés. Il y avait lui, Clara, le drôle de petit Otto et Star qui, à l'époque, n'était encore qu'une bambine dont les couches empestaient en permanence (Oolie-Anna n'était pas encore née). Quoi qu'il en soit, ils n'avaient pas arrêté de faire circuler les bébés lapins, de les caresser, de les embrasser, de les serrer un peu trop fort peut-être, surtout Star, qui voulait les forcer à ouvrir les yeux, et quand ils les avaient remis en place, ils s'étaient aperçus qu'ils ne bougeaient pas beaucoup. En fait, ils ne bougeaient pas du tout. En fait, ils étaient morts.

Clara, qui était l'aînée et avait déjà vécu le traumatisme que représente la mort d'un animal de compagnie, avait décrété qu'il fallait les enterrer dans le jardin et n'en parler à personne. C'était donc ce qu'ils avaient fait. Il ne sait plus trop où ils les avaient enterrés, mais il se rappelle encore à quel point ils avaient eu du mal à creuser le sol dur et sec pour faire un trou suffisamment grand et se souvient qu'il avait vomi sur la tombe.

Mais curieusement, comme par magie, quelques semaines plus tard, d'autres bébés lapins avaient fait leur apparition. Cinq, pour être précis. Otto croyait qu'ils avaient ressuscité et avait fondu en larmes. De son côté, en secret, Serge n'avait qu'une peur, c'était qu'en réalité, ils ne soient jamais morts. Clara avait dit à Otto de ne pas être ridicule et déclaré que cette fois, il fallait les laisser tranquilles et aller prévenir les Grands. Nick Holliday, le père d'Otto, qui était instituteur, avait profité de l'occasion pour leur faire un long cours sur le sexe et leur expliquer comment on faisait les bébés. Ça semblait peu plausible.

Deux des nouveaux bébés lapins étaient morts en l'espace d'une semaine, mais trois avaient survécu. Puis, alors qu'ils commençaient à s'habituer à avoir cinq lapins au lieu de deux, six autres bébés étaient apparus. Cette fois, tous les enfants étaient paniqués. On aurait dit que tous les lapins qui continuaient à apparaître inexorablement étaient en réalité des lapereaux-zombies liés par une force surnaturelle aux petits corps imberbes qu'ils avaient enterrés. Ils avaient commencé à creuser des tunnels pour sortir de la cage ; le jardin n'avait pas tardé à être envahi de terriers de lapins. Tous les mois, il y en avait davantage.

« On les a plantés dans le jardin et ils ont poussé », chuchotait Otto.

À mesure que les lapins se multipliaient, tous les légumes et les fleurs du jardin étaient rongés jusqu'à la racine, à part les groseilles à maquereau et les tournesols, qui étaient trop hauts ou trop durs. Les herbes plantées du côté de la porte de derrière dans des seaux en plastique et un pot de chambre fêlé avaient disparu. Seul le romarin, qui avait été planté loin du sol dans une cuvette de toilette abandonnée, y avait réchappé. Ce qui était autrefois une pelouse n'était plus qu'une espèce de terrain vague parsemé de plaques d'herbe et de piètres bouts de légumes à moitié grignotés et éparpillés un peu partout, car évidemment, il fallait nourrir les lapins à présent. Leurs petites crottes collées aux chaussures allaient s'incruster dans la moquette déjà crasseuse. Parfois, il remarquait une odeur sinistre qui flottait dans le jardin.

« Combien de lapins tu crois qu'on va avoir ? » avait-il demandé un soir à Nick au moment de se coucher. Nick devait bien savoir à quel moment ce déluge effrayant de lapins-zombie s'arrêterait. Il aimait bien parler avec Nick, car il répondait toujours aux questions des enfants avec le plus grand sérieux, même s'il avait parfois une certaine tendance à se lancer dans des explications interminables.

« C'est comme dans la suite de Fibonacci, avait répondu Nick. Ça augmente sans arrêt.

— Fi-quoi ?

— Un mathématicien italien du XIIe siècle. C'est lui qui a découvert cette suite. »

Serge mourait d'envie de lui avouer le terrible secret des lapins enterrés. Nick était gentil et se montrerait peut-être plus indulgent que les autres Grands. Il s'apprêtait à lui expliquer ce qui était arrivé cet après-midi-là, que c'était une épouvantable erreur, quand Nick avait pris une feuille de papier et s'était mis à dessiner.

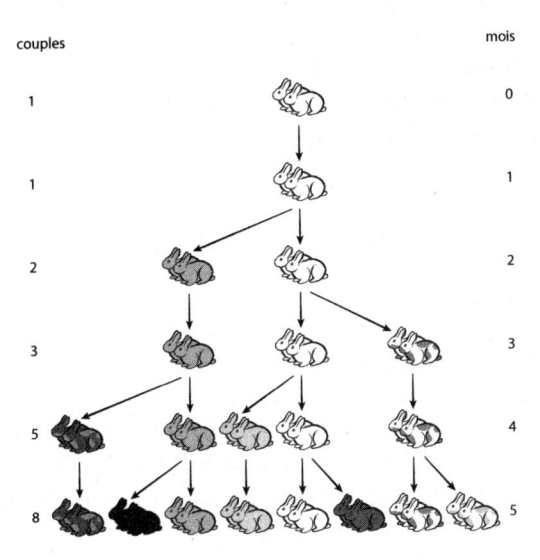

Quand les lapins du jardin avaient atteint le nombre de vingt-six (heureusement, il y en avait qui étaient morts), les Grands s'étaient réunis pour discuter de ce qu'ils allaient faire. Marcus avait suggéré de les emmener à la soupe populaire des mineurs d'Askern, mais les membres végétariens de la communauté étaient horrifiés à cette idée. Moira Lafferty avait essayé de les donner à une animalerie, mais ils n'étaient pas assez mignons et le propriétaire en avait déjà suffisamment. Doro avait apposé sur le portail un panneau disant « JOLIS PETITS LAPEREAUX À PLACER GRATUITEMENT DANS DES FOYERS ACCUEILLANTS » et, un jour, un type était arrivé avec une camionnette et les avait tous embarqués.

« On va les donner à de pauvres enfants qui n'ont pas de lapins », avait dit Doro.

Mais quand il était revenu, Serge avait vu ce qui était écrit sur le flanc de sa camionnette : « LES REPTILES DE RANDY. » Il n'avait rien dit à Doro. Pour être franc, cette histoire de lapins commençait à l'effrayer, lui aussi. Il avait punaisé le schéma de Nick sur le mur, à côté de son lit, et l'étudiait le soir en s'endormant. Il se rendait compte que l'on pouvait poursuivre cette suite.

1 1 2 3 5 8 13 21 34 55 89 144 233 377…

Trois cent soixante-dix-sept lapins. À mesure qu'il ajoutait de nouveaux nombres, il était submergé par une telle panique qu'il sentait sa poitrine prise dans un étau.

Il partageait une chambre dans le grenier avec Otto et discutait souvent avec lui, même s'il n'avait que quatre ans et racontait beaucoup de bêtises car Jen, sa mère qui n'habitait plus avec eux, l'emmenait passer les week-ends et les vacances dans sa communauté où ils pratiquaient le cri primal. La plupart du temps, quand il revenait, il avait mal à la gorge.

« Tu te mets dans le cumulateur d'organe de William Rich, avait-il expliqué à Serge d'une voix rauque, et puis tu cries et puis t'as de l'énergie.

— Qu'est-ce que ça fait ? avait demandé Serge.

— J'sais pas. » Otto suçait son pouce en enroulant le doigt dans ses boucles blondes d'angelot. « C'est comme les lapins, je crois. Ils renaissent.

— Mais les lapins ne crient pas, Otto.

— Ils criaient sous terre. On les entendait pas. »

Mais une nuit, les lapins avaient crié.

Un cri horrible, viscéral, primal. Un cri qui avait transpercé ses rêves et l'avait précipité hors de son lit pour courir à la fenêtre. Le jardin était plongé dans l'obscurité, mais on y voyait juste assez pour distinguer du mouvement en bas, des ombres pourchassant d'autres ombres.

« Ils recommencent, avait dit Otto qui se dressait sur la pointe des pieds à côté de lui, enroulé dans un plaid au crochet bariolé parce qu'il n'avait pas de pyjama. C'est comme ça qu'ils font les bébés. » Ses frêles épaules étaient tremblantes.

Serge lui avait passé un bras autour du cou pour le réconforter, puis il s'était empressé de le retirer – il n'avait que six ans, mais il savait déjà qu'entre garçons, ça ne se faisait pas.

« On les verra peut-être demain matin, avait dit Otto.

— Non parce... » Il était certain qu'Otto se trompait, mais il ne savait pas l'expliquer. Puis un autre bruit avait retenti dans le jardin – des voix qui hurlaient.

« Fiche le camp ! » Un cri de femme, puis une voix d'homme braillant : « Déguerpis ! »

Le lendemain matin, il n'y avait pas de bébés. Le jardin était jonché de bouts de fourrure et de membres de petits lapins déchiquetés. De nouveau, il flottait cette drôle d'odeur âcre aux relents de pisse. Il venait de comprendre que c'était l'odeur de la mort. Il ne restait pas un seul lapin. Otto ne disait plus rien. Star s'était mise à pleurer.

« C'était juste un renard. Allez, on y va », avait déclaré Clara de son ton autoritaire.

Elle était chargée de les accompagner à l'école.

Quand ils étaient rentrés, à quatre heures, ils s'étaient aperçus qu'il restait deux lapins survivants qui avaient probablement réussi à échapper au massacre en filant se réfugier sous terre au moment où le renard avait attaqué.

Durant les quelques semaines qui avaient suivi, il était revenu tous les jours avec Otto vérifier s'il n'y avait pas de nouveau lapin, mais aucun n'était apparu.

« C'est toutes les deux des mamans, c'est pour ça », avait-il expliqué, mais Otto soutenait que c'était parce qu'ils avaient épuisé toute leur énergie et qu'ils avaient besoin du cumulateur d'organe.

Il ne prenait pas la peine de discuter, car il était préoccupé par autre chose que lui avait dit Nick. Le système de ramification complexe des couples de lapins du schéma était identique à celui que l'on observait sur les fleurs de tournesol, les pommes de pin ou encore les feuilles, les rameaux et les branches d'arbre, lui avait-il expliqué. Il était enroulé dans la coquille d'un escargot ou la spirale d'une galaxie tournoyant dans l'espace. On le retrouvait sur une corde de violon quand on la divisait pour reconstituer l'échelle musicale ou dans les proportions parfaites d'un bâtiment classique. Nick parlait de plus en plus vite et son regard brillait comme celui de Marcus quand il discourait sur le socialisme.

Serge s'était mis à collectionner des coquilles d'escargots et des pommes de pin dans une vieille boîte à chaussures qu'il rangeait sous son lit et, tous les soirs, il ajoutait de nouveaux nombres à sa suite. Quand ça allait mal, il parlait aux nombres comme si c'étaient ses amis et inventait des rimes pour mieux les retenir.

Au cours des années qui avaient suivi, quand Oolie était née, que Megan avait disparu, qu'il y avait eu l'incendie, que la communauté avait éclaté, que les Grands étaient devenus fous, que Doro s'était disputée avec Moira Lafferty, que Jen avait emmené Otto pour la dernière fois, que Nick Holliday était parti, que Clara était allée à l'université, que les deux Chris s'étaient volatilisés dans la nuit avec leurs drôles d'enfants, il montait souvent dans le grenier, s'asseyait sur son lit et disposait ses coquilles d'escargot et ses pommes de pin selon un motif précis puis il songeait au mystère des nombres de Fibonacci, à cette façon qu'ils avaient de se dérouler l'un après l'autre en une spirale d'ordre et d'harmonie infinie qui entraînait tout dans son tourbillon comme les étoiles dans le ciel.

1 1 2 3 5 8 13 21 34 55 89
144 233 377 610 987 1597 2584 4181 6765
10946 17711 28657 46368…

Deuxième partie

PHOTOS DE FAMILLE

Doro : De chacun selon ses moyens, à chacun selon ses besoins

Doro a essayé en vain de joindre Serge, aussi, dimanche soir, finit-elle par appeler Clara à la place, sans raison particulière, juste histoire de bavarder. Mais ce qui était au départ une conversation parfaitement aimable sur les plantes et les arbres vire soudain à un réquisitoire contre sa démonstration de sculpture sur légumes. Pourquoi Clara est-elle aussi acerbe ? Depuis le temps, les hormones de l'adolescence auraient dû se calmer pourtant. C'était un peu embarrassant, lui dit-elle. En quoi était-ce embarrassant ? Elle voulait juste se rendre utile.

« Si une seule famille se met à manger plus de légumes après, ça valait le coup ! » s'écrie-t-elle, avant de raccrocher violemment.

Le silence qui suit la dispute fait écho dans la cuisine. À l'étage, elle entend le cliquetis du clavier de Marcus. Ce bruit lui inspire un sentiment de vide et d'inutilité. C'est comme si toute son énergie s'était déployée vers l'extérieur – son couple, ses enfants, la vie quotidienne de la communauté –, ne laissant que des souvenirs, sûrement pas de quoi faire un livre.

« Tu veux un thé ? » lance-t-elle en haut.

Serge était plus placide que Clara, même quand il était bébé, plongé dans son petit monde étrange. Si seulement il pouvait s'installer avec son ordinateur dans son ancienne chambre, loin des distractions de la vie étudiante, elle est sûre qu'il bouclerait rapidement sa thèse. Ce projet à l'Imperial College lui a tout l'air d'un simple dérivatif. Et elle ne comprend pas pourquoi Clara soutient qu'il s'agit d'University College et non d'Imperial College – elle doit confondre. Si seulement elle pouvait se calmer un peu et arrêter de régenter la vie de tout le monde, elle aurait vite fait de trouver un compagnon tolérant et facile à vivre. Elle aimerait bien être grand-mère. Et si seulement il avait fait beau, elle aurait pu aller au jardin ouvrier avec Oolie, mais Oolie a piqué une colère et elle n'a pas envie d'y aller toute seule.

Si seulement...

Elle met la bouilloire à chauffer et cherche les informations à la radio mais l'invective de Clara résonne encore à ses oreilles.

Clara était le premier bébé de la communauté et tout le monde s'était exercé sur elle au métier de parents, ce qui explique peut-être qu'elle soit devenue aussi entêtée. Quand elle songe à l'éducation communautaire de Clara, Doro s'en veut un peu, bien que ce ne soit pas le seul facteur en cause car, dès sa naissance, c'était une petite boule de nerfs toujours grognon. Elle avait appris à marcher et s'était débarrassée de sa couche très tôt, et dès l'âge de trois ans elle était capable de soutenir une longue conversation consistant, pour sa part, en un unique mot – pourquoi ? –, suivi d'une réponse détaillée et parfaitement correcte sur le plan idéologique de l'adulte qui se trouvait chargé de s'occuper d'elle. Bon, d'accord, il y avait eu quelques petits incidents. Comme la fois où elle l'avait surprise à se laver les dents avec un tube de Canesten qu'une des sœurs avait laissé traîner dans la salle de bains. C'est ce qui arrive quand on a quatre ou cinq coparents extrêmement investis dans leur mission, qui tous apportent leur expérience et leur conception du bien-être de l'enfant alors qu'aucun n'assume l'autorité. Clara avait dû en concevoir un sentiment exagéré de sa propre importance. Elle n'était pas seulement une enfant, elle était le prototype d'une nouvelle espèce d'êtres humains – le porte-flambeau de la société non bourgeoise, non privée, non nucléaire, non monogame, non compétitive qu'ils avaient décidé de créer.

Pauvre petite.

À l'époque où Serge était arrivé, puis Otto, Star et enfin Oolie, les adultes étaient un peu blasés et se contentaient de jouer au foot ou de regarder la télévision avec les enfants. De plus, la communauté était le théâtre de tant de changements que les principes idéalistes qui étaient les leurs quand ils s'étaient embarqués dans l'aventure plus de quinze auparavant étaient mis à rude épreuve.

Les Chris, Watt (la femme) et Howe (l'homme), étaient arrivés à Solidarity Hall en 1985 après la violente scission du WRP, le parti révolutionnaire des travailleurs, que certains attribuaient à l'échec de la grève des mineurs, d'autres aux liens financiers que le parti entretenait avec la Libye et l'Irak, et d'autres encore aux turpitudes sexuelles de son leader, Gerry Healy. (Chris Watt avait un jour confié à Doro que sans être aussi beau que Chris Howe, Gerry était une véritable bête de sexe, ce qui l'avait doublement fait frémir d'horreur.) Ils avaient débarqué un vendredi après-midi avec leurs deux enfants blêmes et silencieux, s'étaient installés dans la chambre que Jen avait récemment libérée et avaient passé le week-end à engloutir d'un air morose toutes leurs réserves de fruits, de haricots à la sauce tomate, de bière, de fromage et de cornflakes tout en déplorant l'absence de viande et la défaite historique de la classe ouvrière.

Tout le monde croyait qu'ils partiraient le lundi, mais vers midi, il n'y avait toujours aucun signe de mouvement du côté de leur chambre. Cependant, quand Fred et Marcus étaient rentrés du Tesco avec le ravitaillement, ils étaient sortis de la pièce et avaient recommencé à manger. Les enfants blêmes s'étaient mis à galoper dans le jardin et à jouer au ballon, piétinant les plants de petits pois et décapitant son plus haut tournesol. Doro était sortie pour les gronder, mais en voyant leurs yeux brillants et leurs joues roses, elle n'avait pas eu le cœur de leur demander de cantonner leurs jeux derrière les arbres fruitiers, sur le carré d'herbe qu'ils avaient laissé en friche pour les enfants.

Le jeudi, ils étaient de nouveau à court de provisions et Doro, qui s'apprêtait à aller au supermarché, avait proposé à Chris Howe de verser une contribution.

Chris Howe avait pris l'air fuyant. « C'est quoi votre position sur le partage ? Je croyais qu'ici c'était chacun selon ses moyens et ses besoins. » Il montrait le slogan fixé sur le réfrigérateur.

« Oui, avait répondu Doro. Tout le monde contribue en fonction de ce qu'il gagne.

— On gagne rien. On touche des allocs. »

Il avait un ton si catégorique que Doro s'était contentée de hocher la tête avant de se diriger vers la voiture.

Elle avait parcouru les allées du Tesco avec son caddie en bouillant de rage et l'avait rempli de pain de mie en tranches (en promotion), de pommes de terre (en promotion), de haricots à la sauce tomate (trois pour le prix de deux), de cornflakes (format familial, marque du distributeur), de thé en sachets (idem), de margarine (premier prix, immonde), de fromage (cheddar doux, sous plastique), de soupe à la tomate lyophilisée (moins chère qu'en boîte), de lentilles, de pois cassés, de haricots rouges, de porridge (le tout, marque du distributeur), de tomates en conserve (trois pour le prix de deux) et d'une grosse plaque de Cadbury qu'elle avait mangée dans la voiture sur le chemin du retour.

« T'as pas pris de bière ? » lui avait demandé Chris Howe en l'aidant à déballer.

Il portait un ample tee-shirt à l'effigie de Che Guevara et pas de pantalon. Et pas de slip non plus, n'avait-elle pu s'empêcher de remarquer.

« On n'a pas les moyens. »

Tandis qu'il rangeait le pain, les pommes de terre et les cornflakes dans le garde-manger, les deux enfants étiolés étaient remontés du jardin pour venir traîner dans la cuisine, avaient déchiré le paquet de cornflakes et entrepris de les enfourner dans leur bouche à pleines poignées.

« Arrêtez ! » avait lancé Doro d'un ton sec.

Ils l'avaient regardée en silence, l'air triste.

Elle s'était retirée dans sa chambre avec son thé, sa mauvaise conscience et une vague nausée qu'elle devait au chocolat au lait. Le livre qu'elle était en train de lire, *Woman on the Edge of Time* de Marge Piercy, avait disparu de sa table de chevet et elle avait dû se contenter d'un ancien numéro de *New Left Review* vieux de deux ans, trouvé sur celle de Marcus. L'ennui, avec la vie en communauté, c'est que tout virait au désordre entropique. Si Marge Piercy était venue à Solidarity Hall, sa vision utopique du futur aurait peut-être été légèrement plus chaotique. Sur ce, on avait frappé à la porte et Chris Watt s'était glissée dans la chambre.

« Ça ne te dérange pas, j'espère. Je t'ai emprunté ça. »

Si, ça la dérangeait. Mais elle n'avait rien dit. Elle avait tout de suite vu que le marque-page placé vers la fin avait disparu pour être remplacé par une feuille de papier à cigarette glissée au début. Chris Watt s'était assise au bout du lit et avait parcouru la chambre du regard. Elle portait une blouse en crépon crasseuse sans soutien-gorge.

« Marcus et toi, genre, vous êtes en couple ? avait-elle demandé.

— Mmm. » Doro tenait à rester aussi neutre que possible. Aux yeux de certains milieux, mieux valait encore être un laquais du capitalisme qu'être en couple.

« Avec Chris, c'est pareil. On se dit qu'il serait temps d'essayer... tu vois, quoi... un mode de relation moins monogame. »

À l'idée de Chris Howe et de son pénis rose aux airs de saucisse pendouillant mollement sous son tee-shirt, Doro avait été de nouveau saisie d'un haut-le-cœur.

Chris avait pris le numéro de *New Left Review* que Doro avait posé et commencé à le feuilleter. Une odeur de savon imprégnée d'une note d'herbe fraîche lui parvenait de l'autre côté du lit. Elle avait dû emprunter le shampooing de Moira.

« C'est pas moi, c'est lui qui veut essayer la non-monogamie, avait lâché Chris au bout d'un moment, à voix basse, en chuchotant presque.

— Mais... tu n'es pas jalouse ? lui avait demandé Doro en se souvenant de ses violents accès de jalousie inexprimée, à l'égard de Moira le plus souvent.

— Il dit que la jalousie est une émotion bourgeoise. Il dit que c'est une forme de possession – c'est comme si on croyait avoir le droit de posséder quelqu'un.

— Les hommes disent tous ça, avait répliqué Doro d'un ton dédaigneux, soudain enhardie par tant de candeur. Mais toi, qu'est-ce que tu en penses ? »

Chris avait haussé les épaules. « Les enfants se sentent bien, ici. » Cette fois, elle fixait Doro. Elle avait des yeux bovins marron, légèrement humides, comme si elle avait pleuré. « Ils m'ont demandé si on pouvait rester. »

Doro avait senti ses joues qui s'empourpraient. « Mais vous n'avez pas... je ne sais pas... un endroit à vous ? »

Elle se rendait bien compte qu'elle s'y prenait très mal.

« On a été expulsés, tu vois...

— Du WRP, oui je sais. Mais là où vous habitez...

– Après la scission on a partagé une maison de Tufnell Park, à Londres, avec des camarades du Collectif international de solidarité avec les travailleurs. On faisait des réunions au sous-sol. Puis il y a eu un désaccord sur la nature de l'Union soviétique. Les autres disaient que c'était du capitalisme d'État, mais Chris était à fond dans Posadas et il soutenait que c'était un parti de travailleurs déformé partiellement régénéré. Je ne sais pas exactement sur quoi portait le débat, parce que je regardais la télé avec les enfants dans le salon. Et puis Chris a débarqué d'un coup en disant qu'on avait été expulsés.

— Et zut ! »

La communauté avait encore du mal à s'habituer au départ de Bruno à la fin de la grève, à la présence fantomatique de Megan dont le ventre commençait à s'arrondir et aux incursions perturbantes de Crunchy Carl le week-end. Pouvaient-ils accepter de nouveaux membres ? Au fond d'elle-même, Doro aurait sans doute préféré les deux Chris, malgré leurs idées politiques farfelues et leurs enfants perpétuellement affamés qui galopaient partout, à Megan et Carl. Mais il était hors de question de demander à Megan de partir – elle était le cadeau d'adieu de Bruno.

Quand le petit slip noir avait définitivement disparu de la corde à linge, Doro avait éprouvé un grand sentiment de vide. C'était comme s'il leur avait laissé Megan pour leur rappeler que l'important dans la communauté, ce n'était pas seulement l'amour libre, mais de veiller les uns sur les autres, et plus encore sur les plus vulnérables, ceux qui étaient dans le besoin. Malgré tous les efforts que l'on peut déployer pour se créer un monde à part idéal, il y a toujours des gens qui sont plus dans le besoin que vous et cherchent désespérément à entrer. Au bout du compte, on ne peut qu'être reconnaissant de ne pas être de ceux-là.

« Si je comprends bien, vous n'avez pas de toit, c'est ça ?

— C'est ça. »

Doro avait croisé les yeux de Chris et cru y apercevoir une larme.

« Je ne sais pas si Jen doit revenir. Il faudra que j'en parle aux autres.

— Merci, camarade », avait répondu Chris.

CLARA : Très zoomique

« Très zoomique. Tri sonique. Très sommique. »

Du haut de ses neuf ans, Clara avait beau tourner les mots dans tous les sens, ils ne voulaient rien dire. Elle avait collé son oreille à la porte. Elle entendait le nouveau-né qui vagissait et les Grands parler en chuchotant. C'était tellement différent du soir où ils avaient ramené Serge tout bébé ou Star qui venait de naître, le champagne qu'on débouchait, les rires, les gens qui passaient avec des fleurs et des babygros déjà portés. Doro avait fini par ouvrir la porte. Megan était assise dans un fauteuil, un sein pendant de sa blouse. Elle était maigre, l'air épuisé. Clara n'avait jamais remarqué qu'elle avait autant de cheveux gris.

« Viens voir ta nouvelle sœur, Clarie. C'est un petit trésor unique. »

Doro l'avait prise par la main pour l'emmener dans le salon, où le bébé était profondément endormi dans son couffin. Elle n'avait rien de particulier, si ce n'est qu'elle était plus mignonne que Serge qui était tout jaune et fripé à sa naissance. Au fond d'elle-même, elle trouvait que les bébés étaient très surestimés.

« Elle est très zoomique. »

Clara avait écarquillé les yeux. Parfois, les formules des Grands la laissaient totalement perplexe.

« Elle a un chrome zone en plus », avait ajouté Nick Holliday, qui versait le thé de la grande théière marron. Marcus, Moira Lafferty et Chris Watt étaient également là, entassés sur le vieux canapé rouge défoncé. Il faisait un froid glacial dans la pièce, malgré le feu qui se consumait dans l'âtre.

« Regarde, elle n'a qu'une ligne, avait dit Marcus en prenant la petite main du bébé et en montrant sa paume à Clara. Ça veut dire qu'elle va avoir besoin de beaucoup d'aide pour bien grandir. »

Il l'avait prise sur ses genoux. « Qu'est-ce que tu en dis, Clarie ? Tu t'en sens capable, mon trésor ? »

Elle avait hoché la tête. Elle ne voyait pas vraiment ce qu'une ligne dans la main avait à voir avec le fait de grandir, mais c'était agréable de sentir la chaleur de Marcus et son souffle imprégné de tabac contre sa joue. C'était elle, et non cette intruse silencieuse, qui aurait dû être unique.

« On lui a trouvé un nom magnifique, avait dit Chris en passant la tête par la porte. On va l'appeler Oolie-Anna en hommage à Lennie. »

C'était bizarre comme nom, mais joli. Clara savait tout de Lennie grâce à Fred, qui avait montré aux enfants le portrait d'une espèce de sauvage avec un gros manteau et une barbiche et leur avait raconté que Lennie avait pris le train jusqu'à la gare de Filande. Elle n'avait aucune idée de ce qu'Oolie-Anna venait faire dans cette histoire. Elle était restée à côté du couffin un moment en espérant que le bébé ouvre les yeux ou fasse quelque chose, mais il ne bougeait pas et se contentait de ronfler dans son sommeil.

Elle était allée chercher Serge, qui regardait *Doctor Who* avec Fred dans l'annexe.

« Viens voir le nouveau bébé. »

Il s'était approché du couffin, en faisant mine de s'y intéresser. Elle l'avait surpris en train de le tâter du bout du doigt quand il se croyait à l'abri des regards. Le bébé avait pleuré un peu, puis il s'était tu.

« Il est bien », avait-il dit d'un ton évasif.

Elle était allée dans sa chambre et elle avait fabriqué une carte avec du papier plié en dessinant dessus des cœurs, des fleurs, des rubans et un bébé au milieu en ajoutant « Bon anniversaire Oolie-Anna » en grosses lettres rouges. Elle l'avait donnée à Megan qui s'était mise à pleurer.

L'arrivée d'Oolie-Anna (personne ne l'appelait jamais Ouliana) avait changé leur vie. Les adultes ayant modifié leurs habitudes pour pouvoir s'occuper d'elle, Clara, qui venait d'avoir dix ans, avait commencé à assumer davantage de responsabilités auprès des autres enfants, les accompagnant à l'école et allant les chercher, surveillant leurs jeux et vérifiant leurs devoirs. Ce n'était guère plus compliqué que d'être responsable des animaux – d'abord le hamster, puis les lapins – quoique, de ce côté-là, ses antécédents n'étaient pas vraiment brillants.

Elle ne gardait qu'un souvenir flou de Megan, qui avait tendance à se désintéresser des enfants, y compris de Crunchy Carl et d'Oolie-Anna. Doro quant à elle s'était jetée à corps perdu dans son nouveau rôle de coparent d'un enfant trisomique, comme si elle pouvait surmonter les effets d'un chromosome supplémentaire sur le développement par sa seule volonté. Elle passait des heures à l'aider à améliorer sa diction et ses mouvements pour minimiser les signes extérieurs de son handicap. Elle lisait des livres, harcelait sans fin les services sociaux et médicaux et luttait contre les humiliations et les discriminations mesquines. Elle n'avait plus qu'une idée, lui permettre de s'épanouir pleinement. Et s'il était difficile d'être jaloux d'Oolie, Clara avait parfois du mal à supporter qu'elle fasse ainsi l'objet de toutes les attentions.

Ils avaient établi un nouveau roulement afin que tout le monde puisse s'occuper d'Oolie à tour de rôle. Doro, qui était encore professeur au lycée technique, avait diminué ses heures de cours. Marcus avait troqué son poste au NCB contre un mi-temps de maître de conférences en économie au Doncaster Institute pour être plus souvent à la maison. Chris Howe était passé de l'autre côté de la barrière et était désormais employé au bureau des allocations. Fred le Rouge, quant à lui, faisait ce qu'il appelait de la « pratique théorique », ce qui apparemment consistait pour l'essentiel à rester au téléphone des heures entières. L'argent commençait à rentrer un peu. De petits luxes avaient fait leur apparition – des gâteaux et des glaces au chocolat, des fish & chips une fois par semaine, de la bière et une bouteille de vin de temps à autre pour les Grands –, Nick Holliday, qui n'avait pas une passion pour les bébés, passait plus de temps avec les aînés et Clara avait découvert qu'enseigner ne se bornait pas simplement à jouer au petit chef. Silencieuse dans son coin, Megan, tel un chat, observait tout cela de loin. On avait du mal à deviner ce qu'elle en pensait.

La petite Oolie-Anna portait des vêtements bariolés et crochetés par Moira, qui avaient appartenu aux aînés, et dès qu'elle avait eu ses premières dents, Chris Watt s'était mise à lui sculpter des animaux et des fleurs en légumes. Chris Howe lui avait fabriqué un mobile en forme de soucoupe volante avec du carton peint, et Fred sortait de sa chambre avec sa guitare pour entonner des chants révolutionnaires où il fallait battre des mains en scandant des slogans – ce à quoi Oolie se prêtait en bavant d'enthousiasme. Marcus avait fixé une nouvelle maxime sur le panneau de la cuisine, à côté des tours de rôle :

La grandeur d'une société se mesure à la façon dont elle traite les plus vulnérables.

Clara : Léviathan

Dès que Clara entre dans sa classe le lundi matin, elle s'aperçoit que quelque chose a changé – l'odeur n'est plus tout à fait la même, à moins que ce ne soit l'atmosphère. La pièce est silencieuse, mais le silence n'a plus la même texture. Il manque quelque chose. Puis elle s'aperçoit que la porte de la cage d'Hamlet est fermée mais que la cage est vide. Elle a oublié de vérifier si le hamster allait bien avant de rentrer, samedi.

Elle revoit brusquement la scène chaotique de la Journée du Quartier et bien que la 6F soit censée arriver à tout instant, elle se précipite à la recherche de Mr Philpott.

Il est en pleine lecture dans la pénombre voilée de la chaufferie, le nez chaussé de deux paires de lunettes pour mieux y voir. La chaudière dégage une odeur de mâchefer et l'atmosphère est chaude et enfumée. La moindre surface est recouverte par une fine couche de cendres et de suie.

« Qu'est-il arrivé à Hamlet, Mr Philpott ?

— Hélas, pauv' 'amster... »

Son ventre se noue. Aurait-elle pu le sauver si elle s'était rappelé d'aller le voir samedi ?

« Mais où est le corps ? Il faut l'enterrer décemment.

— C'est quoi vot' idée ? Chrétien ? Musulman ? Hindou ?

— Euh... qu'est-ce que vous suggérez ? »

Il se tait, se contentant d'incliner la tête de côté, et elle s'aperçoit qu'il indique la chaudière.

« Vous voulez dire... Hamlet... ?

— Crémation. Pas besoin d'aller s'trimbaler au cimetière. »

Sur ce, on frappe à la porte et un crâne pâle tout bosselé apparaît dans l'embrasure. C'est Jason, la tête fraîchement tondue. Le résultat est affreux.

« Je vous cherchais, miss. S'il vous plaît, miss, tous les élèves attendent.

— Oh ! Pardon ! Merci, Jason ! »

Alors qu'elle se dirige vers la porte, Jason s'approche de Mr Philpott en traînant des pieds dans ses énormes baskets et marmonne : « Ma maman elle dit que vous pouvez m'prêter de l'argent pour la cantine ?

— Jason, tu sais bien que Mr Philpott ne peut... »

Mais Mr Philpott cherche déjà un billet de cinq dans son portefeuille.

Jason attrape le billet, lance un « M'ci m'sieur » et disparaît.

Quand elle entre dans sa classe, c'est presque l'émeute. Cela fait moins de cinq minutes que leur maîtresse est absente et l'anarchie règne déjà.

« Miss, miss, qu'est-ce qu'est arrivé à l'"amster ? s'écrie Tracey Dawcey quand elle entre.

— J'l'ai vu samedi, miss. Y pendait la têt' en bas su' la roue, braille Robbie Lewis. L'avait la têt' arrachée ! Ça pissait le sang !

— C'est la maîtresse qui l'a tué, hein miss ? » beugle Jason.

C'est ce que Hobbes appelle la guerre de tous contre tous et elle doit jouer le rôle du Léviathan qu'elle affectionne particulièrement. Elle leur fait le coup du Regard et p-a-r-l-e-t-r-è-s-l-e-n-t-e-m-e-n-t-e-t-f-e-r-m-e-m-e-n-t. C'est juste de la comédie, ça crève les yeux, et pourtant les élèves se font avoir à chaque fois.

Ils aiment qu'on soit strict, ça les sécurise.

Elle essaie de parler avec Jason à l'heure du déjeuner, mais il a disparu et elle passe une heure au téléphone à s'efforcer de mettre la main sur le type de Syrec qui – ô surprise ! – n'est pas venu chercher les bouteilles en plastique et les journaux comme promis. Elle tombe en permanence sur un message de répondeur indiquant un numéro de portable avec un message qui la renvoie au premier numéro.

À la fin de la journée, quand tous les enfants prennent leurs cartables et leurs affaires éparpillées un peu partout pour foncer vers la sortie, elle alpague Jason et l'empêche de passer en mettant son bras en travers de la porte.

« Tu devrais rendre cet argent à Mr Philpott, Jason.

— Pourquoi, miss. Y m'l'a donné.

— Il pensait que c'était pour aider ta maman, je crois. »

Elle soupçonne que cet emprunt n'a rien à voir avec Mrs Taylor et que Jason a simplement sauté sur l'occasion. Elle hésite, à court de mots. Jason met les choses au clair.

« Y croit qu'y peut tirer un coup avec elle pour 5 livres ?

— Ce n'est pas ce que je voulais dire.

– Laissez-moi y aller, miss. Je dois retrouver ma mamie. C'est vrai, miss, vous avez tué l'"amster ?

— Bien sûr que non. »

Mais Jason a profité de cet instant d'inattention pour passer sous son bras, se faufiler devant elle et filer par la porte.

Après avoir rangé sa classe, elle va voir Mr Philpott. Sa discussion avec Jason l'a perturbée. Dans des moments comme celui-là, elle a le sentiment de n'arriver à rien avec ces enfants – quelle bêtise ne serait-ce que de vouloir essayer. Mais Mr Philpott n'est pas d'humeur à lui remonter le moral. Il est sous le préau où il nettoie encore les saletés de la Journée du Quartier à l'eau savonneuse et au désinfectant.

« Toutes ces cochonneries ! » Il agite son balai en direction des bouteilles en plastique et du monceau de journaux entassés en vrac au fond du préau. « N'auriez pas dû les encourager. Donnez-y une bonne excuse et y vous apporteront leur vieille grand-mère à enterrer. C'est pas les magouillards qui manquent par ici.

— Je suis désolée, Mr Philpott. J'ai essayé de contacter l'entreprise de recyclage. On va mettre tout ça dans le coffre de ma voiture et peu à peu je recyclerai le tout au supermarché de Sheffield. Écoutez, ajoute-t-elle en prenant un billet de 5 livres dans son sac, je suis venue vous rendre ça.

— C'est quoi ? »

Elle avait l'intention de mentir, de lui dire que Jason les lui avait rendus volontairement. Mais dans un brusque élan de vérité, elle se surprend à lui répondre : « Mrs Taylor est très jolie, mais elle n'est pas faite pour vous, Mr Philpott.

— Trouvez que je suis trop vieux ? » Il ôte ses lunettes et les astique.

« Non, pas trop vieux. Mais... peut-être qu'elle est trop jeune. »

Il plie le billet et le glisse dans la poche de devant de sa salopette.

« Un monsieur de mon âge a beaucoup à offrir à une jeune et jolie veuve, vous savez. » Il lui fait un clin d'œil. « Soyez pas triste pour l'"amster, mon p'tit. Je vous en trouverai un autre. »

*

En regagnant le parking, à quatre heures et demie, elle remarque que Jason est toujours là, s'attardant devant la grille de l'école. Quelques instants plus tard, une femme s'avance – une dame d'un certain âge, élégante – veste, rouge à lèvres, talons hauts – très éloignée des autres mamans en jean et pull.

Jason court se jeter dans ses bras. Ce doit être sa grand-mère.

Se sentant observée, la dame lève les yeux. L'espace d'un instant, leurs regards se croisent. Quelque chose d'enfoui depuis longtemps la fait tressaillir.

Pourquoi a-t-elle l'impression de l'avoir déjà vue quelque part ?

SERGE : Orages

Lundi matin. Maroushka répond à son salut en agitant les doigts comme à son habitude. Serge scrute son visage, guettant le moindre signe indiquant qu'elle l'a repéré vendredi soir en train de les suivre la blonde et elle, mais elle est toujours aussi énigmatique.

« Bon veekend ?

— Oui, merci, Princesse étudiante. »

Se demande-t-elle ce que sont devenus ses escarpins, qui attendent leur heure, plantés au garde-à-vous sur l'étagère de sa chambre ? Il est impatient de voir sa tête quand il les lui rendra. Il faut qu'il pense à lui demander ce que c'est cette histoire de lutte iranienne.

À l'heure du déjeuner, il quitte la salle de marché sur ses talons, monte dans un ascenseur bondé, débarque dans le grand hall et sort de la tour. Où peut-elle bien aller ? Il longe le trottoir en la cherchant du regard, mais elle a disparu.

Princesse étudiante, ô Maroushka !
Entends la chanson de Serge !
Pour mon chant d'amour,
Point de cierge...

L'ennui, c'est qu'il n'y a pas beaucoup de mots qui riment avec Serge, et avec Maroushka, ce n'est guère mieux.

Il fait doux et humide. Au loin, un coup de tonnerre éclate dans un fracas de canon qui se répercute au-dessus des toits. Il passe chez Prêt À Manger, où il attrape en vitesse un sandwich qui malheureusement se révèle être à l'écrevisse (impossible de trouver un truc correct à manger dans le coin), et retourne au bureau en accélérant le pas, mais il est encore à quelques rues lorsqu'il est surpris par l'orage. Il se réfugie sous un porche avec une horde d'inconnus trempés, blottis les uns contre les autres à regarder les trombes d'eau qui s'abattent devant eux. Le tonnerre gronde à nouveau, bien plus près cette fois. Soudain, il éclate presque au-dessus de leurs têtes. Il est saisi d'une terreur absolue et se retrouve projeté instantanément des années plus tôt, lors d'un autre orage.

Otto et lui étaient encore petits et Nick Holliday était en train de les coucher dans le grenier de Solidarity Hall. Il se revoit se cacher sous les draps pour échapper au vacarme effrayant du tonnerre et de la pluie cinglante qui tambourinait sur l'auvent. « Peut-être qu'un papillon a battu des ailes quelque part », avait dit Nick. Otto avait battu les bras avec un rire nerveux, mais à mesure que Nick parlait, Serge avait évacué sa peur en imaginant avec fascination un papillon qui, d'un battement de ses minuscules ailes, déplaçait un imperceptible courant d'air et modifiait ainsi un subtil équilibre dont la variation, amplifiée des millions de fois, déchaînait des ouragans, pliait des palmiers en deux et provoquait d'énormes vagues qui balayaient des côtes lointaines.

Peut-être est-ce le cas de Maroushka – peut-être présente-t-elle une dépendance sensitive aux données initiales, de la même manière qu'une infime fluctuation d'un système dynamique peut avoir des effets amplifiés quelque part ailleurs. C'est juste qu'il n'a pas encore trouvé le déclic qui déclenchera l'ouragan de sa passion.

Il est là à attendre qu'il cesse de pleuvoir en songeant au mystère des femmes, quand son portable sonne dans sa poche. Il vérifie le numéro avant de répondre, mais c'est seulement Otto qui l'appelle pour bavarder et se confond une fois de plus en remerciements.

« Tu nous as sauvé la vie, mec... Je te rembourse dès que ça ira mieux... Molly te dit bonjour aussi.

— Ne t'en fais pas... oui, dis-lui bonjour pour moi. » Serge laisse les paroles d'Otto ruisseler sur lui comme de la pluie. « C'est drôle, je pensais juste à toi et à Nick. Tu te souviens de l'orage ? La fois où il nous a parlé de l'effet papillon ?

— Oui, quand Crunchy a dit qu'on devrait arracher les ailes de tous les papillons. Il était bizarre, ce gamin. Limite cinglé. »

C'est curieux, tout de même, le fonctionnement de la mémoire. Il se revoit avec Nick et Otto en train d'écouter l'orage dans le grenier, mais il ne se rappelle pas du tout la présence de Crunchy.

« Je me suis toujours demandé, pour Crunchy Carl. Tu te rappelles, l'incendie, le jour où Oolie s'est retrouvée piégée dans l'annexe ?

— Mais Crunchy était déjà parti, à l'époque. » Otto semble sceptique.

« Il a pu revenir, non ? Après l'incendie, Doro a retrouvé des pommes de pin dans l'annexe. Et un jour, Crunchy m'en avait piqué dans la boîte que je gardais sous mon lit et avait allumé un feu dans le salon. Megan avait dû l'éteindre.

— Ça ne prouve rien, Soz.

— Non, sauf qu'il était au courant, pour mes pommes de pin. Et puis, il savait où était cachée la clef de derrière.

— Tu aurais dû en parler à la police.

— Je sais bien, mais Doro m'avait demandé de ne rien dire. »

Il se souvient de Doro lui ordonnant de ne pas parler des pommes de pin. Mais ce dont il se souvient surtout, c'est la fascination qu'il avait éprouvée devant un concours de circonstances aussi improbable : Oolie qui avait été déposée plus tôt que prévu ce jour-là, le club d'échecs qui avait été annulé, Doro qui était rentrée tard, Otto qui avait raté le bus. Et autre chose – un ou des inconnus –, un acte de malveillance initial qui avait servi de catalyseur. Quelle probabilité y avait-il que tout cela se produise au même moment ?

« Clara pensait que c'était un des jeunes des Prospects, dit Otto. Parce qu'ils n'arrêtaient pas de s'en prendre à Oolie. Tu te rappelles, quand elle leur avait balancé des briques ? Comment va-t-elle, au fait ?

— Bien, je crois. Ça fait un moment que je ne l'ai pas vue. »

Il se sent légèrement coupable – il faut qu'il l'appelle un de ces jours.

« Tu te rappelles les histoires qu'elle racontait ? Les vannés de la terre et la stupeur des nations de femmes ? »

Il se demande si Otto et Clara ont eu une aventure à un moment ou à un autre. La vie amoureuse de sa sœur est une source de spéculations dont elle refuse obstinément de discuter avec lui.

« Doro est venue la semaine dernière, dit-il à Otto. Elle a annoncé qu'ils allaient se marier, avec Marcus.

— Se marier ? Qu'est-ce qui leur prend ? Ça se fait encore à leur âge ?

— Je ne sais pas. Je ne suis même pas sûr que Marcus bande encore.

— Peut-être qu'ils sont saisis face au spectre du Harpic, hé hé.

— J'ai essayé de dire à Doro que je travaillais à la City, de le glisser discrètement dans la conversation. Mais je ne suis pas arrivé à le sortir. Elle radotait tellement, autant avouer que j'étais un assassin d'enfant.

— J'imagine. Quand je pense à toute la culpabilité qu'on a intériorisée. Mais tu sais quoi, Soz ? Je les envie – ils croyaient en quelque chose.

— Je sais. Des valeurs, tout ça. Ça ne se fait plus trop. »

Ils ricanent à l'idée que leurs parents puissent être aussi ringards.

Quand il raccroche, l'averse se transforme en pluie fine et un fragment d'arc-en-ciel miroite dans le ciel au-dessus du dôme de Saint-Paul. C'est dément ! Comment une chose aussi simple – et qui ne coûte rien – peut-elle être d'une beauté aussi invraisemblable ! Il ressort l'iPhone de sa poche et essaie de régler l'appareil photo, mais en l'espace de quelques secondes, l'arc-en-ciel s'est évanoui.

À son retour, Maroushka est déjà à son poste. Où a-t-elle pu aller ? Il se passe la main dans les cheveux pour enlever les gouttes de pluie, en espérant qu'on ne voie pas trop qu'il est sorti de la tour. La Poule rôde encore dans les parages, dispensant des flots de sagesse et de testostérone dans la salle de marché.

« Vous savez ce qui a ruiné l'économie ? »

Il se penche au-dessus de Tootie qui ne dit rien mais lève son regard pâle comme un fidèle s'apprêtant à recevoir la communion.

« L'intervention des politiques sur le marché libéral. Regardez cet imbécile de Clinton. Il a essayé de faire en sorte que les logements soient accessibles aux Noirs, aux latinos et aux autres losers qui n'avaient pas les moyens de s'en offrir. Fannie Mae, Freddie Mac, les plus grands acteurs des prêts subprime aux États-Unis ont accru le taux des propriétaires de leur logement et distribué des prêts à des gens trop pauvres pour les rembourser – super-idée, tant que le prix des logements continuait à augmenter. Et puis, ils se sont effondrés... La morale, c'est qu'il faut faire confiance à la sagesse des marchés.

– La sagesse des marchés. C'est génial comme formule, Chef Ken. »

Tootie est un peigne-cul de première.

Serge suit du regard La Poule, qui va percher une fesse charnue sur le bureau de Maroushka en se penchant pour avoir une vue plongeante sur son décolleté. Elle porte un haut blanc en broderie anglaise qui a un côté virginal tout en étant irrésistiblement sexy.

« Vous savez ce qui ne va pas dans ce pays ? »

Maroushka se tait. La Poule attend, savourant sa domination, l'étoffe de son costume visiblement renflée au niveau du bas-ventre.

« Vous voulez que je vous le dise ? »

Elle hoche la tête.

« Le déclin de la religion. Pensez-y, Maroushka. Les gens ont besoin de savoir ce qui est bien ou mal. De valeurs. »

Maroushka pouffe de rire en montrant ses petites dents blanches. « Dans mon pays, l'argent a valeur. Religion c'est pour babouchkas. »

Le sourire de La Poule vacille. Elle le regarde froidement. Comment fait-elle pour s'en tirer impunément ?

En croisant le regard de Serge, elle esquisse une petite moue coquette, l'air de dire qu'elle se contente de ménager La Poule et que toutes choses étant égales par ailleurs, elle préférerait de loin flirter avec lui. Mais elles ne sont pas égales, n'est-ce pas ? Lorsqu'il se voit à travers son regard, il est englouti par sa propre insignifiance, simple petit hamster moulinant dans la roue du capitalisme en sortant des chiffres pour satisfaire l'appétit insatiable de l'usine à profits de FATCA. Les filles comme elle sont attirées par le pouvoir et la richesse. Elles n'y peuvent rien, c'est dans leurs gènes. S'il veut conquérir son cœur, il doit prendre son destin en main.

Il a couvert son prêt à Otto. Il a gagné suffisamment pour rembourser le montant de sa carte de crédit à la fin du mois – mais pourquoi rembourser tout de suite ? Le temps qu'il ressente les effets du taux à 16 %, il pourrait se faire quelques milliers de livres en plus à 20 %. Pourquoi s'arrêter maintenant ? Pourquoi ne pas continuer, se constituer une réserve financière plus vite qu'il ne le pourra jamais avec son salaire et son bonus ?

Il a entendu les traders discuter des heures du spread betting. C'est un des meilleurs moyens de gagner beaucoup d'argent rapidement en spéculant sur les écarts de marché. C'est simple et exonéré d'impôt. Évidemment, c'est plus risqué – on peut perdre tout aussi rapidement. Il faut savoir s'arrêter. Mais il s'est prouvé à lui-même qu'il était doué. Et il n'est pas cupide. Une fois empoché son million (ou deux, parce qu'on ne peut pas faire grand-chose avec un million de nos jours), il oubliera l'univers de la City. Il partira au Brésil vivre dans une maison au bord de la mer et se consacrera de nouveau aux mathématiques.

Le projet mûrit dans sa tête depuis qu'il a commencé chez FATCA et se précise de plus en plus à chaque transaction. Il écrira un best-seller dévoilant toutes les ficelles et les arnaques de la City. Il fera des dons généreux à des causes progressistes pour se faire pardonner de Marcus et Doro. Il achètera à sa mère une ou deux tenues convenables. Il créera un prix pour les délinquants dans l'école de sa sœur. Il écrira des poèmes. Il épousera la princesse Maroushka et l'emmènera au royaume des mathématiques pures pour l'arracher au néant de la prostitution statistique. Le restaurant lui a rendu pour ainsi dire un fier service avec cette addition douteuse (qu'ils n'ont toujours pas tirée au clair, malgré ses multiples coups de fil), l'obligeant à faire preuve d'imagination en envisageant les options qui s'offraient à lui. Tout comme Otto, avec ses soucis d'emprunt – il lui était si reconnaissant de lui avoir prêté de l'argent que Serge n'a pas eu le cœur de lui dire que ça ne le dérangeait pas tant que cela quand il l'a remboursé.

Depuis un an qu'il est là, il a remarqué un renouvellement constant des employés, de nouvelles têtes qui apparaissent, vous sourient, se lient d'amitié avec vous un moment ou du moins viennent boire un verre de temps à autre, puis disparaissent sans laisser de trace, emportées comme des épaves flottantes au gré des transactions. Que sont devenus ceux qui se sont volatilisés ? Ceux qui ne se sont pas montrés à la hauteur, qui ont été surpris à enfreindre un règlement quelconque ou ont réussi à s'échapper – où sont-ils à présent ? Les postes de travail restent vides quelque temps, puis de nouveaux visages apparaissent, bien propres, l'air vaguement ahuri, impatients d'apprendre et d'empocher de l'argent, tout comme lui au début. Ils reviendront demain, après-demain et jusqu'à la fin du mois, jusqu'à la fin de l'année, et combien d'années encore ? Il faut qu'il commence à préparer sa sortie dès maintenant.

Autour de lui, les traders s'affolent, passant leurs transactions à l'heure de pointe, juste avant la clôture des marchés. La clameur lui parvient par vagues, semblable au bruit de la marée. Il se concentre sur les colonnes de données affichées sur ses écrans, cherchant les retracements de Fibonacci. Mais ils changent en permanence. Les graphiques oscillent comme des filaments d'algues ballottés au fil des courants agités du commerce international. Les indices palpitent comme des mollusques repus. Les profits s'accroissent, décroissent, croissent à nouveau au gré de l'océan des marchés internationaux, dans lesquels se déversent en permanence les vastes fleuves de l'activité humaine : 61,8 dans un sens, 38,2 dans l'autre. *Phi*. Le nombre d'or.

Clara : Essence

Clara rentre chez elle en serpentant dans le dédale hostile de la banlieue de Doncaster, essayant de voir à travers les traînées grisâtres laissées par le crachin sur son pare-brise, car elle n'a plus de liquide lave-glace dans le réservoir et ne sait pas le remplir. Ce n'est qu'en s'arrêtant pour prendre de l'essence sur l'A6182 qu'elle s'aperçoit que son portefeuille n'est plus dans son sac. Quand elle annonce à l'employé de la station-service, un type très bronzé avec une chaîne en or autour du cou, qu'elle n'a ni argent ni carte de crédit, il ne se montre pas particulièrement compréhensif. Il menace d'appeler la police.

« Allez-y, appelez-les, lui lance Clara. Ça m'évitera d'avoir à les appeler moi-même.

— Les gens d'ici n'ont aucun respect.

— Le respect de quoi ?

— Le respect des biens d'autrui. Il y a des tas de pouilleux abonnés aux allocs et de magouillards par ici.

— Quel genre de magouillards ?

— Des gens comme vous.

— Avant, c'étaient des mineurs et des ouvriers des aciéries, et c'est à qui la faute ?

— Pas à moi, répond le type. Je suis qu'employé, ici. »

Puis, sur l'aire de stationnement, à côté des sacs de bois trempés par la pluie et du seau d'œillets à moitié fanés ridiculement étiquetés « fleurs fraîchement coupées », elle aperçoit un carton de plantes en pot. De jeunes plants d'arbres, plus précisément. Certains ont encore leur petit écriteau rédigé de la main de Doro. Ils sont en vente à cinq livres pièce.

« Où les avez-vous eus ?

— Je sais pas.

— Ils ont été volés. Vous faites du recel de biens volés !

— Foutez le camp.

— C'est ce que je vais faire ! »

Elle monte donc dans sa voiture, claque la portière et reprend la route de Sheffield.

« Oui, oui, ne t'en fais pas, quand j'aurai ma nouvelle carte de crédit, j'irai payer ce que je dois, dit-elle à Ida Blessingman qui l'a invitée pour une omelette aux cèpes. Mais c'était satisfaisant.

— Tu veux que je te prête cinquante livres pour te dépanner ? lui demande Ida.

— Je veux bien, merci. Je peux t'emprunter une cigarette, aussi ? »

Serge : Le cafard

Serge s'aperçoit qu'avec le temps qu'il passe sur ses transactions personnelles, il est obligé de faire des heures supplémentaires pour assurer au boulot. Après les gains empochés au début, les résultats sont mitigés.

« On m'a dit que vous passiez vos soirées ici, Freebie, lui lance La Poule vendredi après-midi, les mains posées sur le bureau de Serge. Ça marche ? »

Qui est allé raconter à La Poule qu'il restait parfois très tard ?

« Oui, répond-il avec un sourire désarmant. Je... euh, vous voyez... je travaille...

— Et vous travaillez sur quoi ?

— J'effectue une simulation de Monte Carlo. Je rentre quelques nombres pour voir ce qu'ils donnent.

— Monte Carlo ? »

Les yeux vifs de chien clignent avec hésitation. Serge profite de son avantage.

« Oui, une fois qu'on a lancé une séquence, on ne peut pas vraiment l'interrompre.

— C'est donc ça qui vous retient au bureau toute la nuit ? »

Se peut-il que La Poule ait découvert les transactions privées qu'il a effectuées ? Quelqu'un l'aurait-il entendu de l'autre côté de la porte des toilettes pour handicapés échanger en chuchotant de mornes conversations avec son courtier ?

« Nous sommes très attachés à notre réputation, chez FATCA. » La Poule parle à mi-voix et Serge remarque qu'il a un léger tic à l'œil gauche lorsqu'il se penche vers lui. « Si vous avez enfreint des règles, il faut que je le sache. Les régulateurs fouinent un peu partout. S'il y a bien une chose dont on se passerait bien, en ce moment, c'est une enquête de la FSA.

— Je n'enfreins aucune règle, Chef Ken. C'est juste... » Une petite sonnette d'alarme retentit dans un recoin de son esprit. C'est quoi cette histoire de FSA ? Que vient faire l'autorité des marchés financiers ? Et pourquoi *en ce moment* ?... « Juste quelques calculs élégants... »

Il s'apprête à se lancer dans un compte rendu de ses six années d'études de mathématiques à Cambridge, de sa thèse inachevée sur les fractales, mais La Poule n'apprécie peut-être guère que l'on souligne avec condescendance sa compréhension relativement limitée des maths.

« C'est basé sur... euh... un prolongement de la théorie du chaos.

— Le chaos, ah oui ? » La Poule a l'air satisfait. « On ne va pas tarder à en avoir sur les marchés, avec la pression que subit Lehman

Brothers. À moins qu'il y ait un repreneur. Vous suivez les informations ? »

Serge hoche la tête.

« C'est bien. Continuez comme ça. »

Le regard de La Poule vient de tomber sur Maroushka, dont la veste jaune jette un éclat criard derrière la paroi vitrée du bureau d'angle. Il se redresse en rentrant le ventre. Serge distingue presque la bosse de sa trique dont les contours se détachent sur la vitre sous l'étoffe souple en laine et soie de son costume gris anthracite.

Il n'entend pas ce que se disent La Poule et Maroushka dans le bureau, il y a trop de bruit de fond, puis La Poule reprend sa tournée et Serge se connecte.

« Sergei ? »

Il lève les yeux. Maroushka est derrière lui, penchée au-dessus de son épaule. Il respire son parfum.

« Comment va, Princesse ? » C'est le moment où jamais d'éveiller son intérêt. « J'ai lu un livre très intéressant sur la lutte en Iran.

— Tu es intéressant au politique ? » Elle arque ses sourcils bruns.

« Oh oui. Je m'y intéresse vraiment. Je me disais que tu pourrais peut-être m'en dire plus sur l'histoire de...

— Mon sujet est le mathématique, Sergei. L'histoire est pour le vieux personnes.

— Oui, mais...

— Mais tu sais, Sergei, je suis juste avec le visa étudiant. Quand l'études finies, je dois rentrer Zhytomyr. Mais La Poule demande le visa du travail permanent pour moi. Tu comprends, Sergei ?

— Un visa ? Maroushka, on pourrait... »

Mais elle est déjà retournée discrètement à son poste.

Il affiche ses écrans. Un frémissement des cours de l'AIM attire son regard. Les dernières données tournoient en spirale et viennent s'aligner en colonnes – peu à peu un nouveau modèle se fait jour. Il se concentre sur l'écran. Il se passe quelque chose. Il avait raison, le FTSE 100 chute et les actions des banques ont accusé le coup après l'annonce de la disparition de Lehman. Mais, bizarrement, le Small Cap où s'échangent ses valeurs évolue légèrement dans l'autre sens. Merde !

Il voit se volatiliser sous ses yeux tous les profits qu'il a empochés la semaine dernière en vendant à découvert les actions South Yorkshire. C'est une véritable hémorragie financière. Il fonce vers les toilettes pour handicapés pour essayer de placer un ordre stop. Mais c'est occupé. Merde !

Il attend en arpentant la salle de marché dont le sol est curieusement de la même couleur que la moquette incrustée de crottes de lapin de Solidarity Hall. C'est étrange, ces modèles. Certains de ses collègues lui font un petit signe de tête, tandis que la plupart sont bien trop rivés à leurs écrans et leur clavier pour lui prêter attention. C'est le milieu de l'après-midi, mais déjà, de l'autre côté de la grande baie vitrée exposée à l'est, la nouvelle lune flotte comme un bateau en papier sur un océan de nuages tourmentés.

Quand il pourra retourner aux toilettes, il faudra qu'il décide s'il doit stopper ses positions avant qu'elles ne continuent à grimper, ou attendre en misant sur une autre chute. S'il avait des réserves de liquidités, il ferait ce que font les grands pros – il les ferait redescendre avec des ventes à découvert plus ciblées. L'ennui, c'est qu'il n'a même pas suffisamment d'argent sur son compte pour couvrir ce qu'il doit déjà.

Mais FATCA, si. Les chambres fortes de FATCA débordent de liquidités et tous ces traders survoltés obsédés par leurs comptes de résultat en déversent davantage à chaque minute – lui aussi a rajouté ses trois gouttes de pisse dans l'océan de richesse. Si seulement FATCA pouvait lui prêter l'argent, le temps qu'il se sorte de ce pétrin... Si seulement il pouvait mettre ses pertes sur le compte de FATCA...

Il recommence à faire les cent pas. S'arrête. Attend. S'arrête. Attend. Soudain, sa chaussure écrase quelque chose de dur. Il baisse les yeux. Une espèce de petit tesson marron luisant est enfoncé dans la moquette devant son bureau, à l'endroit où La Poule était penché. Ça ressemble... non... à un cafard ? Il a un mouvement de dégoût. Mais qu'est-ce qu'il fout là ? Il regarde de nouveau. Ce ne serait pas un faux ? Il le pousse du pied. Non, ce n'est pas un cafard – c'est une minuscule clé USB. Ce doit être la sienne. Il l'examine quelques secondes, puis la ramasse et la glisse dans sa poche.

Doro : Soyez réaliste
– demandez l'impossible

  Le vendredi, Doro trimbale son aspirateur dans la maison en ruminant sa mauvaise humeur. Non seulement elle est obligée de renoncer à un bel après-midi au jardin ouvrier pour discuter d'Oolie avec cet abruti d'assistant social, mais pour une raison obscure, elle se croit obligée de nettoyer de fond en comble avant qu'il n'arrive. Les femmes de la génération de sa mère étaient censées s'épanouir en faisant le ménage, mais à Solidarity Hall c'était une telle corvée qu'elle avait été purgée de toute ambition de la sorte.

  Marcus lui avait promis de l'aider, or il est encore là-haut sur son ordinateur et quand elle monte le chercher, elle s'aperçoit qu'au lieu de travailler, il somnole dans son fauteuil, la tête pendant sur la poitrine, une main retombant mollement sur le clavier. Soudain, elle est frappée de voir comme il a vieilli, comme ses épaules sont voûtées, ses cheveux gris et clairsemés sur le dessus. Il a près de soixante-dix ans, c'est curieux de parler mariage à cet âge-là. Mais c'est romantique aussi. Un élan de tendresse la prend au dépourvu. C'est un brave homme, songe-t-elle. Elle a eu de la chance. Elle sort de la pièce sans le déranger.

Oolie est chez Edenthorpe, et y restera jusqu'à ce qu'Elsa, la patronne de la cafétéria, la ramène en rentrant chez elle, un peu après dix-sept heures. Elle travaille trois jours par semaine à la cafétéria, où elle débarrasse et fait la plonge. Les autres jours, elle est à l'institut, où elle suit des cours d'alphabétisation, de calcul et d'autres compétences indispensables à la survie au quotidien en compagnie de jeunes comme elle qu'elle connaît depuis toujours ou presque, tout comme Doro qui se porte souvent volontaire pour leur servir d'accompagnatrice lors des sorties.

Quand l'assistant social a proposé cet emploi à la cafétéria d'Edenthorpe, Doro a souri en repensant à la dernière fois où elle avait été là-bas pour distribuer des tracts appelant à la grève générale devant les grilles. Ça devait faire une trentaine d'années, car Clara était encore dans son porte-bébé, sur son dos. Les hommes avaient chiffonné les tracts en riant, ce qu'elle avait attribué à un phénomène de fausse conscience, et l'un d'entre eux avait donné un caramel à Clara, qu'elle lui avait arraché des mains, provoquant une crise de hurlements. C'était étrange d'imaginer Oolie travailler là-bas et scandaleux de songer que le salaire de misère qui lui était versé était subventionné par le conseil régional.

Elle regrette les après-midi qu'elles passaient ensemble à travailler dans le jardin ouvrier, ces parenthèses enchantées d'activités instructives qui les rapprochaient davantage encore. Oolie adore jardiner, ses petits doigts courts enfoncés dans le terreau noir et ses joues rosies par le grand air, elle est dans son élément. Mais lorsqu'elle la voit rentrer du travail en gambadant, avec tout un tas d'histoires à raconter sur qui a dit quoi ou qui couche avec qui, elle finit par s'amadouer. Oolie met son argent de côté dans une vieille boîte à café et se prend à rêver de la manière dont elle va pouvoir le dépenser. Elle a une collection de brochures de pays exotiques qu'elle a l'intention de visiter, son vocabulaire s'est enrichi d'une série de gros mots qu'elle ignorait jusque-là et elle a appris à raconter des bobards.

L'aspirateur crisse et crépite en avalant d'invisibles saletés sur la moquette. Si seulement c'était aussi facile d'aspirer les déchets et les détritus qui encombrent sa vie. Ce n'est pas tant le ménage qu'elle trouve fatigant que les heures passées à dorloter, cajoler, réconforter, soigner, concilier, flatter les egos – tout ce travail émotionnel qui incombe aux femmes et qui n'est pas reconnu comme tel. À moins d'être infirmière, assistante sociale ou enseignante, auquel cas la socialisation féminine vous a préparé à une carrière faiblement rémunérée dans une de ces professions sous-estimées. « *Soyez le changement que vous voulez voir dans le monde* » la nargue sur la porte du réfrigérateur. Ça a l'air simple dit comme ça, mais Gandhi avait autour de lui une cohorte de femmes pour le bichonner et pour seul sujet de préoccupation de nobles causes telles que la paix dans le monde.

Elle fourrage dans son tiroir en cherchant un tee-shirt orné d'un slogan adapté aux circonstances. Ah ! En voilà un qui est idéal pour un assistant social ! « *Soyez réaliste – demandez l'impossible.* » Elle l'enfile en constatant avec regret que ses seins qui faisaient ressortir le *y* et le *s* se baladent à présent au dessus du *d* et du *o*. (Sa mère avait raison pour le soutien-gorge, comme sur beaucoup d'autres choses.) Un coup de peigne et quand on sonne à la porte, elle est déjà au milieu de l'escalier.

*

Mr Clements est un jeune homme direct originaire du Yorkshire, avec le teint un peu rougeaud, une bonne tête encadrée par une tignasse de cheveux blonds hérissés sur le crâne et du poil au menton, destiné à une barbe peut-être. Il ressemble un peu à Josh, l'ancien petit ami de Clara, disparu de la circulation dans des circonstances que cette dernière refuse d'évoquer, ce qui n'est pas sans susciter chez Doro une pointe d'agacement envers sa fille, qui ne s'est toujours pas trouvé un compagnon convenable et n'a pas l'air de vouloir produire les petits-enfants dont elle rêve.

« Bonjour, Mrs Lerner ? Comment va ?

— Très bien. » Elle n'apprécie pas d'être appelée Mrs alors qu'elle n'est pas mariée et encore moins Lerner, le nom de famille de Marcus, au lieu de Marchmont. « Voulez-vous un thé ?

— C'est pas de refus. Avec du lait mais sans sucre. »

Il s'assied à la table de la cuisine et se débarrasse de son blouson en jean. Histoire de lui montrer qu'on ne la traite pas à la légère, elle lui sert son thé dans un vieux mug fêlé et ébréché orné de l'inscription « VÉTÉRANS DE LA BATAILLE D'ORGREAVE 1984 », relique de la grève des mineurs.

« Mince, ça fait un bail. » Il boit une longue gorgée puis l'examine d'un œil intéressé. « J'étais gamin. Je me rappelle, mon père a été arrêté et ma mère a cru que c'était la fin du monde, mais ça m'a donné envie de faire autre chose de ma vie, au lieu d'aller travailler à la mine comme tout le monde. » Il sort un dossier de sa mallette. « Alors, comment ça se passe pour Oolie-Anna, chez Edenthorpe ?

— Très bien. »

Mr Clements hoche la tête, coche un document dans son dossier, et elle lui sait gré de résister à l'envie de lui rappeler que l'idée de cet emploi venait de lui et qu'au départ elle y était farouchement opposée.

« Oui, c'est un sacré numéro. Edna dit qu'elle les fait mourir de rire.

— Elle aime bien la compagnie », admet Doro à contrecœur. Elle a encore du mal à se faire à l'idée qu'Oolie puisse avoir des relations en dehors du cercle familial.

« La prochaine étape à laquelle nous devons songer, Mrs Lerner, c'est son indépendance. Il lui faut un appartement à elle.

— Elle n'est pas prête », réplique Doro d'un ton sec.

Mr Clements brasse les documents qui se trouvent dans son dossier et avale une nouvelle gorgée de thé.

« Je comprends que vous soyez inquiète, Mrs Lerner. Mais si Oolie-Anna peut apprendre à voler de ses propres ailes, à long terme, ce sera mieux pour tout le monde. Vous ne croyez pas ? »

Il est d'une bonne humeur implacable. Doro voit bien qu'il la manipule pour la pousser à accepter.

« Nous voulons tous ce qui est le mieux pour elle, Mr Clements, mais nous n'avons pas la même conception de ses besoins.

— Je peux en conclure que vous acceptez ?

— Absolument pas. Je connais Oolie-Anna bien mieux que vous. »

Elle fixe le jeune visage rougeaud d'un œil furibond.

« De nos jours, il faut envisager la possibilité que les enfants trisomiques survivent à leurs parents. » Il a un ton résolument optimiste. « Il faut éviter qu'ils se retrouvent un jour à perdre non seulement leur environnement familier mais le cadre de vie auquel ils sont habitués. C'est pour ça qu'on préfère entamer le processus de séparation relativement tôt...

— Vous nous voyez déjà un pied dans la tombe, avec Marcus ? » l'interrompt-elle en sentant ses joues s'empourprer.

Mr Clements continue imperturbablement à enfoncer le clou. Il a été formé pour faire face à la colère des gens.

« Ce n'est pas ce que je dis, Mrs Lerner. Au contraire, il vaut mieux prévoir aussi longtemps à l'avance que possible pour ne pas être pris de court quand... quand votre mari et vous ne serez plus en mesure de vous occuper d'elle. »

Il ne hausse pas le ton, pas plus qu'il ne dévie de son discours. Elle a envie de l'étrangler.

« Ce serait bien que vous vous confrontiez à vos peurs, Mrs Lerner. Si vous avez des craintes particulières, nous pouvons en discuter. C'est normal qu'avec votre mari, vous soyez préoccupés... »

Que sait-il d'autre, se demande-t-elle. Y a-t-il des recoupements effectués entre les dossiers des services sociaux de 1994 et les rapports de police de l'époque ?

« Si c'est parce que nous ne sommes pas mariés, il se trouve que nous avons l'intention de...

— Votre âge, c'est le principal facteur dont nous devons tenir compte, Mrs Lerner – quoique, c'est souvent le cas avec les enfants trisomiques. »

Doro résiste à l'envie de vomir sur sa mallette.

« Oolie-Anna n'est pas une enfant.

— C'est bien ce que je dis, Mrs Lerner. Bon, voulez-vous que nous prenions rendez-vous pour la semaine prochaine, quand vous aurez pu en rediscuter avec votre mari ? »

C'est qu'il est tenace, ce garçon.

« Non, ce ne sera pas nécessaire. »

Elle se lève et le regarde d'un air renfrogné jusqu'à ce qu'il se mette debout.

« Bien, il faut que j'y aille. Merci pour le thé, Mrs Lerner. »

Il sourit patiemment, l'air confiant. Il a l'impression de progresser.

Après son départ, elle reste assise quelques minutes à la table de la cuisine. Curieusement, elle est à bout de forces. Sur le mur d'en face, la pendule avance au-dessus d'une vieille photo de groupe fanée prise dans le jardin de Solidarity Hall, à l'époque de la communauté. Megan est là, ça doit donc être entre 1985 et 1988. C'est fou ce qu'ils ont l'air jeunes, les femmes ont des cheveux longs en bataille, les hommes d'épaisses rouflaquettes et de grosses moustaches, les enfants l'allure espiègle et débraillée. Où sont passées toutes ces années ? Elle regrette de s'être montrée aussi agressive envers le jeune assistant social – il ne le mérite pas, il est plein de bonne volonté et fait correctement son travail. Elle sait bien que sa réticence à voir Oolie quitter le toit familial doit lui paraître irrationnelle, mais elle n'est pas prête à déballer le passé soigneusement mis de côté.

Pas encore.

Marcus descend et l'enlace par l'épaule – il a dû entendre la porte se refermer.

« Ça va ?

— Ça va. Le livre avance ?

— Super. J'ai fini l'analyse de la gauche et je vais m'attaquer au rôle du mouvement féministe. » Il a les yeux brillants.

« Mmm. » Elle se penche en feignant d'être intéressée, mais elle repense déjà à sa conversation avec l'assistant social en s'arrêtant sur toutes ses erreurs.

« Je mesure de plus en plus l'importance du féminisme dans l'histoire de notre mouvement. » Il lève les yeux vers Doro et son regard s'adoucit. « Tu pourrais peut-être écrire ce chapitre, mon cœur. Du point de vue de la femme. »

Doro s'efforce de réfléchir au féminisme, mais tout ce qui lui vient à l'esprit, c'est le vieux souvenir d'une poignée de cheveux auburn de Moira Lafferty entre ses doigts. Elle lui prend la main en se disant que c'est là un grand honneur, mais son émotion est engluée dans l'accumulation d'épuisement et de rancœur figés en elle comme du porridge refroidi.

« Écris-le toi, mon ange. Je suis sûre que tu en sais bien plus que moi. »

Il va mettre la bouilloire à chauffer.

« Alors, ça s'est passé comment avec l'assistant social ? »

Doro donne un coup de pied virulent à la chaise qu'occupait Mr Clements.

« Il s'obstine à vouloir expédier Oolie dans cette fichue résidence. Il va remettre ça sur le tapis tant qu'il n'aura pas gain de cause.

— Ce n'est peut-être pas une si mauvaise idée que ça, après tout. »

Il récupère le sachet de thé au fond de sa tasse et le presse entre ses doigts.

« Tu as oublié les gamins qui lui avaient jeté des pierres, Marcus ? Tu as oublié l'incendie ? Elle est trop vulnérable. Non. »

Ce qu'elle omet de dire, c'est qu'au milieu de tout le chaos, les joies et les déceptions de la communauté, et plus encore que Clara et Serge, Oolie incarne à ses yeux ce qu'elle a réussi de mieux, la fragile étoile qui a illuminé toutes ces années.

SERGE : La copule gaussienne

Quand Serge peut enfin aller aux toilettes placer son ordre stop, il a déjà perdu 40 000 livres.

De retour à son poste, il se met à paniquer devant l'étendue de ses pertes. Mais le petit cafard marron qui va le tirer de là est niché au fond de sa poche. Une fois rentré chez lui, il va le copier sur son disque dur. Plus il y pense, plus il a l'impression que c'est un signe : le nombre premier de Mersenne, le tango indécent du marché, le petit boîtier d'information aux allures de cafard. Tout doit être lié.

Il ne croit pas au destin, au karma, ni à aucune autre salade mystique – la communauté l'a vacciné contre ce genre de boniments – mais il croit aux modèles. Il a vu de magnifiques modèles complexes surgir d'événements en apparence aléatoires et prendre forme sous ses yeux. Il sait que le hasard est rarement aussi aléatoire qu'il y paraît – le hasard et son proche cousin, le risque.

Quel risque y a-t-il que La Poule revienne chercher sa clé USB égarée ? Quel risque y a-t-il qu'il découvre que Serge a copié ses données ?

$$\Pr[T_A < 1, T_B < 1] = \Phi_2(\Phi^{-1}(F_A(1)), \Phi^{-1}(F_B(1)), \gamma)$$

La copule lui évoque la copulation et il se surprend à songer à Maroushka. Les chances qu'ils finissent par coucher ensemble tous les deux sont de l'ordre de 50 %. Cela étant, si Maroushka couche avec lui, ses chances de coucher avec elle sont de 100 %. Si La Poule couche avec Maroushka, toutefois, ses chances sont fortement réduites, sans pour autant être nulles (après tout, reste la possibilité d'une partie à trois, quoique la seule pensée d'une partie à trois avec La Poule soit passablement effrayante). Le risque que deux personnes qui couchent ensemble soient frappées par la foudre est infinitésimal. Mais si l'un des deux est touché, le risque que l'autre personne qui se trouve dans le lit le soit également grimpe à 99 %, alors que pour une personne toute seule dans un lit éloigné, le risque demeure quasiment nul. D'un autre côté, si quelqu'un a une crise cardiaque au lit, pour la ou les personnes qui se trouvent dans le lit en question, le risque est plus ou moins toujours le même. Le risque de crise cardiaque et celui d'être foudroyé ne sont pas du même ordre, et pourtant ni l'un ni l'autre ne sont dus au simple hasard.

À présent, combinons ces risques sous une nouvelle appellation. Créons un lot comportant, mettons, la foudre, Maroushka et lui au lit, et La Poule victime d'une crise cardiaque. Les chances que tout cela se produise sont relativement minimes en raison de la foudre. Mais si on ôte la foudre, qu'est-ce qui reste ? Serge n'en a pas la moindre idée – et à vrai dire, la plupart des spécialistes de produits dérivés à risque non plus.

Bon, oublions la foudre et les parties à trois, et parlons hypothèques, prêts automobiles, locations-ventes – voilà les risques qui préoccupent l'équipe de titrisation. En fin d'après-midi, vendredi, ils sont tous là à marteler leur clavier comme des fous. Quel risque y a-t-il que l'on remarque qu'il ne se joint pas à eux ? Il fixe ses écrans en essayant de se plonger dans les fluctuations et les retournements du marché, mais son cœur cogne si fort qu'il renonce rapidement et prend l'ascenseur pour monter à la cafétéria prendre une tisane apaisante à la camomille et à l'ashwagandha.

Devant la baie vitrée de la cafétéria, un banc de nuages d'un bleu électrique s'amoncèle au-dessus de la ville. Quelques grosses gouttes de pluie tombent sur la vitre comme des étoiles filantes. Tout en bas, des gens de la taille de fourmis ouvrent leur parapluie et se ruent dans les taxis et les bus, se dépêchant de rentrer chez eux avant que l'orage n'éclate. D'ici une heure, il sera lui aussi en bas, courant vers le métro, le mystérieux contenu du boîtier cafard au fond de sa poche. Un roulement de tonnerre retentit avant de se dissiper dans l'atmosphère. Quelque part, la foudre a frappé.

Clara : Cheesecake

À Sheffield, il pleut également alors que Clara empile ses courses sur le tapis de caisse de Waitrose en se demandant si c'est mal de prendre de la mousse au chocolat plus de la tarte au citron plus du cheesecake, plus deux bouteilles de prosecco. Non, ce n'est pas mal. Et d'une, je le vaux bien. Et de deux, j'ai besoin de réconfort.
« Liquide ou carte ? » lui demande la caissière.
Elle sort de sa poche un des billets de vingt d'Ida et rapporte son festin chez elle.

Le vol de son portefeuille lui a laissé un goût amer toute la semaine. Elle ne cesse de repenser à la scène où Jason l'a bousculée en plongeant sous son bras pour lui échapper lundi après-midi. Ça a dû se passer à ce moment-là. Quand elle a parlé à sa classe le lendemain, elle a fait le coup du Regard à Jason mais il l'a évité en gardant la tête baissée. La description que lui a faite Mr Kenny de Jason est collée comme du chewing-gum au fond de son esprit, aussi répugnante que tenace.

Quand elle a demandé à Mr Philpott si elle n'aurait pas laissé tomber son portefeuille dans la chaufferie, il s'est contenté de lui répondre : « Celui qui me vole ma bourse, je l'étrille. »

Mr Gorst/Alan lui a fait un clin d'œil compatissant et lui a demandé si elle voulait appeler la police. Elle a refusé d'un signe de tête. C'était de sa faute – elle aurait dû le laisser dans son casier dans la salle des maîtres. Elle n'a pas accusé les enfants, expliquant seulement que son portefeuille avait disparu de son sac et faisant appel au meilleur d'eux-mêmes.

« Si l'un d'entre vous a quelque chose à me rendre, je ne dirai rien, je serai très heureuse et très reconnaissante. Vous n'avez qu'à le mettre dans le tiroir de mon bureau. Si l'un de vous sait de quoi je parle, vous savez ce qu'il vous reste à faire. »

Elle vérifiait en permanence dans le tiroir. Elle était persuadée que les enfants feraient leur devoir.

« Alors, il a réapparu ? »

Ida se sert une part de cheesecake dans le carton posé sur la table de la cuisine de Clara. « Non. » Clara débouche le prosecco en soupirant. « Quand ta seule perspective, c'est de finir au chômage ou avec un boulot sans avenir payé une misère, tant qu'à faire autant piquer un portefeuille et dépenser ce qu'il y a dedans. Pourquoi chercher plus loin ?

— Tiens, ressers-toi, tu en as besoin. » Ida colle une grosse tranche de cheesecake dans l'assiette de Clara. « Autrement, tu vas devenir sentimentale. »

Elle verse deux verres de prosecco et, à elles deux, elles liquident le cheesecake, la moitié de la tarte au citron et les trois quarts de la mousse au chocolat. Parce qu'elles le valent bien.

Serge : Mots de passe

De toute évidence, La Poule a la fibre sentimentale. Quand Serge charge la clé cafard sur son portable, elle est pleine de photos de la famille Porter. Ken et Caroline avec leurs enfants William et Arabella, tout sourires, faisant signe du pont de leur yacht ou se prélassant au bord de la piscine de leur paradis fiscal de Monaco, bien qu'à sa connaissance, ils habitent à Holland Park. (S'il le sait, c'est que La Poule ne résiste pas au plaisir de se vanter de temps à autre en racontant ses promenades matinales.) Le voici en gros plan vêtu d'un smoking, enlaçant avec une fierté de propriétaire Caroline, une grande blonde avec des bijoux clinquants, du gloss sur les lèvres, le regard triste et grave.

Le voilà cette fois en tenue de combat dans une forêt pluvieuse, brandissant un lanceur de paintball en compagnie de collègues du dernier étage de FATCA – ils ont tous des sourires de psychopathe. Un fichier entier est consacré aux photos de golf – son partenaire est un Apollon aux boucles blondes avec une tête de plus que lui et un polo jaune orné... c'est quoi ce logo ? Il zoome. Gant. Pas mal. Il y en a une série où La Poule serre la main d'un type avec de grandes oreilles et un large sourire. Serge écarquille les yeux. Merde alors, c'est Tony Blair !

Puis il tombe sur une série de photos des enfants posant avec tout un attirail d'ado relativement cher à l'entretien : violoncelle, quad, clubs de golf, poney. La fille est une jolie brune qui ressemble à son père, avec des fossettes et de petites dents pointues. Le garçon est plus petit et plus grassouillet, il a une figure toute ronde – Serge le regarde de plus près – et les mêmes yeux en amande, la même bouche entrouverte, le même air vaguement perdu qu'Oolie. Il est saisi d'un élan de compassion qui le détourne presque de son objectif. Comment voulez-vous arnaquer le père d'un enfant trisomique ? Il chasse cette image dans un coin de son esprit et ouvre le seul fichier qui ne contienne pas de photos, une application de calendrier à l'ancienne comportant les fêtes, les anniversaires (les surnoms des enfants sont embarrassants de mièvrerie – Willy Wonka et Jinglebell), dont celui de Maroushka (quoi ?) et d'autres dates importantes.

Mais où est l'essentiel ? Où est le fichier contenant les détails de tous les comptes en banque de FATCA ? Les mots de passe ? Les arnaques ? À part un tas de photos ridicules, il n'y a rien. Il est totalement démoralisé et toute la fébrilité qui s'était emparée de lui à l'idée de ce qui l'attendait se change en une déception perplexe. Le trou creusé par les 40 K qu'il vient de perdre est toujours là, quasiment la moitié de son salaire annuel, sur lesquels il va bientôt payer des intérêts de 16 %, auxquels vont s'ajouter les 18 % d'intérêt du spread betting. Merde ! Il se ressert un verre de barolo et termine la croûte brûlée de la pizza qu'il a prise au passage chez Peppe's en rentrant chez lui. Il ne lui reste plus qu'à réhypothéquer son appartement.

Son penthouse meublé de façon minimaliste est reposant. Le salon ne comporte qu'un canapé moelleux, un fauteuil et une table basse – c'est tout. La cuisine est truffée d'équipements haut de gamme dont il n'a jamais appris à se servir. Pourquoi se compliquer la vie quand on a Peppe's en bas de la rue ? De son lit en bois donnant directement sur la fenêtre, il peut compter les étoiles dans le ciel. Il a une penderie, des tiroirs et une bibliothèque avec ses livres de fac et les escarpins de Maroushka, qui attendent toujours leur propriétaire.

Pendant qu'il passait en revue les fichiers de photos, l'orage est tombé et, dehors, la nuit est claire, le ciel dégagé. Il embrasse Londres du regard – la circulation entre les bâtiments figés, les tourbillons fiévreux des phares qui grouillent dans l'obscurité et, tout là-haut au-dessus des lumières de la ville, les lointaines spirales des galaxies d'étoiles surgies du néant, de l'ordre et du chaos s'étirant à perte de vue. On peut se noyer dans cette immensité de ténèbres et de lumière ; on peut sombrer dans l'entropie tout en échappant à la terreur de l'infini, sans risquer de partir en vrille comme les nombres, parfois.

Le barolo n'était peut-être pas une si bonne idée que ça. Le choc du vin corsé se heurtant à des problèmes insolubles est si brutal qu'il a le cerveau meurtri et le torse sur le point d'éclater comme s'il avait un oreiller plaqué sur la figure. Il attrape son imperméable sur un coup de tête, prend l'ascenseur, descend et sort dans la rue déserte. Le ciel est dégagé mais le trottoir plein de flaques est traître. Il les contourne soigneusement pour ne pas mouiller ses chaussures. L'air purifié par l'orage sent l'ozone et le feuillage humide. Grisé par ce parfum, il marche au hasard d'un pas alerte, parfois attiré par un café illuminé, à d'autres moments par une ruelle sombre aux pavés luisants sous les réverbères, jusqu'à ce qu'il retrouve une respiration normale et que le martèlement sourd qui résonne sous son crâne se change en une douleur lancinante.

En rentrant chez lui, il s'arrête sur Cheapside afin de prendre de l'argent au distributeur pour le week-end. Alors qu'il tape le code de sa carte, 0248 – le mois et l'année de naissance de Doro –, une idée lui traverse l'esprit. Il sait qu'il n'est pas recommandé de choisir comme code des dates d'anniversaire, mais tout le monde le fait. Après tout, il y a de multiples possibilités de combinaisons et de permutations. Multiples certes, mais calculables. Soudain, le calendrier des fêtes et des anniversaires qu'il a chargé sur son portable revêt une tout autre portée. C'est peut-être là la clef qui lui manque. Il n'a ni la compétence ni la patience nécessaire pour la déchiffrer. Mais il connaît quelqu'un qui, lui, saura.

Otto est resté à Churchill College après son diplôme pour étudier les systèmes informatiques situés aux confins de la techno-sphère et sillonner ces lointaines galaxies où se télescopent les mathématiques, les langages de programmation et la technologie. Quand il lui parle de ce qu'il fait, Serge a l'impression que c'est de la science-fiction. Il assiste à des congrès sur le chiffrement des hyperviseurs et la cryptovirologie, mais comme beaucoup d'as de la cybernétique, il s'intéresse davantage à la technologie qu'à l'éthique. Quand il était jeune étudiant, il avait conçu un analyseur de paquets pour pirater les questions de la dernière épreuve de théologie, et les afficher sur tous les panneaux d'information de l'université. Il trouvait ça drôle.

« Il est à une conférence. » Molly a la voix hésitante et inquiète à l'autre bout du fil. « Tout va bien ? Pour l'argent ?

— Oui, oui, dit Serge. Ne t'en fais pas. Je rappellerai lundi. »

Il est effrayé à l'idée de se confier à Otto, le petit Otto si bavard, si émotif, pas vraiment fiable. Mais il n'a pas d'autre choix.

Clara : Diabolos

Clara plonge la tête sous la douche chaude et fait mousser le shampooing dans ses cheveux en se demandant comment cela se fait qu'en dépit de toute la rhétorique féministe de Solidarity Hall et de résultats de bac presque aussi bons que ceux de son frère, il ait réussi, lui, à entrer à Cambridge et passe son temps avec sa bande de matheux à délirer dans leur décor de rêve moyenâgeux, alors qu'elle est toujours là, à moitié coincée à Doncaster, traînant sa famille de dingues comme un boulet, essayant de prendre sous son aile des enfants en déshérence (qui la remercient en lui fauchant son portefeuille) et s'efforçant d'être une digne héritière de Solidarity Hall. « Ce n'est pas juste », l'idée remonte comme une bulle à la surface de son esprit et elle s'empresse de la faire éclater. C'est ce que disent les losers et les pleurnichards, pas elle.

L'ennui, c'est qu'étant l'aînée de la communauté, elle a été élevée dans des principes souvent contradictoires. Féminisme, marxisme, végétarisme, autonomie, responsabilité, spontanéité, courage, respect, expression individuelle, confiance en soi, générosité. Il y avait toujours quelqu'un pour lui dire de finir ses légumes, de se brosser les dents, lire ce livre, aller jouer dehors, aider ceux qui ne pouvaient pas se débrouiller tout seuls, être fidèle à elle-même sans prêter attention à ce que disent les autres – c'était à croire qu'une demi-douzaine de bonnes fées querelleuses se chamaillaient en essayant de lui dispenser leurs bienfaits.

Elle rince la mousse tiède parfumée à la noix de coco puis se frotte les cheveux en prenant soin de s'essuyer les oreilles avec un coin de serviette enroulé au bout du doigt. Après toutes ces années, elle fait toujours attention à bien se sécher les oreilles. Si Doro s'était correctement occupée d'elle au lieu de garder un œil sur le génie de son frère et l'autre sur le handicap d'Oolie, elle se serait aperçue que ce n'était pas normal que Clara ait régulièrement mal aux oreilles après s'être lavé les cheveux, que ce n'était pas causé par le shampooing, comme les yeux qui piquent. Ce n'était pas Doro, mais Chris Watt, qui avait été infirmière puéricultrice, qui, un matin, avait repéré les traces de sang et de pus sur l'oreiller.

« Otite séreuse », avait-elle déclaré. Marcus avait alors traîné Clara chez le médecin d'Askern, et lui avait tenu la main dans la salle d'attente miteuse empestant l'antiseptique avant de lui montrer la cicatrice de son opération de l'épingle dix-sept. Elle avait passé le doigt sur la fine ligne blanche en dessous de l'élastique de son caleçon, en se demandant si elle aussi avait une épingle dix-sept et si ça faisait mal de se faire opérer.

La pose de diabolos quand elle avait treize ans avait tout changé. Elle s'était mise à avoir de meilleures notes en classe et à participer plus activement au lieu de traîner au fond avec les cancres. Le monde était devenu plus intelligible, mais plus prosaïque, aussi. Avant les diabolos, les conversations étaient certes assourdies, mais elles étaient intrigantes, empreintes de magie, exigeant des efforts d'imagination afin de remplir les syllabes étouffées. Plus que la naissance d'Oolie ou ses premières règles, c'était la pose de diabolos dans ses oreilles qui avait marqué la fin de son enfance.

Lorsque Megan était partie avec Crunchy Carl, l'atmosphère s'était détendue dans la communauté et tout le monde était plus décontracté. Serge passait des heures à se creuser les méninges avec Nick Holliday et Otto suivait. Tosser et Kollon s'enfermaient avec Star en Filande pour dessiner de drôles de Filandais et de Filandaises aux longs membres hérissés qui vivaient dans des tunnels. (Avec ses diabolos tout neufs, Clara avait bien essayé de leur dire que c'était Fin et non Fil, ils lui répondaient que c'était pareil.) Elle avait pris l'habitude de lire des romans dans sa chambre en évitant Oolie-Anna, car celle-ci était certes adorable mais également très accaparante et Clara ne voulait pas se retrouver à faire du baby-sitting alors que les Grands bavassaient à n'en plus finir dans leurs réunions interminables.

Et puis un jour, Oolie-Anna avait tout changé.

Pour aller à l'école et rentrer chez eux, ils coupaient toujours par le quartier des Prospects, un dédale de pavillons mitoyens en brique délabrés, construits à la va-vite entre les deux guerres pour loger les ouvriers de la mine d'Askern. Leur porte d'entrée donnait directement sur la rue et il y avait généralement une petite bande d'apprentis voyous qui rôdaient du côté des toilettes extérieures et leur lançaient des commentaires au passage. Ce jour-là, Clara rentrait de cours en marchant d'un bon pas pour devancer les autres enfants. Ce cortège débraillé l'embarrassait et leurs incessantes chamailleries l'énervaient, surtout Tosser et Kollon avec leurs coiffures d'épouvantail et leurs prénoms ridicules. (Ils avaient été baptisés Toussaint et Kollontai, mais c'était trop dur à prononcer pour leurs camarades de l'école.) À quatorze ans, on est sensible à la pression du groupe.

Elle venait de bifurquer dans Prospect Street quand une fillette boulotte en salopette jaune avait foncé sur elle en hurlant la bouche ouverte, les cheveux dressés sur le crâne, le visage cramoisi, hors d'haleine, terrifiée. C'était Oolie-Anna. Elle était poursuivie par deux petites frappes qui lui balançaient des morceaux de briques sur les jambes en criant : « Dégage, le monstre, et plus vite que ça ! »

Elle avait trébuché et s'était jetée aux pieds de Clara. Clara avait ramassé une moitié de brique et l'avait lancée sur les brutes. Son bras était guidé par une rage aveugle et elle avait touché l'un des deux en plein dans le nez. Le sang avait giclé partout.

« Foutez le camp, putain, bande de débiles de merde ! Foutez le camp ou je vous bute ! »

Les petites frappes avaient pilé sec. Ils étaient plus petits qu'elle, mais ils étaient deux. Ils étaient restés là un instant, les yeux écarquillés. Puis ils s'étaient retournés, cherchant le soutien de leurs acolytes. Or ils étaient seuls. Elle avait ramassé une autre brique. « Putain, je vous le jure ! »

Ils s'étaient enfuis en courant et en hurlant : « Espèce de monstre ! Espèce de monstre ! Espèce de monstre ! »

Oolie-Anna pleurait, agrippée à ses jambes.

« Ne t'en fais pas, avait dit Clara. Ce n'est qu'une bande de crétins. Allez, viens. »

Quand elles étaient rentrées, la porte était ouverte et, dans le salon, Moira Lafferty papotait au téléphone, les jambes sur le canapé, les orteils ornés d'anneaux en argent, les ongles de pied violets, ses boucles d'oreilles en nacre cliquetant pendant qu'elle parlait. Elle avait fait signe aux enfants de sa main libre dans des effluves de patchouli mêlé d'odeurs naturelles et continué à jacasser.

D'habitude, Clara appréciait la nonchalance bienveillante avec laquelle Moira s'occupait des enfants. Moira travaillait deux jours par semaine dans un centre de rééducation destiné aux victimes de lésions cérébrales et les traitait tous comme s'ils étaient légèrement atteints. Elle s'asseyait à la table pour fabriquer des marionnettes de doigt ou des colliers en nacre en laissant les enfants se joindre à elle ou faire une razzia dans le réfrigérateur – il n'y avait généralement pas grand-chose à chaparder – ou encore regarder la télé. Mais depuis quelque temps, elle avait un nouvel homme dans sa vie et son niveau d'attention était au plus bas.

Doro était entrée dans une rage folle quand les autres enfants lui avaient raconté ce qui s'était passé. Eux trouvaient ça hilarant, le coup des deux brutes courant se réfugier dans leur pavillon en laissant derrière eux des traînés de sang sur les pavés, mais Doro ne voyait pas ce que ça avait de drôle. Elle avait hurlé après Moira, qui s'était excusée en disant qu'elle n'avait pas vu que la porte était restée ouverte et que le téléphone avait sonné, etc., et que de toute façon, il était inutile d'angoisser, car Oolie-Anna était protégée par un bon karma.

Doro s'était alors jetée sur Moira en l'attrapant par les cheveux – « Je t'en foutrais, de ton karma ! » – et Moira avait versé quelques larmes.

L'instant d'après, elles étaient dans les bras l'une de l'autre et Doro remerciait Moira d'avoir sacrifié son après-midi pour s'occuper d'Oolie. Puis elles s'étaient mises tous les deux à engueuler Oolie de s'être enfuie.

Cette fois, c'en était trop.

« Elle serait morte si je n'avais pas été là ! » Clara tapait du pied par terre, les larmes aux yeux. « Espèces de débiles ! » (Elle évitait de dire des gros mots à la maison.)

« N'emploie pas ce mot, Clara », lui avait dit Doro.

Écumant de rage, pleurant sur son sort, elle était partie avec fracas dans sa chambre et s'était jetée sur son lit. Quelques secondes plus tard, Oolie-Anna était venue la rejoindre. Clara l'avait prise dans ses bras et lui avait parlé des vannés de la terre.

Après ça, Oolie-Anna s'était mise à la suivre partout en répétant : « Raconte-moi les pas nés de la terre. T'es ma meilleure sœur, Clarie. J'te quitterai jamais. »

Peu à peu, Oolie-Anna était passée sous sa responsabilité. Elle n'avait jamais su si c'était elle qui l'avait voulu, ou les Grands qui la lui avaient refilée en douce.

Un jour, alors qu'elle essayait de faire ses devoirs dans le grenier pendant qu'Oolie la harcelait pour qu'elle lui raconte une histoire, Doro avait passé la tête par la porte en lui disant : « On fait du yoga, mon ange. Tu peux surveiller ta petite sœur pendant une heure ? »

Clara s'en était pris violemment à Doro. « Pourquoi toujours moi ? Pourquoi tu ne demandes jamais à Serge, ou aux garçons ? De toute façon, c'est pas ma sœur. C'est pas ma vraie sœur ! »

Doro était devenue écarlate. « N'importe quoi ! Bien sûr que c'est ta sœur ! »

Elle avait claqué la porte avant de redescendre d'un pas furieux. La bouche d'Oolie s'était mise à trembler, sa langue pendait et ses petits yeux de lutin s'étaient remplis de larmes.

« Je suis désolée, Oolie, ce n'est pas ce que je voulais dire.

— Ça fait rien, Clarie. J't'aime quand même. Tu m'quitteras jamais, hein Clarie ?

— Bien sûr que non. »

Elle l'avait prise dans ses bras et elles étaient restées comme ça, le visage d'Oolie pressé contre son ventre, engluées dans un mélange poisseux d'amour et de culpabilité, écoutant la cassette de Yoga Nidra, « Addio Lugano Bella », les Wailers, le générique de *Doctor Who*, dont les échos enchevêtrés montaient dans le grenier avec les relents de patchouli, de vieux chou et de ragoût de haricots épicé. Au bout d'un moment, les épaules d'Oolie avaient cessé de trembler et Clara s'était résignée une fois de plus à faire l'impasse sur ses devoirs.

Bien qu'elle fût constamment dérangée quand elle étudiait, elle avait obtenu des notes convenables à ses examens et, sa dernière année de lycée, elle avait commencé à envoyer des demandes d'admission à l'université. Quand Oolie avait appris qu'elle allait partir, elle s'était répandue en torrents de larmes et Doro avait dû intervenir.

« Ne t'en fais pas. Elle t'aime toujours, Oolie. Mais elle doit faire sa vie. »

L'université de Sheffield était suffisamment éloignée pour garantir son indépendance et suffisamment proche pour qu'elle puisse rentrer le week-end. Après avoir passé son bac et obtenu son diplôme d'enseignement, elle avait cherché des postes dans la région mais n'était pas revenue vivre à Doncaster malgré les supplications larmoyantes d'Oolie. Son bel appartement tout neuf, avec sa salle de bains immaculée et ses hautes fenêtres débordant de plantes, qui donnait sur une place avec des cafés et des fontaines, était un compromis entre le devoir de responsabilité et le désir d'autonomie.

Elle allume le sèche-cheveux et se laisse envelopper dans le souffle chaud qui glisse sur sa peau humide en évacuant le stress et la colère de la journée. La salle de bains embuée sent bon le propre et la noix de coco. Le bonheur de vivre seule avec le chauffage central, l'eau chaude à volonté et personne d'autre avec qui partager son lavabo lui procure un sentiment de luxe qui la fait encore frissonner.

Les petites frappes qui s'en étaient pris à Oolie étaient comme ces enfants en déshérence de sa classe ; la différence, c'est qu'aujourd'hui elle voit leur vulnérabilité, leur peur de l'inconnu. Serge et elle étaient les premiers de leur lycée à aller à l'université, ils avaient eu la chance d'avoir des professeurs dévoués qui s'étaient démenés pour les aider, et elle voudrait être comme eux. Même si, de nos jours, on considère que le dévouement a un côté un peu triste, et que le seul moteur, c'est l'argent. À l'heure actuelle, ceux qui font marcher le monde, ce sont ceux qui n'ont jamais aidé qu'eux-mêmes. Pas étonnant que ces gamins fauchent tout ce qui leur passe sous la main. Elle s'enroule dans sa serviette et va dans la cuisine mettre la bouilloire à chauffer.

De toute façon, il n'y avait qu'une trentaine de livres dans le portefeuille.

Serge : Dick Fuld

Le lundi 15 septembre 2008, dès que Serge arrive au bureau, le matin, avec la clé USB empruntée au fond de la poche intérieure de son veston, il traverse le couloir pour aller aux toilettes des hommes et la glisse sous les lavabos. Puis il rejoint la salle de marché.

Personne ne le remarque.

À l'heure du déjeuner, la nouvelle de la faillite de Lehman Brothers s'est répandue sur les écrans et, dans l'effervescence générale, personne ne lui adresse un regard lorsqu'il sort de la tour sur la place de Saint-Paul pour appeler Otto.

« C'est Serge. J'ai des ennuis, mec.

— Ah oui ? Raconte. »

Otto a l'air nerveux, comme s'il avait pris des amphétamines.

« J'ai misé et j'ai perdu.

— Mmm. Ton argent ou le leur ?

— Le mien. Mais je ne peux pas couvrir ma dette.

— Qu'est-ce qui s'est passé ? »

Otto a l'air stressé. Il est habitué à recevoir des conseils, pas à en donner.

« J'ai pris un spread sur des actions. Je croyais avoir flairé un truc. Le retracement de Fibonacci. Tu te souviens des lapins ? J'ai cru que les valeurs étaient à la baisse. Mais il y a eu un retournement. J'ai perdu 40 K. » Serge a un rire caustique, comme si ce n'était qu'une vaste plaisanterie.

Même si Otto lui remboursait tout jusqu'au dernier penny demain, ça n'aurait qu'un impact dérisoire sur la somme qu'il doit.

« 40 K. Merde. » Otto est manifestement ébranlé. « Si tu as besoin que je te rembourse, mec, je suis sûr qu'on... » Sa phrase reste en suspens.

« Il ne s'agit pas de ce que je t'ai prêté. Je me suis trompé, c'est tout.

— Je croyais que tu maîtrisais tout ça. Je croyais que les nombres ça te connaissait.

— Personne ne maîtrise vraiment. On utilise des formules pour la gestion du risque, style le *phi* de Fibonacci ou la copule gaussienne. Mais tu sais comment c'est, avec les formules – si tu mets dedans n'importe quoi, tu obtiens n'importe quoi. » Il garde un ton calme et posé pour lui montrer qu'il a encore la situation en main.

« C'est ça ton boulot ? »

Serge entend derrière la voix de Molly et les échos d'une fugue de Bach. C'est si chaleureux, si familial. Pour la première fois depuis qu'il connaît Otto, il éprouve une pointe de jalousie.

« On travaille sur la titrisation. On prend des prêts hypothécaires, des emprunts, pour les changer en titres. On les regroupe et on les vend sous forme d'investissements. » Serge n'est pas d'humeur à bavarder, mais il veut conserver l'attention d'Otto. « Traditionnellement, quand les gens contractent un prêt pour acheter une maison, ils le remboursent à la banque moyennant des intérêts. Mais avec la titrisation, tu empruntes l'argent pour acheter ta maison, puis la banque vend la dette à une autre banque ou à un investisseur, style fonds de pension. »

Il y a un silence.

« Ce n'est pas un peu risqué ? suggère Otto d'une voix rauque. Si je prête dix livres à quelqu'un, je fais en sorte qu'il me les rende. Mais si je peux vendre la dette à un pigeon quelconque et me faire quand même rembourser... je vais me mettre à prêter du fric au premier clodo venu, non ?

— Oui, mais si tu veux pouvoir la vendre, il faut que ça ait l'air solide. Un truc avec un triple A, style créances hypothécaires – du garanti 100 %. Cela dit, si tu voyais un peu les montages auxquels les agences de notation donnent un triple A à l'heure actuelle... Autrement, bien sûr, les banques risquent d'aller voir ailleurs.

— Si je comprends bien, tu t'arranges pour te mettre les agences de notation dans la poche ?

— C'est là que les maths interviennent. On triche sur le risque. »

En prononçant ces mots, Serge mesure soudain toute la folie du système. C'est un peu comme de regarder un avion en vol – comment peut-il bien tenir là-haut ? Il faut s'y connaître un tant soit peu pour croire qu'une telle masse de métal peut rester en l'air. Et pourtant, c'est le cas – s'il est entre de bonnes mains, il décollera et fera le tour du globe. Ce n'est pas étonnant qu'il y ait autant de physiciens et d'ingénieurs parmi les petits génies de la City.

« Et même si tu mises gros et que tu perds, le gouvernement est obligé de te tirer d'affaire. Parce que si le système s'arrête de tourner, c'est la fin du capitalisme.

— C'est bien ce que les Grands n'arrêtaient pas de rabâcher du temps de la communauté, non ?

— Exactement, ricane Serge en s'efforçant d'avoir l'air détaché. C'est totalement dingue.

— Je n'en revenais pas qu'ils nous aient accordé le prêt. Entre moi qui étais étudiant et Molly, danseuse. Et enceinte qui plus est. Mais si on ne peut pas payer, ils nous prennent l'appartement, c'est ça ?

— Absolument. En espérant qu'il ait pris de la valeur entre-temps, dans la mesure où Cambridge est plutôt en vue. Ce qui te classe probablement dans la tranche de risque intermédiaire.

— On dit toujours qu'il faut investir dans la pierre, que c'est du solide.

— Tant qu'elle ne s'effondre pas, oui. C'est seulement quand le prix de la pierre a commencé à chuter... » Il s'interrompt. Mieux vaut ne pas paniquer Otto alors qu'il vient de se lancer sur le marché immobilier.

« Mais calculer les risques, c'est ton boulot, Soz, c'est ta spécialité, non ?

— Bien sûr. La modélisation des facteurs de risque. Démêler les queues épaisses de la courbe gaussienne. » Il reprend son rôle de grand frère. Inutile qu'Otto sache l'exacte nature du risque qu'il a pris. Ça ne ferait que l'angoisser davantage. « Généralement, ça vient en dernier. La sagesse des marchés, tu vois ? Le problème, c'est juste la question du délai. J'ai besoin de fric tout de suite.

— J'ai pigé, mec. Je vais discuter avec Molly du prêt... »

Dans le fond, la musique s'est tue et il entend Molly chuchoter. « Qui est-ce ? » Elle a la voix enrouée.

« Non, je te l'ai dit. Il ne s'agit pas de ça. Je veux juste emprunter du blé pour me dépanner – genre, discrètement, tu vois ? À titre temporaire ? Sur un autre compte de la boîte ? Et dès que je suis tiré d'affaire, je rembourse. Personne n'en saura rien. »

Ce n'est qu'en s'entendant l'expliquer qu'il reconnaît le plan qui s'est déjà formé dans un recoin de son esprit.

Il y a un silence ponctué de grésillements, puis Otto lui dit : « Ce n'est pas parce que tu as perdu plusieurs fois de suite que tu vas gagner la prochaine fois. L'illusion du joueur, tu te rappelles ? »

Il est manifestement effrayé par ce renversement des rôles. « De toute façon, il te faudrait une autorisation. »

Ce qu'il y a de bien, avec Otto, c'est qu'il ne porte jamais aucun jugement. C'est une question pratique, et non éthique – c'est là une dimension qui échappe à son cerveau.

« Des mots de passe ?

— Tu as les mots de passe ?

— Pas exactement. Mais j'ai des dates d'anniversaire. J'ai trouvé la clé USB de mon boss, il y a plein de photos dessus et puis un fichier d'anniversaires. Si tu pouvais juste m'aider...

— Tu es cinglé, Soz. » Otto a soudain le ton grave.

« Cinglé, non. Juste coincé. On doit bien pouvoir pirater, non ? À titre uniquement temporaire ? »

Nouveau silence. « Mmm. Tu disais que tu avais la clé USB ?

— Je l'avais. Je vérifierai en remontant.

— Parce que le plus simple, c'est d'installer un rootkit dessus. Comme ça, quand il la remettra, tu pourras accéder à ses fichiers. »

Un kit. Ça en serait presque constructif. Le terme a un côté sain, c'est rassurant.

De retour à son poste, il guette les portes et choisit le moment où il n'y a personne dans les toilettes des hommes pour aller chercher la clé USB. Quand la porte à double battant se referme sur lui, il perçoit encore le brouhaha de la salle de marché. Il regarde sous les lavabos où il l'a laissée, légèrement en retrait du rebord. Mais elle n'est pas là. Il regarde à nouveau. Peut-être a-t-elle été poussée dans l'interstice entre le carrelage et la planche qui dissimule la tuyauterie. Il se met à quatre pattes en collant la tête par terre et aperçoit bel et bien le petit objet marron luisant posé sous le tuyau d'évacuation, légèrement hors de portée. Il ne peut pas passer la main dans l'interstice, mais il a un peigne dans sa poche. Il essaie de faire glisser la clé sous la planche en tenant le peigne du bout des doigts. À cet instant précis, il entend la porte grincer et une paire de Church marron soigneusement astiquées se dirige vers les urinoirs.

« Vous avez un problème, mon vieux ? » La voix a un accent nasillard typiquement australien. Ça doit être le nouveau directeur de l'équipe Matières premières dont il a oublié le nom.

« Oui, j'ai perdu quelque chose. »

L'Australien finit de pisser, se lave les mains, puis se met à quatre pattes à côté de lui en regardant sous la planche. Sur ce, le bout du peigne touche enfin la clé USB et il donne un coup sec. La clé est plus légère qu'il le croyait. Elle est projetée en tournoyant droit sur eux, droit sur la tête de l'Australien collée au sol à côté de la sienne. Elle se retourne et atterrit dans ses cheveux blonds. L'Australien se lève, la dégage, et la tend à Serge. Si ce n'est que ce n'est pas une clé USB mais un cafard mort.

« C'est à vous ? » dit-il. Ses yeux sont d'un bleu très pâle. Lui aussi est un peu pâle.

Serge tente un sourire énigmatique. « Mon cafard apprivoisé. Il s'appelle Dick Fuld. »

L'Australien se met à rire à gorge déployée en s'accrochant au rebord des lavabos.

« Il m'a tout l'air mort, mon vieux.
— Oui. Dommage. Manque... de liquidités. »

Pendant que le reste de la salle de marché a le nez vissé sur les écrans pour suivre le désastre de la faillite de Lehman Brothers, il s'éclipse en douce dans les toilettes pour handicapés et téléphone à Otto. Comme ça ne répond pas, il lui envoie un texto.

[Clé disparue.]

Puis il appelle sa banque et obtient un prêt garanti sur son appartement – un investissement qui à l'époque était relativement au-dessus de ses moyens, mais dont il espère que la valeur a grimpé en flèche. Au moins, le taux d'intérêt sera inférieur à celui de sa carte de crédit et de son compte de spread betting. Le faux-cul qu'il a au bout du fil lui annonce avec une obséquiosité servile qu'on ne peut lui prêter que 200 000 livres. Il a dans ses manières quelque chose qui lui fait penser au cafard mort qu'il a dans la poche. Quand il extirpe ce dernier, il s'aperçoit qu'il a perdu une aile. Il le jette dans les toilettes et tire la chasse d'eau.

Il a perdu confiance dans le spread betting aussi, il appelle son courtier pour passer des transactions classiques en se couvrant au maximum, revenant sur ses terres du Yorkshire qui lui avaient porté chance la première fois. Puis il passe le reste du lundi après-midi dans une sorte de stupeur, en faisant mine de chiffrer la débâcle de Lehman à chaque fois que Tim le Finnois rôde derrière lui. Il n'éprouve pas la plus petite excitation quand Maroushka lui effleure le dos de son bras en se rendant à la cafétéria.

Otto ne le rappelle que le soir.
« Tu avais quoi déjà, dans ce fichier, à part les photos ?
— Des dates. Des anniversaires.
— Parfait. Des noms ? »
Serge souffle. Le plan A, autrement dit le root-kit, a échoué, mais Otto a manifestement lancé le plan B.
« J'ai des noms, oui. Et même des surnoms. À tous les coups, c'est celui de sa femme ou de sa fille.
— Parce que c'est un grand sentimental.
— Exactement. »
C'est une faille de sécurité si évidente. Serge croyait que les autres étaient plus prudents que lui, jusqu'au jour où il a vu Doro se servir de sa date de naissance à lui pour se connecter.
« J'ai un petit logiciel pas mal qui peut peut-être te déchiffrer ça. Il a une adresse Hotmail ? C'est un bon moyen de tester les mots de passe. Ou Gmail ? Ou BT ? »
Serge croit entendre le tic-tac du cerveau d'Otto cogiter à voix haute. Il adore les défis techniques.
« Tu crois qu'il utilise les mêmes mots de passe pour toutes ses transactions ? Même ses comptes en banque ?
— Tu ne le fais pas, toi ? lui répond Otto.

— Oui, mais moi, je n'arrive jamais à me rappeler les mots de passe.

— Moi non plus. J'ai le cerveau encombré de tout un tas de conneries. Hé hé. »

Le ton d'Otto – embrouillé, comique, crâneur – ne lui inspire pas confiance. Serge reconnaît au fond l'enfant désemparé et tremblant sous son plaid crocheté. Si ce n'est qu'aujourd'hui, il a besoin qu'Otto le sorte du pétrin dans lequel il s'est fourré.

« Tu te rappelles ce que disaient les Grands dans la communauté – la propriété, c'est le vol ?

— Envoie-moi le fichier, Soz. Je vais voir ce que je peux faire. »

Clara : Horace

Mr Philpott a tenu parole. Dès qu'elle entre dans sa classe, Clara est accueillie par des relents familiers de pisse et un cliquetis frénétique qui au premier abord la surprend, avant qu'elle s'aperçoive qu'il s'agit de la roue du hamster tournoyant à toute allure. Le nouvel occupant de la cage a le pelage un peu plus sombre que Hamlet et il est bien plus mince et plus vif. Il a déjà renversé son bol d'eau et fait voler sa litière dans tous les sens (*Un hamster bodybuildé sème la terreur dans une école de quartier*). Mais aucun des élèves ne remarque que le hamster a changé. Ils sont trop occupés à discuter de leurs exploits du week-end.

Jason Taylor et Robbie Lewis, qui sont assis côte à côte, se passent quelque chose sous la table en se donnant des coups de coude, l'air hilare.

Elle articule en silence : « Arrêtez ! »

Ils s'agitent sournoisement sur leur siège et elle les toise du Regard en souriant intérieurement. Elle n'a pas oublié son portefeuille volé.

Mais derrière ces enfantillages, il lui arrive de voir les adultes qu'ils deviendront – chômeurs, s'attirant régulièrement des ennuis, traînant dans les rues, à moins que... « À moins que », c'est pour cela qu'elle est là.

À l'heure du déjeuner, elle descend à la chaufferie remercier Mr Philpott.
« Alors, y vous plaît ? lance-t-il d'un air radieux. Mieux que çui d'avant, hein ?
— Et vous lui avez donné un nom ?
— Horace. Le philosophe.
— Mmm. C'est bien. Ça ressemble à quoi, à votre avis, la philosophie du hamster ?
— Si l'"amster pouvait parler, on ne pourrait pas le comprendre.
— Très profond. Shakespeare ?
— Wittgenstein.
— Ah oui ?
— Je vous ai dit que j'aurais dû être un intellectuel. »

À quatre heures, le silence qui emplit la classe est encore enveloppé des cris stridents qui résonnent dans la cour, des portières de voiture qui claquent, du vrombissement des moteurs qui s'éloignent. Elle s'aperçoit alors que ce silence est anormal. Le léger cliquetis qui les a accompagnés toute la journée s'est soudain tu. La roue du hamster s'est arrêtée. Elle s'apprête à aller voir, quand on frappe à la porte.
« Entrez ! »

Elle s'attend à voir Jason ou un autre de ses élèves qui a oublié quelque chose, mais la porte s'ouvre sur Oolie-Anna.

« Oolie ! Qu'est-ce que tu fais là ? Comment tu es venue ? »

Elle court se jeter dans les bras de Clara. « Ben, Edna m'a déposée. J'y ai dit que papa et maman étaient sortis et que tu me gardais.

— Tu n'aurais pas dû, Oolie. Maman va se faire un sang d'encre. » Clara prend sa voix de Léviathan, ce qui fait pouffer de rire Oolie.

« Non, parce que tu vas me déposer à cinq heures.

— Mais pourquoi ?

— Parce que je veux te parler. »

Oolie se met à se promener dans la classe en regardant les dessins au mur et le coin nature. Pour une fois, elle porte un chemisier à manches courtes et Clara éprouve un choc en voyant les cicatrices de ses bras qui sont habituellement cachées.

« Je voudrais bien t'avoir comme prof.

— Heureusement que ce n'est pas le cas. Tu n'arrêterais pas de faire des bêtises. »

Oolie se met à rire les yeux fermés en levant son petit menton rond.

« C'est pas vrai. J'aime bien ce dessin », dit-elle en pointant le doigt.

C'est un dessin de la première de la classe, Dana Kuciak, qui représente la cathédrale de Doncaster au soleil couchant, recopié à partir d'une photo.

« De quoi veux-tu parler, Oolie ?

— Je veux avoir mon appartement à moi. » Elle s'assied d'un air boudeur en face de Clara et se met à jouer avec les crayons de couleur. « Mr Clemmins est d'accord. Mais maman veut pas.

— C'est qui Mr Clemmins ?

— C'est l'assistant social qui s'occupe de moi. Maman l'aime pas. »

Clara écarquille les yeux. Voilà qui est intéressant.

« Et pourquoi ça ?

— Elle dit qu'y croit tout savoir mais qu'y sait pas.

— Hmm. Mais pourquoi veux-tu vivre seule ?

— Parce que maman me fait travailler au jardin et papa y pète tout le temps.

— C'est parce qu'ils t'aiment, Oolie. »

Oolie n'a pas l'air convaincue.

« Je veux pas travailler au jardin. Ça m'ennuie.

— Qu'est-ce que tu veux faire ?

— Je veux regarder des films mais y veulent pas. »

Voilà qui est nouveau. Oolie est bien capable de suivre un film, pourtant ?

« Je suis sûre que si. »

À moins que Doro ait concocté une nouvelle règle. Elle est un peu imprévisible, depuis quelque temps. Ça ne peut plus être la ménopause. À moins que ce ne soit un début d'Alzheimer.

« Qu'est-ce que tu veux regarder, Oolie ?

— Des films.

— Du genre ?

— *Jeux de filles. Cris et chuchotements.* C'est un mec du boulot qui me les a passés.

— Ah, tu veux dire des DVD ?

— Oui. Des films.

— Mais tu ne peux pas en parler avec maman, plutôt ?

— Non. Parce qu'à chaque fois, elle me reparle de tu sais quoi et elle est sûre que ça va recommencer si j'habite toute seule, mais ça arrivera pas parce que je suis grande maintenant et je suis pas totalement stupide. »

Clara n'avait jamais entendu sa sœur prononcer une phrase aussi longue. Elle ne l'avait même jamais entendue évoquer l'incendie qui a failli lui coûter la vie autrefois et qui a fait voler la communauté en éclats.

« Qu'est-ce qui ne va pas recommencer ? » l'encourage-t-elle avec douceur.

Mais Oolie secoue la tête et se ferme comme une huître.

Soudain, un bruit de papier froissé du côté du coin lecture brise le silence. Quelques livres ont glissé par terre et une main invisible feuillette les pages. Elles regardent. Une petite tête marron pleine de poils émerge de derrière une page, la déchire et la fourre dans ses bajoues.

« Hé... chuchote Clara.

— Hé ! » s'écrie Oolie en se précipitant pour l'attraper.

Mais il est rapide, cet Horace. Avant même qu'Oolie ait eu le temps d'arriver, il a déjà filé à l'autre bout de la pièce. Clara essaie de l'intercepter, mais il se glisse entre l'armoire et le mur et resurgit à côté de la poubelle.

« Vite, Oolie ! Par ici ! »

Oolie n'est pas si agile que cela. Elle trébuche sur une chaise, se heurte l'orteil, et pousse un glapissement de douleur. Le hamster disparaît. Clara s'approche sur la pointe des pieds de l'endroit où il s'est volatilisé et se met doucement à quatre pattes.

Mais Oolie ne connaît pas le silence. « Là ! Là ! hurle-t-elle. Le p'tit filou ! »

À présent, elles sont toutes les deux à quatre pattes. Le hamster est retourné dans le coin lecture et les fixe de ses petits yeux ronds. Elles s'approchent de lui en rampant. Il les observe en continuant obstinément à déchiqueter *Horrible Henri* avant d'en fourrer les lambeaux dans ses bajoues. Lorsqu'elles sont à moins d'un mètre de lui, il disparaît à nouveau. Cette fois, Clara a vu où il allait. Il y a un espace entre le bas de la bibliothèque et le sol. Il le longe à toute allure, plonge dans un recoin et disparaît encore. Oolie lui court après en renversant des chaises sur son passage. Le hamster file vers la porte tandis qu'elles le pourchassent à quatre pattes, quand brusquement la porte s'ouvre en grand et qu'entre Mr Philpott.

« Que se… ?

— Vite ! s'écrie-t-elle. Vite ! Il s'est enfui ! »

Elle se précipite hors de la classe juste à temps pour entrevoir une boule rousse qui disparaît au détour du couloir.

« Par ici ! Il s'est échappé ! »

Au bout du couloir qui débouche sur le hall d'entrée, ils s'arrêtent pour reprendre leur souffle. Il n'y a plus aucune trace du hamster. Sur ce, la porte du bureau du directeur s'ouvre et Mr Gorst/Alan apparaît avec son naturel et sa divine grâce.

« Que se passe-t-il ?

— L'"amster est en cavale ! s'écrie Mr Philpott.

— Appelez les flics ! Vite ! » braille Oolie (elle a un faible pour les hommes en uniforme).

Mr Gorst/Alan les suit dans le hall. Ils se déploient aux quatre coins de la pièce.

« Le voilà ! Le p'tit filou ! »

Oolie détale par la porte à double battant qui mène à la cour de récréation en hurlant à tue-tête. Elle revient les joues roses et le souffle haletant.

« Y a filé. »

Le hamster a complètement disparu.

« Vous courez sacrément vite, vous aussi, » lui dit Mr Gorst/Alan.

Elle se met à rire. « Pas aussi vite que lui. Y courait à toute vitesse !

— J'ai eu un hamster, autrefois. » Il a l'air soudain rêveur.

Clara plonge le regard dans ses yeux pétillants et s'entend lui murmurer d'un ton suave : « Ah oui ? Racontez-moi ça, Alan. »

Si ce n'est qu'aucun son ne sort de sa bouche.

Sur le chemin du retour, Oolie est surexcitée.

« L'était gentil, lui.

— Qui ça ?

— Çui qu'a dit qu'y avait un 'amster. J'aimerais bien avoir un 'amster. »

Elle dépose Oolie à Hardwick Avenue à cinq heures passées. Mais sur la route de Sheffield, un détail la turlupine. Avant de tomber sur Mr Gorst/Alan, avant de pourchasser le hamster, Oolie a laissé échapper quelque chose.

« Je suis grande maintenant et je suis pas totalement stupide. »

Clara a toujours cru que si Oolie ne parlait jamais de l'incendie, c'est qu'elle avait oublié. Mais de toute évidence, il en reste une trace enfouie quelque part au fond de son esprit, et si elle est prête à parler, il est peut-être temps d'exhumer les fantômes du passé et de les enterrer une bonne fois pour toutes.

Doro : Catty Liz fait sa crise

Après le départ de Clara, lundi soir, Doro réfrène son envie de gronder Oolie de ne pas être rentrée directement et s'active dans la cuisine. Gratin de colin, crevettes et haddock, le tout recouvert de pommes de terre façon dauphinoise, voilà ce qu'elle a en tête en regardant les spirales de pelures brunes tomber dans l'évier sous la lame de son économe.

Marcus et Oolie sont blottis sur le canapé devant la télévision. Elle les observe avec tendresse par la porte ouverte, en constatant à quel point ils se ressemblent malgré la physionomie clairement trisomique d'Oolie. Ils ont la même façon comique de plisser le nez quand ils rient. Elle ne s'en était jamais aperçue auparavant. Il paraît qu'à force de vivre en compagnie l'un de l'autre, les gens finissent parfois par se ressembler, comme certains finissent par ressembler à leurs animaux. Quoique, Doro croit parfois retrouver le souvenir de Bruno dans les traits d'Oolie et se demande si c'est pour cela qu'il lui est si facile de l'aimer.

Où est la frontière entre le biologique et l'acquis ? À l'époque de la communauté, ils avaient essayé d'échapper au système oppressif de la famille mononucléaire, en s'inspirant des principes d'éducation communautaire des kibboutz israéliens. Après tout, n'était-il pas plus logique de fonder l'amour et l'éducation sur un socle de convictions et d'engagements partagés que sur un simple accident biologique ? C'est curieux mais en un sens touchant qu'après toutes ces années, Marcus veuille l'épouser. Il faut qu'ils se décident à en parler à Oolie. Elle n'a jamais douté qu'elle était leur enfant au même titre que Clara et Serge – et pourquoi en irait-il autrement ?

Marcus se demande-t-il parfois à qui Serge peut bien ressembler ? Ils ne sont ni petits ni bruns, Marcus et elle, et une chose est sûre, ce n'est pas d'eux qu'il tient ses aptitudes en maths. Enfant, c'était un drôle de gamin un peu désœuvré, qui passait son temps à monter au grenier jouer avec ses pommes de pin et ses coquilles d'escargot. En revanche, Clara et Marcus se ressemblent non seulement physiquement, mais dans leur personnalité – sérieuse, sincère, dépourvue d'esprit pratique. Ce qui explique qu'elle se retrouve ici à peler des pommes de terre alors qu'il est là-bas à regarder les informations sur Channel 4. Pour être honnête, Marcus lui a demandé s'il pouvait faire quelque chose, mais quand il épluche les pommes de terre, sa technique consiste à couper deux grosses tranches de chaque côté.

On aurait pu penser qu'un homme capable de retracer l'histoire de la Cinquième Internationale saurait maîtriser l'épluche-patate, mais visiblement pas.

« Viens t'asseoir, maman ! » Oolie tapote la place à côté d'elle sur le canapé. « Papa dit que c'est Catty Liz qui fait sa crise ! » Elle essaie de chatouiller Marcus. « Catty Liz !

— Chut ! J'écoute. Déguerpis ! » Il se dégage et met plus fort.

« J'veux regarder la télé avec toi !

— Faillite d'une des plus grandes banques américaines, annonce-t-il à Doro par la porte ouverte. C'est la crise sur les marchés financiers internationaux, exactement comme on l'avait prévu. Regarde-moi ça ! »

Elle passe la tête par la porte et voit sur l'écran un cortège d'hommes en costume d'affaires les bras chargés de cartons.

« Qu'est-ce qui se passe ?

— Les employés de Lehman Brothers quittent le siège en emportant leurs affaires dans des cartons.

— Pourquoi ?

— Personne ne veut plus traiter avec eux. Leurs actifs sont tous liés à des prêts toxiques. Le capitalisme dévore ses propres enfants.

— Y ferait jamais ça ! proteste Oolie.

— Je suis sûr qu'il y en aura d'autres. D'après la théorie de Kondratiev, ça fait longtemps qu'un effondrement était à prévoir.

— Mmm. » Doro coupe les pommes de terre en rondelles qu'elle dispose sur le poisson et met le tout au four. Puis elle les rejoint sur le canapé.

Marcus avale fébrilement quelques gorgées de bière. « Ce que je crains, c'est que la crise ne fasse revenir dans nos rues le spectre odieux du fascisme.

— Ah bon ? »

Doro essaie d'imaginer à quoi ressemblerait le fascisme à Doncaster. Des troupes de chemises noires défilant au pas de l'oie dans le centre commercial de Frenchgate ? L'idée lui paraît légèrement saugrenue.

« Quand les gens se sentent menacés, ils cherchent un bouc émissaire – les juifs, les immigrants, les tsiganes. C'est ce qui s'est passé au lendemain du krach de 1929 – partout, les gouvernements avaient fait des coupes drastiques dans les dépenses publiques. C'était le chaos. La Grande Dépression. Puis Roosevelt est arrivé avec son New Deal en 1933. Il a dépensé des millions en infrastructures. Créé des emplois pour les chômeurs. Renversé la situation.

— Mais comment pouvait-il dépenser s'ils étaient à court d'argent ?

— Il a emprunté. Il faut emprunter pour investir. Keynes a suggéré de faire la même chose en Grande-Bretagne, mais ils ont été sauvés par la Seconde Guerre mondiale. Évidemment, rien de tel qu'une guerre pour déclencher une véritable frénésie de dépenses publiques. »

Marcus est la seule personne qu'elle connaisse qui s'exprime avec des phrases parfaitement construites, mais son intelligence est parfois agaçante. C'est tout de même curieux qu'un homme aussi brillant ne s'en rende pas compte. Cher Marcus. Il y a longtemps que l'étincelle qui brillait autrefois entre eux a cédé la place à une douce lueur chaleureuse qui n'a plus rien d'incendiaire. Elle se surprend à songer au gratin de poisson dont le délicieux fumet lui parvient par la porte ouverte.

« On était censé être la génération de la fin de l'histoire, poursuit-il. On était censé être à l'aube d'une nouvelle ère d'accumulation de richesse illimitée. À présent, nous découvrons ce qui se cache derrière cette séduisante façade.
— Papa, t'as pété !
— Non, ce n'est pas vrai !
— Vite ! Ouvre la fenêtre ! »

Oolie agite les mains pour faire de l'air. La bouteille roule par terre et de la bière se répand sur la moquette. Il faudra que je me souvienne de l'éponger avant que ça commence à sentir, se dit Doro en se demandant si elle finira comme sa mère, si intelligente et si spirituelle, qui avait cédé aux corvées domestiques après la naissance de ses enfants.

Comment disait Clara, déjà – piégée par le spectre du Harpic ?

Une fois les autres couchés, elle gratte les restes brûlés du gratin de poisson au fond du plat en se rappelant que Bruno Salpetti avait utilisé un jour la même formule que celle que Marcus a employée ce soir : « la séduisante façade ».

Serge : J1nglebell

Le mardi matin, Serge se sent lui aussi piégé dans l'ascenseur bondé, nez à nez avec une demi-douzaine de traders au regard absent. Qu'est-ce qu'il fait là ? Quel est le sens de la vie ? Y a-t-il un Dieu ? Où en est le prix de l'immobilier au Brésil ? Depuis quelque temps, il est de plus en plus préoccupé par ce genre de questions. À en juger par leur regard, les autres n'ont pas les réponses non plus. Employer toute son énergie et son talent à courir comme un dératé dans une roue de hamster, ça va un moment si on gagne de l'argent, mais c'est démoralisant et épuisant si on se démène comme un fou sans arriver à rien. Au lendemain de la faillite de Lehman, tout lui semble fragile, précaire. FATCA sera-t-il le prochain sur la liste ?

Ça lui a fait du bien de parler hier avec Otto, mais c'est un doux rêveur qui a un tel besoin de plaire qu'il a tendance à faire des promesses qu'il est incapable de tenir. C'est ridicule d'avoir mis autant d'espoir dans cette clé USB « empruntée ». Et d'avoir pu imaginer qu'Otto pourrait avoir accès aux comptes bancaires de FATCA. Et quand bien même Otto réussirait à avoir accès aux comptes bancaires de FATCA, ça ne résoudrait pas forcément le problème de Serge et il se pourrait même que ça aggrave encore la situation. Les transactions qu'il a passées avec le prêt obtenu en réhypothéquant son appartement ne débouchent sur rien, les cours oscillent mollement entre la hausse et la baisse. Il angoisse à son bureau, en essayant de caser les données dans une nouvelle formule qui tienne compte des impacts qui s'accumulent déjà sur le marché immobilier des subprimes. Tête baissée, Maroushka fait de même à son bureau.

Plus tard, dans l'après-midi, il reçoit enfin le message d'Otto. Il sent son portable vibrer en silence au fond de sa poche. Le texto ne fait qu'un mot.

[J1nglebell]

Quel crétin ! De l'alphanumérique. C'est évident ! Franchement, il aurait pu trouver ça tout seul. Il file aux toilettes. Au détour du couloir, la porte des toilettes pour handicapés s'ouvre et il voit apparaître Tim le Finnois. Il fait une drôle de tête, une grimace de douleur peut-être, bien que Serge ait cru apercevoir un sourire fugace juste avant.

Quand la voie est libre, il se glisse dans les toilettes pour handicapés et rappelle Otto.

« Tu as trouvé un nom d'utilisateur ?

— Il y en a deux : k.porter1601 ou Kenporter1601. 1601 c'est la date d'anniversaire de sa fille. »

Il avait deviné juste. Il frémit de soulagement et respire à pleins poumons l'air humide et vicié des toilettes.

« Hotmail ?

— Gmail. Et j'ai trouvé aussi un compte en banque. Mais c'est un compte privé, pas un compte FATCA, et, de toute évidence, ce n'est pas son compte principal. Apparemment, il ne l'utilise que pour les transactions. À ma connaissance, il n'est pas déclaré auprès de FATCA.

— Tss tss. Tu as jeté un œil ?
— Oui.
— Combien ?
— Un peu plus de 700 K. Ça devrait te tirer d'affaire, Soz. Ce qu'il y a de curieux, c'est qu'il y a eu pas mal de mouvement dessus dernièrement.
— Ah oui ? »

Voilà qui est intéressant – s'il s'agit d'un compte non déclaré dont le responsable de la conformité de FATCA ignore tout, il est probable que La Poule ne sera pas pressé d'attirer l'attention dessus. Peut-être hésitera-t-il à faire toute une histoire pour quelques petites transactions irrégulières. Du moment qu'elles ne sont pas trop irrégulières. L'erreur, c'est de se montrer trop gourmand.

« Au fait, il y a une nouvelle appli bureau à distance qui te permet de trader en ligne avec un iPhone. Je t'envoie le lien.

— Super. Merci Otto. Hé, tu gardes ça pour toi, hein ?

— OK. »

La panthère noire de l'effroi qui était tapie au-dessus de son cœur bâille, s'étire et d'un bond souple disparaît à travers le mur carrelé. Il ouvre la porte en grand et retourne d'un pas léger dans la salle de marché.

Tim le Finnois est là à marteler son clavier comme un malade. Il n'a pas remarqué l'absence de Serge. Maroushka se trouve à présent dans le bureau vitré, où elle feuillette une liasse de graphiques en mangeant un muffin. Au bout de la rangée, les deux Français discutent de Sarko et Carla et des difficultés d'AIG entre deux séances de calculs frénétiques. Au fond de la salle de marché, il entend le directeur australien plaisanter sur la nécessité d'un plan de sauvetage des banques par le gouvernement. Sur l'immense écran de télévision suspendu au plafond, Maria Bartiromo, la Miss Finance de Bloomberg, règne sur son domaine en souveraine silencieuse, articulant avec animation ses déclarations muettes sur les échanges de la journée. La façade de la normalité est intacte. Tout va pour le mieux.

Doro : La séduisante façade

« Méfie-toi de la séduisante façade du femminismo bourgeois, l'avait prévenue Bruno en étirant ses voyelles de manière si séduisante. Derrière son apparenza révoltante se dissimulent les déserts reculés de la névrose et du plaisir égoistico. »

Mais une fois Bruno reparti à Modène, loin de sombrer dans le bourbier de la jalousie et des récriminations, les femmes qui l'avaient aimé – Megan Cromer (furtivement), Moira Lafferty (bruyamment) et Dorothy Marchmont (coupablement), pour n'en citer que trois (bien qu'il y en ait eu d'autres, cela ne fait aucun doute) – avaient décidé d'entretenir la flamme de son souvenir et de conserver les liens qu'elles avaient tissés avec les femmes de mineurs pendant la grève.

Un jour de mars 1986, alors qu'Oolie n'avait que quelques mois, elles avaient tiré à 200 exemplaires un tract intitulé *Quel avenir pour les femmes ?* sur la vieille ronéo Gestetner installée dans les toilettes extérieures (elle avait été déplacée du centre d'études du marxisme quand ce dernier avait été transformé en salle de jeux), qu'elles avaient distribués dans toutes les boîtes aux lettres du quartier des Prospects et des rues voisines de Campsall, Norton et Askern, invitant les femmes à une réunion dans le salon de Solidarity Hall à quatorze heures, le dimanche suivant, pour discuter de l'oppression des femmes.

En prévision des hordes de femmes qui risquaient d'y assister, Chris Watt avait passé l'aspirateur sur la moquette élimée du salon, Doro avait apporté les chaises de la cuisine et disposé un vase de fleurs séchées dans la cheminée pour dissimuler la pile de journaux, de pamphlets et de fatras divers qui s'y était accumulée et Moira Lafferty avait descendu de sa chambre trois coussins de sol ornés de miroirs et parfumés au patchouli avant d'allumer un bâtonnet d'encens pour cacher l'odeur d'humidité et de souris. Megan était partie passer le week-end avec Crunchy Carl chez sa mère et même si personne n'avait rien dit, Doro était sûre de ne pas être la seule à être soulagée.

*

Bien qu'elles aient laissé la porte d'entrée ouverte, elles s'étaient toutes trois levées d'un bond en entendant la sonnette ; une personne élancée, le teint hâlé, les yeux vert lagon, les cheveux blonds frisés, avait hésité un instant sur le seuil avant de s'avancer dans la pièce. L'ennui, c'est que c'était un homme.

« Euh... c'est une réunion de femmes, avait lancé Doro d'un ton hésitant, car le fait est qu'il était absolument sublime et que sa tête lui disait quelque chose – elle l'avait déjà vu quelque part, mais où ?

— J'ai reçu votre tract. Quel avenir pour les femmes ? C'est une question que je me pose souvent. » Sa voix également ne lui était pas inconnue.

« On n'a pas encore trouvé la réponse, mais on est justement là pour en discuter », avait soufflé Moira, le visage cramoisi en se passant la langue sur les lèvres.

Ils s'étaient fixés du regard.

« Je peux me joindre à vous ?

— Certainement pas ! avait lancé Chris Watt.

— Mais... c'est peut-être possible après tout, avait protesté Moira avec des accents de pauvre petite fille sans défense. Les hommes et les femmes sont unis, non ? Je veux dire euh... dans la lutte des classes ? »

Les yeux verts l'étudiaient avec intérêt, s'attardant sur les cheveux auburn et les joues enflammées.

C'est plus fort qu'elle, se disait Doro. Elle est incapable de parler à un homme sans flirter. Ça la mettait en rage. « Non, ce n'est pas possible. Pas cette fois. Mais vous pouvez venir à d'autres réunions... » Doro avait plongé le regard dans les lacs verts de ses yeux en croisant puis en décroisant ses longues jambes fines et nues. Moira Lafferty avait peut-être une poitrine sublime, mais elle, elle avait de jolies jambes – et un beau cul – à cette époque. « ... sur l'antifascisme, par exemple, ou la solidarité avec Cuba. »

Toutefois il gardait les yeux rivés sur Moira, qui dégageait son odeur habituelle de patchouli, de cigarettes et de sécrétions corporelles, que certains hommes trouvaient sans doute irrésistible.

« Vous pouvez aussi vous joindre au groupe d'étude du marxisme, avait ajouté Chris Watt. Nous sommes en train d'élaborer une nouvelle politique de gauche, qui ne soit ni communiste ni trotskyste, mais basée sur l'autonomie des travailleurs. »

L'espace d'un instant, il avait eu une drôle d'expression, qui ne semblait pas d'un enthousiasme démesuré.

Sur ce, on avait de nouveau sonné à la porte. « Coucou ! Y a quelqu'un ? » avait lancé une voix stridente.

La personne qui accompagnait la voix était sans conteste une femme, bien que Doro ait mis quelques minutes à reconnaître June Cox, un des premiers membres de l'association des Femmes contre les fermetures de puits à leur avoir rendu visite pendant la grève.

« Bon ? » June s'était installée dans le fauteuil le plus confortable et avait sorti un paquet de cigarettes de son sac. « Qu'est-ce que vous avez décidé, les filles ?

— C'est interdit de f... » avait commencé Chris Watt en reniflant les volutes de fumée qui s'enroulaient vers le plafond peint en bleu, mais Doro lui avait donné un coup de pied dans le tibia. Si les prolétaires voulaient fumer, de quel droit les en empêcheraient-elles ?

« Elles en sont encore à décider si je peux rester, avait déclaré le frisé. C'est typique des femmes, ça. Incapables de prendre une décision. »

Chris l'avait fusillé du regard à son tour. « Merci pour cette démonstration de machisme réactionnaire.

— Montre-nous un peu ce que t'as dans ton froc. Et on décidera après. » June avait tiré sur sa cigarette en enveloppant le visiteur d'un nuage de fumée.

Le regard étincelant, il s'était mis à tripoter sa braguette. À voir Moira, on aurait dit qu'elle réfrénait l'envie de se précipiter à son secours. Doro avait grimacé – elle avait cru apercevoir une chose grise et moite peu ragoûtante dont elle espérait qu'il ne s'agissait que d'un slip.

« Allez, mon gars ! Ça suffit, remballe-moi ça ! » avait aboyé June avant de se tourner vers Doro pour lui chuchoter : « L'est là ? J'ai apporté des spaghettis. »

Doro avait fait non de la tête. June avait pris l'air morose.

« Nous avons organisé cette réunion pour discuter du rôle des femmes, était intervenue Chris Watt. Pour partager notre expérience de l'oppression. Tu as envie de nous raconter quelque chose, June ?

— Une expérience ? » June avait jeté un long cylindre de cendres dans la cheminée, salissant le bouquet de fleurs séchées déjà poussiéreux.

« Micky, mon mari, ça c'était une expérience. Mon p'tit Micky ! Une vraie pomme d'amour ! Y travaillait à Bevercotes. On s'envoyait en l'air le mercredi et le samedi, c'était réglé comme un bronze. Y portait mes d'ssous à mêm' la peau sous son slip et son maillot quand y descendait à la mine. Y aimait bien sentir la soie su' l'zizi pendant qu'y travaillait au fond, y disait que ça y faisait penser à moi. Et y les avait l'jour où l'est mort ! »

Elle avait soupiré en parcourant les regards braqués sur elle.

« Tu ne vivais pas ça comme une oppression ? » avait demandé Chris Watt.

Doro lui avait balancé un nouveau coup de pied.

« Y a été cloué au sol par un éboulement. » Elle avait dévisagé son auditoire silencieux, puis elle avait sorti une nouvelle cigarette de son paquet et l'avait allumée avec le mégot de la précédente qui se consumait encore, avant de jeter ce dernier dans la cheminée.

« Quand j'y ai vu allongé su' l'brancard de l'hôpital, mon cœur y battait comme un poisson et je me suis jetée sur le brancard, et là y ouvre un œil et y m'fait "Pleure pas Junie. Ils ont ta p'tite culotte. Mais dieu merci je portais pas l'soutien-gorge." C'est les derniers mots qu'y a dit. »

Il y avait eu un long silence, brisé par un fou rire étouffé – Doro ne savait pas s'il provenait de Moira ou du visiteur.

« Merci d'avoir bien voulu partager cette expérience, avait dit Chris Watt. Peut-être devrions-nous commencer cette discussion en remettant en question les clichés reçus sur la sexualité des hommes et des femmes. »

Le moins que l'on puisse dire, c'est qu'elle avait un sacré talent pour asséner le coup de grâce.

« Elle raconte des conneries, avait glissé le visiteur à Moira assez fort pour que tout le monde l'entende. Son Micky l'est encore en vie et l'habite à Castleford avec Dot O'Sullivan.

— Ferme-la et retourn' à tes bidons de lait », avait grondé June.

Doro s'était retournée vers le visiteur. C'était bel et bien le laitier en mal d'amour.

« Dégage, tu veux ? » lui avait lancé Chris Watt en reniflant l'air.

Doro s'était mise à humer l'air elle aussi. Un épais nuage de fumée avait envahi la pièce – non pas de la fumée de cigarette, mais une fumée plus bleue, plus âcre. Elle s'élevait en tourbillons de la cheminée ; quelques secondes plus tard, le bouquet de fleurs séchées était englouti dans une gerbe de flammes.

« Au secours ! Au secours ! » avait hurlé Moira à la cantonade, et plus particulièrement à l'adresse du laitier qui recommençait à tripoter sa braguette.

Doro avaient essayé d'étouffer les flammes en tapant avec un coussin comme il est conseillé dans les guides de prévention des accidents domestiques. Des étincelles incandescentes attisées par l'appel d'air de la cheminée embrasaient déjà la pile de journaux.

« Je vais chercher de l'eau ! » Chris s'était ruée à la cuisine, mais le temps qu'elle revienne avec un pichet, le laitier avait ouvert sa braguette et arrosait copieusement le feu d'un jet de pisse doré.

« Waouh ! C'est incroyable ! » murmurait Moira.

Doro avait arraché le pichet des mains de Chris et balancé le contenu sur la tête de Moira.

Une fois tous les autres partis, Doro et Chris, qui étaient restées pour nettoyer le tas de mégots de cigarettes et de journaux trempés, avaient fini par se disputer, l'une (Chris) soutenant que d'autoriser June à fumer revenait à se faire la complice des exploiteurs et l'autre (Doro), qu'il s'agissait simplement de respecter son libre arbitre.

Serge : Les marchés

Se fait-il le complice des malversations de La Poule en se servant de son compte non autorisé ou exerce-t-il simplement sa liberté de gagner de l'argent sans que cela soit strictement illégal ? se demande Serge en rentrant le mot de passe J1nglebell sur son portable. Otto avait raison – ça ressemble à un compte personnel auprès d'une banque privée filiale d'une banque d'investissement concurrente. Il y a 751 224,34 livres sterling dessus – avec le prêt qu'il a obtenu, il disposera ainsi d'une confortable réserve de capital pour effectuer ses transactions. Avant, il aurait eu l'impression que cela représentait une énorme somme d'argent. Mais à travers le miroir déformant des salaires qui se pratiquent à la City, cela paraît dérisoire, à peine de quoi s'acheter un trois pièces dans son immeuble.

La plupart des transactions qui apparaissent sur le compte de La Poule sont effectuées par l'intermédiaire de sociétés de courtage en ligne, l'une basée à Londres, l'autre à New York. Une fois qu'il a repéré la logique employée pour créer les différents mots de passe, il lui suffit d'écumer les diverses variantes pour accéder rapidement aux sites. À la reprise des échanges, demain, il devrait aisément pouvoir boucher le trou noir de ses finances. Bien que le Nikkei et le Hang Seng aient déjà ouvert, les marchés asiatiques sont volatils, c'est bien connu, et il ne se sent pas à l'aise dans cet environnement qui lui est relativement étranger. Il ne peut plus se permettre de perdre. Il va tirer un trait sur le spread betting, s'en tenir aux entreprises dont il connaît les performances et attendre l'ouverture de la Bourse de Londres.

Du haut de son penthouse (il a encore du mal à croire qu'il possède ce sublime appartement – ou du moins le quart que ne possède pas la banque), il contemple la City, avec ses immenses blocs de lumières qui étincellent dans la nuit en éclipsant les humbles petites étoiles et la lune délavée, l'argent imposant sa présence dans le ciel. Il ne réussit pas à distinguer la tour de FATCA, mais il sait qu'elle est là, sa roue de hamster, qu'elle l'attend.

Le lendemain, en arrivant au bureau, il guette le bon moment pour aller s'enfermer dans les toilettes pour handicapés avec son iPhone et se dépêcher de placer soigneusement ses ordres en se servant de l'appli bureau à distance d'Otto. Il avait raison, pour le retracement de Fibonacci – il aurait dû garder son sang-froid. Les marchés replongent, mais de manière incohérente. Il conserve SYC, qui a récemment acquis une participation dans une chaîne de résidences spécialisées et de maisons de retraite dans le nord de l'Angleterre, et il prend une nouvelle position courte sur Edenthorpe Engineering. Le rapport montre que la société Edenthorpe a été introduite en Bourse en 2004 pour lever des fonds destinés à la construction d'une nouvelle usine à Barnsley. Bien que ce soit une entreprise bien gérée disposant d'une main-d'œuvre hautement qualifiée et d'un bilan sain – sans parler de la poitrine de Tiffany –, il estime que l'industrie lourde n'a pas d'avenir. Qui veut encore de ces vieilles machines rouillées et de ces infrastructures gothiques délabrées, alors qu'il y a tant d'argent à gagner dans les rutilantes usines à profits de la City ? Dans le climat économique actuel, c'est le candidat idéal pour vendre à découvert. Il peut trader en toute confiance, à présent, car s'il gagne, Dr Black se fait un paquet de blé et à chaque fois qu'il perd, c'est Kenporter1601 qui paie l'addition.

Là où il joue gros, évidemment, c'est en misant sur le fait qu'il va pouvoir s'en tirer impunément. Il sait que la moindre enquête de police aurait vite fait de révéler qui se cache derrière le Dr Black, mais qu'elle révélerait également que Ken Porter détient un compte personnel non autorisé, qu'il s'est livré à des transactions en enfreignant le règlement de FATCA et dieu sait à quelles autres pratiques illégales. La seule existence du compte 1601 est louche en soi. C'est un peu comme s'ils se mettaient l'un et l'autre le couteau sous la gorge en une étreinte meurtrière. Tant que Serge rend ce qu'il emprunte, La Poule ne devrait pas réclamer d'enquête de la banque. Il ne tardera pas à s'apercevoir que quelqu'un a eu accès à son compte, mais il lui sera plus difficile de savoir qui – sans dévoiler son propre jeu. Et si l'argent est remboursé, ça devrait lui ôter quelque peu l'envie de le découvrir. Après tout, Serge ne commet pas de vol, il se contente d'emprunter (à titre strictement temporaire) les bénéfices d'un délit perpétré par un autre.

De surcroît, La Poule a bien d'autres soucis en tête cette semaine. Après un été léthargique, les marchés du monde entier sont en proie à la panique. Le Footsie a chuté en dessous de 5 000 ; la Bourse russe est suspendue ; l'or a atteint des sommets inégalés et aux quatre coins du globe, les gouvernements cèdent à l'affolement. Le sévère Darling appelle au calme. Gordon le grincheux promet la discipline. La Lloyds rachète HBOS, mal en point, et perd aussitôt deux milliards de sa valeur. Les rumeurs abondent.

« Ils vont mettre ça sur le compte des ventes à découvert, glousse La Poule lors de sa tournée matinale, bien que la plupart des traders aient sans doute déjà compris ça tout seuls. Ils vont aller raconter qu'on a provoqué le krach en vendant les actions à découvert, alors que le premier imbécile venu voit bien que si on vend à découvert, c'est que les actions dégringolent. C'est une réaction rationnelle aux conditions du marché. Et voilà qu'ils parlent d'interdire la vente à découvert. »

Serge l'entend bouillir de rage contenue dans l'aile d'à côté.

« Vous savez ce qui ne va pas dans ce pays ? Tous ces crétins d'interventionnistes qui veulent interférer dans l'économie de marché. Prenez vos positions avant qu'on nous claque la porte au nez. »

Dans le stress ambiant, les problèmes de prostate de Tim le Finnois se sont manifestement aggravés, ce qui n'arrange pas les affaires de Serge, qui se retrouve dans l'impossibilité de passer ses transactions pendant que l'autre vide lentement sa vessie dans les toilettes pour handicapés. Il guette cependant le bon moment et se dépêche de passer minutieusement ses ordres en observant et prévoyant les renversements de tendance. La chance est de son côté. À la fin de la semaine, lorsque la FSA interdit temporairement la vente à découvert sur les titres de vingt-neuf entreprises clés, il a comblé ses pertes et se retrouve avec 20 K de crédit. Quand il n'est pas occupé à trader, il fait discrètement des recherches en ligne de propriétés à vendre au Brésil.

Le vendredi, il décide qu'il a besoin de se changer les idées ; il cherche donc un film sur le Net et choisit *Iron Man*. La dérision subtile des comics mêlée à l'héroïsme de science-fiction convient bien à son humeur et le message rédempteur sur la paix et le triomphe du bien sur le mal a des accents quasi mystiques.

CLARA : *Iron Man*

Clara regrette d'avoir gâché sa soirée de samedi en allant voir *Iron Man* à Meadowhall. C'était un film de fantasy puéril typiquement masculin et le mec qui l'accompagnait, un associé du cabinet d'Ida Blessingman, avait une petite moustache fine et des mains froides caoutchouteuses qui n'arrêtaient pas de se faufiler dans son soutien-gorge.

« Il vient de rompre avec sa petite copine, lui avait dit Ida. Ça lui fera du bien de sortir avec une fille qu'il ne connaît pas. » Elle estimait sans doute lui rendre également service.

Il a passé la soirée à manier ses tétons comme les boutons d'une Playstation, jusqu'au moment où elle lui a planté son coude dans le diaphragme et qu'elle a entendu un râle satisfaisant.

« Qu'est-ce qu'il y a ? a-t-il lâché en suffoquant.
— Bonne chance », lui a-t-elle répondu.

À la fin du film, il l'a déposée avec son Audi, ils se sont fait la bise, mais elle ne l'a pas convié à entrer. Ce n'est même pas elle qui avait choisi *Iron Man*. C'est le problème avec les hommes

– ils confondent le rêve et la réalité. Pas étonnant qu'Ida préfère le cheesecake.

Elle verse l'eau sur un sachet de camomille puis le regarde se dilater dans des vapeurs déprimantes de croupi et se surprend à penser à Josh, en se disant qu'il aurait probablement choisi *Iron Man* lui aussi mais qu'il aurait été moins calamiteux au chapitre du pelotage. Ce n'est pas exactement de la faute d'Oolie s'ils ont rompu, mais le fait que, la dernière fois où ils se sont vus, elle lui ait balancé : « Clarie dit que t'as pas de couilles » n'a peut-être rien arrangé.

Avant d'aller se coucher, elle jette un œil à ses amis de Facebook, essentiellement des gens qu'elle a connus à l'époque de ses études et qui sont restés à Sheffield parce que, comme elle, ils aiment la région de Peak District – la marche, le cyclisme, l'escalade et autres activités dynamiques. Depuis quelque temps, ils ont commencé à se mettre en couple et à poster des photos de bébés chauves qui se ressemblent tous. Elle poste des vœux enthousiastes à chaque nouveau membre de l'espèce en se demandant si elle parviendra un jour à ce stade. Comme Doro ne se prive pas de lui rappeler sans s'embarrasser de précautions, son horloge biologique est en marche.

« Alors, comment ça s'est passé ? »

Ida s'invite à prendre un café le dimanche matin. Elle est encore en robe de chambre, un kimono turquoise orné de dragons d'or brodés qui s'enroulent autour de ses seins. Elle doit au moins faire un 46, mais devant son allure et sa façon de bouger, Clara se sent gauche et squelettique.

« On n'a pas vraiment accroché. » Clara remue la cafetière. « Ça doit être cette drôle de moustache. On dirait un serial killer.

— Mais il a quelque chose, non ? Et il est plein aux as, au fait.

— Ah ! Si j'avais su, je ne lui aurais pas filé un coup de coude dans les côtes, dit-elle en mentant, car Ida a l'air contrarié.

— Pourquoi tu as fait ça ?

— Il avait la main baladeuse.

— Tu préfères te faire peloter par ton casse-pieds de directeur ? Hé, mais c'est que tu rougis ! »

Clara éclate de rire.

Qu'est-ce que ça ferait d'aller voir un film avec Mr Gorst/Alan ? se demande-t-elle en mettant des croissants sous le gril. Ce ne serait pas *Iron Man*, c'est sûr. Plutôt un film profond, inspirant. Est-ce qu'ils se tiendraient la main ? Est-ce qu'ils se peloteraient ? Ou l'amour les prendrait-il par surprise, scintillant comme les premières lueurs de l'aube au levant ?

Il s'était adressé à Oolie avec une telle aisance et une telle gentillesse.

Sur le chemin du retour, Oolie lui avait dit : « L'était vraiment gentil. Je parie que t'as envie de tirer un coup avec lui, pas vrai, Clarie ? »

Oolie est incroyablement perspicace, des fois.

SERGE : Les filles

Malgré l'interdiction des ventes à découvert, les actions de la Royal Bank of Scotland ont perdu un cinquième de leur valeur. La Bradford & Bingley est dans une merde noire et semble devoir emboîter le pas de la Northern Rock. Le LIBOR a battu tous les records. Au milieu de la panique générale, Serge est submergé par une sensation de calme, comme un plongeur descendu sous les remous des courants de surface. L'octroi de crédits immobiliers n'ayant jamais été aussi bas au Royaume-Uni, il n'est plus aussi surchargé de travail et se retrouve avec du temps devant lui. Il se met à arriver plus tard le matin et part plus tôt le soir. Personne ne semble le remarquer.

Le jour et la nuit se fondent en un rectangle bleu d'heures de connexion. Quand il n'est pas occupé à éplucher le compte en banque de La Poule, il lui arrive de regarder ses e-mails (en n'oubliant pas de les « marquer comme non lus » après les avoir refermés), savourant le sentiment d'intimité qu'il éprouve à épier ainsi l'âme de son boss via Windows. Tel un apprenti La Poule étudiant la carrière qu'il embrassera un jour, il commence à avoir un véritable d'œil expert dans le domaine des whiskies de luxe, des œuvres d'art à prix réduit et des caves à cigares faites main grâce aux virées shopping en ligne de son boss. (Malheureusement, les vêtements y sont rares – La Poule s'habille exclusivement avec du sur mesure.) Qu'est-ce que Doro et Marcus feraient de tout ce fourbi ? En fait, il sait très bien ce qu'ils en feraient.

Marcus dirait : « Cette cave à cigares grotesque coûte plus cher que ce que l'ouvrier moyen de Doncaster gagne en un mois. »

Doro ajouterait : « Et ils avaient exactement la même à 2,99 livres chez Oxfam la semaine dernière. »

Parfois, il se demande s'ils sont réellement ses parents ou s'il a été arraché à sa véritable (et richissime) famille par un mystérieux coup du sort pour être déposé à Solidarity Hall.

Il sourit. Malgré leurs cheveux gris, ces chers Marcus et Doro ne sont jamais entrés dans le monde adulte. Ils en sont restés à l'innocente époque pré-consumériste, comme lui du temps où il rangeait sa boîte de coquilles d'escargot et de pommes de pin de Fibonacci sous son lit – les trésors de son enfance qui lui avaient fait découvrir la beauté intemporelle des mathématiques. Il sent une boule monter dans sa gorge.

Les traders survoltés de FATCA se foutent de tout, la seule chose qui les intéresse, leur seule obsession, c'est leur compte de résultat et les moyens de se procurer de la coke. Entre deux séances de trading, on les entend délirer sur la manière dont ils comptent dépenser leur bonus, citant des noms de marque à tout bout de champ comme s'ils s'aspergeaient d'eau bénite. Qu'est-ce qu'il fait là, enfermé avec eux dans cette roue de hamster ? Il n'est pas comme eux. Il ne se laissera pas entraîner dans cette vie de consommation effrénée, de fétichisation d'objets de valeur, de fêtes à en perdre conscience, une vie gouvernée par les comptes de résultat, des rythmes biologiques réglés par les excitants et les calmants. S'il veut de l'argent, ce n'est pas pour acquérir des choses, mais pour acheter la liberté – s'échapper dans une modeste maison en bord de mer au Brésil. Se consacrer à la philosophie. Aux maths. À la poésie. À faire l'amour du soir au matin. À Maroushka. Bon d'accord, mieux vaut avoir un ou deux beaux costumes.

Outre ces achats en ligne, la boîte mail de La Poule héberge une correspondance féminine torride que Serge a tout d'abord hésité à lire, jusqu'à ce que les objets des messages, pour le moins surprenants, ne finissent par avoir raison de ses scrupules. En mai dernier, il y a eu Gabriella, une majestueuse bombe de l'équipe Obligataire chaussée de talons si vertigineux qu'elle dépassait quasiment tous ses collègues masculins de FATCA et qui a offert à « mon Kenny chou » un string en faux léopard pour son anniversaire. Son dernier mail avait pour objet « Je veux goûter ton sperme ». (Babs ne lui avait jamais dit un truc pareil !)

Avant Gabriella, il y a eu une certaine Chrissie de l'équipe Trésorerie, qui mettait en objet « Panpan Cucul ». Serge ne voit pas du tout de qui il s'agit, ce qui n'est pas étonnant car les contacts entre les équipes du front office (traders, arbitragistes, gestionnaires de fonds et ainsi de suite) et celles du back office (les employés les moins payés, qui traitent les données de transaction, gèrent les comptes et assistent l'élite qui rapporte l'argent) sont vus d'un mauvais œil. À la City, les principales fraudes sont liées à une collusion entre le front office et le back office. La Poule prend donc un sacré risque en enfreignant le règlement et trompe FATCA tout autant que sa femme. Mais bon, les hauts responsables comme lui subissent une pression considérable, et si La Poule a choisi ce moyen de se détendre, ce n'est pas à Serge de porter de jugement.

Chrissie a certes infligé à Ken quelques châtiments inoffensifs, mais ce n'est rien comparé à Juliette – apparemment sans aucun lien avec FATCA –, qui le roue de coups tous les quinze jours, le vendredi après-midi, dans un appartement de Clerkenwell.

« Petit vilain, va, écrit-elle. Je te vois vendredi 18 h, n'oublie pas apporter les bottes taille 42 (du 42, c'est un peu grand pour une femme, non ?), et si j'apprends que tu as fait les bêtises avec les autres femmes, je t'attache avec le Velcro, je t'oblige à supplier, je te fouette et tu sais ce que je ferai après. »

Il essaie d'imaginer La Poule ligoté, suppliant aux pieds taille 42 fillette de ladite Juliette, grimaçant sous les claquements d'un fouet digne de Ben-Hur. La vision ne manque pas de charme.

La lecture des exploits sexuels de La Poule éveille en Serge un mélange de désapprobation et de jalousie qu'il trouve curieusement excitant. Enfin pas si curieux que ça, dans la mesure où il n'a pas couché avec qui que ce soit depuis... punaise, ça fait plus d'un an qu'il a rompu avec Babs, sa petite copine de Queens' College. Quoique, la masturbation a des bons côtés : ce n'est pas cher, c'est sans risque, et les manœuvres d'approche sont plus directes. Mais quand il repense à Babs, il a mauvaise conscience. Il faut qu'il demande à Otto comment elle va.

Babs était une étudiante de troisième cycle en botanique, une fille bien en chair au caractère enjoué, avec des taches de rousseur, d'épais cheveux bruns qui lui balayaient le visage et de grosses jambes pâles qui se dandinaient sous des jupes trop courtes. Elle n'était pas exactement son genre, mais les filles qu'il convoitait étaient trop bien pour lui. Décrocher les notes nécessaires pour pouvoir entrer à Cambridge n'était rien en comparaison du parcours d'obstacles qui l'attendait une fois sur place pour parvenir à maîtriser les codes sociaux. Non pas l'obscur rituel des repas – la table jaune de la communauté l'avait relativement bien préparé au réfectoire du collège (bien qu'il ait été surpris au début par l'abondance de couverts). Ni les clubs fermés du collège – il les évitait, préférant rester avec les autres fans de fractales. Ni les professeurs – ces derniers se montraient généralement bienveillants et encourageants. Non, l'ennui, c'était les filles, les princesses glamour issues des bancs des écoles huppées avec leur calme effroyablement olympien. Mais putain, comment on s'y prenait pour les sauter ?

Elles riaient à ses plaisanteries, buvaient son café, mangeaient ce qu'il leur préparait et le laissaient même passer un bras platonique autour de leurs épaules de gazelle pour apaiser leur trac avant les examens et leurs chagrins d'amour. Mais il n'avait jamais pu aller plus loin. Il y avait des mecs là-bas, des blonds d'un mètre quatre-vingt-cinq style rameur, sortis d'écoles privées de seconde zone – quand ils traversaient la cour, c'était à croire qu'ils étaient poursuivis par des hordes de filles qui balançaient leur petite culotte derrière elles. La deuxième année, la chambre qui se trouvait au-dessus de la sienne était occupée par un étudiant boursier américain du nom d'Oliver et l'escalier était bondé de filles en pleurs – s'il ouvrait la porte, il lui suffisait de tendre le bras pour en attirer une à l'intérieur, mais tout ce qu'elles voulaient, c'était lui piquer ses toasts et parler d'Oliver.

Aussi avait-il été soulagé lorsque, la dernière année, il avait rencontré Babs, une fille de professeurs de Manchester qui avait du sexe une conception aussi pragmatique qu'enjouée. Ils se retrouvaient au bar après les cours, allaient parfois au cinéma le samedi ou mangeaient une pizza en écoutant Martha Wainwright. Après trois mois de ce régime, un soir, Babs s'était soudain déshabillée et glissée dans son lit. Elle avait le corps laiteux et grassouillet avec des seins lourds qui retombaient, et ses vocalises déchaînées avaient eu raison de l'appréhension qu'il éprouvait. Il n'avait jamais vraiment su s'il avait réussi à localiser son clitoris comme le conseillait *Men's Health*, mais après l'amour, elle s'était agrippée à lui en poussant des couinements et des gémissements qu'il avait trouvés très touchants. Il l'avait serrée contre lui en lui murmurant des mots tendres dont il espérait qu'elle ne les prendrait pas trop au pied de la lettre.

Au début, Babs n'était pas très exigeante et il pouvait se consacrer librement aux maths. Il avait même commis quelques infidélités. Mais lorsqu'au bout de trois ans environ, elle avait laissé échapper qu'elle avait envie d'un bébé, il avait paniqué. Il n'avait que vingt-six ans, à l'époque. C'est mignon, les bébés – il n'a rien contre eux –, mais l'association Babs-bébé l'avait empli du désespoir que doit ressentir le prisonnier quand il entend la porte de la cellule se refermer.

Alors qu'il cherchait désespérément une issue, il s'était aventuré un jour dans un salon de recrutement où un ancien étudiant de Queens', qu'il avait rencontré trois ans plus tôt et que tout le monde considérait comme la dernière des nullités, paradait en costume Dries Van Noten en discourant sur les perspectives de carrière dans la finance. Serge avait pris ses coordonnées et répondu à quelques offres d'emploi de la City sans en parler à Babs, histoire de voir ce qu'on lui proposait. Le salaire qu'on lui offrait chez FATCA lui avait paru hallucinant, surtout après toutes ces années de bourse de thèse. Il avait hésité, mais pas longtemps.

Il était ennuyé, évidemment. Mais moins que s'il était resté avec elle, se disait-il. Ce n'était pas seulement l'histoire du bébé qui l'avait paniqué, mais l'idée de passer sa vie enfoui dans les tendres bras grassouillets de Babs. Il n'était pas encore prêt. Prêt à renoncer à son désir de mener au loin une existence insouciante en compagnie de la fille de ses rêves, une fille ni collante ni criarde, comme l'était Babs depuis quelque temps, mais dédaigneuse et distante comme les princesses d'écoles huppées. La fille de ses rêves, avec laquelle il avait déjà développé d'une main une intense relation sexuelle, était belle et mince, et si ses caractéristiques physiques demeuraient vagues par ailleurs, il savait qu'il la reconnaîtrait d'emblée le jour où elle passerait devant lui dans sa bulle narcissique en lui accordant à peine un regard teinté d'une lueur d'amusement.

Une fille comme Maroushka, en fait.

Quand il se déconnecte de la boîte mail de La Poule pour se connecter au compte en banque Kenporter1601, il constate avec inquiétude qu'il y a eu une frénésie de transactions et que des milliers de livres sont entrées et sorties du compte toute la journée. Qu'est-ce qui s'est passé ? En consultant l'historique des transactions, il s'aperçoit que La Poule a récemment passé des ordres sur un grand nombre des valeurs basées dans le Yorkshire qu'il avait lui-même ciblées. Comment ça se fait ? La Poule s'intéresserait-il à la région ? Est-ce une coïncidence ? Ou y a-t-il une logique derrière ? Edenthorpe Engineering, Wymad, Endon, ils y sont tous. South Yorkshire Consolidated, la société mère de Syrec, l'entreprise de recyclage basée à Askern ; il y a eu pas mal d'achats de ce côté-là. Il sait que la région vient de leur accorder une grosse aide au développement, qui peut expliquer la brusque hausse du titre. Mais comment La Poule l'a-t-il appris ?

Alors que Syrec grimpe en flèche, Edenthorpe Engineering est en train de plonger. Et le compte du Dr Black enfle à vue d'œil.

Le mardi, il place 250 000 livres de plus sur SYC, en prenant une position longue, et rejoint Maroushka à la cafétéria pour le déjeuner au lieu de rapporter un sandwich à son bureau comme d'habitude.

Elle est d'humeur bavarde.

« Tu suis le crise d'immobilier britannique, Sergei ? » demande-t-elle en engouffrant un sandwich au bœuf avec du coleslaw et des frites. C'est incroyable ce qu'elle est capable d'avaler – elle a toujours l'air d'avoir faim. « Le situation de marché il est très pas stable. Scénario est comme le subprime américain. Le taux du défaut élevé il devient régulier. Le hausse supposée constante du valeur immobilier qu'il est fondement du crédit montre signe de faible. Quoi tu penses, Sergei ? »

Serge a du mal à se concentrer sur la couverture de risque et l'immobilier alors qu'elle est là devant lui dans sa robe bleue à pois assortie d'une veste d'un blanc éclatant, à passer distraitement un pied nu le long de sa jambe tout en plongeant une frite dans la mayonnaise.

> *Princesse Maroushka !*
> *Entends la chanson de Serge !*
> *Que notre passion émerge,*
> *Dans une lointaine auberge...*

Quand on est affublé d'un prénom comme Serge, il faut faire preuve d'imagination. Il a tant de choses à lui dire, mais avant qu'il n'ait pu ouvrir la bouche, elle balaie la salle du regard, cherchant à poser les yeux sur quelqu'un de plus amusant. Son regard se fige soudain au-dessus de l'épaule gauche de Serge et lorsqu'il tourne la tête, il aperçoit La Poule qui vient d'arriver.

Il est accompagné de deux grands types que Serge n'a jamais vus. Ils se promènent sans se presser entre les tables, contemplant leur domaine tels des Maîtres de l'Univers, La Poule faisant les présentations au passage.

« Craig Hampton et Max Vearling du siège de New York. »

Ils sont élégants, distingués, répandant des effluves musqués d'after-shave, le sourire immaculé comme dans une pub de blanchiment des dents. Maroushka lève la tête, l'œil aguicheur. Les visiteurs s'attardent un instant puis s'avancent vers la table suivante avec leur sourire insipide en distribuant des poignées de main guindées. Craig Hampton et Max Vearling – putain, c'est qui ces mecs ?

Le lendemain, mercredi, Maroushka arrive en retard chaussée d'escarpins compensés aux talons vertigineux avec une bride sur la cheville, le salue brièvement et se concentre aussitôt sur ses écrans. Il la surveille du coin de l'œil avec l'idée de la suivre si jamais elle sort en douce de la tour, mais elle reste vissée sur son siège, tapant sur son clavier tête baissée. Elle profite d'un instant où Timo Jääskeläinen va aux toilettes pour sortir son portable et s'éclipser dans le bureau vitré afin de passer un rapide coup de fil, mais à part cela, elle ne bouge pas de son poste jusqu'au déjeuner, où elle se contente d'aller prendre un café.

Vers trois heures de l'après-midi, elle s'approche d'un pas nonchalant du bureau de Serge et se penche pour lui parler au creux de l'oreille, lui effleurant la joue de ses cheveux et emplissant ses narines d'effluves si complexes qu'il ne parvient pas à distinguer son parfum de son odeur naturelle.

« Sergei, il faut réexaminer le copule gaussienne. Intégrer le facteurs systémiques aléatoires. Opportunité de gagner beaucoup l'argent. »

Puis elle s'éloigne et se glisse dans le bureau pour passer un autre coup de fil pendant que Timo n'est pas là.

Serge est tout aussi perplexe devant l'évolution des marchés, mais le comportement de Maroushka l'irrite davantage encore. Elle prend un risque en se servant aussi ouvertement de son portable. Timo peut revenir à tout instant et, quoi qu'il en soit, n'importe quel trader, parmi la presque centaine qui travaillent là, peut protester. Elle n'appelle tout de même pas sa mère à Zh... peu importe ? Il a envie de la prévenir, mais elle sait bien qu'elle enfreint le règlement, alors il décide de lancer un nouvel algorithme en ciblant les éventuels bénéfices à tirer des nouvelles conditions du marché. S'il réussit, il se dit que son bonus augmentera par rapport à l'année dernière en dépit des retournements du marché. Les transactions sanitaires du Dr Black se révèlent également très rentables.

Mais ce soir-là, quand il se connecte en rentrant chez lui, il découvre que Kenporter1601 a été totalement vidé. Jusqu'au dernier penny. Cela ne peut signifier qu'une chose : La Poule s'est aperçu que quelqu'un tripatouillait son compte. Évidemment, ça devait arriver un jour ou l'autre ; en fait, il est même étonné que La Poule ait mis si longtemps à percuter. Il se demande avec un haut-le-cœur ce qui va se passer dorénavant. C'est maintenant que La Poule va décider d'appeler la police ou de se tenir à l'écart.

Il imagine les pires scénarios possibles et imaginables, et ce n'est qu'à trois heures du matin qu'il sombre enfin dans un sommeil peuplé de lapins recroquevillés dans des terriers obscurs.

Troisième partie

PARADIS

Doro : Pépins au jardin

Bien que Doro regrette le jardin sauvage peuplé de lapins de Solidarity Hall, elle a reporté toute sa passion sur la parcelle de jardin qui lui a été allouée, un éden de poche où ses plantations de haricots, de pois, de pommes de terre, de tomates, de betteraves, de baies, de pommes et de prunes s'épanouissent allègrement. Mais tout ne va pas pour le mieux.

« Y se passe que'que chose », déclare Reggie Hicks, son voisin de la parcelle d'à côté et président officieux de la GAGA, ou Greenhills Allotments Gardeners Association, l'association locale des jardiniers, qui a eu vent d'un sombre projet de la municipalité, consistant à vendre le terrain à un promoteur immobilier.

Une réunion a été organisée à l'ombre du prunier, sur le carré de pelouse qui se trouve à côté du robinet collectif. Doro et les autres membres de la GAGA se sont installés autour d'un thé très noir sur une collection de transats et de vieux tabourets de cuisine assortis d'un banc d'église volé pour réfléchir aux options qui s'offrent à eux, tout en profitant des derniers rayons de soleil de ce vendredi après-midi. Reggie Hicks, quatre-vingt-quatre ans, un ancien mineur de Rossington et lauréat depuis six ans du concours du plus gros poireau, est en faveur d'une grève générale immédiate ; Ada Fellowes, soixante-seize ans, sacristine de la paroisse, fait remarquer que cela ne ferait que servir leurs intérêts. Danny Fellowes, également soixante-seize ans, est pour négocier en faisant preuve d'une extrême prudence. Jim Smith, qui est encore plus vieux que Reggie et lui aussi ancien lauréat du concours de poireaux, se lance dans un long discours auquel personne ne comprend rien, bien qu'il y soit à un moment question de choux de Bruxelles. Helen Smith l'approuve en ajoutant qu'il faudrait les pendre par les tripes. Winston Robinson, soixante-six ans, originaire de Trinidad et champion hors catégorie du potiron, suggère quant à lui une pétition.

Ernest Philpott, soixante-quatre ans, gardien de l'école primaire de Greenhills, déclare : « Oh fi ! jardin d'ivraie montée en graine », et appelle à l'occupation immédiate.

Doro, du haut de ses soixante ans, est la benjamine du groupe. « On ne pourrait pas changer de nom pour éviter cet acronyme regrettable ? dit-elle.

— C'est quoi un acro-gnome ? demande Danny Fellowes.

— Y a pas de mal à être gaga », rajoute Jim Smith.

Pendant ce temps, non loin, Oolie-Anna qui, avec ses vingt-trois ans, est la véritable benjamine des parcelles, s'affaire du côté des carrés de potager sous l'œil bienveillant de plusieurs paires d'yeux. Elle enfouit les mains dans le tas de compost, retire la matière végétale en décomposition et l'effrite entre ses doigts au-dessus des plants de tomates. Son tee-shirt à manches courtes dévoile les cicatrices qu'elle a aux bras. À cette vue, Doro a le cœur saisi d'un amour si éperdu qu'elle en a presque mal.

Doro voit souvent sa vie clairement séparée en deux parties : avant Oolie et après Oolie. La Doro d'avant Oolie était mince, jolie, sexy, audacieuse, engagée. La Doro d'après Oolie est plus ronde, plus âgée, souvent trop fatiguée pour penser au sexe, prévisible, bien trop dévouée. La plupart du temps, elle ne se rappelle pas ce qu'éprouvait la Doro d'avant. Nous construisons tous notre vie autour de ce qui est immuable – ce que nous ne pouvons pas changer – et elle a construit sa vie autour d'Oolie. Le jardin ouvrier a tenu une grande place dans leur vie à toutes deux, il a représenté un enthousiasme partagé, un refuge, un havre de paix dans l'adolescence tumultueuse d'Oolie. L'idée que tout cela puisse être menacé par de lointains bureaucrates au visage glacial de mèche avec des promoteurs cupides est intolérable.

La première chose à ne pas oublier dans une attaque, c'est qu'on a besoin d'alliés.

Elle se penche et chuchote à l'oreille de Mr Philpott : « Je suis désolée de m'être emportée, l'autre jour. »

Le soleil de septembre filtre à travers le feuillage du prunier et projette une lumière tremblante mouchetée d'ombre sur le carré de pelouse et les jardiniers qui boivent leur thé en faisant circuler un paquet légèrement humide de sablés. Les hirondelles virevoltent dans le ciel en fondant sur les moucherons dont elles se régalent. Les abeilles bourdonnent dans les arbustes à baies et dans le fond, la rumeur de l'A630 semble faire partie intégrante de l'environnement naturel, bien qu'au dire de Reggie, ce soit précisément la proximité des grands axes routiers qui fasse du terrain une cible pour les promoteurs.

« Une charogne va y met' la main d'ssus et s'faire un paquet d'fric.

— Bétonner not' paradis, renchérit Winston Robinson.

— Construire un parking à plusieurs niveaux », ajoute Doro.

Alors qu'ils en sont à leur troisième théière, un plan d'action se dessine peu à peu. Reggie, Danny et Jim doivent mobiliser les autres GAGA. Ada Fellowes va prévenir le pasteur : « L'est temps qu'y s'mouille un peu. » Doro, qui a déjà rencontré le conseiller municipal, doit l'inviter à venir voir le jardin ouvrier et essayer de lui soutirer la vérité au sujet du projet. Helen va le soudoyer en lui offrant sa confiture de cassis mondialement célèbre. Winston Robinson va rédiger une pétition. Mr Philpott dressera la liste des revendications.

C'est la première fois depuis l'époque de Solidarity Hall que Doro retrouve l'exaltation de l'action militante.

« Dis, maman, quand est-ce qu'on rentre ? demande Oolie d'un ton geignard.

— Bientôt. » Doro la prend dans ses bras. « On essaie de sauver le jardin. Tu n'aimerais pas qu'il y ait des maisons partout ici, hein ?

— M'en fiche. »

Elle a l'air de s'ennuyer. Elle est incroyablement grognon depuis quelque temps. Les seuls moments où elle retrouve son entrain, c'est quand elle parle de la cafétéria d'Edenthorpe ou qu'elle taquine Clara.

« Regarde, Oolie, tu as vu les hirondelles ? » Doro pointe le doigt vers le ciel, mais Oolie hausse les épaules.

« C'est rien que des oiseaux. »

De retour à la maison, Doro met la bouilloire à chauffer par habitude – bien qu'elle ait déjà pris trois tasses de thé et qu'à son âge elle doive faire attention à sa vessie – et se connecte à Internet. Elle va sur le site de la municipalité et note le numéro du conseiller Malcolm Loxley. Quand elle appelle, elle tombe sur un répondeur et, prise au dépourvu, laisse un long message embrouillé.

« Vous vous souvenez peut-être... nous nous sommes croisés à l'école primaire de Greenhills...

je vous appelle pour vous demander votre aide au sujet d'une affaire urgente... »

Elle prépare des spaghettis dans la cuisine, la radio allumée dans le fond – il est question d'une banque américaine qui a été saisie. Bien fait pour eux. Marcus aura sûrement des choses à dire au dîner.

Mais à l'instant précis où les pâtes atteignent le seuil critique du al dente, le téléphone sonne. Et zut ! Elle jongle avec le téléphone dans une main et la casserole dans l'autre, vidant l'eau des pâtes dans l'évier sans se servir d'un couvercle – elle n'a plus de main libre.

« Allo ? Doro Marchmont.
— Malcolm Loxley. Vous m'avez laissé un message. »

La voix est grave, distinguée, pleine d'aplomb. Une voix qui trahit le pouvoir, avec des voyelles sèches typiques du Yorkshire.

« Que puis-je pour vous ?
— Je vous ai appelé de la part de la Greenhills Allotment Gardeners Association. Nous avons appris que des promoteurs immobiliers de mèche avec certains éléments réactionnaires du conseil envisageaient de lotir le jardin ouvrier et nous voudrions que vous souteniez la campagne que nous menons (elle sent qu'elle gagne en assurance à mesure qu'elle parle) pour nous débarrasser de ces ignobles profiteurs et garantir aux ouvriers... je veux dire aux jardiniers des parcelles les... et zut ! »

Il a suffi qu'elle détourne un instant son attention pour que la masse brûlante de pâtes dégouline de la casserole pour aller s'enrouler dans la vaisselle sale comme une colonie de vers phtisiques.

« ... les fruits de leurs légumes.
— Je vois.
— Alors... ?
— Je peux vous rappeler ? »

SERGE : Un sauvetage à 700 milliards de dollars

« Je peux vous rappeler ? lui demande le courtier.

— Bien sûr », lui répond Serge, qui peut difficilement lui expliquer qu'il lui téléphone du siège des toilettes pour handicapés et qu'en réalité son portable sera éteint quasiment toute la journée.

Après la frayeur de la semaine dernière, il a décidé de prendre congé de Kenporter1601 pour trader uniquement sous le nom du Dr Black. Ce qui est curieux, c'est que La Poule ait mis autant de temps à réagir. Il prend sa calculatrice et constate qu'il est sorti d'affaire. Non seulement il a remboursé la somme qu'il avait empruntée initialement au compte 1601 pour passer ses transactions, mais, d'après ses calculs, il a réglé 1 343,20 livres en trop. Toutefois, à moins de faire les mêmes calculs, La Poule ne s'en apercevra pas. Et l'ennui, c'est que Serge ne saura jamais avec certitude si ce dernier préfère passer l'éponge ou s'il attend seulement le bon moment pour attaquer.

Cette incertitude l'inquiète et le met mal à l'aise. À l'heure du déjeuner, il décide d'éviter la bousculade de la cafétéria de FATCA et descend avec un sandwich du côté de St Paul's Walk, où il peut se servir librement de son portable. Le ciel est bas et presque de la même couleur que la Tamise, dont l'inlassable clapotis sur les pierres éveille en lui des idées mélancoliques sur l'éternité, le sens de la vie et le contenu de son sandwich qui se révèle être une fois de plus à l'écrevisse.

Lorsqu'il rappelle son courtier, il a l'agréable surprise d'apprendre que la fortune du Dr Black s'élève désormais à 599 087 livres sterling. Il décide de ne pas rembourser tout de suite son prêt. À la place, il téléphone à Otto pour prendre de leurs nouvelles, à Molly et lui, et s'assurer qu'il reste discret.

« T'es un vrai pote, Soz. Je te rembourserai dès qu'on sera tiré d'affaire.

— Tu gardes ça pour toi. C'est entre nous, OK ?

— Promis.

— Comment va Molly ? L'arrivée du dernier petit Free est prévue pour quand ?

— Encore six semaines. On a équipé l'appart entier de tout un tas de trucs hyper cool pour le bébé dans des tons pastel neutres. Grâce à toi, Soz.

— T'inquiète. Au fait, tu as vu Babs, dernièrement ?

— Je ne lui ai pas parlé, mais j'ai vu qu'elle a fait son coming-out sur Facebook, hé hé.

— J'y crois pas ! »

Babs, lesbienne ? L'idée est vaguement excitante. Il devrait peut-être passer la voir.

Il est si déconcerté par cette nouvelle qu'il en oublie d'éteindre son portable et quelques instants plus tard, ce dernier se met à sonner dans sa poche. Il décroche sans vérifier qui l'appelle. S'il avait regardé, il n'aurait peut-être pas répondu. C'est Doro.

« Mon chéri ! Enfin, je réussis à t'avoir ! J'étais tellement inquiète ! Je te croyais disparu de la surface de la terre.

— Inutile de t'inquiéter maman. Tout va bien.

— J'ai lu un article sur ces épouvantables scandales qui ont eu lieu à Cambridge. C'est incroyable tout de même que des universitaires soient capables de choses pareilles.

— C'est terrible, oui.

— Mais ça ne concerne pas ton département ?

— Euh... pas vraiment.

— Apparemment, c'était particulièrement sérieux en maths.

— C'est en numérique. Pas du tout mon domaine de maths.

— Ah bon, numérique. Ça a l'air effrayant.

— Mmm. C'est un peu confus, parfois.

— Et où en est ta thèse ?

— Pas trop mal. Ça avance. Dis maman...

— J'ai eu une idée, Serge. Pourquoi tu ne reviendrais pas passer quelques semaines à Doncaster, le temps de la boucler ? Tu pourrais te réinstaller dans ton ancienne chambre et t'y mettre à fond sans te laisser déconcentrer par toutes les distractions de la vie étudiante.

— J'y réfléchirai.

— Sérieusement. Qu'est-ce que tu dirais de la semaine prochaine ?

— Mmm... mais j'ai besoin d'avoir accès à...

— On ne trouve pas tout en ligne, aujourd'hui ?

— Non, pas tout. Mais c'est gentil, merci, j'y réfléchirai, promis, maman. »

Il jette les restes de son sandwich dans le fleuve, et aussitôt une volée de mouettes fond dessus en se les disputant âprement. La plus grosse et la plus agressive emporte la croûte, la plus petite arrache quelques petits bouts et une autre, toute chétive avec une aile tordue, n'obtient rien. Il secoue le sachet mais il n'en tombe que quelques miettes et l'oiseau tourne en rond désespérément en battant des ailes. Si Doro était là, elle irait certainement lui acheter un autre sandwich.

Quand il revient au bureau, tout le monde est déjà à son poste mais il ne se passe pas grand-chose. C'est tellement tranquille qu'au début, il croit qu'il y a une panne technique quelconque. Quelques traders montent à la cafétéria se shooter à la caféine, mais la plupart des analystes quantitatifs sont dans la salle. Le Hamburger essaie de persuader les Français de s'intéresser à ses photos de bébé. Lucie et Tootie ont les yeux rivés sur l'écran suspendu de Bloomberg TV. Le bandeau indique lundi 29 septembre 2008 et la

Miss Finance de service interviewe un Américain vêtu d'un costume coûteux de mauvais goût.

« Qu'est-ce qui se passe ? demande Serge.

— Va savoir, répond Lucie.

— George Bush supplie la Chambre des représentants, dit Tootie.

— Comment ça ?

– Apparemment, ils n'ont pas envie de sauver les grandes banques. » Ses cicatrices d'acné se creusent de fossettes. « Ils n'ont pas encore compris qu'ils n'ont pas le choix. »

La porte à double battant s'ouvre brusquement et Maroushka fait son entrée : rouge à lèvres écarlate, veste jaune, escarpins ouverts à l'arrière. Quelques-uns se retournent et la fixent du regard. Elle s'arrête sur le seuil puis se faufile jusqu'à son poste. Ils continuent à la fixer. Qu'est-ce qui leur prend de la lorgner comme ça ? Il s'aperçoit alors que ce n'est pas elle qu'ils fixent. Il suit leur regard et voit trois hommes sur le seuil qui ont dû arriver juste derrière elle : le chef et deux types en costume – des costumes bien moins élégants que ceux des Maîtres de l'Univers, de simples complets basiques de prêt-à-porter au pantalon lustré assortis de chemises avachies en mélange coton polyester –, les cheveux mal coupés, l'œil chassieux et cependant vigilant. Le genre de types à travailler au back office à la Conformité, aux impôts ou aux autorités de marché – pas suffisamment brillants pour gagner beaucoup d'argent et assoiffés de vengeance à l'égard de ceux qui y parviennent.

Le cœur de Serge se met à cogner dans sa poitrine – Boum ! Boum ! Boum ! Boum !

Ils restent plantés là à balayer la salle de leurs yeux chassieux cependant vigilants. L'un d'eux se penche vers le Chef Ken. Ils se tournent du côté de la Titrisation. Puis ils avancent.

Boum ! Boum ! Boum ! Boum ! Le cœur battant à tout rompre, il les voit passer devant les traders d'obligations à haut risque, devant les Français, devant Toby et Lucian, qui lève les yeux et marmonne quelque chose que Serge n'entend pas. Ils se dirigent vers lui.

Boum ! Boum ! Boum ! Boum ! Son cœur lui martèle les côtes. Il se recroqueville et se penche sur son clavier, les yeux fermés, attendant que la main s'abatte sur son épaule. Quand il rouvre les yeux, ils sont déjà devant Le Hamburger.

Boum ! Boum ! Boum ! Boum ! Il sent un léger courant d'air dans son cou. Et puis rien. Ils sont passés.

À la fin de la rangée, il ne reste que Timo Jääskeläinen et le bureau vitré, où Maroushka fouille dans son sac sans visiblement se rendre compte de ce qui se passe. Elle sort un bâton de rouge et un petit miroir puis se maquille consciencieusement les lèvres et met la bouche en cœur pour la tamponner avec un mouchoir une fois qu'elle a terminé. Elle lève alors les yeux. Un des types à la chemise avachie la fixe à travers la paroi vitrée de ce regard de merlan frit typiquement masculin. L'autre se penche pour chuchoter quelque chose à Timo.

Timo se lève en renversant son fauteuil. Il a les joues blêmes. Il se dirige vers la porte derrière La Poule avec les deux types sur ses talons. Il laisse dans son sillage un léger parfum d'after-shave – mélange d'anis et de benzène – mais, cette fois, l'expression de son visage est incontestablement une grimace.

Clara : La pâte à pain

Son cœur s'arrête. La dame attend de nouveau devant la grille. Elle a l'air plus jeune que Doro. Veste sans col couleur menthe à l'eau ornée de boutons dorés. Cheveux noirs très courts, la coupe est élégante, la couleur audacieuse. Rouge à lèvres écarlate. Bracelet à breloques en or. Le genre clinquant.

Clara l'observe discrètement par la vitre de sa voiture. Pourquoi sa tête lui dit-elle vaguement quelque chose ?

Un instant plus tard, Jason vient se jeter à son cou. Ils s'éloignent ensemble en direction de Hawthorns et Clara décide de faire un détour par Hardwick Avenue pour prendre un thé avant de rentrer chez elle.

Doro et Oolie sont dans la cuisine, les mains plongées jusqu'aux coudes dans la pâte à pain. Celle de Doro est bien gonflée et alignée en petits patons ronds sur une plaque. La pâte d'Oolie est tout aplatie et vaguement grisâtre à force d'avoir été trop pétrie avec des mains sales et parsemée de petits grains d'une substance inconnue – des crottes de nez, peut-être.

« Voilà, très bien, l'encourage Doro. Maintenant, roule-la en petites boules et pose-les là. »

En les regardant, Clara se souvient de l'époque où elle faisait du pain avec Doro, avant la naissance d'Oolie. Le sien était tout aussi gris et plat.

Pendant que Doro glisse les plaques dans le four et règle le minuteur, Oolie souffle à Clara : « Tu lui as dit ?

— Dit quoi ?

— Que je veux avoir mon appartement. Que je veux regarder des films ?

— On va en discuter ensemble », répond Clara lorsque Doro vient les rejoindre à la table.

Sur ce, Marcus descend avec une série de tasses à thé vides qu'il dépose dans l'évier.

« Bonjour Clara. Content de te voir.

— Salut papa. »

Elle s'abandonne au plaisir simple d'être dans ses bras, de sentir la laine rêche de son pull, son odeur de savon et de tabac. Doro met la bouilloire à chauffer et pose un pot de lait et des mugs sur la table. Celui qui est légèrement ébréché avec un hamster dessus lui a été offert par Clara pour la fête des mères, il y a une vingtaine d'années.

« Comment va le jardin ? demande-t-elle.

— Ça va être une bonne année pour les pommes. Et les prunes.

— Mmm. Super.

— Au fait, les instituteurs de ton école, dit Doro en passant du coq à l'âne. Tu t'entends bien avec eux ?

— Ça dépend. » Clara répond prudemment, ne sachant trop où sa mère veut en venir.

« Il n'y en pas un qui t'est particulièrement cher ?

— Franchement, maman ! »

Oolie s'impatiente. « Dis-lui ! Dis-lui pour les films !

— Quels films ? demande Marcus.

– Oolie veut avoir son appartement à elle pour pouvoir regarder des films. » Clara surprend le regard que s'échangent ses parents. « Apparemment, c'est une idée du travailleur social.

— Tu lui as parlé des films que tu voulais regarder, Oolie ? demande Doro.

— J'y ai dit. *Jeux de filles*. *Cris et chuchotements*.

— Ce n'est pas "chuchotements", Oolie. Mais "suçotements".

— Et alors ? » Oolie se met à bouder en enlevant les bouts de pâte de ses doigts pour en faire une petite saucisse.

Doro se tourne vers Clara et articule en silence « P-O-R-N-O. »

Clara hausse les épaules. Marcus lève les sourcils, ôte ses lunettes et les essuie consciencieusement avec son mouchoir.

« Je crois... » commence Clara.

Oolie s'enfonce la saucisse en pâte dans une narine.

« Arrête ! » lance Doro.

Oolie extirpe la saucisse de sa narine et commence à la manger.

Doro se penche et lui donne une tape sur le poignet. Marcus lui pose une main sur le bras pour la calmer. Doro l'envoie balader. Oolie esquisse un petit sourire satisfait.

*

Une bonne odeur de pain chaud envahit la cuisine. Clara ferme les yeux et se laisse emporter au temps de Solidarity Hall, autour de la table jaune où tous les convives acclamaient Doro qui sortait un gâteau du four en riant, les joues toutes rouges. Clara avait treize ans et sept mois et ils avaient organisé une fête pour célébrer ses premières menstruations. Tout le monde la félicitait d'être devenue une femme.

C'était déroutant. Elle était heureuse d'être le centre de l'attention. Et puis les fêtes, c'est censé être joyeux. Mais qu'y avait-il d'extraordinaire à être une femme ? Des femmes, il y en avait des millions sur terre. Et cette histoire de règles n'avait pas l'air si géniale que ça.

De plus, elle ne tenait pas à ce que le monde entier soit au courant – et encore moins son petit frère, qui s'était mis à glisser des remarques sarcastiques en prétendant avoir trouvé des taches de sang et lui refilait des coups de coude à chaque fois qu'un pot de confiture apparaissait sur la table.

« Tu as des nouvelles de Serge, maman ?
— Non.
— Moi non plus. Il ne répond pas au téléphone.
— Il doit être très pris par l'Imperial College à Londres.
— Ce n'est pas l'Imperial College, maman, mais University College. » Sa pauvre mère perd manifestement la boule.

« Il doit travailler avec les deux, mon ange. Ce n'est pas étonnant qu'il n'ait pas le temps de rappeler quand on lui laisse un message.
— Je parie qu'il a une nouvelle femme dans sa vie. C'est pour ça qu'il fait profil bas.
— Qu'est devenue Babs ? Je l'aimais bien.
— Je ne sais pas. Pourquoi tu lui trouves toujours des excuses, maman ? Pourquoi tu ne t'intéresses jamais à ce que je fais, moi ?
— Alors, tu as quelqu'un d'autre dans ta vie ?
— Mais enfin, maman ! » Est-ce que les autres parents sont tout le temps comme ça ? « Et au fait, votre mariage à vous, c'en est où ? Vous n'en parlez plus.

« Quel mariage ? Vous m'avez jamais parlé de mariage ! » glapit Oolie.

Oops.

« Euh... ça te plairait, Oolie, si on se mariait, avec Doro ? » demande Marcus.

Doro lève les yeux au ciel et va jeter un œil au pain.

Clara se dépêche d'avaler son thé mais ne reste pas pour écouter la discussion de Marcus et Doro avec Oolie. Elle est vaguement gênée d'être en compagnie des trois – Marcus et Doro qui vieillissent et Oolie qui, elle, ne vieillit pas du tout, mais demeure figée dans une perpétuelle enfance.

Qu'adviendra-t-il d'Oolie quand Marcus et Doro ne pourront plus s'en occuper ? Clara héritera-t-elle de sa sœur, avec leur collection d'affiches de 1968, de tee-shirts à slogan et le manuscrit inachevé de Marcus ? Il faut qu'elle en discute avec son frère.

Sur le chemin du retour, elle sent l'odeur des petits pains frais que Doro et Oolie lui ont donnés et se demande pourquoi Serge ne répond jamais au téléphone.

Serge : Vodka

Serge cligne des yeux. Il est toujours dans la salle de marché et dans le coin de l'écran de Bloomberg, la date est toujours la même – 29 septembre 2008.

C'est bien. Il est 18 h 40.

Il referme lentement les yeux, puis les rouvre : 19:02.

« Que se passe ? » Maroushka se tient devant lui, un verre d'eau à la main.

Ou du moins, ça ressemble à de l'eau. Quand elle lui approche le verre des lèvres, il s'aperçoit que c'est de la vodka.

« Rien. Ça va. » Il essaie de lui prouver que tout va bien en se redressant pour avaler une gorgée, mais il a la tête qui tourne et s'affaisse à nouveau sur son bureau. « Je suis H.S., c'est tout.

— Tu es agité ? Pas normal ?
— Qu'est-ce qui est arrivé à Timo ?
— Police l'arrêté.
— Pourquoi ? Qu'est-ce qu'il a fait ? »`

Son cœur s'est remis à cogner. Boum ! Boum ! Boum ! Boum ! Combien de temps leur faudra-t-il pour comprendre qu'ils se sont trompés ? Elle pose un ongle rouge sur l'aile de son nez et lui glisse un clin d'œil. L'espace d'un instant son masque de femme de la City tombe et elle prend une mine de gamine espiègle de douze ans.

« Je trouve. »

Une fois la répression des fraudes sur le coup, il n'a plus aucune chance. Dès que Timo se mettra à table, ils comprendront qu'ils se sont trompés de client et ils auront vite fait de retrouver sa trace à partir de cette idiotie de compte du Dr Black.

Et s'il y avait une explication parfaitement logique au compte 1601 de La Poule ?

Et s'il l'avait déclaré auprès de la Conformité, après tout ?

Et si... ?

La plupart des employés ont quitté la salle de marché, à part les Indiens des Devises, qui travaillent fébrilement sur une transaction de dernière minute. Les autres quants sont chez Franco's, lui apprend Maroushka, pour fêter l'anniversaire de Lucian.

« On va, Sergei ?

— Bientôt. »

Il lui prend la main et l'attire à lui. Elle ne résiste pas. Elle s'appuie légèrement contre lui, la cuisse pressée contre son genou. Les effluves de son parfum l'envahissent.

« La vie est devant moi tel un éternel printemps paré de nouveaux atours.

— Tu parles comme le fou, Sergei.

— Carl Friedrich Gauss. Pas fou. Mais sublime. »

Elle lui verse encore un peu de vodka dans la bouche. « Bois. »

Il tousse en crachotant. « La vache... Tu as toujours une bouteille de ça dans ton sac ?

— Je garde pour le urgence.

— Je t'aime. »

Voilà, c'est sorti. S'il avait réfléchi, il ne l'aurait peut-être pas dit. Elle ne frémit pas de dégoût, mais esquisse son sourire de gamine de douze ans et avale une rasade de vodka.

« Je crois quand même tu es agité, Sergei. »

Elle s'écarte mais laisse sa main sur son épaule.

« Enfuis-toi avec moi, Maroushka. »

Bien qu'il ait souvent répété son nom dans sa tête, c'est la première fois qu'il le prononce à voix haute. Les consonnes fusent dans sa bouche. Elle éclate de rire sans comprendre qu'il est on ne peut plus sérieux.

« Pourquoi enfuir ?

— J'ai... »

La vodka lui donne un certain détachement et le rend vaguement optimiste.

Princesse Maroushka !
Entends la chanson de Serge !
Si l'urgence te submerge,
Tu peux compter sur moi.

S'il trouve les mots justes, s'il réussit à formuler la demande qui tue, il lui montrera qu'en dépit de sa taille et de son sens de la dérision, il est non seulement sérieux, mais compétent, il est l'homme qu'elle cherche depuis toujours sans le savoir, celui qui saura l'aimer, la protéger et la faire sourire.

« Je suis... » Il lui prend la main pour la porter à ses lèvres et embrasse les petites articulations dures. « ... Je suis Serge. »

L'espace d'un instant, l'amour enfle comme un ballon en forme de cœur qui s'élève et les petits oiseaux bleus volettent sous le plafond de la salle de marché. Puis elle éclate de rire et retire sa main.

« Tu es beaucoup agité aujourd'hui Sergei.

— On peut s'agiter ensemble. On peut avoir des tas de bébés agités. »

Elle lève les yeux au ciel avec un air irrésistiblement sexy.

« Quelque chose anormal passe sur le marché international, Sergei. Timo a pas l'importance, mais ça a l'importance. Le Congrès il refusé le plan Bush. Le situation est très intéressante. Le Dow Jones il va chuter. À partir là, il y a qui gagnent et l'autre qui perdent tout. On doit trouver. On va ? »

Plusieurs fêtes se déroulent simultanément dans l'atmosphère bruyante et viciée de Franco's. Une bande de traders licenciés par de grandes banques dans l'hécatombe qui a suivi la faillite de Lehman noient leur chagrin, d'autres claquent leurs indemnités et le groupe de FATCA écluse le champagne en l'honneur de l'anniversaire de Lucian, tout en écoutant un pékin en costard expliquer à la télé que les flux de crédit se sont taris au niveau mondial et qu'étant dans l'impossibilité d'emprunter les unes aux autres, les grandes banques ont cessé de prêter et sont en passe de faire faillite. Fascinés par la crise qui se déroule sous leurs yeux, ils ont visiblement oublié Tim le Finnois. Serge se fraie un chemin pour se joindre à eux dans un concert d'acclamations ironiques. La Chambre des représentants vient de rejeter le plan Bush et de décréter que les banques devaient se débrouiller seules comme tout le monde. Des actifs que tous croyaient solides, des actifs garantis par des hypothèques dans un marché immobilier en plein essor, des actifs notés triple A par Moody's, Standard & Poor's et autres tombent comme des mouches. La digue des prêts soi-disant garantis par la hausse constante des prix de l'immobilier est percée, les dettes toxiques s'accumulent dans les coffres des institutions financières du monde entier. Comment tout cela finira-t-il ?

« Joyeux anniversaire, Lucie ! lance une voix tonitruante.

— Merci, chers spéculateurs ! » braille une autre au son d'une nouvelle salve de bouchons de champagne.

Toby O'Toole fourre un verre dans la main de Serge qui le boit cul sec. La vache ! C'était quoi, ça ? Grisés par leurs excès, les quants se sont mis à mélanger du vin, de la bière et des alcools forts dans les bulles pour créer d'étranges cocktails de plus en plus répugnants, à l'image des CDO synthétiques.

« ... les prêts hypothécaires subprimes ont permis à une catégorie de gens qui n'y avaient pas le droit jusque-là d'accéder à la propriété... bas salaires, chômeurs... les taux d'intérêt américains ont grimpé de 1 % à 5,3 %... taux de défaut sans précédent... effondrement des prix de l'immobilier... et patati et patata... » pontifie l'expert de la télé, la mâchoire serrée.

« Mon Dieu, donnez-nous une année de plus avant que tout s'effondre ! implore quelqu'un.

— Ou que les régulateurs nous envoient au tapis ! »

Toby lève son verre et Serge se retrouve à trinquer avec eux à tous les minables raclant les fonds de tiroir pour s'acheter la maison de leurs rêves, les losers et les ratés qui, et d'une, n'auraient jamais dû obtenir de prêts, et de deux, s'aperçoivent aujourd'hui qu'ils ne peuvent pas faire face aux mensualités (ô surprise) et dont les pertes décuplées ont alimenté leur filon.

« Une autre année, un autre million ! » hurle un des traders, acclamé par tout le monde.

Serge cherche Maroushka du regard, voulant partager ce sublime instant avec elle, mais elle reste dans son coin à l'écart des autres, l'œil sombre rivé sur l'écran de télévision, sans même un verre à la main.

Doro : Sexe à tour de rôle

Doro éteint la télévision à onze heures et monte dans la chambre où Marcus dort déjà depuis une demi-heure. De quoi rêve-t-il sous la couette gonflée qui monte et descend à mesure qu'il respire, rendant l'atmosphère de la petite chambre plus étouffante encore ? Il est resté cloué à son bureau toute la journée, à paître les vertes prairies du passé. De son côté, elle a passé la sienne au jardin et elle ressent une agréable fatigue dans ses membres courbaturés par l'effort en plein air, doublée de quelques élancements aux genoux et à la colonne vertébrale qui viennent lui rappeler qu'elle n'est plus toute jeune. Elle a regretté qu'Oolie ne l'ait pas accompagnée et s'est demandé une fois de plus pourquoi Megan était partie en l'abandonnant, il y a des années de cela.

Peut-être Megan n'appréciait-elle pas les nouveaux venus, à moins qu'ils n'aient tout simplement pas su s'y prendre avec elle, de toute façon elle ne s'était jamais entendue avec les Chris

Watt et Howe bien qu'ils aient tout fait pour la rééduquer (à moins que ce ne soit précisément à cause de cela). Chris Watt, qui avait suivi des études d'infirmière, l'avait aidée à calmer son eczéma et l'encourageait à arrêter de fumer et à allaiter Oolie, ce qui leur était difficile à l'une comme à l'autre. Quant à Chris Howe, il avait décidé de lui apprendre les fondements du marxisme et de l'amour libre.

Un jour, en faisant la vaisselle dans la cuisine, Doro l'avait surpris qui discutait avec Megan alors qu'ils finissaient leur petit déjeuner. Crunchy Carl était sous la table où il était occupé à torturer une coccinelle venue du jardin. Les cheveux gris de Chris étaient attachés en queue de cheval et il portait (Dieu merci) un bas de pyjama et un tee-shirt orné du slogan presque effacé « *Méfie-toi des gens de plus de trente ans* », qui laissait entrevoir un coin de ventre rose et poilu. Megan portait le haut en crochet bleu et mauve de Moira, qui dévoilait le soutien-gorge noir en dentelle qu'elle avait en dessous.

« La société socialiste délivrera les femmes de la répression de la monogamie et leur permettra de s'épanouir dans leur sexualité », disait Chris Howe, les yeux rivés sur les contours de ses seins sous le haut en crochet.

Megan n'avait rien dit.

Encouragé par ce silence, il avait poursuivi : « Par exemple, dans une société socialiste, rien ne nous empêcherait de coucher ensemble, toi et moi.

— Toi et moi ? »

Megan s'était brusquement renversée sur sa chaise et avait dû se raccrocher à la table pour ne pas basculer en arrière.

« Maman, c'est quoi le chossalisme ? avait lancé Carl de sous la table, le ton geignard.

— Une cochonnerie ! » avait rétorqué Megan.

Au moment où Doro s'éclipsait en refermant doucement la porte derrière elle, elle avait entendu une claque et Megan qui criait : « Arrête ça tout de suite, Carl ! », puis quelques pleurnichements.

Elle était tombée un autre jour sur eux, à la table de la cuisine. Megan fumait en regardant par la fenêtre. Chris, qui cette fois n'avait pas de bas, avait étalé une liasse de documents sur la table et expliquait : « Tu vois, dans la société capitaliste, les moyens de production appartiennent aux riches parasites et la classe ouvrière n'a que son travail à vendre.

— Je veux être riche, avait répondu Megan en repoussant une épaisse mèche de cheveux noirs qui retombait sur son visage.

— Tu veux être un parasite ?

— Oui, Paris, Londres, New York, n'importe où, ça sera toujours mieux qu'ici. »

Il leur avait fallu quelques jours pour s'apercevoir que Megan avait disparu. Doro s'était vaguement dit qu'elle n'était pas souvent là, mais pensait qu'elle était à Harworth avec sa mère et Crunchy Carl et qu'elle finirait par revenir, comme toujours.

Si l'un d'entre eux avait remarqué que cette absence était étrangement prolongée, sans doute était-ce avec plus de soulagement que d'inquiétude, comme s'il n'était plus dérangé par un bruit de fond. Quoique, dans le cas de Megan, c'était plutôt le silence qui était dérangeant. Les enfants étaient ravis de ne plus avoir à se coltiner Crunchy Carl au nom de la fraternité. Même Oolie paraissait plus détendue sans Megan sur le dos pour lui rappeler constamment de garder sa langue dans sa bouche et d'arrêter de baver. Ce n'est qu'au bout du cinquième jour qu'ils avaient commencé à se demander les uns aux autres si elle avait parlé à quiconque d'une éventuelle intention de partir. En allant vérifier dans sa chambre, Doro s'était aperçue que toutes ses affaires et celles de Crunchy Carl avaient disparu, ainsi que la collection de peluches qu'elle gardait à côté de son lit. Les vêtements qu'elle avait empruntés étaient soigneusement pliés sur le dossier de la chaise, y compris le haut bleu et mauve en crochet de Moira.

Le sixième jour, Marcus s'était rendu à Harworth au volant de l'antique Lada marron de la communauté et avait sillonné les rues en interrogeant des gens au hasard.

« Vous ne connaîtriez pas une jeune femme qui s'appelle Megan Cromer ? Elle a un petit garçon, Carl ? »

Ce devait être le jour du versement des allocations, car devant la poste, la file d'attente débordait jusque sur le trottoir, mais personne ne connaissait ni Megan ni Carl.

« P'têt ben qu'l'a été vendue comme esclav', avait répondu une dame d'un certain âge avec des bigoudis sous son foulard. Comme dans les liv'. » Elle pouffait de rire à cette idée.

« Ligotée et pis outragée, avait ajouté son compagnon tout ridé.

— P'têt qu'y connaissent le p'tiot à l'école », avait suggéré l'employée du guichet.

Marcus avait attendu devant les grilles à la sortie des élèves, mais Carl ne se trouvait pas parmi eux. Un instituteur lui avait demandé ce qu'il faisait là.

« Je cherche un enfant qui s'appelle Carl Cromer. Il vit avec sa grand-mère à Harworth, je crois.

— Vous avez intérêt à dégager avant que j'appelle la police.

— Si ça se trouve, l'est partie avec Silver Birch, la taupe à Maggie, avait lâché un type couvert de piercings, devant le marchand de journaux. Les jaunes, y sont tous bourrés aux as. Les femmes, elles leur courent toutes après. » Il avait ricané. « "Le chancre", on l'appelait. »

Un monsieur qui était à l'arrêt de bus lui avait lancé : « Ça m'dit rien, mon vieux, mais je vous file dix shillings pour vot' caisse. »

*

« Où est-ce qu'elle a bien pu aller, à ton avis ? avait demandé Doro.

— Megan sera toujours Megan », avait dit Marcus, ce qui lui avait semblé curieux, comme réponse.

Des semaines plus tard, on avait retrouvé un petit mot relativement vague qui avait glissé au bas de son lit.

Le départ de Megan les avait incités à repenser l'équilibre des pouvoirs entre les hommes et les femmes au sein de la communauté.

« C'est toujours les hommes qui décident avec qui ils vont coucher. On croit être libérées, mais en fait, c'est toujours les mêmes conneries, avait dit Moira lors de leur réunion de femmes hebdomadaire.

— Mmm, avait fait Doro, qui avait toujours cru que c'était Moira qui décidait.

— Ils nous montent les unes contre les autres. » Moira avait enroulé une mèche cuivrée autour de son doigt. « Et on accepte parce qu'on veut être désirées.

— Mmm, avait acquiescé Doro, en se disant qu'il avait fallu Megan pour lui faire comprendre ça.

— On devrait prendre les choses en main et établir un tour de rôle, pour le sexe, avait suggéré Chris Watt, qui n'avait même pas connu Bruno. Comme ça, on pourra décider.

— Mmm », avait dit Doro, en se demandant comment faire pour éviter de croiser la saucisse rose de Chris Howe si jamais venait son tour de coucher avec lui.

L'éducation de Megan s'étant soldée par un échec, les opinions politiques de Chris Howe s'étaient encore radicalisées, à moins qu'elles ne se soient perdues dans la stratosphère.

« Tu sais d'où viendra le socialisme, au bout du compte, camarade ? » avait-il demandé à Doro en la coinçant un jour dans le tournant de l'escalier.

Elle avait fait non de la tête en cherchant une issue, évitant de regarder la chose molle qui pendouillait sous ses yeux.

« Il nous sera apporté du cosmos.

— Ah bon ?

— Ouais. D'après Posadas, n'importe quelle créature assez intelligente pour avoir inventé le voyage dans l'espace aura déjà créé une société socialiste. C'est évident. »

*

En repensant à tout cela, Doro sourit dans l'obscurité en se blottissant contre le corps endormi de Marcus, soulagée que l'épisode du tour de rôle n'ait été que de courte durée.

La principale bénéficiaire avait été Chris Watt et Dieu sait qu'elle en avait grand besoin.

Serge : Dame Chance

Serge croise les bras sur la poitrine en espérant qu'il ne va pas vomir à l'arrière du taxi qui slalome à toute allure dans la nuit. C'est idiot de sa part d'avoir pris une cuite pareille, mais c'est pardonnable dans les circonstances. La vodka que lui a donnée Maroushka était une indispensable bouée de sauvetage. Les quelques coupes de champagne par-dessus étaient anodines. La bêtise, c'était de s'être lancé avec les autres quants dans la course aux mélanges toxiques à base de champagne additionné de whisky, de brandy, de bière, de vin rouge, de Pernod, de Campari, de jus de fruit, de sauce Worcester et d'un truc orange qui avait un goût de décapant.

À un moment, le barman, un petit brun dégarni à la peau mate avec une boucle d'oreille, a essayé de leur suggérer de ralentir un peu, et Lucian, le héros de la fête, l'a violemment pris à parti, le regard dément, en lui hurlant : « Sers-nous, espèce de pauvre prolo ! Fais ton boulot, putain ! » Il a écarté les bras d'un coup et trébuché en titubant contre la table, renversant deux verres par terre.

Un autre mec, un ancien camarade de classe de Lucian qui travaillait chez Cazenove et était déjà bien imbibé, s'est jeté au cou de son copain et lui a collé un baiser baveux.

« Ouais ! Si t'as pas pigé, tu peux aller te faire foutre. »

C'était un grand blond – si grand que Serge avait la tête qui lui arrivait à peine au menton. Serge a jeté un coup d'œil à Maroushka pour voir si elle le lorgnait, mais elle était en train de bavarder avec Le Hamburger.

« Tout ce putain de fric qui ruisselle dans cette ville sublime, c'est grâce à nous, on l'a fait, on l'a gagné et on va le boire, putain ! s'est égosillé Lucian avec les accents d'un prophète aux airs de Mac Gyver.

— Parce que demain, il n'y en aura peut-être plus ! a renchéri Toby. Bon anniversaire, le rouquin ! »

Il a versé le contenu de son verre sur la tête de Lucian. Le liquide poisseux lui a dégouliné sur la figure et il a tiré la langue pour récupérer les gouttes. Deux ou trois l'ont applaudi, mais la plupart n'ont rien dit, se rendant vaguement compte, malgré les brumes de l'alcool, que leurs collègues allaient trop loin.

Serge s'est penché sur le bar pour glisser : « Désolé, mon pote. Ils ne sont pas toujours comme ça. »

Le barman a baissé la tête en silence et débouché une autre bouteille. C'est là que Serge a compris qu'il fallait y aller. Il a cherché Maroushka mais elle avait disparu.

« Merci. Gardez la monnaie ! »

Serge tend un billet de dix au chauffeur et il a juste le temps de se précipiter hors du taxi pour vomir un énorme jet d'une substance acide et jaunâtre sur le trottoir, au pied de son immeuble.

Mais la chance lui sourit – il a réussi à ne pas tacher ses vêtements.

La Chance : il faut savoir garder cette inconstante à ses côtés, la flatter, étudier ses mœurs, connaître ses caprices, la couvrir de promesses et de cadeaux. Il ne faut jamais, jamais, la considérer comme un dû. Il connaît Dame Chance et il connaît ses deux complices volages, le Risque et le Hasard. Le trio infernal fréquente les montagnes russes des marchés ; il les a souvent croisés dans les salles d'examen ; ils hantent les recoins obscurs de l'histoire, comme ces vieilles biques qui tricotaient au pied de la guillotine en attendant de voir rouler les têtes.

Avant d'aller se coucher, il jette un coup d'œil par habitude au compte bancaire et aux mails de La Poule. Aucune activité aujourd'hui. Kenporter1601 est toujours vide. Jusque-là tout va bien. Mais il garde le souvenir de la sinistre grimace de Tim le Finnois au moment où il s'est fait embarquer dans la salle de marché. Il a dû parler aux flics, à l'heure qu'il est.

Qu'est-ce qu'il leur a dit ?

La Poule va-t-il leur demander d'enquêter sur les transactions frauduleuses effectuées sur le compte 1601 ?

Ou préfère-t-il rester discret sur ses propres activités de trading ?

Serge sait que, depuis le début, la chance est de son côté, mais combien de temps cela va-t-il durer ?

Pour que Dame Chance continue à lui sourire, pour l'encourager à se ranger à son point de vue, il décide de lui faire un petit cadeau. Il se connecte et transfère 5 000 livres du compte du Dr Black à celui de Kenporter1601 – de généreux intérêts sur la somme qu'il a empruntée. Il ajoute un simple mot en objet du paiement : MERCI.

Clara : Mr Gorst/Alan a une moustache

Quand Clara arrive à l'école, le mardi matin, Mr Gorst/Alan est dans la salle des maîtres où il tente d'organiser une réunion pour discuter des résultats des évaluations de l'école.

« On pourrait faire mieux. » Il brandit le rapport fatal.

Mais elle ne parvient pas à détacher les yeux des poils sombres encadrant le bas de son visage, qui aspirent peut-être à devenir une moustache ou, pire, une barbe.

Non, non ! Ne faites pas ça ! Je vous aime comme vous êtes, Alan !

D'une manière générale, elle trouve que les moustaches, boucs et autres poils au menton sont peu seyants.

Après son départ, Mr Tyldesley lui chuchote à l'oreille : « On a l'impression de se faire sermonner par un poulet mal plumé.

— Ou cet abruti de Che Guevara », marmonne Mr Kenny assez fort pour que tout le monde l'entende.

Seule Heidi Postlethwaite s'empresse de prendre sa défense.

« Les Grecs de l'Antiquité considéraient la barbe comme un symbole de virilité. » (Salope !)

Clara essaie d'appeler une fois de plus. Elle n'a toujours pas réussi à joindre le type de Syrec, qui devait venir récupérer les sacs de papier et de plastique pour le recyclage. Mr Kenny avait peut-être raison au sujet de l'aide régionale au développement.

À l'heure du déjeuner, elle passe la tête par la porte de la chaufferie et trouve Mr Philpott en train de somnoler, un livre ouvert sur les genoux : *Le Guide du voyageur galactique*. Il se réveille en sursaut et ses deux paires de lunettes tombent de son nez.

« Merci de m'avoir gardé les sacs. Je vais en rapporter quelques autres à la maison pour les faire recycler. »

Les sacs poubelle noirs fermés attendent dans le hall, devant la chaufferie. Un courant d'air soufflant par la porte ouverte les fait claquer comme de gigantesques corbeaux battant des ailes. Mr Philpott l'aide à en porter deux ou trois jusqu'à sa voiture et les fourre dans le coffre. Elle ferme le hayon et retourne dans sa classe. Fichu Syrec.

Une fois dans sa classe, elle réessaie une fois de plus le portable de Syrec et à sa grande surprise, quelqu'un décroche. C'est le même ado speedé que la dernière fois.

« Ah ouais, j'ai complètement oublié. Désolé. Ouais. Il y a deux semaines. Trois ? Vous êtes où ? OK, j'arrive. Ouais, OK. À quatre heures. 20 livres. »

L'après-midi, il y a cours d'histoire, le domaine réservé de miss Tortillant du Postérieur qui, dans sa grande sagesse, a décrété que les enfants de Greenhills devaient apprendre l'histoire de l'Égypte ancienne. Peut-être les anciens terrils du South Yorkshire lui évoquent-ils les pyramides.

« Qui se souvient du nom du fleuve qui traverse l'Égypte ? » demande Clara en surveillant d'un œil la pendule au mur, qui approche tout doucement de trois heures et quart.

Ça s'agite et ça ricane de tous les côtés. Aucun élève n'a envie d'être le premier à lever la main, à part Dana Kuciak la Polonaise, qui ne voit pas d'inconvénient à être traitée d'intello.

« Moi, moi, miss, le Bil !
— C'est presque ça, Dana ! Bravo ! Qui a la réponse exacte ?
— Je sais, miss ! La bite ! » crie Robbie Lewis, les mains discrètement occupées sous la table. La coutume veut que tous les mots d'une syllabe contenant un « i » peuvent être remplacés par « bite », ce qui déclenche aussitôt l'anarchie. Un concert de glapissements, de grognements et de gloussements fuse.

Clara maudit en silence miss Hippo et écrit la réponse au tableau.

« Qu'est-ce que vous savez de l'Égypte ancienne ?
— Les pyramodes ! crie Jason.

— Oui, les pyramides ! Bravo, Jason ! »

Incroyable, il a retenu quelque chose ! Il a l'air si content de lui qu'elle est prête à lui pardonner le vol du portefeuille.

« Et maintenant on peut tirer un coup, miss ?

— Non, Jason. » Mais elle ne peut pas s'empêcher de rire. « Qui peut me dire à quoi elles servaient ?

— Les morts ! s'exclament plusieurs voix.

— Les fées mortes, répond Dana avec dédain.

— Et ils croyaient qu'à la mort, le cœur était mis en balance avec une plume et qu'il était alourdi par toutes les fautes qu'on avait commises. » Pourquoi colporte-t-elle ces crétineries antiscientifiques ? Peut-être devrait-elle en parler à Mr Gorst/Alan ? « Et seuls ceux qui avaient un cœur léger pouvaient entrer au paradis. »

Trente souffles suspendus emplissent la salle de silence. La 6F gobe avec délectation ce genre de superstitions absurdes. Puis Dan Southey, dont le frère travaille chez le boucher de Beckett Road, intervient.

« Miss, not' Pat a rapporté à la maison un cœur d'cochon et y pesait une tonne.

— Les gens c'est pas pareil que les cochons, objecte Tracey Dawcey.

— Grouink, grouink », fait Robbie Lewis.

Il s'ensuit un tohu-bohu de grognements, de doigts pointés et de coups de coude et elle est obligée de les calmer en leur assénant le Regard suivi d'une assommante série d'exercices dont miss Hippo a le secret.

Au moment où les aiguilles s'approchent de trois heures et demie, Jason lève la tête et demande :

« Pourquoi on apprend l'histoire de l'Égypte ancienne, miss ?

— Eh bien, Jason… » Elle prend sa respiration et compte en silence jusqu'à dix. Mais à l'instant où elle arrive à neuf, la sonnerie retentit et son problème est résolu. Encore une journée d'instruction de la 6F de passée.

Elle aime le silence qui envahit la classe vide à la fin de la journée. Le bruit des enfants qui s'éloigne dans le couloir comme la mer se retire sur les galets. Elle fait le tour des tables, ramassant les feuilles sur lesquelles ils ont noté leurs prouesses, ou plus souvent leurs méfaits – « cogné Jed », « piqué les clopes à maman », « tiré Rachel Oliver ». Sur celle-là, on dirait l'écriture de Jason.

Elle remarque alors par la fenêtre de la classe qu'un énorme 4 x 4 entre dans le parking. La portière s'ouvre et un jeune homme en descend, le portable vissé à l'oreille, fait un tour, et disparaît derrière le bâtiment. Le temps qu'elle le retrouve, on l'a déjà dirigé vers la chaufferie de Mr Philpott, et les deux hommes ont commencé à charger les sacs poubelle dans son véhicule en essayant de les empêcher de s'envoler aux quatre coins de la cour sous les bourrasques du mois de septembre.

« Bonjour, je suis Clara Free. Je crois que c'est vous que j'ai eu…

— Ouais, ouais. » Il lui donne une poignée de main énergique. Il a une petite vingtaine d'années, la figure légèrement boutonneuse, les cheveux ébouriffés par le vent malgré le gel, un jean tombant et un blouson noir à fermeture éclair.

« Je croyais que vous alliez venir avec une camionnette ou un camion.

— Ça va aller. Ça va rentrer sans problème. »

Avec Mr Philpott, ils fourrent les derniers sacs poubelle dans le 4 x 4 orné d'un logo qui s'étale sur les portières : FIRST CLASS FINANCE : ACCESSIBLE ABORDABLE AVANTAGEUX, POURQUOI ATTENDRE POUR RÉALISER VOS RÊVES ? suivi du même numéro de portable qu'elle a appelé tout à l'heure.

« First Class Finance. C'est vous ?

— Ouais, ouais.

— Je croyais que vous étiez une entreprise de recyclage.

— Ouais, ça aussi. On a une gamme d'opportunités multi-illimitée.

— Je vois. » Mais en fait, elle ne voit pas du tout.

« C'est 30 livres, miss, OK ?

— On avait dit 20.

— 30. C'est à prendre ou à laisser. »

Il ouvre le hayon et décharge un des sacs. Elle s'empresse de sortir les billets de son portefeuille. Il les regarde à la lumière avant de les empocher, remonte dans son 4 x 4, et démarre en trombe en laissant des traces de pneus sur le goudron. Le vent emporte le sac de journaux abandonné et éparpille ceux-ci dans le parking.

Elle court pour les rattraper jusqu'à ce qu'elle soit à bout de souffle, furieuse.

Le temps qu'elle rentre chez elle, il est déjà six heures et elle s'apprête à prendre sa seule cigarette de la journée, mais elle a oublié d'en racheter et le vendeur le plus proche vient probablement de fermer. Elle enlève ses chaussures, met la bouilloire à chauffer, s'installe sur le canapé et cherche First Class Finance sur Google. Rien. Elle cherche alors Syrec et tombe sur un site avec des images de papillons voletant au-dessus d'un champ de blé au son d'une harpe, qui cède la place à une envolée lyrique de violons sur laquelle vient se superposer une voix à l'accent américain expliquant que Syrec nous aide à protéger le patrimoine exceptionnel qui est le nôtre pour les futures générations. (Suivent deux petites blondes en robe blanche cueillant des marguerites dans une prairie verdoyante. Scène typique de Doncaster, comme chacun le sait.) La page de contact indique une adresse à Askern et le numéro de portable qu'elle a appelé. C'est tout.

Elle meurt d'envie d'une cigarette à présent. Elle traverse le palier pour aller sonner chez Ida Blessingman. Ça ne répond pas, bien qu'elle soit sûre d'avoir entendu Ida rentrer tout à l'heure. Elle sonne à nouveau. Au bout de quelques minutes, Ida apparaît dans son kimono turquoise, une cigarette à la bouche.

« Bonjour Ida, dis-moi tu n'aurais pas une cig... ? »

Quelque part dans le fond de l'appartement, derrière Ida, une voix d'homme crie : « C'est qui ?

— Personne », lance Ida par-dessus son épaule.

Dans l'embrasure de la porte, Clara voit quelqu'un sortir précipitamment de la cuisine pour se glisser dans la salle de bains. Il a beau faire vite, elle a le temps d'apercevoir un homme nu avec une fine moustache de serial killer.

Ida arrache la cigarette de ses lèvres, la colle dans le bec de Clara et claque la porte.

En jetant un œil à sa page Facebook avant d'aller se coucher, elle découvre autre chose d'intéressant. Tammy, son ancienne copine de fac, a présenté sur Facebook une nouvelle amie du nom de Barbara, une étudiante de Cambridge en troisième cycle de botanique, avec une jolie frimousse ronde et des cheveux bruns coupés court, qui évoque sa passion pour une orchidée dite *Dactylorhiza purpurella*, aux allures de pénis violacé hérissé de piquants, poussant apparemment en abondance dans les marais de la région de Doncaster.

Mais ce qu'il y a de curieux, c'est que cette Barbara ressemble à s'y méprendre à Babs, la petite amie de Serge à Cambridge, que Clara a rencontrée une ou deux fois. Elle n'a pas la même coupe de cheveux, mais le sourire à fossettes et le début de double menton lui disent quelque chose. Clara envoie à Barbara un message amical, lui confirmant qu'elle a en effet vu une *Dactylorhiza purpurella* dans la réserve de Potteric Carr et lui demandant si elle connaît un certain Serge Free à Queens' College. Puis elle arrose ses plantes, lustre leurs feuilles et leur souhaite bonne nuit.

SERGE : A cappella

Les lapins se sont échappés. Ils courent partout dans le jardin et Serge les poursuit en essayant de les faire rentrer dans leur cage. Clara est là, elle aussi – neuf ans et toujours aussi autoritaire –, criant contre les lapins et contre lui. Il réussit à coincer le dernier lapin et le pousse vers la porte de la cage, mais à ce moment-là, ce dernier s'arrête, se retourne, le regarde, et il s'aperçoit que ce n'est pas un lapin mais une fille. Elle a un nez retroussé qui remue comme un museau de lapin, mais elle a de grands yeux bruns brillants de larmes. C'est Babs. Il essaie de la mettre dans la cage, mais elle refuse d'entrer dedans – elle résiste en montrant ses grandes dents de lapin, le repoussant de toutes ses forces à deux mains. Il se réveille, le cœur battant. Il a affreusement mal à la tête. Il se traîne hors du lit et plonge sous la douche. La vache, qu'est-ce qu'il a bu hier soir ?

En arrivant à la banque, il trouve les autres quants entassés dans le bureau vitré, échangeant des informations en serrant leur café. Il s'avère que le problème que l'on supposait chez Tim le Finnois ne venait aucunement de sa prostate, mais de son quatuor a cappella. Timo Jääskeläinen est accusé d'avoir organisé une escroquerie avec les trois autres membres de son quatuor vocal, par le biais d'une série de SMS codés envoyés à l'un ou l'autre des chanteurs, chargés de faire circuler l'information dans le groupe et de parier au maximum de leur limite en utilisant les services d'une agence de spread betting pour ne pas se faire repérer, au lieu de passer directement par la Bourse, où les contrôles sont plus stricts. Parallèlement, le ténor rusé s'est servi des immenses réserves de FATCA pour manipuler les prix. Et cela durait depuis au moins deux ans.

Un par un, les quants et les traders de la Titrisation sont invités à monter dans la salle de réunion du dernier étage afin d'être interrogés par les inspecteurs Birkett et Jackson, appelés par la FSA, que les contrôleurs du back office de FATCA avaient alertée parce qu'ils avaient repéré des mouvements d'actions suspects associés à Timo Jääskeläinen. Ils n'ont pas réussi à établir l'existence de ce lien, dans la mesure où il ne faisait pas lui-même de spread betting. L'opérateur de téléphonie mobile a fourni à la police l'ensemble de ses contacts, mais apparemment, les seuls SMS qu'il envoyait aux membres de son répertoire portaient sur les airs figurant à leur répertoire. Ce que l'on ignore encore, c'est le montant des fonds qu'ils ont réussi à amasser, et où ils se trouvent.

« Si j'étais sûr de pouvoir m'en tirer comme ça, je le ferais, déclare Toby O'Toole en haussant les épaules avec une réprobation mêlée d'admiration. C'est peut-être un délit, mais ça ne fait pas de victime.

— *Le banking, c'est toujours un casino*, ajoute un des Français.

— Le fraude personnelle est pas bon pour le réputation du banque, intervient Maroushka. Le gens ordinaire doit garder le foi dans système bancaire. Il devait être plus prudent. Quoi tu penses, Sergei ?

— Je pense que tu as raison. Comme toujours, Maroushka. Comment La Poule prend ça ?

— Il reste calme. »

Toby a un petit sourire en coin en fixant Serge de ses yeux pâles. « Tu aurais dû le voir avant qu'on l'expédie en cours de maîtrise de soi, Freebie.

— Ah oui ? Pourtant je le trouve très... » Il a du mal à définir ce qui fait la séduction de La Poule – un cocktail de charme, d'énergie et d'élégance.

« Charismatique, c'est le mot que tu cherches. Ça aussi, on leur apprend. On les envoie en forêt avec des lanceurs de paintball pour apprendre à diriger. Tu ne savais pas ? »

Serge se tait. Il a parfois du mal à supporter chez Tootie ce mélange de cynisme en privé et de lèche-cul en public.

« On dirait le petit Lucie. Encore une de ces âmes innocentes qui vénère La Poule. Au fait, il s'excuse pour hier soir. Il s'est fait porter pâle aujourd'hui. Malade comme un chien, un chien à poils roux. » Il esquisse un sourire insidieux. « Il ne sait pas s'arrêter. »

Lorsque vient son tour d'être interrogé, Serge évite autant que possible de trop en dire ou de poser des questions, dissimulant sa nervosité derrière un masque de nonchalance. Les inspecteurs Birkett et Jackson se dissimulent quant à eux derrière un masque de professionnalisme compassé.

Il essaie de deviner à leur expression s'ils soupçonnent qui que ce soit d'autre, mais tout ce qu'il peut conclure c'est qu'ils enquêtent sur les contacts de Timo et qu'il ne figure pas encore sur leur liste de suspects.

« Avez-vous remarqué qu'il passait beaucoup de temps aux toilettes ? » demande l'inspecteur Birkett.

Il hausse les épaules. « Pas spécialement. »

Dès qu'il rentre chez lui ce soir-là, il allume son ordinateur et vérifie les comptes piratés. Le Kenporter1601 a été de nouveau vidé. Les 5 000 livres qu'il a transférées ont disparu sans réapparaître sur le compte du Dr Black. Cela signifie que le paiement a été accepté. C'est un signe positif.

Il prend une bière dans le réfrigérateur, sort sur le balcon de son penthouse et respire à pleins poumons en contemplant les reflets moirés du ciel d'automne et la lumière dorée du crépuscule qui laque les toits de la ville. Son ventre se dénoue, ses épaules se relâchent, la bière fraîche glisse comme de la soie dans son gosier. Sous la voûte immense, son esprit s'ouvre, laissant jaillir en lui un flot d'intuitions philosophiques. Il pense à Tim le Finnois croupissant au fond d'une cellule, égaré par la peur, essayant de se rappeler ce qu'il a dit et n'a pas dit, tandis que sa Porsche restée dans le parking souterrain attend un propriétaire qui ne reviendra peut-être jamais. Ç'aurait pu être lui.

Il ne faut pas qu'il se montre trop gourmand. Le paiement qu'il a effectué en remerciement a été accepté. Maintenant, c'est le moment d'augmenter son bonus en consacrant tous ses efforts au travail pour lequel il est payé. Tant qu'il restera chez FATCA, le risque d'une enquête planera toujours sur lui. Il ne saura jamais s'il est hors de danger et ne sera jamais délivré de la peur de se faire prendre. Il doit être prudent. Mais il n'est pas encore prêt à partir.

« Enfuis-toi avec moi », avait-il dit et elle avait ri, sans cruauté, mais sans conviction non plus. Il lui faut du temps pour la convaincre. Car l'amour est le bénéfice ultime.

Car l'amour est la seule chose que l'argent ne peut acheter (mais ça aide).

Car il veut être certain que quand il partira, elle viendra avec lui.

Doro : Les Haricots

Doro sait qu'elle aime Marcus de cet amour profond qui a résisté à quarante ans de compagnonnage, aussi est-elle étonnée d'éprouver une telle fébrilité quand elle se prépare à retrouver le conseiller Loxley qui doit effectuer une visite d'observation dans le jardin ouvrier. Après s'être douchée, lavé et séché les cheveux, elle met une touche de fard à paupières et de gloss, ajoute derrière les oreilles un soupçon de Chanel N°5, vestige d'une lointaine virée shopping dans un aéroport, et s'examine dans le miroir, en proie à un sentiment d'insatisfaction. D'où sortent ces poches sous les yeux ? Et depuis quand a-t-elle ces deux rides verticales entre les sourcils ? Et ces bajoues flasques de part et d'autre du menton – quand sont-elles apparues ? Elle peut les faire disparaître en souriant. C'est mieux. L'ennui, c'est qu'elle va devoir sourire toute la journée. C'est peut-être pour ça que les vieilles dames affichent toujours un air béat.

Puis elle cherche dans son tiroir un tee-shirt adapté. « *Que mille fleurs s'épanouissent.* » Elle l'enfile, se regarde dans la glace et, aussitôt, l'insatisfaction réapparaît. Comme tous ses tee-shirts à slogan, il est délavé et démodé. Elle opte alors pour un chemisier blanc cintré qu'elle a acheté pour une quelconque cérémonie officielle et un pantalon en lin bleu qui lui va encore aux hanches, bien que la fermeture éclair tire un peu. Elle se brosse les cheveux d'un côté, puis de l'autre et enfin en arrière, puis les laisse retomber naturellement. Les ailes que dessinent ses tempes argentées sont plutôt séduisantes, se dit-elle. Au dernier moment, elle met un collier.

Quand elle arrive à l'entrée du jardin à quatre heures passées, légèrement à bout de souffle, il est déjà là à l'attendre. Sa BMW noire est garée le long de la clôture et il est au téléphone, appuyé sur le capot, l'air bronzé et détendu, en chemise à carreaux à col ouvert et pantalon gris. L'image d'un Paul Newman légèrement décati lui traverse l'esprit.

« Ah, Mrs Marchmont !

— Bonjour, conseiller Loxley. C'est très aimable à vous de nous consacrer un peu de votre temps précieux, minaude-t-elle. (Pourquoi parle-t-elle ainsi ? Ne ferait-elle pas mieux de s'exprimer avec davantage de détermination ?)

— C'est un plaisir. J'ai eu le temps de regarder le dossier.

— Et ? »

Ils se sont mis à marcher en suivant les allées d'herbe qui s'entrecroisent autour des parterres.

« Vous devez bien comprendre que la municipalité peut retirer de cette vente une somme non négligeable...

— Mais vous ne pouvez pas faire ça ! Ça fait des années qu'il y a des gens qui jardinent ici, qui font pousser de quoi nourrir leur famille !

— Pour la réinvestir dans des services essentiels à la population. La municipalité ne peut pas se permettre de laisser inexploitée une ressource d'une telle valeur.

— Ce n'est pas une ressource, c'est un paradis ! »

C'est très mal engagé. Elle est censée lui soutirer des informations et le convaincre avec subtilité, et non le sermonner.

« Je peux me laisser convaincre », dit-il en lui frôlant la main par mégarde.

Elle l'emmène voir les arbustes à baies d'Ada et Danny et les poireaux spectaculaires de Reggie, puis lui fait faire le tour des parcelles d'en haut, où les vignes à champagne d'Ian West s'échappent par la haie d'aubépine. Le soleil rasant est encore chaud, l'air si humide que l'on peut presque respirer la rosée avant qu'elle ne tombe et apercevoir les moucherons qui attendent le crépuscule pour attaquer, les ailes miroitant dans l'ombre. Les plants des potagers s'imprègnent également d'humidité. Leurs feuilles sont dressées, les légumes et les gousses gonflés de sève. De gros oiseaux gavés de fruits et de mouches gazouillent dans les hautes branches, perçant le silence environné de la rumeur lointaine de la circulation et du murmure des conversations, ponctués d'un bruit de marteau sur un toit de cabane que l'on répare.

Le conseiller s'arrête près d'un carré de haricots à rames pour regarder un vieux monsieur tout sec à la peau tannée qui redresse le fil de fer maintenant les tuteurs ensemble.

« Malcolm Loxley, conseiller municipal. » Il tend la main. « Je suis en visite d'observation. »

Le vieil homme s'essuie les mains sur les côtés de son pantalon.

« Harry Stringfellow. Paraît que la ville veut nous fiche dehors.

— Il ne faut pas croire tout ce qu'on raconte. Rien n'est encore décidé. On en est toujours à l'étude d'impact.

— Mais vous n'êtes pas obligé de procéder à un appel d'offres ? De consulter ? demande Doro.

— Mais c'est ce que je fais. » Il se tourne vers le vieux monsieur. « Ils sont beaux vos haricots. » Son accent a légèrement changé, il est plus rugueux, plus régional. « Mon grand-père était un jardinier extraordinaire. Il faisait pousser des haricots à rames du tonnerre. »

Un merle au plumage lustré entreprend d'arracher un ver de terre d'un carré retourné, indifférent à leur présence. Ils observent tous la scène, fascinés par l'affrontement entre les deux forces, rose contre noir, résistance contre détermination, jusqu'à ce que le jardinier claque dans ses mains pour chasser l'oiseau et que le ver tout rose se retire dans la terre sombre.

« Quels petits goinfres. Toujours là à grappiller », dit le conseiller.

Doro, qui avait pris parti pour le merle, attirée par sa beauté éclatante et sa faim pressante, ne dit rien.

« Tenez, dit le jardinier en cueillant quelques grosses branches de haricots. Essayez-moi ça.

— Merci. Je les ferai pour le dîner, ce soir. »

Il prend les haricots, lui serre la main et s'éloigne.

« Venez voir ma parcelle. »

Elle l'emmène par un sentier étroit qui serpente entre les jardins jusqu'aux parcelles du bas, où le soleil a déjà disparu et la fraîcheur du crépuscule parsème l'herbe de perles de rosée.

« Vous savez, la plupart des gens qui viennent ici n'ont pas beaucoup d'argent, et pour eux, c'est un moyen de s'évader. Un autre monde. Pas de stress. De la compagnie. Des produits frais. Un peu d'exercice. Une vie saine. » Elle rit. « Que dire de plus pour vous convaincre ? »

Il se met également à rire en plissant les yeux. « Vous êtes très persuasive. Vous devriez faire de la politique, Mrs Marchmont. Vous comprendriez mieux à quel point il est difficile de prendre ce genre de décisions. »

Elle coupe trois grosses branches de rhubarbe rosée et les lui tend.

« Tenez, pour votre dîner.

— Quand j'étais petit, il y avait toujours de la tarte à la rhubarbe le dimanche. »

Elle se demande qui lui préparera la rhubarbe ce soir. « Je n'aimais pas la rhubarbe, quand j'étais petite. Je trouvais ça trop acide. Maintenant, je la fais cuire avec du miel et du gingembre. C'est délicieux. Oolie – ma fille – adore ça. Vous l'avez croisée, vous vous souvenez ?

— À l'école, oui. Comment va-t-elle ?

— Bien. Elle travaille chez Edenthorpe.

— Tout le monde a un rôle à jouer. »

Son accent plat du Yorkshire a un côté authentique, gentil, sans prétention, pas le genre à être de mèche avec les promoteurs et les escrocs. Elle se surprend à lui confier :

« C'est très important pour moi – pour nous tous – de pouvoir nous retrouver ici. Nous avons été si heureux dans ce jardin.

— Vous ne m'avez toujours pas convaincue », dit-il d'une voix qui la fait frissonner.

Ils restent ainsi un moment à écouter le chant des oiseaux en sentant sur leur peau la fraîcheur de la fin d'après-midi. Elle oublie complètement de l'interroger sur le calendrier ou les détails de l'appel d'offres du projet d'aménagement.

Serge : Pourquoi s'excuser ?

Les marchés asiatiques ont plongé après l'annonce, lundi, de l'échec du sauvetage des banques. Les actions bancaires sont en chute libre. Les gens qui ont des fonds se sont mis à acheter de l'or. Mais les quants entassés dans le bureau mercredi gambergent sur des événements qui les touchent plus directement. À présent que Tim le Finnois n'est plus là pour les cadrer, ils passent davantage de temps dans le bureau à échanger des potins et des informations. Le Hamburger a apporté une boîte de Mozartkugeln pour leur remonter le moral. Maroushka est montée à la cafétéria chercher des cafés. L'ambiance est de plus en plus conviviale.

« J'ai complètement oublié. Qu'est-ce que j'ai dit ? demande Lucian Barton d'un ton inquiet.

— Tu l'as traité de pauvre prolo, répond Toby O'Toole.

— La vache ! » Une expression douloureuse traverse sa figure parsemée de taches de rousseur.

« Tu peux peut-être t'excuser auprès du barman, suggère Le Hamburger en passant la boîte de chocolats.

— M'excuser ?

— Oui, dit Toby d'un ton solennel. On t'accompagnera tous pour t'entendre t'excuser. Ce serait bien de ta part, Lucie. »

S'excuser ? Ce serait bien ? Que se passe-t-il, se demande Serge. Ce n'est pourtant pas le genre de la maison.

« La vache ! » Lucian regarde les visages impassibles qui l'encerclent, comme s'il espérait qu'ils se mettent tous à sourire.

« Qu'est-ce que tu en penses, Maroushka ? Il doit s'excuser, à ton avis ? » Toby se tourne vers elle au moment où elle arrive avec un plateau de cafés.

« Pourquoi s'excuse ? »

Elle pose le plateau et tend des sachets de sucre et des cuillères.

« D'avoir traité le barman de prolo.

— Mais il est vrai, non ? Il est prolétaire.

— Je sais, mais ça ne se fait pas de le dire, c'est grossier.

— Pourquoi ce grossier de l'être prolétaire ? » Maroushka a cette mine légèrement exaspérée que Serge trouve si irrésistiblement sexy. « Si quelqu'un le prolétaire il doit travailler dur pour améliorer son situation. »

Toby ricane ouvertement.

« Comme a dit Lucie, tout ce putain de fric, on l'a fait, on l'a gagné !

— La vache !

— Pourquoi s'excuser pour le vérité ? Normal que le gens intelligents gagnent plus l'argent que le gens ordinaires. J'étudié cinq ans dans le prestigieux Université technologique d'État de Zhytomyr. J'été première dans ma classe. Je gagné des milliards de hryvnias pour ces oligarques parasites. Moi aussi je devais être riche ! » Maroushka tourne sur le fauteuil pivotant qui avait appartenu à Timo. « Quoi tu penses, Sergei ?

— Je pense... euh... » Il hésite en voyant le regard de braise de Maroushka et ses joues enflammées. « Je pense qu'il devrait s'excuser. Ce n'est pas parce que tu es intelligent que ça te donne le droit d'insulter des gens. » Et devant la moue boudeuse de Maroushka, il ajoute : « Comme tu l'as si bien dit, Maroushka. »

On fait venir de l'arrière-cuisine le barman, qui s'avère s'appeler Jonas. Il arrive d'un air penaud en s'essuyant les mains sur son tablier. Malgré son air exotique, il a un discret accent du sud de Londres.

« De quoi je suis censé m'excuser, au juste ? »

Serge surprend le regard du barman. De toute évidence, il ne se souvient pas d'eux.

« Non, c'est lui qui est venu s'excuser auprès de vous. » Toby pousse légèrement Lucian entre les deux omoplates.

« Pas de souci. C'est du passé. J'avais oublié. » Jonas se retire en direction de la cuisine, mais Toby ne veut pas en rester là.

« Il vous a traité de pauvre prolo, vous vous rappelez ? Il vous a ordonné de servir ? »

Serge se sent mal à l'aise. De toute évidence, il doit exister une rivalité de longue date entre les deux. Le Hamburger et les Français examinent la carte des vins, tête baissée.

« Ah oui. » Jonas fait un clin d'œil. « Ne vous en faites pas. Ça va. Ça nous arrive à tous de prendre une cuite.

— C'était mon anniversaire. J'étais totalement barré, bafouille Lucian, soulagé que le barman n'ait pas l'air de chercher la confrontation. Je veux dire, c'est vrai qu'on est bien rémunéré, mais... » Il esquisse un sourire lâche.

« Dis-lui, Lucie », l'interrompt Toby. Qu'est-ce qui lui prend, soudain ? « Dis-lui un peu combien tu gagnes. Dis-lui quel est le montant de ton bonus. »

Jonas regarde tour à tour Lucian et Toby, essayant de comprendre ce qui se passe entre eux.

« Ça va, les mecs. Pas de souci. » Jonas jette un œil en direction de la cuisine.

« Il y a des gens qui trouvent qu'on est trop payés, insiste Toby. Je parie que c'est votre cas. Vous savez quoi ? Vous avez peut-être raison. Mais c'est pas près de changer, parce qu'ils ont la trouille qu'on se casse à Singapour. Et ce jour-là, c'en sera fini de tous les bars, les boutiques, la City, de tout le pays. »

Il écarte les bras en montrant le long comptoir avec son miroir et ses rangées de bouteilles et de verres. Jonas, qui a l'air d'un type plutôt sympa, recule discrètement.

« Je vois, oui. Mais... je veux dire, qu'est-ce que vous faites au juste pour gagner autant ?

— On conçoit des algorithmes pour les transactions de produits dérivés. » Lucie a pris un ton engageant, légèrement montant.

« Des produits dérivés ?

— Des produits dont la valeur dépend indirectement d'actifs sous-jacents. Comme les prêts hypothécaires, les titres, les contrats à terme, baragouine-t-il. Des options à terme sur des bananes, par exemple – ça permet d'acheter des bananes demain au prix d'aujourd'hui. Ou du blé. Du café. On parie sur la hausse du prix.

— On peut aussi forcer la hausse, ajoute Tootie. Et on peut aussi acheter et vendre les options, exactement comme les bananes. Mais sans les problèmes de climat, le stockage, les coûts de transport, les grèves.

— C'est un peu... comme un jeu de hasard ?

— Pas jeu du hasard ! Parce que le mathématique moderne élimine le risque. » Maroushka a les joues enflammées. « Très bientôt, il y a plus que le trading algorithmique à haute fréquence informatisé pour générer le profits non-stop. »

Jonas écarquille les yeux, l'air abasourdi qu'une créature aussi ravissante soit douée de parole. Serge croise son regard et secoue la tête, mais le pauvre innocent continue à sourire béatement, plein d'espoir. Il croit vraiment avoir ses chances.

« Les banques remplissent des fonctions essentielles dans l'économie, en levant des capitaux pour les entreprises et les gens qui veulent devenir propriétaires, intervient Le Hamburger d'un ton affable. Mais je crois qu'une société avec des excès d'inégalités se désagrège quelquefois... »

Les Français, qui jusque-là n'ont pas réellement prêté attention à ce qui se disait, le regardent avec mépris.

« Se décompose, rectifie l'un.

— Se désintègre », dit l'autre.

L'exaspération de Maroushka est montée d'un cran.

« Non, non ! Tout ça c'est propagande communiste ! L'économie du marché est le forme supérieure d'organisation économique. Je connu la vie dans l'économie planifiée. Le nourriture est pas bon. Le vêtement est pas bon. Le maison est pas bon. Tout il pue les choux ! » Elle plisse le nez. « Le gens paresseux et idiots est récompensés pour rester sur le derrière tout le journée. Quoi tu penses, Sergei ?

— À rien », soupire-t-il en songeant à l'odeur de chou bouilli, de vieux bâtonnets d'encens et de relents moites de souris de Solidarity Hall, aux salopettes flottantes et aux jupes avachies, au cliquetis des aiguilles à tricoter, à Doro et à Marcus discutant en riant d'un principe quelconque à la table jaune jonchée de cendriers débordants, de bouteilles et de verres qui brillent à la lueur des bougies car l'électricité a de nouveau été coupée. Et Doro le prenant soudain dans ses bras en lui chuchotant : « Nous allons créer un monde meilleur pour toi, Serge. »

Doro : Gris avachi

Doro se love contre le dos endormi de Marcus en enfouissant le nez dans les boucles grises qui sentent légèrement la cigarette, le shampooing aux herbes et les rêves. Il bouge et l'attire contre lui en murmurant une suite de mots ponctués de reniflements, qui pourrait tout aussi bien être une déclaration d'amour, une analyse du volume II du *Capital* ou un mélange rêvé des deux. Elle colle son visage contre sa nuque chaude et couvre ses épaules de petits baisers qui sentent déjà la trahison. Au fond d'elle-même, elle se demande ce qu'elle doit répondre au mail qu'elle a reçu cet après-midi, une semaine après sa promenade avec le conseiller dans le jardin ouvrier.

Pouvons-nous nous retrouver au jardin la semaine prochaine ? Malcolm Loxley

En fait, elle connaît déjà sa réponse, mais elle ne sait pas quoi mettre. Elle ne lui a pas encore répondu – elle va attendre demain, par souci des convenances – en revanche elle a inspecté son tiroir à sous-vêtements, soupiré en voyant sa collection de culottes trop larges et de soutiens-gorge gris déformés et conclu qu'elle devait aller faire un peu de shopping. Si elle doit être frappée par la multiple splendeur de l'amour ou ne serait-ce que par le désir, elle ne veut pas être surprise en gris avachi.

La dernière fois qu'elle a trompé Marcus, c'était il y a plus de vingt ans, pendant la grève des mineurs, et elle se demande de quand date sa dernière infidélité à lui ? À cette époque-là, évidemment, l'infidélité ne voulait rien dire, car la jalousie et la possessivité avaient été reléguées dans les poubelles de l'histoire, au même titre que la propriété et la famille mononucléaire. Si le monstre aux yeux verts montrait les griffes, on souriait bravement et on continuait comme si de rien n'était, car admettre que l'on éprouvait de la jalousie revenait à avouer que l'on était enlisé dans l'atavisme de l'idéologie bourgeoise, ce qui était bien pire que d'être infidèle. Même si elle le trompait, elle aimait réellement Marcus et préférait lui épargner cette indignité en gardant ses incartades pour elle, et il est probable qu'il faisait de même. (Contrairement à Moira qui tenait à ce que tout le monde sache qu'elle prenait son pied et avec qui.)

Quoi qu'il en soit, l'important dans la communauté, ce n'était pas le sexe – bien qu'on se souvienne essentiellement de ça – mais la création d'un nouveau type d'être humain : libéré, altruiste, affranchi du matérialisme, attaché au bien commun. Bon d'accord, ce n'était pas aussi simple qu'ils l'avaient imaginé. Ça n'empêchait pas les amants d'être jaloux, ni les camarades de faire des réserves de chocolat, ni les parents de préférer leurs propres enfants. Mais leurs intentions étaient louables. Et leurs merveilleux enfants – Clara, Serge, Otto et Star, Toussaint et Kollantai (bien qu'ils n'aient que brièvement fait partie de la communauté) et surtout Oolie – leur font honneur.

« Je t'aime », murmure-t-elle au creux de l'oreille endormie de Marcus en se collant un peu plus contre lui, caressant son ventre ramolli, la peau flasque de ses épaules et de ses bras. Leurs corps ont vieilli ensemble et sont aussi avachis et confortables que leurs sous-vêtements, et s'ils ne parviennent plus à atteindre les sommets de la passion de leurs jeunes années et qu'ils font moins l'amour qu'autrefois, la tendresse et l'affection qu'ils ressentent dans ces moments-là demeure intacte.

Alors pourquoi ce désir soudain qui la titille, cet accroc dans l'étoffe douillette de leur existence ?

Malcolm Loxley n'est même pas son genre d'homme – non, ce n'est pas lui, c'est elle. C'est son corps de sexagénaire qui essaie de lui faire croire qu'elle a de nouveau trente ans. Juste une dernière fois.

Clara : Édulcorants

Quand Clara passe à Hardwick Avenue en rentrant de l'école, le mardi, elle est frappée d'emblée par une odeur rance de cuisine, d'encaustique et de couloirs mal aérés. Qu'est-ce que ça lui rappelle, déjà ? Elle compulse sa mémoire olfactive. Ça y est, c'est exactement ce que sentait la maison de ses grands-parents à Norwich quand, petite, elle venait les voir. C'est l'odeur des vieilles gens, discrète mais caractéristique. La vaisselle à faire s'entasse dans l'évier et un paquet de linge sale est posé au pied de la machine à laver, où une autre lessive attend qu'on la sorte et qu'on l'étende. Décidément, ça ne va pas en s'arrangeant, ici. Elle met la bouilloire à chauffer et cherche en vain un paquet de biscuits.

Doro est à une réunion du jardin ouvrier, Marcus là-haut sur son ordinateur et elle se retrouve à prendre le thé avec Oolie dans la cuisine. Oolie verse deux cuillères de sucre dans son thé et y ajoute une demi-douzaine d'édulcorants.

« Tu es sûre que tu as besoin de toutes ces sucrettes, Oolie ?

— Maman dit qu'y faut que j'en mette pour pas grossir.

— Pour ne pas grossir, il faut diminuer le sucre, pas ajouter des édulcorants.

— Maman dit que je deviens boulotte.

— Mais tu dois les prendre à la place du sucre, pas avec. Ce n'est pas trop sucré ? »

Oolie remue avec détermination.

« Maman dit qu'y faut que je mette des édulcorants. » Elle avale puis aspire un grand coup pour se refroidir la langue. « Holà, c'est chaud ! »

Clara hausse les épaules.

« C'est moi quand j'étais bébé, hein ? » Oolie montre la photo encadrée qui est accrochée sous la pendule et représente la communauté de Solidarity Hall dans les années quatre-vingt. « Pas vrai que j'étais boulotte à l'époque, hein ? Maman dit que je le redeviens. »

Clara examine la photo qu'elle a bien dû regarder des dizaines de fois sans jamais vraiment y prêter attention. Oolie, toute mignonne et rondouillette, tient la main de Megan. Megan fixe l'objectif, les sourcils froncés. Malgré la coiffure différente et les traits plus jeunes, Clara reconnaît instantanément la dame qui attend toujours devant l'école. Le choc est tel qu'elle met un moment à s'apercevoir qu'Oolie continuer à pointer le doigt vers la photo en disant quelque chose.

« Maman dit que c'est moi qui l'ai mis mais c'est pas vrai.

— Mis quoi ?
— Tu sais très bien.
— Je ne sais pas du tout ce que tu veux dire. »
Oolie s'éloigne dans le salon, prend la télécommande de la télévision et tripote les boutons.
Clara comprend trop tard de quoi il s'agit. « Qui c'était, Oolie ? Qui l'a mis ? »
Mais Oolie a commencé à zapper d'une chaîne à l'autre.
« C'était pas moi, c'était les jeunes.
— Quels jeunes ? Dis-moi, Oolie. Dis-moi. »
Oolie change de chaîne de plus en plus vite en marmonnant quelque chose entre ses dents.
« Tu peux me parler, tu le sais. Je suis ta meilleure sœur. Si tu veux, je ne le dirai pas à Doro et Marcus. Oolie ? »
Oolie secoue la tête avec une obstination exaspérante.
« Je veux voir s'y a Russell Brand à la télé. »

Sur le chemin du retour, l'A6182 est jonchée de feuilles tourbillonnantes et de branches arrachées par les rafales de vent de l'automne. Clara roule prudemment en repensant à la conversation qu'elle a eue avec Oolie. Sitôt arrivée à Sheffield, elle essaie à nouveau de joindre Serge.
Pas de réponse.
Furieuse et intriguée, elle lui envoie un texto suivi d'un mail. Puis elle invite Ida à manger un reste de risotto accompagné d'un verre de vin devant la télévision.
Avant d'aller se coucher, elle vérifie si elle a de nouveaux messages. Son cœur bondit. Aucune

nouvelle de Serge, mais en revanche, il y a un message de Barbara sur Facebook.

Tu peux dire à ton enfoiré de frère que la prochaine fois que je vais à Londres, je débarque dans la banque où il bosse et je lui arrache les couilles à mains nues pour les faire frire à l'huile d'olive avec un peu d'ail et de fines lamelles de Dactylorhiza purpurella.

DORO : Lingerie

En lisant le mail de Malcolm Loxley, Doro n'est pas sûre que son invitation à le retrouver au jardin ait réellement une connotation sexuelle. Peut-être veut-il simplement refaire le plein de légumes verts et de haricots. Mais au cas où, elle descend en ville samedi après-midi, s'arrête un instant en se demandant ce qui se passe alors qu'elle se fraye un chemin au milieu d'une foule de gens qui font la queue devant la filiale d'une société de crédit immobilier, puis reprend la direction de Marks & Spencer.

C'est calme – tout le monde est dehors, profitant de la brise d'automne ensoleillée et de l'animation des rues. Dans la fraîcheur du magasin éclairé au néon, elle parcourt la lingerie en laissant ses doigts glisser sur le satin et la dentelle, se demandant ce qui lui prend. Son corps est animé d'un entrain et d'une vitalité étranges, comme si l'optimisme suffisait à maintenir toutes les chairs flasques et les bourrelets. Car c'est l'optimisme qui la pousse à choisir le soutien-gorge pigeonnant en satin ivoire assorti d'une culotte à pans de dentelle et à l'essayer devant le miroir – 95B, elle n'a pas changé de taille. Le luxe indécent du satin sur sa peau la fait frissonner comme une caresse. Elle en met deux dans son panier – l'un ivoire et l'autre noir. Est-ce vraiment raisonnable ?

Oui. Car elle sait que bientôt, ce sera les attaches en Velcro, les couches d'incontinence et les sonotones ; les dents qui se délabrent, les articulations douloureuses, les cheveux qui tombent par poignées, la souffrance et la maladie, les gouffres de la mémoire qui engloutissent des mois et des années de sa vie. Mais pour l'instant, c'est l'été, son corps est encore plus ou moins en état de marche – par endroits, il a même l'air en surrégime – et il y a un homme au regard perçant qui l'attend. Tout le reste est sans importance.

Elle glisse sa carte de crédit dans le terminal et tape le code. L'anniversaire de Serge. Même ça, elle l'oubliera un jour.

La vendeuse lui tend en souriant le sac avec ses emplettes.

« Bonne journée.

— J'y compte bien », répond Doro.

SERGE : Des Anges

L'automne déferle sur la City dans le tumulte du vent, arrachant les branches d'arbres, faisant voler les tuiles des toits et apportant une nouvelle succession de chocs sur les marchés. L'économie irlandaise est emportée. Les banques islandaises, criblées de dettes toxiques, s'effondrent comme du bois pourri. Malgré l'interdiction des ventes à découvert, dans le monde entier, les valeurs continuent à chuter comme des feuilles tourbillonnantes emportées au vent.

Déjà, certaines grandes banques ont commencé à limoger du personnel : 5 000 chez Lehman Brothers et à peu près autant chez Merrill Lynch. Le Crédit Suisse, UBS, Barclays et Nomura licencient par centaines, et le puissant Citygroup a annoncé 1 500 suppressions de poste. Même l'ultrapuissante Goldman Sachs menace de virer un dixième de ses employés londoniens. La peur a gagné les salles de marché de la City et les quants ne sont pas à l'abri – tout est calme chez FATCA, mais personne ne sait trop pourquoi. Serge fait profil bas et se contente de se laisser porter par le courant ; il a bien assez de soucis en tête comme ça.

Ses recherches de biens à vendre au Brésil se sont précisées. Il a trouvé le lieu, la côte, le nombre de chambres minimum (2) et le prix maximum (500 000 dollars). Dans les critères, il rajoute la climatisation et la piscine. Mais cela suffira-t-il pour qu'elle se laisse tenter ? Un soir, par curiosité, il recherche sur Google la ville dont elle dit être originaire. Il est obligé d'essayer plusieurs variantes avant de trouver la bonne orthographe – Zhytomyr. Visiblement, c'est un endroit à éviter. Pas étonnant qu'elle ait envie de passer à l'Ouest. Il n'y a pas de rues animées pleines de bars et de boutiques illuminés, mais de grands immeubles vétustes en béton, des places sinistres avec des gens tristes mal fagotés et de mornes statues de types dont personne n'a entendu parler – un tocard qui prétend avoir inventé le voyage dans l'espace (laissez-moi rire) et un gars avec un costume ringard et une barbiche dont la tête lui dit vaguement quelque chose. Le leader Lennie ! Qu'est-ce qu'il fait là-bas ?

*

Pendant ce temps-là, dans le bureau vitré des quants, l'atmosphère est suffocante, non pas à cause du soleil, qui semble avoir fait ses adieux pour l'année, mais de la compétition qui fait rage pour devenir le prochain titulaire du fauteuil pivotant. Chef Ken prend tout son temps pour nommer le successeur de Tim le Finnois, comme s'il s'amusait à jongler avec eux.

Maroushka essaie de faire valoir ses droits en tournoyant dans le fauteuil du Finnois pour faire admirer ses jambes. Si ce n'était qu'une question de jambes ou même de maths, elle aurait peut-être sa chance. Mais elle est relativement nouvelle, la question de son visa n'est toujours pas réglée. Et puis, regardons les choses en face, c'est une fille. Mais ce n'est pas tout – il règne un sentiment général, trahi par des soupirs et des sourires en coin, qu'être dirigé par Maroushka reviendrait à être sous l'emprise simultanée de Catherine Zeta-Jones et d'Attila le Hun.

Il est clair que Toby O'Toole veut le poste, car il cire éhontément les pompes de La Poule à chacune des fréquentes visites que ce dernier effectue dans le bureau, lui demandant conseil sur de nouveaux investissements qui dépassent de loin l'entendement de Ken, parlant de golf, bref, jouant les lèche-culs. Toby est efficace et intelligent, mais il a un côté colérique qui fait fuir tout le monde.

Pour autant que Serge puisse en juger, la plupart des gens préféreraient que ce soit Le Hamburger qui succède à Timo Jääskeläinen (à part Maroushka, qui préférerait que ce soit elle), car c'est le membre le plus ancien du desk, c'est un bon mathématicien et un type calme et débonnaire. Cependant, après la débâcle du quatuor a cappella, le siège de New York manifeste une certaine réticence à l'égard des continentaux. Cela touche également les Français, d'autant qu'ils rentrent généralement à Paris le vendredi soir par le dernier Eurostar au lieu de retrouver les autres chez Franco's.

Lucian étant trop inexpérimenté, il ne reste plus que lui. Il est aussi bon mathématicien que Maroushka mais il n'est pas en poste depuis suffisamment longtemps et n'a pas su tirer parti de son avantage, car il ne tenait pas à attirer l'attention sur lui. Il faut qu'il se couvre, qu'il mette en place des garanties au cas où sa situation personnelle devait se dégrader et qu'il prépare discrètement sa fuite. Ce qu'il lui faut, en fait, c'est un portefeuille de couverture, semblable à ceux qu'il constitue pour les marchés afin d'écarter tout risque et de sauver sa peau dans le pire des cas. Un portefeuille de mails, par exemple.

> Je veux goûter ton sperme
> Je vais piétiner ton vilain zizi, ça fera mal.

Et si... ?

Jusqu'à présent, il a effacé ses traces en marquant les mails qu'il avait ouverts comme non lus. Mais que se passerait-il si La Poule trouvait, en ouvrant sa boîte de réception, de nouveaux messages qui auraient déjà été ouverts par un autre ? Il ne s'agit pas de chantage, non – ce serait indigne et risqué, qui plus est –, juste de lui rappeler que celui qui a piraté le compte Kenporter1601 a également eu accès à ses mails. Tenez, ce classique matinal, signé de Juliette, par exemple :

Je t'attends, petit vilain, viens vendredi 18 h, tu feras toutes les cochonneries que je dis autrement je te punirai.

Serge le lit et pour la première fois, le referme sans l'avoir remis en « non lu. »

Plus tard, alors qu'il se trouve dans le métro, évitant du regard les yeux rougis par le manque de sommeil de ses compagnons de trajet, il songe aux conséquences de ce qu'il a fait et il est saisi de sueurs froides.

En l'absence de Timo, La Poule a pris l'habitude d'assister deux à trois fois par semaine à leur réunion matinale dans le bureau vitré. Il ne participe pas à leurs discussions sur les algorithmes, dont les trois quarts lui échappent, mais il aime dispenser aux jeunes les fruits de sa sagesse.

« Vous savez quelle est la vraie menace, dans ce pays ? » Serge l'entend demander à Lucie, qui ne répond rien mais lève les yeux en attendant d'être éclairé.

La Poule fait claquer sa mâchoire. « Il y a trop de femmes en burka. Pensez-y. »

Lucie baisse la tête comme un enfant de chœur pendant la communion.

« Vous avez bien raison, Chef Ken », fayote Toby.

Les burkas ? Se pourrait-il que La Poule soit légèrement cinglé ?

« Vous savez ce qui ne va pas dans ce pays, Freebie ? »

La Poule tire une chaise à côté de lui et Serge est saisi d'un coup de panique. A-t-il déjà regardé ses mails ?

« Euh... le climat... ? La criminalité... ? La drogue... ? Le gouvernement... ? Les mauvais résultats sportifs... ? Les burkas... ? Je ne sais pas. » Il prend son sourire désarmant.

Les expressions se bousculent sur la figure de La Poule, rebondissant comme une bille de flipper au gré de sa pensée.

« Le secteur public. Il y en a trop, Freebie.

— Ah oui ?

— Les fonctionnaires. Les bureaucrates. Les technocrates. Les travailleurs sociaux. Les employés de mairie qui se mêlent de tout. Les compteurs de trombones. Les rouleurs de pouces... » Son visage frémit et s'embrase à mesure que la liste s'allonge.

« Et les instituteurs, les cantinières, les professeurs... ?

— Ils ne sont pas productifs. Ils ne produisent pas de richesse comme vous et moi.

— Moi ?

— Absolument. C'est nous qui payons tout ça. Sans compter leur fichues retraites.

— J'ai appris les maths...

— Exactement. Pourquoi je devrais payer pour que les enfants des autres aillent à l'université ? Ils n'ont qu'à payer eux-mêmes.

— Les médecins et les infirmières... ?

— Ne touchez pas aux infirmières, Freebie. Je refuse qu'on dise du mal des infirmières. Des anges. » Sa voix s'enroue. Ses yeux se sont embrumés. « Quand notre fils Willy était à l'hôpital...

— Des anges. Vous avez bien raison, Chef Ken ! » Toby feint la compassion, le ton vibrant. Sans vergogne.

« Je crois le plus grand problème dans ce pays est trop l'impôt, intervient Maroushka en tournoyant dans son fauteuil. Dans mon pays personne il paie l'impôt. Il est volontaire. Seuls payent le retraités et le gens trop stupides pour éviter. »

Elle est si ravissante dans cette robe moulante gris-vert que Serge se demande si cela vaut la peine de la convertir à une opinion plus éclairée en prévision d'une éventuelle rencontre avec ses parents, d'autant qu'elle a pris son air péremptoire. Et de toute façon, il faudrait être fou pour défendre l'idée d'augmenter les impôts.

La Poule se retourne en la dévorant des yeux.

« Bravo, Mary. Ça a un effet dissuasif. S'ils augmentent encore, c'est simple, j'arrête de travailler. Je deviens fainéant. Je m'inscris au chômage. » Il pouffe de rire. « Le problème, c'est qu'il y a des quantités de bureaucrates ignorants qui ne comprennent pas les bonus de la City, qui croient qu'on peut les réguler. Comme ce con d'Adair Turner à la FSA, qui prétend que les trois quarts de ce qu'on fait est inutile à la société. J'ai envie de lui mordre les fesses ! Grrrr ! » Il penche la tête de côté et fait claquer ses dents blanches acérées. « On est la principale industrie en expansion de ce pays. On crée de la richesse. On donne des emplois à des milliers de gens.

Nos employés paient des impôts. En quoi on est inutiles à la société ? »

Serge se tait, car il s'est déjà fait ce genre de réflexions. Doro n'a-t-elle pas piqué un coup de gueule du même style, récemment ? Pour une histoire de crotte de chien. Pourtant, quand on y pense, il y a beaucoup de choses agréables qui sont inutiles, le *banoffee pie* bien crémeux avec ses bananes noyées de caramel, le parfum, les épaulettes, les journées passées à traînailler, pour n'en citer que quelques-unes.

« En parlant de contribution à la société, dit La Poule en jetant un œil à sa montre avant de se lever. J'ai une autre réunion qui m'attend. Au *Number Eleven*. »

À l'heure du déjeuner, Maroushka attrape sa veste gris-vert assortie à sa robe et disparaît avant qu'il n'ait eu le temps de la suivre. Il n'a pas le courage d'affronter la cafétéria, et descend chez Franco's en espérant vaguement que Jonas y sera, mais la barmaid rébarbative est seule à assurer le service. La cuisine de Franco's est italienne, élégante, présentée en petites quantités disposées sur d'immenses assiettes carrées. En parcourant le menu, il a une envie soudaine d'une bonne selle d'agneau servie avec des frites et de la sauce Daddies. Mais il choisit les agnolotti alla zucca, s'assied dans un coin, sort son portable et appelle son courtier.

Il a laissé des positions ouvertes sur plusieurs titres et le marché a plongé sous les 4 000. Il a perdu 315 points hier, la pire chute depuis cinq ans. Il rachète la moitié de ses titres Endon, dont la valeur ne devrait plus beaucoup chuter, mais renforce sa position sur Edenthorpe Engineering en prévision des baisses à venir. Puis il commande un double expresso.

Pendant qu'il attend son café, son portable sonne dans sa main. C'est Clara. Il rejette aussitôt l'appel, mais ça sonne à nouveau et il capitule.

« Salut Clara. Je suis content de t'entendre. Comment va ?

— Je t'ai enfin. Écoute, espèce de petit enfoiré, j'ai parlé à Babs. Elle dit que tu n'es pas du tout à Cambridge.

— Je... je travaille avec une équipe d'Imperial College...

— Arrête de t'enfoncer, Soz. Écoute. Par pure bonté, je te donne jusqu'à la fin de la semaine prochaine pour l'annoncer toi-même à Doro et à Marcus. Tu les embobines depuis le départ, hein ? »

Le pire, c'est la joie non dissimulée qu'il perçoit dans sa voix.

« Ce n'est pas ce que tu crois, Claz. Enfin !

— Pas de ça avec moi, espèce d'assassin de hamster. Tu te prends pour quoi ?

— OK ! OK, je leur dirai moi-même. »

Il cherche le bouton off, mais avant qu'il n'ait pu l'éteindre, son portable sonne à nouveau. C'est Doro.

« Bonjour maman. Je suis content de t'entendre. Comment ça va dans le grand Nord ? » Il essaie de gagner du temps.

— Bien, bien. Je suis contente de t'avoir enfin, mon chéri. Tu es difficile à joindre. Comment vas-tu ?

— Ça va bien. Maman...

— Tu as eu des nouvelles de Clara ?

— Oui, elle vient d'appeler. En fait, maman...

— Tant mieux. Elle était inquiète de ne pas réussir à t'avoir.

— Mmm. On a bien discuté.

— Parfait. Et ta thèse ?

— Bien, bien. En fait, j'ai quelque chose...

— Je suis tellement fière de toi mon chéri. Tout ce travail de recherche pointu. Pour l'avancée de la connaissance. C'est triste que tant de jeunes de nos jours ne pensent qu'à l'argent. Tu sais, quand nous on était jeunes, dans les années soixante, on estimait que lorsqu'on avait l'éducation et les capacités nécessaires, c'était l'occasion d'aider ceux qui n'avaient pas cette chance. Crois-le ou non, les gens voulaient mettre leurs compétences au service du progrès de l'humanité. Pour ta génération, ça doit paraître ringard. De nos jours, ceux qui ont de la cervelle s'en servent pour plumer les autres. Regarde Marcus, par exemple, il est tellement intelligent, et pourtant, pas une seconde... »

Elle continue à babiller à n'en plus finir. Au bout de dix minutes, Serge est totalement anesthésié.

« Tu travailles toujours à Londres sur ton projet ? demande-t-elle brusquement.

— Euh... oui... non... pas exactement.

— Tu es revenu à Cambridge, alors ?

— Oui. Enfin... pas totalement. En fait, maman...

— C'est formidable, parce qu'avec Oolie, on avait l'intention de faire une petite virée. On s'est dit qu'on viendrait passer la journée avec toi à Cambridge. Le week-end prochain, ça te va ? »

Doro : L'Araignée

Oolie est tout excitée à l'idée de leur virée à Cambridge le week-end prochain, mais Doro l'est plus encore à l'idée de sa virée au jardin, l'après-midi même.

Il a plu toute la matinée, mais le soleil a fini par percer et darde ses rayons d'or entre les tours de nuages qui s'amassent dans le ciel. La pluie a chassé les autres jardiniers et il semblerait qu'ils aient le jardin pour eux tous seuls. Les insectes sont partis, eux aussi, mais les oiseaux sont de retour, donnant des coups de bec impatients dans les fruits, les faisant tomber au sol, agitant les feuilles qui s'égouttent, picorant la terre humide, se gavant de vers apparus à la surface, piquant, arrachant sans même prendre la peine de s'envoler à l'approche de Doro et de Malcolm, qui se faufilent une nouvelle fois entre les carrés de potager et les arbres fruitiers ployant sous le poids des pommes, des prunes et des poires mûres.

Il est en chemise blanche et pantalon gris, une mallette à la main. Elle porte une jupe évasée et un haut soyeux largement échancré qui révèle le décolleté plongeant qu'elle doit au soutien-gorge pigeonnant en dentelle noire acheté chez Marks & Spencer. Elle baisse les yeux et voit ses seins trembloter à chaque pas. Les a-t-il remarqués, lui aussi ? Rien ne le montre.

Arrivé près du robinet collectif, il prend un des sièges et ouvre sa mallette. « Je me suis dit que ça pourrait vous intéresser. »

Il passe à Doro une liasse de documents qu'elle étudie attentivement pour cacher l'embarras qui est le sien à l'idée de s'être méprise sur ses intentions. Il s'agit du compte rendu d'une réunion d'une sous-commission de la mairie portant sur le jardin ouvrier où le conseiller Loxley prend ouvertement position pour un moratoire et un réexamen du projet. Apparemment, il était vraiment prêt à discuter du projet.

« Alors vous nous soutenez ? C'est grâce aux haricots ou à la rhubarbe ? »

Il sourit.

« Je suis ouvert à toutes les éventualités.

— Quelles éventualités ?

— Nous pourrions nous mettre d'accord avec les promoteurs pour qu'une partie du site soit réservée à une galerie marchande...

— Que voulez-vous qu'on fasse d'une galerie marchande ? Déjà que la moitié des commerces du centre-ville sont vides.

— Ça donnerait un nouvel élan à la ville. Ça créerait des emplois. Et il y a des aides pour les projets respectueux de l'environnement.

— Parce que vous croyez qu'aller déverser du béton ici, c'est respectueux de l'environnement ? » Elle sait bien qu'elle ne devrait pas l'interrompre, mais les mots continuent à jaillir pêle-mêle.

« Tout dépend comment c'est fait. Une partie du site pourrait être consacrée à des services d'utilité publique, une crèche, un cabinet médical ou, et ce serait la solution que je privilégierais, Mrs Marchmont... (Il esquisse un sourire de joueur qui s'apprête à sortir un atout.)... une résidence adaptée aux personnes présentant des troubles de l'apprentissage. »

Elle accuse le coup mais donne le change en souriant. Si seulement elle était épaulée par d'autres GAGA. Ah, en voilà un ! C'est Winston Robinson qui remonte l'allée les mains chargées de deux gros cabas.

« Bonjour Winston. Venez vous joindre à nous ! Nous discutons justement du projet d'aménagement du jardin. »

Mais Winston secoue la tête. « Faut que je rentre, sinon ma femme va me sonner les cloches. Je suis juste venu cueillir des prunes avant que la pluie me les abîme. » Il plonge la main dans un cabas et en sort une grosse poignée de Victoria bien mûres. « Tenez. J'en ai encore des tas. Mon prunier a perdu la tête ! Servez-vous. » Il s'éloigne d'un pas précipité.

Elle met quelques prunes dans son sac et une dans sa bouche. Le jus dégouline sur son menton. Le conseiller mord dans une prune mûre et en glisse deux autres dans sa mallette.

« On en voit partout, hein ?
— Des prunes ?
— Des frères de couleur. »

Ses mots lui font l'effet d'une douche froide.

« Il est très gentil », réplique-t-elle, consciente de la médiocrité de sa réponse.

Il y a longtemps que la plupart des autres GAGA ne remarquent plus que Winston est leur seul membre noir. Ce qui la choque le plus, c'est la spontanéité avec laquelle il a parlé, cette façon de supposer d'emblée qu'elle était de son avis. Elle le voit rougir alors qu'il s'aperçoit de son erreur.

« Absolument. Pour beaucoup d'entre eux. Ne vous méprenez pas sur ce que je dis.
— Ce n'est pas l'un d'entre eux, mais l'un de nous. »

Pour la première fois, le regard du conseiller s'attarde sur le V qui plonge entre les deux masses tremblotantes de ses seins pigeonnants. Elle se sent rougir, regrettant qu'ils soient aussi ostensibles et frémissants. Elle ne comprend pas ce qui lui a pris l'autre soir, quand elle était couchée auprès de son mari endormi, quel insidieux petit démon a bien pu la pousser à sortir dans cette tenue.

Soudain, une grosse goutte d'eau éclabousse son bras nu. Un coup de tonnerre éclate et une rafale de vent lui arrache les documents des mains. À l'instant où elle les rattrape au vol, d'énormes gouttes de pluie s'écrasent mollement sur eux en les trempant comme une douche tiède. Elle se met à courir vers sa cabane dans les allées glissantes, en cherchant les clefs à tâtons dans son sac. Il la suit, dérape sur une flaque de boue, glisse, et au moment où il touche le sol, sa mallette s'ouvre en grand. Il se redresse et s'agite dans tous les sens pour en récupérer le contenu qui s'est répandu dans la gadoue. Elle se précipite pour l'aider, fouillant dans les groseilliers à maquereau mouillés pour ramasser les papiers, les stylos, les règles, les mouchoirs, les pastilles aux fruits, les élastiques, les prunes de Winston et un petit sachet en aluminium qu'elle lui tend en s'apercevant alors qu'il contient un préservatif.

« Tenez, lui dit-elle en sentant le rouge lui monter aux joues.

— Merci. » Il le glisse dans sa poche, évitant son regard.

« Vous feriez mieux de rentrer à l'intérieur. » Elle pousse la porte de la cabane, en balayant d'un geste les mèches trempées qui retombent sur ses yeux. Des rigoles de pluie ruissellent au creux de son décolleté. Il entre à sa suite et s'ébroue comme un chien en la frôlant dans l'espace exigu, tel un intrus envahissant son petit royaume.

La cabane de son jardin est étroite et sent le moisi, mais au moins on y est au sec. Les étagères sont remplies de paquets de semence, de pelotes de ficelle, de gants de jardinier, de sécateurs, de truelles, de fourches à fleur, de baguettes, d'étiquettes de plantes, de catalogues, d'attaches en plastique, de bacs, de pots de confiture, de boîtes d'engrais, de granulés anti-limace, d'hormones de bouturage, de lisier, de désherbant et d'autres substances qui ne sont plus dans leur emballage d'origine. Elle a oublié ce que c'est, mais si elle s'en souvenait, elle en aurait sûrement l'utilité. Dans un coin sont rangés les grands outils : la fourche, la cisaille, le coupe-branche, des pelles, un râteau. De l'autre côté, il y a une petite fenêtre pleine de toiles d'araignée et devant, deux fauteuils en toile et une table pliante, où elles prennent le thé avec Oolie en papotant. Si seulement elle était en compagnie d'Oolie d'au lieu d'être avec lui.

Il y a une chute de moquette au sol, mais elle est légèrement humide. Un réchaud, mais il n'a plus de gaz. Une boîte de lait en poudre, mais le couvercle a disparu et le lait est dur comme du béton. Des mugs, mais ils sont couverts de limaces. Un paquet de biscuits, mais les souris les ont tous mangés sans en laisser une miette. La seule chose qui reste, ce sont deux sachets de thé.

« Nous ne sommes pas très bien équipés, comme vous le voyez. » Elle rit pour dissimuler son embarras.

Il l'examine en silence.

Elle regrette de n'avoir pas mis un autre haut – un tee-shirt orné d'un slogan qui aurait alimenté la conversation et camouflé sa poitrine moulée dans l'étoffe soyeuse qui, dans le pur style des romans de gare, se soulève de panique, d'épuisement, d'excitation ou d'un mélange effrayant des trois. Elle repense à l'euphorie qui était la sienne quand elle a essayé le soutien-gorge dans le magasin et mesure l'étendue de son erreur. Comment va-t-elle bien pouvoir se sortir de ce pétrin ?

« Asseyez-vous. »

Elle lui montre un fauteuil en toile et prend place sur l'autre, mais il reste debout, masquant la lumière de la fenêtre de toute sa stature. La pluie tambourine encore sur le toit et le roulement du tonnerre a l'air de se rapprocher. Ils risquent d'être coincés là pour un bon moment.

« Au sujet du projet, donc. Vous croyez qu'il pourrait... lance-t-elle mollement en écorchant le silence.

— Inclure une résidence spécialisée ? Oui. » Il la fixe du regard.

Elle frissonne. « Mais vous parliez d'une galerie marchande. Ici, dans cet endroit ravissant... » D'un vague geste, elle montre la fenêtre où une grosse araignée progresse le long d'un fil soyeux en direction de son repas, une mouche piégée qui bourdonne désespérément dans un coin de la toile.

L'araignée passe à l'attaque. Ah ! Doro sursaute. À l'instant où elle retient son souffle, on entend un bruit de déchirure. Sous elle, la toile du fauteuil commence à céder et elle se lève d'un bond. Mais dans cet espace confiné, il se tient si près d'elle qu'elle lui rentre dedans. Il la saisit dans ses bras et approche son visage du sien ; elle sent sa bouche sur elle, le parfum musqué de son after-shave, la chaleur de sa peau à l'odeur vaguement animale. Elle recule d'un pas et se prend le pied dans le râteau. Elle reçoit le manche en bois en pleine figure. L'instant d'après, ils se roulent sur la chute de moquette humide.

Le pire, se dit-elle, c'est qu'elle l'a bien cherché.

Elle commence à se débattre en heurtant les meubles tubulaires renversés. « Ne... »

Il plaque sa bouche contre la sienne. Elle est écrasée par son poids.

« Allez, Dorothy. Vous savez bien que c'est ce que vous voulez !

— Non ! Je voulais seulement parler de... »

Sa main est sous sa jupe et remonte peu à peu. Doit-elle crier ? Mais il n'y a personne pour l'entendre. Elle doit à tout prix essayer de le faire parler.

« ... des plans... »

Il faut qu'elle garde son sang-froid et le ramène au projet d'aménagement.

« Cette idée de résidence spécialisée ? » Elle détourne la tête pour dégager sa bouche de la sienne. « J'aimerais discuter...

— On en parlera après. »

Il saisit son visage à deux mains et se remet à l'embrasser. Elle a la tête coincée contre la paroi en bois de la cabane et, du coin de l'œil, voit l'araignée qui est remontée au centre de sa toile après avoir terminé son repas et semble les observer d'un œil intéressé.

« ... la galerie marchande...

— C'est entre vous et moi.

— Non ! Soyez gentil, parlez-moi de la galerie marchande !

— Vous n'attendiez que ça, vous le savez bien. » Une main s'est glissée à l'intérieur de son haut soyeux.

« Il y aura un Marks & Spencer... ?
— Allez, Dorothy.
— Ou un British Home Stores... ? »

Elle essaie de lutter, mais plus elle s'agite, plus il a l'air émoustillé.

« On vous a déjà dit... ? »

L'autre main est dans sa culotte.

« Ou Sainsbury's ! hurle-t-elle. Non ! Arrêtez !
— ... que vous aviez un corps magnifique... »

À présent, il commence à ouvrir sa braguette.

« ... pour une femme de votre âge ?
— Une femme de mon... ?! Aaargh ! »

Elle donne un coup de pied dans le plat d'une pelle coincée entre les dents de la fourche imbriquée dans le coupe-branche. Le tas d'outils s'écroule sur le conseiller. La lame du coupe-branche l'atteint à la joue. Le sang gicle et ruisselle jusqu'à la commissure de ses lèvres en lui dessinant un sourire de vampire. Si seulement elle pouvait lui enfoncer un pieu dans le cœur. Où est-ce qu'elle a mis le sécateur ?

Une ombre fugace du côté de la fenêtre attire son regard – l'araignée qui dévale son piège de toile. Et derrière la toile, de l'autre côté de la fenêtre, un visage familier tout juste entraperçu – à qui appartient-il ? Elle se fige.

« Oolie !
— Qu'y a-t-il ? » Il se redresse brusquement. « Je croyais que vous vouliez... » Le sang coule sur son menton et dégouline sur sa chemise.

Elle sort un mouchoir de son sac et le lui passe. « Vous feriez mieux d'y aller. »

Il se lève péniblement et rajuste ses vêtements. Doro remonte son haut, redescend sa jupe et ouvre la porte de la cabane. Il pleut toujours, mais ça s'est calmé. Dehors, il n'y a personne.

« Au revoir, Mrs Marchmont », dit-il.

Il a un regard de pierre. Une voix de glace. Un filet de sang dégouline encore sur son visage. Il prend sa mallette.

« Je me souviendrai de votre enthousiasme pour Marks & Spencer. »

Il s'éloigne en patinant sur le sol glissant.

Doro attend qu'il soit hors de vue, puis elle se laisse tomber sur le fauteuil en toile restant en regrettant qu'il n'y ait plus de gaz dans le réchaud. Elle meurt d'envie d'une tasse de thé. Certes, ce matin, ses intentions étaient quelque peu déplacées, mais elle a tout de même le droit de changer d'avis en s'apercevant que c'est un homme obsédé par les galeries marchandes, un homme qui se préoccupe de la couleur de la peau, un homme qui la trouve séduisante pour une femme de son âge ?!

L'apparition fugitive du doux visage d'Oolie à la fenêtre ne peut être qu'une vision destinée à la sauver. L'araignée a disparu de sa toile, visiblement partie en balade, mais par la vitre poussiéreuse, elle aperçoit quelqu'un d'autre traverser le jardin tête baissée sous la pluie. Un monsieur avec des lunettes rondes et une salopette marron et – oh merveille ! – deux tasses de thé dans les mains.

« Oh merci, Mr Philpott ! Comment saviez-vous...

— Je vous ai vue avec le conseiller. Tout va bien ?

— Ça va, oui. Enfin... » Qu'a-t-il vu au juste ? se demande-t-elle. « ... pas vraiment, parce qu'il veut se servir de la moitié du terrain pour une galerie marchande et l'autre pour un projet de logement sociaux. »

Il soupire. « Il y a quelque chose de pourri dans le royaume de Donny !

— Tout à fait. J'ai essayé de l'arrêter, mais... »

Elle espère que cela suffit à expliquer son apparence débraillée et d'éventuelles traces de galipettes qu'il pourrait avoir remarquées. Comme quoi, on n'est jamais aussi seul qu'on le croit dans un jardin ouvrier.

Clara : Pas pophétiennel

« Il ne faut pas que ça devienne une habitude, Oolie. »

Oolie-Anna se faufile dans la classe de Clara, s'assied à son bureau en face d'elle et se met à jouer avec une boîte de crayons de couleur.

« Faut que je te parle.
— De tes films, c'est ça ? » soupire Clara.

Il est quatre heures, les élèves sont tous partis et elle profite de ce moment de respiration à la fin de sa journée pour repenser à ses cours et voir ce qui était bien et ce qui aurait pu être mieux.

« Pas des films. » Oolie montre la fenêtre. « L'est revenu ? »

Clara met un moment à comprendre qu'elle parle du hamster. C'est curieux mais parfois, elle a l'impression de voir des traces de sa présence – des petites boulettes noires qui pourraient être des crottes de hamster dans le coin lecture, des lambeaux de papier, des miettes de chips et de sandwich mystérieusement nettoyées. Elle se demande si Oolie a quelque chose à confesser.

« Tu es venue parler du hamster ?

— Pas l'"amster. » Oolie secoue de nouveau la tête. « Maman.

— Qu'est-ce qu'elle a encore fait ? »

Clara éprouve une pointe d'agacement. Doro et Oolie sont franchement impossibles, chacune à leur manière. Son père doit être un véritable saint pour les supporter l'une et l'autre.

« Elle a tiré un coup avec le monsieur. »

Clara retient son souffle et s'efforce de garder un ton calme.

« Quel monsieur ?

— Tu sais. *Lui*.

— Non, je ne sais pas. Et de toute façon, comment tu sais avec qui elle a tiré un coup ? »

Oolie a un vocabulaire plus grossier depuis qu'elle travaille chez Edenthorpe, mais il est difficile de savoir ce qu'elle comprend réellement.

« J'les ai vus. Au jardin. Papa m'a dit d'aller chercher maman et elle était pas dans l'jardin de la maison, alors j'suis allée à la parcelle.

— Tu inventes des histoires, Oolie.

— Non, j'te dis. J'les ai vus.

— Qu'est-ce que tu as vu ?

— J'les ai vus tirer un coup. Par terre.

— Quand ça ?

— J'sais pas. » Elle boude, l'air grognon, énervée qu'on ne la croie pas. « Y pleuvait et y tiraient un coup. Dans la cabane.

— C'était qui, ce monsieur ?

— Tu sais, çui qu'a les cheveux gris. »

Clara passe en revue tous les messieurs aux cheveux gris qu'elle connaît. Il y a sûrement une explication parfaitement simple.

« Tu es sûre que ce n'était pas papa ?

— Évidemment que j'suis sûre. J'suis pas idiote, quand même.

— Je sais bien, Oolie. » Elle connaît la susceptibilité de sa sœur. « Est-ce que c'était Mr Philpott ? Tu sais, le monsieur qui nous a aidées à essayer d'attraper le hamster la dernière fois que tu es venue ? »

Elle sait que Mr Philpott a également une parcelle là-bas. Mais lui, coucher avec sa mère ? Quoique, Doro est capable de tout en ce moment.

« Non, c'était pas lui. C'était le grand.

— Quel grand ? Tu l'as déjà vu ?

— J'l'ai vu à ton école. »

Clara repense aux différentes occasions où Oolie est venue à l'école.

« Le directeur – celui qui avait un hamster ?

— Non, mais j'aimerais bien tirer un coup avec lui. Non. Tu sais. La fois où y avait toutes les plantes en pot. »

Elle doit parler de la Journée du Quartier en septembre. Ah oui, le chaos !

« Tu veux parler du conseiller ?

— J'sais pas s'il est consulaire, moi. »

Elle hausse les épaules.

« Essaie de te rappeler.

— Mais j'me rappelle. C'est juste que j'sais pas comment y s'appelle. »

Clara s'aperçoit qu'elle a le cœur qui bat à tout rompre. Elle ne croit pas totalement sa sœur, mais ne croit pas non plus qu'elle mente tout à fait.

« Qu'est-ce qu'ils faisaient ?

— J't'ai dit, y tiraient un coup. Par terre. L'était sur elle. » Oolie s'affale sur la chaise, épuisée d'avoir autant parlé.

« D'accord, Oolie. » Clara s'agenouille au pied de la chaise d'enfant et l'enlace par l'épaule. « Merci de me l'avoir dit. C'est bien de t'être rappelé tout ça. »

Oolie lui fait un grand sourire.

« J'suis rentrée en courant. J'étais toute mouillée.

— Allez viens, je te ramène à la maison. »

Au moment précis où Clara s'engage dans l'allée de Hardwick Avenue, la porte s'ouvre et un jeune homme blond sort précipitamment sous le porche. La porte claque derrière lui. Il reste planté là, l'air perplexe, avec une liasse de documents à la main, essayant d'ouvrir sa mallette tout en s'efforçant d'enfiler sa veste. Oolie court se jeter dans ses bras.

Les documents glissent par terre où une bourrasque les emporte et les éparpille dans le jardin. Clara les ramasse et les lui rend en se demandant pourquoi il porte cette petite barbe ridicule.

« Bonjour, je suis Clara, la sœur d'Oolie. Vous vous connaissez ?

— C'est Mr Clemmins. Çui qui dit que j'peux avoir mon appartement pour regarder des films.

— Mike Clements. » Il tend la main à Clara. Sa poignée de main est ferme, sa paume moite.

Voyant qu'elle se tait, il ajoute : « Je crois bien que je me suis mis votre mère à dos. »

Clara et Oolie échangent un regard.

« Ce sont des choses qui arrivent », dit Clara.

Sur ce, la porte s'ouvre à nouveau et Doro passe la tête.

« Qu'est-ce qui se passe ? Oolie ? Clara ? Qu'est-ce que vous faites ? » Elle s'en prend au jeune homme. « Vous êtes toujours là, vous ? Fichez-moi le camp, voulez-vous ? Et n'oubliez pas d'embarquer vos cases à cocher ! »

Oolie glisse à Clara, assez fort pour que tout le monde l'entende : « Maman l'aime pas. Elle dit qu'y est pas pophétiennel.

— Ça suffit, Oolie, dit Doro.

— Disons qu'on m'a poussé à bout », dit Mr Clements en fourrant les papiers envolés dans sa mallette avant de descendre l'allée au pas de gymnastique.

C'est dommage, cette barbe, se dit Clara.

SERGE : Les ponts de la Cam

Le dernier samedi d'octobre, Serge flâne dans le cloître de son ancienne université en s'efforçant d'éveiller en lui une vague de nostalgie, mais tout ce qu'il éprouve, c'est l'étreinte d'une violente angoisse. Il porte un sac en plastique plein de lettres qu'il a tout juste récupéré à la loge. Elles proviennent essentiellement de sa banque et sont adressées au Dr Black, Cluedo Society de Queens' College. La seule qu'il ait ouverte pour l'instant lui demande de contacter immédiatement son agence. Il ne prend pas la peine d'ouvrir les autres et tâche de ne plus penser à leur contenu pour le moment.

Un peu avant treize heures, il se positionne devant l'entrée de Queens' College et regarde en direction de Silver Street. Les voilà qui avancent d'un pas tranquille, main dans la main, Doro qui sourit en faisant des commentaires au fur et à mesure sur les bâtiments et les gens qu'elles croisent, Oolie sautillant tous les trois pas. Mais d'où est-ce qu'elle sort cette tenue, Doro ? Il n'en croit pas ses yeux. Une veste rose fluo pure années quatre-vingt-dix. Avec des revers en pointe. On croit rêver. Et Oolie n'est pas gâtée non plus, avec sa doudoune blanche qui lui donne des allures de Bibendum Michelin, mais au moins elle peut toujours dire que c'est Doro qui l'a choisie.

Dès qu'elle l'aperçoit, elle lâche la main de Doro pour se jeter à son cou.

« Coucou Soz.

— Salut, Oolie. Salut, maman. »

Ils se prennent dans les bras. Simplement, avec bonheur. Les larmes lui montent aux yeux. Si seulement il pouvait se défaire de son lourd secret. Si seulement il n'avait pas ces lettres dans ce sac qu'il est condamné à traîner avec lui comme un boulet enchaîné à son cœur. Si seulement il pouvait faire partie de leur monde simple et heureux.

« On va faire une promenade en barque ?

— Tu ne nous emmènes pas dans ta chambre, Serge ? Oolie voulait vraiment la voir.

— Non, pas maintenant. C'est difficile. Tu vois... – il baisse la voix, il avait prévu le coup – j'ai une amie, elle est dans une université où il n'y a que des filles, et elle a rencontré l'homme de sa vie, enfin elle croit que c'est l'homme de sa vie, mais elle ne peut pas le ramener dans sa chambre parce que c'est interdit aux garçons. Alors je lui ai dit qu'elle pouvait prendre ma chambre. Étant donné que je ne serais pas là cet après-midi. On sait ce que c'est, le grand amour », ajoute-t-il avec un sourire désarmant.

Doro sourit à son tour d'un air compatissant. « J'aurais pensé qu'à l'heure qu'il est, on se serait débarrassé de ces règlements paternalistes totalement archaïques.

— Y tirent un coup ? » demande Oolie.

Scudamore's, le loueur de barques, est tout près. Serge grimpe en premier dans l'embarcation à fond plat, fourre son sac sous le siège et aide Oolie à monter. Elle saute lourdement en faisant tanguer la barque.

Doro pousse un cri.

Le jeune homme de Scudamore's la rassure : « Ne vous en faites pas. Elles sont très stables. C'est rare qu'elles chavirent. »

Serge se place à une extrémité en tenant la perche. Il y a une éternité qu'il n'a pas fait ça, mais une fois qu'on a trouvé la cadence, c'est relativement facile. L'idéal, c'est d'être grand et pourvu de pectoraux saillants sous un tee-shirt moulant, mais bien qu'il ne soit ni l'un ni l'autre, ses deux passagères le regardent avec adoration. Il pousse – wouff !

C'est une belle journée d'octobre idyllique, claire et ensoleillée, avec des feuilles dorées qui flottent à la surface de l'eau sombre et les derniers touristes de la saison qui se rassemblent sur les ponts, comme des oiseaux se préparant à migrer pour l'hiver.

Le fond de l'air est frais, mais il est à peine arrivé sous le Mathematical Bridge qu'il est déjà en nage.

Il retrouve sa bonne humeur en leur servant le laïus habituel sur les tabliers en arc et les tangentes.

« En fait, c'est surtout pour ce pont que j'ai choisi Queens' College.

— Y a pas tant de gens, dit Oolie.

— Tu es tellement intelligent, mon chéri », dit Doro.

Jusque-là, tout baigne.

Il y a encore des quantités de barques sur la rivière. Entre King's College et Clare Bridge, ils longent les paisibles pelouses des Backs peuplées de saules pleureurs qui bordent les rives de la Cam. Il éprouve enfin une pointe de nostalgie.

Oolie laisse traîner sa main dans l'eau en éclaboussant Doro de temps en temps.

« Arrête, Oolie, lui lance Doro. Assieds-toi convenablement ou tu vas nous faire chavirer. C'est si joli par ici. Quel dommage que ce soit réservé à une poignée de privilégiés. Si seulement mes étudiants de Doncaster avaient un endroit comme ça. J'ai toujours pensé que la beauté était essentielle à l'âme. Non, remets-le à l'eau, Oolie. Il est mort. »

Serge n'écoute qu'à moitié. Il s'efforce de suivre l'ancien chemin de halage immergé tout en surveillant du coin de l'œil les barques imprudentes.

Ils passent devant Trinity et approchent du Bridge of Sighs, embouteillé comme d'habitude par les embarcations qui attendent de passer une par une. Il y en a qui mènent leur barque n'importe comment, surtout les femmes, qui tournoient sur place et se heurtent les unes aux autres en poussant de petits cris de demoiselles effarouchées. Il remonte sa perche et laisse la barque dériver lentement dans leur direction. C'est alors qu'il la repère, assise le dos tourné, là-bas, au beau milieu de l'embouteillage d'embarcations. Veste jaune vif et longs cheveux bruns. Maroushka ! Mais qu'est-ce qu'elle fout là ? Et comment éviter de lui présenter Doro et Oolie, ce qui compromettrait inévitablement et à jamais ses chances ?

Elle ne l'a pas vu. Il a encore le temps de faire demi-tour.

Il soulève sa perche et la plante avec force dans l'eau. La barque s'arrête, tangue et vire brusquement à gauche, en accrochant une autre barque qui vient de se glisser le long de la leur. Une vague passe par-dessus bord et trempe son manteau qu'il avait glissé sous le siège avec le sac. Doro et Oolie crient en se cramponnant aux côtés de la barque, qui continue à tanguer alors que giclent des paquets d'eau qui clapotent dans le fond. Il essaie de s'écarter en poussant, tête baissée, mais tous les occupants des autres barques le regardent en riant. Les collisions de ce genre font partie des joies de la rivière. Il fait une erreur d'évaluation, pousse trop fort et ils heurtent la rive opposée en manquant de chavirer. Les branches basses d'un saule pleureur balaient la proue. Soudain, on entend un plouf. Un cri. Un autre cri.

« Serge ! Oolie ! Elle ne sait pas nager ! »

Doro enlève sa veste rose fluo. Le temps que Serge comprenne ce qui s'est passé, un autre plouf retentit à côté de leur barque, une tête sombre sort de l'eau, regarde tout autour et disparaît sous la surface. Serge plonge également et nage vers Oolie qui gesticule en essayant de se raccrocher au saule et boit la tasse en recrachant une poignée de feuilles. Quand il arrive près d'elle, l'autre homme lui a déjà passé un bras sous les aisselles et lui maintient la tête hors de l'eau. Oolie a les mains autour de son cou et le fait couler à force de se débattre.

« Arrêtez de lutter, miss ! On vous tient ! »

Oolie plonge le regard dans les beaux yeux africains de son sauveur et se laisse aller dans ses bras. Ils la hissent à deux dans la barque tandis que Doro tire sur ses jambes. Le jeune homme retourne à la nage chercher leur perche.

« Tu veux monter dans notre bateau ? » demande Oolie en lui faisant de l'œil.

Il secoue la tête en riant, faisant jaillir des gouttelettes argentées de ses cheveux crépus, et remonte dans sa barque.

« Tout va bien ? » lance la jeune Asiatique en veste jaune.

Quand ils débarquent sur le ponton de Scudamore's un quart d'heure plus tard, Oolie essore sa doudoune, Serge, trempé, claque des dents tandis que Doro essaie de l'envelopper dans sa veste rose fluo.

« Allez, on va aller dans ta chambre prendre un bon thé histoire de nous réchauffer.

— Ce qu'il y a, maman, c'est...

— Ne me dis pas qu'ils y sont encore ! Ça fait près de deux heures qu'on est partis !

— Je sais bien, mais tu vois...

— L'était trop beau, ce nèg'. J'voudrais bien tirer un coup avec lui, dit Oolie.

— Oolie, arrête de parler comme ça, tu veux !

— Je me disais qu'on pouvait passer voir Otto, suggère Serge en improvisant désespérément. Son appartement n'est pas loin d'ici. Je lui ai dit que tu venais à Cambridge. Il sera ravi. »

Il essaie de se rappeler où Otto lui a dit qu'il habitait. Quelque part sur Mill Road. Ça doit être un des appartements qui se trouvent au-dessus des magasins.

« Tu es sûr, mon chéri ? On va abîmer sa moquette.

— Disons que s'il apprend que vous êtes venues à Cambridge et que vous n'êtes pas passées le voir, ça lui fera vraiment de la peine.

— Ah bon ?

— Otto ! Otto ! J'veux voir Otto ! scande Oolie en battant des mains.

— Sa petite amie est enceinte. Ils vont bientôt avoir un bébé.

— L'bébé ! J'veux voir l'bébé !

— Il n'est pas encore né. Enfin, je ne crois pas. »

Quand est-ce qu'elle doit accoucher, déjà ?

Tout en parlant, il les entraîne à l'écart de Queens' College, le long de Silver Street puis devant Emmanuel College, avant de couper à travers le parc de Parker's Piece couvert de feuilles glissantes et de retrouver l'animation de Mill Road. Qu'est-ce qu'Otto lui a dit, déjà, que l'appartement était au-dessus d'un café ou d'une agence de voyages ? Il ne se rappelait pas que Mill Road était aussi longue. Il est presque cinq heures. Le ciel est dégagé, il fait froid, les trottoirs sont bondés et la rue commence à être embouteillée de voitures dont les gaz d'échappement s'évaporent dans l'air glacial. Il lui manque quelque chose. Il avait un sac en plastique tout à l'heure. Merde, il a dû l'oublier sous le siège de la barque. Avec un peu de chance, il y sera encore tout à l'heure.

À quelle heure ferme Scudamore's ? Peut-être vaut-il mieux y retourner maintenant ?

« On est bientôt arrivés ? » Oolie claque des dents.

« Bientôt. »

Ils s'arrêtent devant la rangée de magasins, juste avant la rue qui mène au cimetière. Il n'y a pas d'agence de voyages, mais plusieurs cafés. Serge sort son portable de la poche de son jean, mais il est trempé et ne veut même pas s'allumer.

À cet instant précis, un taxi s'arrête un peu plus haut dans la rue et se met à klaxonner.

Serge va voir le chauffeur et tape sur la vitre. « Excusez-moi... »

Le chauffeur de taxi l'ignore et sort de l'autre côté pour ouvrir la portière à un couple qui vient d'apparaître sur le trottoir. La femme, enceinte jusqu'aux yeux, se tient le ventre. L'homme n'est autre qu'Otto.

« Bonjour Otto ! » Doro s'est jetée dans ses bras. « Je suis tellement contente de te revoir après toutes ces années. Tu as l'air en pleine forme. Qu'est-ce que tu es grand ! Qu'est-ce que tu deviens ?

— Euh... » Otto a le regard affolé.

Oolie enlace Molly qu'elle n'a jamais vue de sa vie. « J'peux voir ton bébé ? »

Serge croise le regard d'Otto. « Je t'expliquerai. On peut monter chez toi une minute... ? »

Otto est visiblement au bord de la panique.

« Attends, mec, là tu vois il faut qu'on parte à l'hôpital tout de suite.

— Je croyais que ce n'était pas avant six semaines...

— Ouais, mais là Molly a perdu les eaux.

— J'ai été à l'eau ! s'écrie Oolie. C'était trop bien. J'ai été sauvée par un mec super canon !

— Il faut que vous y alliez ! C'est formidable ! s'écrie Doro tandis qu'Otto et Molly parviennent enfin à se dégager et grimpent dans le taxi. Bonne chance ! Bonne chance ! »

Elle leur souffle des baisers à deux mains tandis que le taxi s'éloigne pour s'enfoncer dans les bouchons de l'heure de pointe.

« On reviendra bientôt voir le bébé ! »

Clara : Déguerpis

Le dimanche soir, Clara appelle Doro pour essayer de lui soutirer la vérité sur cette histoire de partie de jambes en l'air dans le jardin que raconte Oolie. Mais Doro détourne aussitôt la conversation pour lui faire un compte rendu décousu d'une visite à Cambridge et ce n'est qu'au bout de dix minutes que Clara s'aperçoit qu'il y a un détail qui cloche : comment Doro a-t-elle pu rendre visite à Serge à Cambridge si, comme le prétend Babs, il vit à Londres ?

« Cambridge ? Tu es allée à Cambridge ?

— C'est ce que je viens de t'expliquer. Tu n'as pas écouté ?

— Tu as vu la chambre de Serge ?

— Pas exactement. Il y avait quelqu'un d'autre dedans, une fille. On est passés voir Otto, mais...

— Mmm », fait Clara en se disant qu'elle doit envoyer un message à Babs pour voir si elle a l'adresse ou le numéro de téléphone d'Otto. « Il t'a parlé de se trouver un boulot ?

— Mais enfin, Clara. C'est l'Inquisition ou quoi ? Il en est encore à essayer de boucler sa thèse, ma chérie. Je sais bien que ça dure depuis un bon bout de temps, mais je crois qu'il a presque fini.

— Mmm. »

Comment se fait-il que sa mère soit si grognon depuis quelque temps ? Elle a largement passé l'âge de la ménopause, pourtant.

Il lui serait facile de glisser machinalement dans la conversation ce que Babs lui a dit à propos de Serge. Mais elle se retient. Ce serait mesquin d'aller rapporter ainsi et contraire à l'esprit de Solidarity Hall. Elle s'y refuse. Même si elle est agacée par cette manie qu'a Serge de rejeter ses responsabilités, il reste son petit frère et, curieusement, elle éprouve toujours un sentiment protecteur à son égard.

Un souvenir lui revient soudain en mémoire : ils sont tous là dans le jardin, Serge en bas de pyjama, Otto enroulé dans sa couverture au crochet et la petite Star avec sa couche-culotte pendouillante, poussant des sanglots et des gémissements en contemplant les cadavres ensanglantés et mutilés de leurs vingt-six lapins.

« C'est juste un renard », leur dit-elle en essayant de parler calmement comme une adulte, de réfréner le hurlement qui monte dans sa gorge. « Allez, il ne faut pas être en retard à l'école. »

Malgré toutes ces années, le souvenir de la nuit du massacre des lapins la fait toujours frémir. Dans les moments d'angoisse, elle est encore hantée par un terrible sentiment de responsabilité mêlée d'impuissance. Elle n'avait pas entendu le vacarme cette nuit-là – elle dormait dans la partie du grenier qui donnait sur la façade –, mais elle avait été la première à descendre, le lendemain matin, et avait découvert les restes du carnage éparpillés dans le jardin.

Et, dans un coin de sa tête, se trouve également un des mystères inexpliqués de son enfance, quelque chose que lui avait dit Serge ce jour-là et qui est resté gravé dans son esprit.

Il avait raconté avoir entendu, dans l'obscurité du jardin, Megan qui criait au renard « Fiche le camp ! ».

Et quelqu'un d'autre, un homme, avait crié « Déguerpis ! ».

Ce mot – un mot familier de son enfance.

Un mot typique, légèrement vieillot, qu'on n'imagine pas dans la bouche d'un Italien.

Qui ça pouvait bien être ?

Car lorsque Mrs Wiseman leur avait appris les choses de la vie en classe, elle avait compté les semaines et calculé que c'était exactement neuf mois après le massacre des lapins qu'Oolie-Anna était née.

Serge : Calomnie

Serge ouvre les yeux et essaie de chasser de son esprit le lapin fantôme, mais il est toujours là au pied de son lit. Il a de nouveau fait ce rêve. Le lapin fantôme creuse en silence une galerie de ses horribles griffes pointues. Que cherche-t-il ? Il a perdu quelque chose. Puis il se rappelle – le sac de lettres de sa banque qu'il a oublié dans la barque de Scudamore's samedi dernier. Il a appelé, évidemment, mais le type à moitié endormi qu'il a eu au téléphone n'était au courant de rien et n'avait manifestement pas envie d'aller voir.

« Il est peut-être tombé à l'eau. »

Peut-être bien, mais ça ne coûte rien d'aller regarder, espèce d'abruti ?

Il enfile ses vêtements, angoissé, se demandant ce qu'il doit faire. Une chose est sûre, il n'a aucune intention d'aller voir son agence bancaire ainsi que cela lui était conseillé dans la lettre qu'il a ouverte.

Il y a pertes et pertes. Aux informations matinales, à la radio, un représentant de la Banque d'Angleterre annonce que les institutions financières mondiales ont perdu 2,8 milliards de milliards de dollars depuis 2008. Ça le laisse froid.

Après ce rêve, cela arrive souvent, il est déboussolé, comme si le monde allait de travers mais que personne ne l'avait remarqué ou que les gens faisaient comme si de rien n'était. Regardez un peu les hommes politiques. Alistair Darling et Gordon Brown ont ressorti le discours anti-banquier, qui fait le bonheur de Doro et Marcus, mais il n'a aucun sens. Ils parlent comme s'ils avaient encore du pouvoir à la City, alors que dans le quartier d'affaires, tout le monde sait qu'ils l'ont perdu. Il y a eu un moment l'an dernier où ils auraient pu agir, mettre en place des règlementations, imposer la transparence, mais ils se sont dégonflés, et maintenant que les banques ont reçu l'argent destiné à les renflouer, pourquoi changeraient-elles leurs habitudes ? Le pari est sans risque. Si elles gagnent, elles empochent les gains et si elles perdent, c'est le contribuable qui paie l'addition. Inutile de râler. Ce n'est pas de leur faute. C'est dans leur nature, comme la reproduction chez les lapins.

*

La Poule a toute une théorie là-dessus.

« Vous savez ce qui ne va pas dans ce pays ? Il dépend entièrement des banques, mais il n'aime pas les banquiers. Eh oui ! C'est une logique de jalousie démentielle, l'entend Serge pester auprès de Toby et Lucian juste à côté. Ils croient qu'il y a une autre approche de la banque. Plus éthique. Avec moins de bonus. Qu'est-ce qui se passerait si on nous forçait à diminuer nos bonus ? Vous voyez, on est aussi piégés qu'eux par le système.

— C'est intéressant, Chef Ken, fayote Toby, mais est-ce qu'ils vont vraiment faire quelque chose ?

— Aucune chance. » La Poule montre ses dents de prédateur. « Parce que si jamais ils essaient, on part tous s'installer à Singapour, pas vrai ?

— Ça c'est sûr, acquiesce Toby. Ou au Liechtenstein.

— Voyez-vous, les types de Barclays ont bien raison. Raison de refuser l'aide du plan de sauvetage. Comme ça, le gouvernement ne peut pas toucher aux bonus de ses dirigeants. Ils ont réuni les fonds nécessaires au Moyen-Orient à 14 %. Sans conditions.

— Mais l'aide du Trésor n'est qu'à 10 %, non ? demande naïvement Lucie.

— Entièrement déductibles. Les contribuables peuvent bien payer les pots cassés. Les fonds de pension aussi. Ça leur apprendra à se mêler de ce qui ne les regarde pas.

— Mais ce n'est pas... un peu... immoral ? »

La Poule renverse la tête en arrière en caquetant de plaisir.

« Les banques n'ont pas de morale, Lucie, elles ont des centres de coûts. Qu'est-ce que vous en pensez, Maroushka ? »

Maroushka vient d'arriver de la cafétéria avec un café et se dirige vers son poste. Elle est en rouge, aujourd'hui, non pas un rouge criard de bus londonien, mais un beau rouge tirant légèrement sur le rose qui virevolte autour de ses genoux quand elle marche.

« De quoi ?

— La calomnie dont les banquiers font l'objet dans les médias. Vous trouvez que ça va trop loin ?

— C'est quoi le colonie ?

— Vous savez, cette façon dont on les écrase.

— Écrase avec le voiture ? »

Son visage exprime une émotion fugace. La Poule se met à glousser.

« Non, juste avec des mots.

— Les mots ! » Elle hausse les épaules. « Dans mon pays il existe rien juste les mots ! Le voiture c'est mieux. »

*

Pendant qu'elle se connecte, La Poule la fixe avidement de son regard étincelant de prédateur. Serge se sent soudain découragé. C'est réglé – Tootie le Terrible va atterrir sur le fauteuil pivotant et Maroushka sur le tapis à poils longs blanc cassé du bureau de La Poule. Le bruit court que La Poule a baisé tout le personnel féminin de FATCA, si bien qu'on peut y voir une forme de fatalité.

Et lui, là-dedans ? C'est vrai que la balade à Cambridge l'a fait rêver. Le silence, les vieilles pierres. La lumière dorée. La joyeuse partie d'éclaboussures sur la rivière en compagnie de Doro et Oolie. Et Otto et Molly avec leur bébé. Guili guili gouzi gouzi areuh areuh. Il serait peut-être temps qu'il se range, lui aussi. Il faut qu'il pense à leur passer un coup de fil. Leur acheter un beau cadeau. Quelque chose de cher et d'inutile qu'ils ne s'offriraient jamais.

Il baisse la tête et s'attaque à une série d'équations en attendant que La Poule s'éloigne afin de pouvoir se glisser dans les toilettes pour handicapés avec son portable, mais quand il lève les yeux, Maroushka et La Poule examinent des documents dans le bureau vitré. Il n'entend pas ce qu'ils disent, mais il la voit rire et aperçoit le sourire équivoque de La Poule. Elle ne se rend pas compte que tout ce qui l'intéresse, c'est de la sauter ?

Entends la chanson de Serge !
Ce type est une vipère...

La Poule est incapable de lui donner des bébés et de l'aimer toute sa vie. Peut-être qu'elle s'en doute, après tout, mais ne sait pas comment repousser ses avances avec diplomatie. Les filles ont quelquefois du mal à s'affirmer. Des idées chevaleresques lui viennent à l'esprit. Pour la première fois, il éprouve une forme de haine envers La Poule, ses opinions débiles, son manque d'ironie, son côté bestial.

Une clameur jaillit soudain dans le coin des Devises. De toute évidence, un séisme vient de frapper les marchés. Il jette un œil à l'écran de Bloomberg. Le gouvernement islandais vient de relever son taux d'intérêt directeur au niveau incroyable de 18 %. Une vague de délire soulève la salle où les traders se ruent sur l'aubaine. Le monde entier a perdu la tête. Même La Poule a débarqué au milieu de la salle de marché et reste planté là, les bras écartés, le visage rayonnant d'une joie intérieure tel un saint s'apprêtant à monter au ciel.

En sortant, il s'arrête un instant près du bureau de Serge.

« Vous pouvez passer dans mon bureau à quatre heures, Freebie ? Il faut qu'on discute. »

Doro : Woolworths

Le mardi après-midi, pendant qu'Oolie est à l'institut, Doro descend au centre-ville en bus et se rend chez Marks & Spencer. Malgré la pluie, le magasin est presque vide et les rares personnes qu'elle croise se contentent apparemment de regarder mais n'achètent rien. Elle passe devant le rayon lingerie sans même y jeter un œil. Dans son sac se trouve le soutien-gorge à balconnet neuf, celui qu'elle n'a jamais porté, accompagné du ticket de caisse.

« Il n'est pas confortable. » Elle tend le soutien-gorge à la vendeuse. « J'aimerais être remboursée. »

Ce qu'elle omet de dire, car ce serait trop humiliant, c'est qu'elle portait le soutien-gorge en satin noir hier soir quand elle s'est déshabillée et que Marcus l'a longuement regardée d'un air pensif avant de déclarer : « D'après Keynes, cette dernière phase du capitalisme caractérisée par la financiarisation de l'économie représente la domination de la spéculation sur l'entreprise. »

En d'autres termes, il n'a même pas été fichu de le remarquer.

Puis elle se rend chez Woolworths pour s'acheter une nouvelle serpillière. Ça lui a servi de leçon : les corvées ménagères conviennent plus aux femmes de son âge que les dessous ravageurs.

« Vous réglez en liquide ou en carte ? »

La vendeuse est une femme d'un certain âge avec un casque de cheveux jaunes dressés sur son crâne comme de la mousse isolante en bombe. Doro la regarde prendre sa carte et l'insérer dans la machine. Sa tête lui dit quelque chose. La vendeuse lève les yeux, croise le regard de Doro et esquisse un sourire hésitant.

« C'est bien vous qu'habitiez dans les anciens bureaux des charbonnages ? »

Doro acquiesce, perplexe.

« Je suis sûre que je vous connais, mais...

— Janey Darkins. La soupe populaire d'Askern. 'Vous rappelez ?

— Si je me rappelle ! répond Doro en riant. Ça fait une éternité. Vous deviez nous prendre pour des cinglés.

— Un peu, oui. »

Janey sourit. Elle a des dents parfaites, bien trop blanches.

« On croyait que ce serait une révolution.

— C'est bien ce qu'on se disait.

— Et vous incarniez les aspirations révolutionnaires de la classe ouvrière.

— Fichtre ! Nous ce qu'on voulait, c'était juste que les puits ferment pas et que les gars gardent leur boulot. »

Elle s'interrompt et sous le casque de mousse jaune, ses traits las trahissent son âge.

« Mais quand on eu besoin de vous, vous étiez là, mon p'tit. 'Vous rappelez quand Maggie a dit qu'on était les ennemis de l'intérieur ?

— Je me rappelle, oui.

— Y a que les dingues comme vous qui avez pris not' parti. Par contre, pour ce qu'y est de brailler aux côtés d'ceux qu'en ont plein les fouilles, y a toujours des candidats.

— Et qu'est-ce que vous êtes devenus quand ça a fermé ? demande Doro.

— Avec Jimmy, on a rompu. Mais ça a été. J'ai repris des études et j'ai passé mon brevet. C'était à cause de l'Italien – Bruno. Y habitait chez vous, pas vrai ? Y nous a appris deux trois trucs. Et pas juste sur les spaghettis.

— Je ne savais pas que vous aviez eu une affaire avec Bruno.

— Y m'écrit encore de temps à autre. L'est marié, maintenant. »

Elle fouille sous le comptoir et sort une photo de famille : deux filles pré-adolescentes, une jolie brune en robe rose et Bruno, plus âgé, plus grisonnant, plus poilu, curieusement plus triste, mais toujours aussi sublime de beauté. En voyant la photo, elle éprouve un soupçon de jalousie, non seulement envers la brune, mais envers Janey, qui elle au moins a reçu la photo. En dépit du bon sens et de l'expérience, elle croyait au fond qu'il ne lui appartenait qu'à elle.

« Vous connaissiez Megan ? Megan Cromer ?

— Vous voulez dire Megan Risborough ?

— Elle disait qu'elle s'appelait Megan Cromer.

— L'a toujours raconté des bobards. Elle et son mari, cet' saleté d'jaune.

— Bruno disait que son mari la battait.

— J'l'aurais bien battue moi, si j'avais pu y mett' la main d'ssus. »

Doro éclate de rire, l'enviant d'être à ce point éloignée du carcan de la culpabilité et du politiquement correct.

« Mais il y a toujours eu un côté un peu triste, chez elle. Toutes ces peluches qu'elle avait sur son lit. Et son fils qu'elle avait laissé à la garde de sa mère. Comme si elle n'avait jamais grandi. Même le fait qu'elle ait menti sur son nom. Comme si elle rêvait d'être une autre.

— L'a raconté beaucoup de bobards, comme je vous dis. L'a été dire que Bruno était l'père du bébé qu'elle a eu – la p'tite mongolienne.

— Vous voulez dire… ?

— C'est pas possible. Je sais, pasqu'y était avec moi. Suffit de regarder les dates. Toute façon, vous n'avez qu'à y demander vous-même. L'est revenue. Elle vit à Elmfield. Elle passe son temps à s'occuper d'son petit-fils. L'est venue ici une fois ou deux.

— Je me rappelle le jour où Bruno l'a ramenée à la maison. »

Janey glousse.

« L'était sacrément cavaleur, hein ? C'était pas le seul, ceci dit. »

Une idée subite traverse l'esprit de Doro.

« Vous avez su, pour l'incendie ?

— On en a pas mal parlé à l'époque. C'était des gars des Prospects, non ?

— La caisse est ouverte aujourd'hui ou vous comptez jacasser jusqu'à la fermeture, toutes les deux ? »

Un vieux monsieur en casquette avec des lunettes épaisses et un gros sonotone tend un caleçon en satin vert. Derrière lui, deux clientes impatientes font la queue.

« Désolée – on ne s'était pas vues depuis des années. On a vingt ans de potins à rattraper.

— Oui, on a tout entendu, rétorque sèchement une dame en jupe trop serrée qui se trouve juste derrière. Si vous voulez mon avis, vous n'avez qu'à devenir lesbiennes. Ou nonnes.

— Ou les deux, ajoute le vieux monsieur.

— Tenez, donnez-moi ça. » Janey prend le caleçon en satin. « Vous l'achetez ou vous le rendez ?

— À votre avis ? glousse-t-il.

— Allez, on se dépêche ! lance la dame comprimée dans sa jupe. Il y en a qui travaillent ici.

— Je repasserai une autre fois, dit Doro à Janey. On ira prendre un café.

— Je pourrai venir, moi aussi ? demande le vieux monsieur.

— Grandis un peu, papi, réplique la dame.

— Et June, au fait, qu'est-ce qu'elle est devenue ? dit Doro en ramassant ses emplettes.
— Elle est morte, répond Janey. Et Carl, le fils de Megan. Vous n'avez pas lu les journaux ? »

SERGE : Germes d'Avenir

« Vous voulez un café ? Il arrive dans une minute. »

Noelline, en jupe crayon et blouse à lavallière à l'élégance efficace, fait entrer Serge dans le bureau de La Poule, qui occupe un angle du dernier étage et possède d'immenses baies cintrées donnant au sud et à l'ouest. Il contemple la large boucle de la Tamise, un bus rouge qui traverse lentement le London Bridge, le dôme de Saint-Paul et, dans le lointain, le spectacle perpétuellement renouvelé du ciel où les nuages s'amoncellent au sommet de tours financières encore plus hautes que celle de FATCA.

Le bureau est entièrement équipé de mobilier massif d'acajou et cuir noir viril, style gentlemen's club. Les murs sont ornés de gravures de chasse et d'un tableau plutôt kitsch dans un cadre doré – il doit représenter Caroline, décolorée, retouchée et croulant sous les bijoux. Il la reconnaît d'après la photo de la clé USB qu'il a chargée et… il est sûr de l'avoir déjà vue quelque part, mais où ? Les deux murs aveugles sont couverts de bibliothèques remplies de volumes identiques reliés en cuir : les œuvres complètes de Charles Dickens, les œuvres complètes de Sir Walter Scott, les œuvres complètes d'Anthony Trollope, les œuvres complètes de Jeffrey Archer. De toute évidence, La Poule a un côté intellectuel. Sur les étagères qui se trouvent derrière son bureau sont alignés des trophées de golf dorés et des photos encadrées. Il y en a une de La Poule avec l'Apollon golfeur vêtu en Gant. Une autre des enfants de La Poule, William et Arabella, impeccables dans leur uniforme – Arabella avec ses fossettes, William avec son petit nez et ses yeux en amande.

« C'est Willy Wonka. Un sacré numéro. » La Poule est entré dans la pièce derrière Noelline, qui apporte un plateau avec une cafetière et deux tasses. « Asseyez-vous, Freebie. »

La Poule s'assied confortablement dans son fauteuil, le dos à la fenêtre, ses longues jambes étendues sous le bureau, et fixe sur lui son regard de chien de chasse. Serge se sent à nu dans le flot de lumière, comme si La Poule pouvait percer à jour son âme inconsistante d'imposteur sous l'étoffe du Zegna. Il a les paumes moites, mais heureusement, La Poule ne lui a pas serré la main. Serge sent le parfum de son after-shave – un parfum musqué, entêtant, sinistre, qui lui rappelle... Il ferme les yeux et revoit la scène qu'il avait découverte le lendemain du massacre des lapins – l'odeur du renard. Les pires scénarios défilent dans sa tête : ils le renvoient, ils appellent la brigade des fraudes, il est humilié publiquement devant l'équipe, devant Maroushka.

« Ma sœur adoptive... – il s'entend trébucher pitoyablement sur les mots d'un ton mielleux – ... elle est comme Willy... »

Doro dirait qu'il en appelle à leur « humanité commune ». Mais La Poule est-il seulement humain ?

« Trisomique ? répond Porter, qui perd soudain ses airs de doberman pour se métamorphoser en tendre mère Poule. La plupart des gens ne savent rien de l'amour, du rayon de soleil qu'ils apportent dans votre vie. Vous imaginez un peu, les nazis voulaient les gazer ? Les empêcher de se reproduire ? Ils ont construit des chambres à gaz pour eux, avant de s'en prendre aux juifs. C'est monstrueux ! » Il a même la larme à l'œil quand il ajoute : « Oui, le petit Willy nous a appris ce qui compte vraiment dans la vie. »

Serge se met à renifler, lui aussi. Merde, ils reniflent tous les deux. C'est totalement surréaliste.

« Vous devez vous demander pourquoi je vous ai fait venir, Freebie.

— Oui. L'amour. L'algorithme parfait. »

Il marmonne une suite de mots décousue. Il est totalement chamboulé.

« Nous sommes en train d'élaborer un nouveau CDO. L'idée de départ est simple. La relance du marché de l'immobilier.

— La relance ? L'immobilier ? »

Finalement, ça n'avait rien à voir avec le compte 1601. Les épaules de Serge se relâchent. Il sourit. Ouf ! La Poule remarque son sourire.

« Je sais ce que vous pensez, Freebie. Mais si on regarde bien, il est de plus en plus évident que le krach de 2007 est allé trop loin. Nous devrions avoir un rebond. Les derniers chiffres de l'immobilier sont positifs. Tout le monde attend... nous serons les premiers à le proposer sur le marché. À empocher tout l'argent qui dort en attendant de meilleurs taux de rendement. On l'appellera le fonds Germes d'Avenir. »

En l'espace de deux minutes, Mère Poule s'est de nouveau métamorphosée en Doberman.

« Germes d'Avenir. Tel un éternel printemps paré de nouveaux atours », dit Serge.

La Poule le regarde d'un drôle d'œil.

« C'est Maroushka qui s'en occupe et elle a vraiment fait du bon boulot. C'est une fille brillante. On en est presque au stade de la notation. Le portefeuille de créances habituel. Découpé en tranches selon les niveaux de risque. Pour réussir le lancement, il faut absolument qu'on obtienne un triple A pour la proportion de tranches maximum. Vous me suivez ? »

Serge acquiesce.

« Mais il y a un léger problème, Freebie. Il faut qu'on le vende aux agences de notation dans un climat défavorable. » Il se penche par-dessus le bureau en dévisageant Serge. « Il faut qu'on le vende aux agences de notation et... à mon avis, Maroushka n'est pas la mieux placée pour ça.

— Pourquoi ? » Il sent couler une sueur froide sous sa chemise. « Pourquoi pas ?

— C'est strictement confidentiel, Freebie, ça doit rester entre nous, d'accord ? »

Serge a le cœur qui bat à tout rompre.

« Bien sûr.

— C'est une fille. Elle est jeune. Elle est ukrainienne. Elle n'a qu'un visa d'étudiant. Et avec son allure – pour beaucoup de gens, à la City, elle manque de crédibilité. D'envergure. Ne vous méprenez pas, j'ai le plus grand respect pour... Mais obtenir un triple A, c'est d'abord et avant tout une question de confiance. Les marchés ont constamment besoin d'être rassurés. Autrement, c'est la panique. Ce que je veux dire, c'est qu'aussi brillante soit-elle, Maroushka n'inspire... » Il s'interrompt au milieu de sa phrase. Ses yeux perçants sont rivés sur lui. « Vous êtes bien allé à Cambridge, Freebie ? Et puis, c'est un peu dans la veine de votre ABS, si ce n'est qu'il n'y a pas autant de risques liés à l'investissement locatif. C'est essentiellement du résidentiel et du commercial. De nouveaux complexes. Des projets d'avenir. Vous voyez ce que je veux dire ? »

De l'autre côté de la baie vitrée, un gros banc de cumulus passe devant le soleil, dessinant vaguement la forme mouvante d'un lapin blotti. Sous ses yeux, ses contours s'ébouriffent, il devient diaphane – mais subitement, le soleil est englouti et le nuage change, il grossit, le lapin a maintenant des ailes, un bec, de longs flots de lumière coulent entre ses griffes.

« Vous voulez que je…
— Exactement. Nous avons rendez-vous avec l'agence mardi en huit à Canary Wharf, vous avez donc deux semaines devant vous.
— Je ne sais pas si…
— La chance sourit aux audacieux, Freebie. Germes d'Avenir ! Allez-y, foncez ! »
La Poule se lève. Serge se lève également sans trop savoir à quoi il s'engage.

SERGE : Le skew de corrélation

Elle est intelligente, cette fille. L'algorithme qu'elle a conçu est magnifique. Net, simple, concis. Elle sait ce qu'elle fait. Elle est assise à côté de lui et dessine les lignes du bout de son ongle écarlate en expliquant : « J'amélioré le modèle du facteur de charge aléatoire pour capturer risque spécifique aux tranches super senior. »

Il ne trouve aucune faille.

Il lui a dit que La Poule voulait qu'il y jette un œil, pour voir s'il fallait le retoucher. Il ne lui a pas dit que La Poule voulait… mais qu'est-ce que La Poule attend de lui, au juste ? Lui expliquer qu'elle manque d'envergure ? Si encore il avait des améliorations à suggérer, cela pourrait justifier une collaboration, mais à part pour peaufiner sa grammaire, elle n'a aucun besoin de son aide.

Il est plus de dix heures du soir, ils sont quasiment tous partis. Il ne reste que quelques oiseaux de nuit qui piaillent du côté des Matières premières. Un aspirateur mugit quelque part.

Mais dans le bureau vitré, le silence règne. Il entend presque les battements de cœur de Maroushka.

« C'est parfait, Maroushka. Un bel exemple de modélisation de CDO à tranche unique en présence d'une courbe de corrélation asymétrique. »

Ce qu'il veut dire en réalité c'est *tu* es parfaite. La courbe de ta joue. La mèche brune égarée sur ton front laiteux plissé par la concentration. Il retient son souffle et l'enlace par l'épaule en sentant la chaleur de son dos, l'étroitesse de ses omoplates sous l'étoffe rouge.

« Et je vois que tu as déjà développé une méthode de pricing efficace sur les différentes catégories de produits sur panier.

— Aussi CDO exotiques et CDO2. L'algorithme amélioré pour pricer et calibrer les modèles multi-issuers entre le portefeuille bespoke et standardisé. » Elle parle d'un ton hésitant en riant nerveusement comme si elle avait peur de l'ennuyer. « Il est bien ? Oui, Sergei ? »

Il sent son parfum. Il effleure sa peau miraculeuse.

« Oui, c'est bien. »

L'instant d'après, ils sont dans les bras l'un de l'autre, leurs bouches collées, leurs langues se dévorant comme des mollusques affamés... bon d'accord, on oublie les mollusques. Son rouge à lèvres bave, on dirait une gamine qui aurait forcé sur la confiture de fraises.

« Enfuis-toi avec moi, Maroushka. »
Elle rit.

« Pourquoi tu enfuis toujours, Sergei ? On reste ici, on gagne beaucoup l'argent.

— Parce que ce monde n'est pas assez bien pour toi, Princesse. Parce que tout va s'effondrer.

— Quand tout effondre on sera riche.

— On pourrait être heureux ensemble. » Il l'attire à lui et la serre dans ses bras en la couvrant de baisers. « La richesse n'est pas tout. »

Elle se dégage brusquement.

« Dans mon pays, Sergei, le richesse est tout. » Elle a un regard de braise. « Dans l'époque soviétique, toute le personnes étaient ordinaires. Maintenant on a l'élite riche. Ces personnes ils sont plus intelligents. Moi aussi je suis intelligent. Alors pourquoi pas moi ? »

Il est découragé et la mélancolie s'abat sur lui comme un épais brouillard, étouffant toute possibilité, tout espoir d'un bonheur futur. Car en cet instant de vérité, il comprend qu'il ne pourra jamais la ramener chez lui pour la présenter à Marcus et à Doro.

Doro : On veut des primeurs, pas des promoteurs !

Un lundi de novembre, Marcus et Doro participent à un joyeux spectacle de démocratie en action devant l'hôtel particulier de Mansion House qui abrite la salle du conseil. Celui-ci doit commencer dans une demi-heure et les grilles sont ornées de banderoles humides découpées dans des draps – « PROTÉGEZ L'ENVIRONNEMENT DE GREENHILLS », « LE POUVOIR VERT ! », « SOUVENEZ-VOUS DU SCANDALE DE DONNYGATE ! » – qui claquent mollement sous les bourrasques de vent. À l'abri du porche, en haut du perron, Doro parcourt la foule du regard – ils doivent être presque une centaine – en brandissant une pancarte proclamant « GAGA ! » au-dessus d'une photo de chou. Dans la rue, au milieu d'une forêt de pancartes artisanales, le groupe de la mine de Rossington, invité par Reggie Hicks, joue le *Red Flag*, l'hymne du Labour. La clique habituelle est également venue en masse pour essayer de vendre ses journaux – la Ligue trotskyste britannique, l'Alliance anarchiste de Barnsley, le Mouvement pour la légalisation de la trépanation, le Parti uni de libération de Pontefract – et grossit leur nombre tout en poursuivant ses obscures entreprises. La bonne humeur règne malgré le crachin.

C'est Reggie qui a été chargé de prendre la parole devant le Conseil, tandis qu'Ada Fellowes présentera leur pétition de plus de deux cents signatures (dont certaines fausses), trop tard pour influer sur le projet d'aménagement. Doro est persuadée que tout ça n'est qu'un jeu et qu'ils ont perdu la partie depuis longtemps, mais elle se résigne tout de même à brailler des slogans du haut du perron. Ça lui rappelle la grande époque des manifestations et elle est contente d'avoir réussi à convaincre Marcus de l'accompagner – au début, il était plutôt réticent, mais le voilà à présent sur la marche d'en dessous qui brandit sa pancarte en criant : « On veut des primeurs, pas des promoteurs ! »

À mesure que les membres du Conseil arrivent par petits groupes, la foule se bouscule en criant : « GAGA ! », « On veut la légalisation ! », « Démission ! Démission ! Démission ! » Elle guette Malcolm Loxley en se demandant si elle préfère l'affronter carrément ou détourner les yeux en faisant mine de ne pas l'avoir vu.

Soudain, au bout de High Street, un petit groupe de manifestants très bruyant surgit le poing levé en scandant : « Le pouvoir aux jardins ouvriers ! »

« C'est qui, eux ? » lui glisse Marcus.

Elle distingue seulement le sigle FSSIP, qui s'étale en grosses lettres noires sur la banderole rouge, mais quand ils approchent, elle déchiffre Front socialiste de solidarité de l'internationale posadiste. Dans un coin, la faucille et le marteau, dans l'autre, une soucoupe volante.

« Euh... tu ne reconnais pas le gros avec une queue de cheval qui tient la banderole ?
— Mais c'est... Chris ?
— ... Howe ! »

Malgré sa bedaine, il a l'air plus élégant, plus soigné, presque enjoué.

« Camarades ! »

Il les reconnaît au même instant et lâche le côté de la banderole qu'il tenait pour se frayer un chemin à travers la foule.

« Marcus ! Doro ! Quel plaisir de vous voir ! Je ne savais pas que vous étiez toujours dans le coin ! »

Marcus le serre dans ses bras.

« Je suis ravi de te voir, Chris ! Tu es venu nous soutenir ?
— Les jardins ouvriers sont le nouvel avant-poste de la lutte des classes dans la Grande-Bretagne désindustrialisée, camarade ! Vous savez ce que Posadas a dit ? Quand l'intelligence extraterrestre nous apportera le socialisme, les premiers à l'adopter seront les néo-Narodniki et les dauphins. Salut Doro ! Je suis content de voir que tu as gardé la foi ! »

Il lui saisit la main. Doro réagit avec une certaine froideur. Elle n'a jamais vraiment pardonné à Chris le rôle qu'il a joué dans ce qui s'est passé en 1994. Bon d'accord, quand il est descendu ouvrir la porte en simple tee-shirt, il ne pouvait pas savoir que c'était la police. Mais il aurait pu avoir suffisamment de jugeote pour ne pas crier par-dessus son épaule : « C'est la poulaille ! »

Et quand les policiers l'avaient repoussé, n'importe quel être sensé serait allé enfiler des vêtements, au lieu de quoi il avait arraché son tee-shirt en criant : « Emmenez-moi dans la nuit, bande de fascistes ! »

Ce qu'ils avaient fait, naturellement.

« Oui, je fais partie des jardiniers, Chris. » Elle sourit avec détachement.

A posteriori, c'est assez drôle. En fait, ils auraient même pu en rire à l'époque, si l'assistante sociale qui suivait alors Oolie n'avait pas pris la chose au sérieux et décrété que Solidarity Hall était un repaire de pédophiles adeptes de sévices rituels sataniques, déclenchant une vague d'enquêtes en tous genres qui avaient fini par pousser les Chris à déménager.

« Toussie, Kolli... vous vous rappelez, Doro ? »

Deux jeunes gens effacés avec des cheveux raides teints en noir, des tenues gothiques et des piercing aux sourcils se détachent du groupe et elle les prend dans ses bras.

« Qu'est-ce que vous êtes grands ! Et Chris ? Elle est avec toi ?

— Euh, c'est-à-dire qu'on a rompu avec Chrissie, explique Chris. Je te présente ma nouvelle compagne, Mara. »

Une jeune fille à la peau sombre absolument ravissante, qui doit avoir à peu près l'âge de Toussaint et Kollontai, jette un œil à Doro, l'air timide.

« Bonjour. »

Puis elle se retourne vers Chris avec un regard d'adoration.

En observant le groupe, Doro s'aperçoit qu'ils ont vaguement tous le même âge, qu'il n'y a presque que des filles et que la plupart contemplent Chris Howe avec un air illuminé. Mais ce n'est pas vrai ! Il a fini par devenir gourou.

Le gourou sort un mégaphone de son sac à dos : « Camarades ! Citoyens de Doncaster ! Titulaires de parcelles du monde entier ! »

Avant même qu'il n'ait eu le temps de finir sa phrase, les filles au regard illuminé commencent à l'applaudir, puis le groupe de jeunes pousse des acclamations. Doro a un mouvement de recul et marche sur le pied de quelqu'un qui essaie de se frayer un chemin à travers la foule pour entrer dans le bâtiment. Elle se retourne – c'est le conseiller Malcolm Loxley. Leurs regards se croisent.

« Je vous apporte les salutations de la radio-galaxie Cygnus ! » hurle Chris Howe dans le mégaphone.

Le conseiller jette un coup d'œil à la pancarte de Doro. Il esquisse une moue de dédain quasi imperceptible. Puis il regarde droit au-dessus de sa tête et la bouscule pour se diriger vers la salle du conseil.

Rouge de colère, elle essaie de le suivre, mais un huissier lui barre le passage.

Malgré l'éloquence de Reggie Hicks, malgré les deux cents signatures de la pétition, malgré la musique et les slogans, malgré la bagarre qui a éclaté entre les trotskystes et les libérateurs de Pontefract, et malgré le vol du mégaphone des posadistes par des extrémistes de l'Alliance anarchiste de Barnsley qui s'en sont servis pour les provoquer, la motion autorisant la vente du terrain des jardins ouvriers en vue d'un projet de réaménagement urbain a été votée par quarante-quatre voix contre huit, plus cinq abstentions, avec une clause stipulant qu'une partie du site devait être consacrée à une résidence spécialisée adaptée aux « personnes présentant des troubles de l'apprentissage ».

Il est plus d'une heure de l'après-midi quand Marcus et Doro rentrent chez eux, épuisés et un peu enroués. Doro se jette sur le canapé en regrettant de ne pas avoir mis des chaussures plus confortables.

« Qu'est-ce qu'il y a pour le déjeuner ? demande Marcus.

— Du fromage et de la salade. Et une demi-bouteille de vin dans le frigo.

— Je prépare des sandwichs ? demande-t-il d'un ton hésitant qui laisse entendre que c'est là une tâche dépassant ses compétences.

— Tu peux toujours essayer. »

Ils mâchent leur sandwich côte à côte sur le canapé en regardant les informations à la télévision. La victoire d'Obama monopolise encore les gros titres. Trente-sept personnes sont mortes en Afghanistan, trente-cinq autres en Irak. Miriam Makeba est décédée.

Il n'y a rien au sujet de leur manifestation, pas même aux informations locales.

« Dommage. On était relativement nombreux, soupire Doro, qui commence à se sentir mieux après avoir bu et mangé.

— Ça m'a rendu nostalgique, dit Marcus. Ça fait des années que je n'avais pas autant crié ! Je suis content que tu m'aies convaincu de venir.

— C'est bête qu'il y ait tous ces cinglés – ça donne une mauvaise image de nous.

— Nous aussi on était cinglés.

— On ne l'a jamais été à ce point, répond-elle.

— Les cinglés remplissent une fonction essentielle. Ils défient les doctrines en vigueur.

— Ah oui ?

— Réfléchis un peu. S'il n'y avait pas eu de cinglés, il y aurait encore des esclaves et des petits ramoneurs. »

Elle verse les dernières gouttes de vin dans le verre de Marcus et l'enlace.

« Je t'aime, mon cinglé, murmure-t-elle en ébouriffant ses cheveux encore mouillés par la pluie.

— Je t'aime, ma gaga, lui chuchote-t-il à son tour. Camarades dans la lutte. Compagnons dans la vie. »

Il l'attire à lui sur le canapé de ses chaudes mains qu'elle connaît si bien et couvre son visage de baisers. Elle se colle contre lui et passe la main sous sa chemise en glissant ses doigts jusqu'aux recoins intimes de peau douce avec leur fine toison de poils grisonnants. Il déboutonne son chemisier et prend ses seins galbés de satin noir entre ses mains.

« Tu sais que tu es une femme très séduisante... »

Elle ferme les yeux en croisant les doigts derrière son dos et l'implore en silence – *s'il te plaît, s'il te plaît*, ne dis pas "pour une femme de ton âge".

Et il ne dit rien.

Quatrième partie
LE PAYS ENCHANTÉ

Serge : AAA

Le mardi 11 novembre, vers seize heures, Serge, Maroushka et La Poule sont dans un taxi qui roule au pas dans le tunnel de Limehouse Link en direction de Canary Wharf. La Poule et Maroushka sont serrés côte à côte sur la banquette arrière, alors qu'ils ont largement la place. Serge est face à eux sur un strapontin, le dos au chauffeur, un porte-documents posé sur ses genoux qui effleurent presque ceux de Maroushka – il meurt d'envie de les toucher mais se retient à cause de La Poule. Maroushka est vêtue d'un manteau de cachemire noir, nonchalamment ouvert sur sa robe rose foncé et des collants noirs ultrafins qui soulignent le galbe de ses genoux. Son rouge à lèvres assorti à la couleur de sa robe est sensuel tout en restant discret. La Poule porte également un manteau de cachemire noir avec un costume sur mesure et une chemise Brioni ivoire. Serge a remis son costume Ermenegildo Zegna soldé mais il s'est offert une chemise Brioni qui lui caresse la peau à chaque balancement, chaque secousse du taxi. Il préférerait que ce soit Maroushka qui le caresse, mais pour l'instant ce n'est pas envisageable.

Maroushka pousse des cris de joie en voyant les éclairages féeriques des tours de Canary Wharf surgir dans le ciel sombre. La Poule lui récite le nom des bâtiments comme un père indiquant les constellations à une enfant surexcitée.

« HSBC. Citigroup. Barclays. Clifford Chance. Crédit Suisse. Bank of America. Merrill Lynch. »

Elle se tourne en tendant le cou, collant ses cuisses contre celles de La Poule. Serge est d'autant plus contrarié que non seulement il tourne le dos à la vue, mais il voulait prendre le Docklands Light Railway, ce qui aurait été infiniment plus rapide et plus confortable, si ce n'est que Maroushka a catégoriquement refusé, sous prétexte que les transports en commun étaient bondés et qu'elle ne se déplaçait qu'en taxi. Qu'ils en sont au même point depuis qu'il l'a embrassée la semaine dernière. Et que s'il n'avait pas insisté auprès de La Poule, elle ne serait pas là.

Le taxi les dépose au pied d'une autre tour de verre et d'acier qui abrite les bureaux de l'agence de notation. Ils prennent l'ascenseur jusqu'au dernier étage, où on les fait entrer dans une salle de réunion anonyme.

« Voici Serge Free. Je vous en ai parlé au téléphone. » La Poule fait les présentations. « Et voici Mary Malko, une de nos plus brillantes analystes quantitatifs.

— Enchanté. »

Les deux membres de l'agence de notation lui serrent brièvement la main et plus longuement celle de Maroushka. Il s'avère rapidement que le plus petit et le plus âgé des deux est le subalterne. Quant au grand avec un nez rond et de larges oreilles, Serge a l'impression de l'avoir déjà vu, mais il ne sait plus où. Il les prie de s'asseoir. On leur apporte du café.

« Allez-y, Serge », dit La Poule.

Serge ouvre son porte-documents et toussote.

« Cet investissement représente un nouveau modèle de portefeuille adapté au contexte du marché que nous connaissons depuis 2007, qui développe de façon significative le modèle standard de copule gaussienne pour évaluer la perte en cas de défaut. Nous avons incorporé des taux de recouvrement stochastiques dans le modèle en nous basant sur l'effet établi de la corrélation inverse entre taux de recouvrement et fréquence de défaut. »

Le plus âgé et le plus petit des deux prend des notes en regardant de temps à autre Serge, qui garde un œil sur La Poule, qui observe le grand au nez rond, qui fixe Maroushka. Maroushka, elle, regarde par la baie vitrée.

Comment peut-elle supporter de l'entendre parler à sa place sans essayer de l'interrompre ou de clarifier certains points ? Si c'était lui, il serait furieux que La Poule se soit emparé ainsi de son travail en confiant à Serge le soin de le présenter. Initialement, il avait prévu d'exclure Maroushka de la réunion, mais Serge avait tapé du pied pour qu'il l'invite à y assister.

Curieusement, ça n'a pas l'air de la déranger. C'est peut-être parce que c'est une fille.

La salle dans laquelle ils se trouvent donne sur une vaste perspective de gratte-ciels et de places apparemment flambant neuves reliées les unes aux autres et bordées par la boucle de la Tamise qui, vue des berges, est le plus souvent marron, mais qui d'ici, a des allures idylliques de carte postale. En bas, il y a un authentique quai avec de vrais bateaux amarrés et des mouettes vivantes qui crient. À mesure que la nuit tombe, les tours, les rues et les quais s'illuminent peu à peu et la scène prend des airs de jeu vidéo, intelligemment conçu mais irréel, basé sur un potentiel de gains illimités. Quand il arrive au terme de sa présentation, qui sera suivie de la pause-café et des questions, les gens ont déjà commencé à sortir en masse des bureaux pour envahir les places peuplées de bars et de boutiques.

« Ça va, Maroushka ? chuchote-t-il. Qu'est-ce que tu en penses ?

— On paie le bon prix, ils donnent le bonne notation », répond-elle sans le regarder.

À sa gauche, il entend La Poule qui discute avec le type au nez rond.

« J'ai baissé mon handicap à onze. »

L'homme – il s'appelle Smythe – pose une main sur l'épaule de La Poule. « Il faut qu'on se fasse une partie avant Noël, Ken. »

Ça y est – les photos de golf. C'est l'Apollon golfeur aux boucles blondes, si ce n'est qu'à présent il a une coupe anonyme de banquier qui lui fait un gros nez et de grandes oreilles. Sur la photo, il était en polo, mais il porte aujourd'hui un costume à l'italienne en laine et soie absolument dément, probablement sur mesure. À voir les deux beaux gosses sûrs d'eux se regarder avec leur sourire étincelant de blancheur façon pub de dentifrice, on dirait qu'ils posent pour une séance photo de magazine masculin.

« On a fait des copies des documents. Tu me diras s'il y a des problèmes, Tony », dit La Poule.

Visiblement, ce sont de vieux copains. Ça tombe bien.

Serge : L'Aspirateur

Otto et Molly ont eu une petite fille. Ils l'ont prénommée Flossie, en hommage aux logiciels libres et open source FLOSS, lui a expliqué Otto, débordant de fierté. Ils lui ont envoyé un SMS accompagné de la photo d'une petite chose coiffée d'un bonnet blanc. Il leur a expédié un cadre photo numérique qu'il a trouvé sur Internet avec 4 Go de mémoire, MP3 et lecteur vidéo, qui leur permettra d'enregistrer et de regarder toutes leurs photos à volonté, ainsi que les gazouillis du bébé, les premiers pas et tout ça. La démo a l'air cool – il s'en offrira peut-être même un.

Otto est allé voir Scudamore's, le loueur de barques, pour demander s'ils avaient trouvé un sac en plastique plein de lettres, mais il est revenu bredouille. Il a également longé la rivière en compagnie de Molly et de la petite Flossie, de Magdalene Bridge à l'écluse de Jesus Weir. Au milieu des déchets flottants de branches mortes, de bouteilles en plastique et de chaussures égarées, ils ont retiré une enveloppe adressée à Serge à Queens' College, mais elle ne contenait qu'un prospectus du théâtre de Cambridge daté de six mois plus tôt.

Il ne s'inquiète pas trop cependant, car aujourd'hui La Poule est descendu dans la salle de marché avec une bouteille de Veuve Clicquot pour célébrer le succès de Germes d'Avenir, qui a obtenu un triple A et se trouve désormais entre les mains de l'équipe marketing. Après ça, Maroushka, qui était un peu éméchée, lui a roulé un patin dans l'ascenseur. Il a même réussi à lui peloter les seins. Elle a une nouvelle tenue – brun foncé avec des boutons scintillants.

La Bourse est en baisse depuis le début novembre. Plus tard dans l'après-midi, il profite de ce que le bureau vitré soit vide pour imprimer les graphiques des hausses et des retracements des six derniers mois afin de les analyser. Outre les fluctuations quotidiennes, ils reflètent une tendance générale qui correspond étonnamment au modèle de Fibonacci. Elle approche du *phi* – le tournant. Le marché ne va pas tarder à atteindre son point le plus bas et dès qu'il commencera à se redresser, tout le monde se précipitera pour en profiter, accélérant la reprise. Il téléphone à son courtier et à dix-sept heures, il a déjà doublé ses actions de SYC et revendu la totalité de ses parts de Wymad, d'Endon et d'Edenthorpe Engineering. Il perd les quelques gains qu'il aurait pu encaisser en attendant la dernière minute, mais pourquoi prendre des risques quand il a déjà touché le gros lot ?

Après ça, il veille à éteindre son portable, car Clara lui a envoyé des textos. Elle veut lui parler d'Oolie, apparemment. À tous les coups, elle va l'accuser d'avoir manqué de prudence sur la rivière ou une connerie de ce genre. Oolie s'est bien amusée. En fait, il faut qu'il prévienne Otto – Doro dit qu'elle a hâte de revenir à Cambridge.

À neuf heures du soir, Maroushka, Le Hamburger et lui sont les derniers de l'équipe à rester au bureau. Même la plupart des traders sont partis. Maroushka travaille mystérieusement sur son clavier, les sourcils froncés, et Serge fait semblant de travailler également en attendant que Le Hamburger parte en les laissant enfin seuls. Saura-t-il défaire ces boutons scintillants ? Et qu'est-ce qu'elle aura en dessous ? Sa jupe – elle est courte mais serrée. Et il a toujours eu du mal à dégrafer les soutiens-gorge des filles. Imaginer la façon dont il s'y prendra l'excite terriblement.

> *Princesse des mathématiques !*
> *Oublie tes chiffres,*
> *Et ouvre tes...*

« *Gute Nacht*, Serge, Maroushka ! »
Le Hamburger se dirige vers la sortie. Enfin !

Serge attend trois bonnes minutes pour la forme avant de se lancer. Il se glisse jusqu'au bureau vitré.

« Salut. »

Il y a mieux comme entrée en matière pour draguer, mais au moins, ça a le mérite de la simplicité.

« Salut. »

Comme elle a toujours les yeux rivés sur son écran, il s'approche d'elle et lui pose une main sur l'épaule. Elle ne bouge pas. Il effleure ses cheveux bruns de ses lèvres.

« Sur quoi tu travailles, Princesse ?

— Fin du récession immobilier. Germes d'Avenir a le succès au marketing. »

Personnellement, il n'aurait jamais accordé un triple A à cet investissement en dépit des calculs audacieux de Maroushka, mais c'est peut-être ce qui explique qu'il ne soit qu'un obscur analyste vissé derrière son ordinateur alors que Tony Smythe et La Poule sillonnent les golfs du monde habillés en Gant.

« Germes d'Avenir – comme l'éternel printemps paré de nouveaux atours de Gauss. »

Elle le regarde en riant.

« Je t'aime bien, Serge. Tu penses toujours le philosophie intéressante.

— L'amour est ma seule philosophie, ma jolie. »

Il se penche, prend son visage entre ses mains et l'embrasse doucement tout d'abord puis avec de plus en plus de fougue, en cherchant sa langue... oh non, pas les mollusques affamés. Elle s'amuse à le repousser en riant et il passe la main sous sa veste brun foncé, sentant la chaleur de ses seins sous l'étoffe légère de son haut tandis qu'elle se tortille, puis elle soupire, s'immobilise entre ses bras, les yeux fermés et murmure : « Sergei ! »

Enfin !!!

Il se débat avec les boutons en strass. Ou plus exactement avec les boutonnières. Merde, elles sont super étroites. Il tripatouille, tire, tire encore plus fort, et... ping ! Un bouton décrit un arc en l'air, rebondit deux ou trois fois et roule sous le bureau. Elle se redresse, ouvre les yeux.

« Non, Sergei, ce boutons il est juste pour le décoration. Pas déboutonner.

— Oh, je suis désolé. Je vais te le retrouver. »

Il se met à quatre pattes et commence à chercher. Il a la figure au ras de ses sublimes genoux légèrement écartés, avec sa jupe remontée sur ses collants noirs ultrafins. Les collants risquent de lui poser un problème, mais il verra bien une fois qu'il aura retrouvé ce fichu bouton. Ce ne serait pas ça, par hasard, là-bas dans le coin, à côté de la poubelle ? Il rampe sous le bureau. Non, c'est une pièce de cinq cents. Il l'empoche. Il commence à bander mou, mais il ne peut pas laisser tomber maintenant.

Vrrrrrrrroooouuuuuh !

Un rugissement d'avion au décollage retentit soudain à côté de lui. Il sursaute, se cogne la tête contre le bureau – aïe ! – et tout devient noir. Puis subitement il entend la voix de Jojo, la femme de ménage, qui dit : « Ça ne vous dérange pas si je passe l'aspirateur, mon petit ? Je voudrais partir un peu plus tôt. »

Le bureau est envahi par le bruit de l'aspirateur qui grince, puis on entend le cliquetis d'un objet dur avalé dans le tube en plastique.

« Stop ! Stop ! crie Maroushka.

— Stop ! » hurle-t-il désespérément de sous le bureau. Mais l'aspirateur est si bruyant que Jojo n'entend pas, alors il plonge en avant pour débrancher la prise qui se trouve à côté de la porte.

« Qu'est-ce qu'il y a ? » demande Jojo.

Maroushka lui montre sa veste avec le bouton manquant.

« Il doit être là-dedans. » Serge indique le réservoir de l'aspirateur. « Vous pouvez l'ouvrir ?

— Je vais le vider », répond Jojo qui déclipse aussitôt le couvercle de l'aspirateur et déverse le contenu par terre.

À l'intérieur, il y a un amas de poussière grisâtres, de cheveux emmêlés et de paquets de déchets indéterminés. Il retient son souffle et commence à le tâter en faisant voler un nuage de poussière dans le bureau.

« Non ! crie Maroushka en toussant. Ça va ! Laisse ! »

Il palpe les amas qui ont la taille d'un bouton. Mais putain, où est-ce qu'il peut être… ?

Ce tas de saletés agglutinées lui rappelle le placard de l'escalier de Solidarity Hall destiné à entreposer les bottes et les sacs, où les objets égarés se désintégraient dans la caverne du temps.

« Je vais vous le trouver ! Vous en faites pas ! » Jojo se met à fouiller avec ardeur en écrasant et en triant les amas entre ses doigts potelés. « Il doit bien être là-dedans ! »

C'est ridicule. Il est sûr d'avoir entendu le bruit d'un truc de la taille d'un bouton qui était aspiré. Et il a la certitude au fond de lui que s'il veut arriver à quelque chose avec Maroushka, il faut à tout prix qu'il retrouve ce bouton – leur bonheur futur en dépend.

« S'il vous plaît, ça fait rien. Vous faites plus du sale que le nettoyage. »

Maroushka tousse, écarte une mèche de son visage en laissant une traînée de poussière grise sur sa joue. Il l'embrasse tendrement, mais cette fois, il ne bande plus du tout.

Puis tous les trois se mettent à palper le monceau de saletés en toussant dans l'air vicié. À eux trois, ils pêchent une pièce d'une livre, une de deux euros, une autre de vingt cents, une chose marron enveloppée dans du papier aluminium, un cafard mort, plusieurs trombones, deux capuchons de stylo, une petite clé USB marron qui ressemble à un cafard mort (hein ?), un faux ongle, une lentille de contact et quelque chose qui ressemble à un bourgeon mais s'avère être un petit bout de laitue tombé d'un sandwich. Pas de bouton.

Il fixe la clé USB qui sort de l'amas de poussière. Doit-il dire qu'elle lui appartient ? À l'instant où il s'apprête à la récupérer, Maroushka se penche avec un petit rire et la glisse dans sa poche.

Le temps que Jojo finisse d'aspirer toutes les saletés répandues par terre, qu'ils se lavent soigneusement les mains, éteignent leur ordinateurs et prennent l'ascenseur tous les deux, il est dix heures et demie.

« Je désolé pour le femme du ménage, dit Maroushka. Elle a pas le capacité de améliorer son situation. Elle a le mentalité prolétaire. »

Il se penche vers elle et lui glisse : « Je peux t'inviter à dîner, Vénus ? Pour me faire pardonner le bouton que j'ai perdu ? »

Elle fait non de la tête.

Et pour être franc, le soupçon de regret qu'il éprouve est tempéré par une pointe de soulagement.

En amour, il ne faut pas brusquer les choses. Cette fille vaut la peine qu'on attende. Ce n'est pas le style de nana qu'on culbute à la va-vite sur la moquette d'un bureau. Malgré l'incident du bouton, il grimpe quatre à quatre l'escalier qui mène à son penthouse avec optimisme, le souvenir de ses baisers encore frais sur ses lèvres. Bientôt, il l'amènera ici pour lui faire admirer sa vue panoramique, déboucher une bouteille de champ et...

Sur l'étagère, les escarpins de Maroushka attendent au garde-à-vous qu'elle vienne les chercher.

Ce n'est plus qu'une question de temps.

Peut-être dans les années à venir repenseront-ils en souriant à cette soirée passée à trier le contenu d'un aspirateur de bureau ?

*

Une fois au lit, ce soir-là, il prend son portable et se connecte sur le compte de courtage en ligne de Kenporter1601 avant de dormir – pas pour trader, bien sûr, juste pour voir.

Et ce qu'il voit, en l'occurrence, c'est que La Poule a vendu pour 525 000 livres d'actions d'Edenthorpe Engineering cet après-midi, environ une demi-heure après Serge. Merde alors ! Est-ce une coïncidence ? Ou faut-il y voir une logique ? Non, ça ne peut pas être une coïncidence. La Poule devait être au courant de ses transactions. Mais comment ? Le cours a plongé à 102 points. S'il avait vendu à ce prix-là, il se serait fait quelques milliers de livres de plus. La Poule l'aurait-il espionné alors que tout ce temps il croyait être lui l'espion ? Il sent dans sa poitrine la terreur du lapin.

Il vérifie la boîte mail pour voir s'il y a du nouveau. Il y a un message de Juliette lui rappelant son rendez-vous de vendredi – "petit vilain, va". Il aimerait être une petite souris pour assister à une de ces séances ! Mais c'est quoi ce curieux petit message en bas de la liste ?

Demain. Mx

Deux mots à peine, mais de quoi affoler son cœur comme un marché en pleine débâcle.

L'adresse mail ne révèle rien – une suite de chiffres @yahoo.com. Il la note, mais ne se risque pas à répondre. Il relit le message, s'interroge, essaie de deviner. "M". Ça doit être elle – qui d'autre ? Et "x" – un baiser.

Doro : La Lettre

Doro passe l'aspirateur à l'étage en maudissant la pluie qui toute la journée l'a empêchée de sortir. Depuis qu'elle a pris sa retraite de son poste à mi-temps de professeur à la fin de l'an dernier et qu'Oolie a commencé à travailler chez Edenthorpe, elle a des heures de loisir devant elle, des centaines d'heures. Si elle les mettait bout à bout, elle pourrait écrire un livre comme Marcus, apprendre une langue étrangère ou s'initier au golf. Mais au lieu de cela, elle les emploie à s'occuper de la maison, ce qu'elle déteste car c'est sans fin, ou à préparer du thé qu'elle oublie souvent de boire. Le ménage doit être un instinct primaire spécifique aux femmes, car Marcus a pris sa retraite depuis trois ans maintenant sans jamais avoir éprouvé le besoin particulier de passer l'aspirateur. Tant pis pour « l'homme nouveau ».

Elle a du mal à comprendre cette soudaine envie de se marier, mais Oolie-Anna semble s'être faite aisément à cette idée. Pour tout dire, Oolie est plus enthousiaste à la perspective d'être demoiselle d'honneur qu'à celle d'être adoptée, car son adoption ne suppose pas particulièrement de jolie tenue et qu'ils n'ont pas su lui expliquer les avantages que cela pouvait présenter. Quand ils auront fixé la date, il faudra que Doro se lance dans les préparatifs, dont elle devra à tous les coups se charger toute seule.

Dans l'ancienne chambre de Serge transformée en bureau, l'aspirateur heurte un carton de paperasses fermé avec du scotch qui n'a pas été ouvert depuis qu'ils ont déménagé de Solidarity Hall en 1995. Il est peut-être temps de se débarrasser d'une partie de ce vieux fatras inutile. Elle l'ouvre pour inspecter le contenu et un bout de papier vole par terre.

Cher tous,

Quand vous lirez ce mot, je serai loin d'ici. J'ai l'occasion d'être heureuse, je ne peux pas la laisser passer.
Veillez sur la petite Julie-Anna.
Elle a toujours été plus à vous qu'à moi, maintenant elle est toute à vous.
Si jamais nous nous revoyons un jour, j'espère que vous comprendrez.

Amicalemant,

Megan Cromer

L'écriture est petite et ronde, comme celle d'une fillette, avec des cercles à la place des points au-dessus des *i* et cette unique faute d'orthographe à la fin. Elle le relit deux fois et elle est submergée par une telle émotion qu'elle s'empresse de le ranger dans le carton. Mais tandis qu'elle passe l'aspirateur dans la maison, elle est assaillie de questions.

C'est où « loin d'ici » ?

Quelle « occasion d'être heureuse » ?

La première fois qu'elle l'a lu, il y a vingt ans, elle n'y avait prêté aucune attention. À présent, le mot lui paraît ridicule et mélodramatique. « Si jamais nous nous revoyons un jour, j'espère que vous comprendrez. » On dirait du Barbara Cartland. Soudain, elle est envahie par un sentiment de fureur à l'égard de Megan, que son souci du politiquement correct lui interdisait d'éprouver à l'époque. Qu'est-ce qu'on en avait à faire qu'elle soit heureuse ou pas ! Et le bonheur d'Oolie, alors ?

Même les noms posent problème.

Pourquoi Megan Cromer ? Pourquoi se cachait-elle ? À moins qu'elle ait toujours su qu'elle s'enfuirait un jour ?

Pourquoi Julie-Anna ? Était-ce une simple erreur, ou le refus d'accepter le nom qu'ils lui avaient donné ?

Elle revoit la scène dans le salon de Solidarity Hall, Megan épuisée et abattue, Chris Watt essayant de la convaincre d'allaiter le bébé, Chris Howe déboulant avec Fred, tous deux ravis du prénom qu'ils avaient trouvé. Megan avait acquiescé d'un air absent en fixant le bébé agité qui ne réagissait pas. Doro culpabilise soudain.

« Elle a toujours été plus à vous qu'à moi. » Il y a peut-être une part de vérité là-dedans. Mais à elle seule, Megan n'aurait jamais pu donner à Oolie tout ce que la communauté lui avait apporté – pourquoi se sentir coupable ? « Maintenant elle est toute à vous », avait écrit Megan, et Doro avait vu le cours de son existence changer comme une planète déviée de l'axe de son orbite.

Les aînés s'étaient également adaptés à l'arrivée d'Oolie dans leur famille. Clara était devenue plus responsable. Serge et Otto s'étaient retirés dans leur petit univers cérébral. Ce serait bien de leur parler de cette époque, de leur expliquer ce qui s'était passé. Mais pourquoi les encombrer de toutes ces vieilles histoires oubliées ? Clara fait un travail remarquable avec ces enfants difficiles, au lieu de ne penser qu'à elle comme beaucoup de jeunes de sa génération. Et Serge n'a pas choisi la voie facile de l'argent comme il aurait pu le faire, avec son intelligence, mais il consacre tous ses efforts à des recherches scientifiques de pointe. Et la petite Oolie est si résolument enjouée malgré tous les revers qu'elle a pu essuyer. Elle peut être fière de ses enfants.

Elle éteint l'aspirateur et met le vieux carton de paperasses sur le palier – demain, elle demandera à Marcus de l'aider à l'emporter à la déchetterie. En revenant, elle s'arrêtera au dépôt-vente d'Oxfam et s'inscrira comme bénévole.

« Tu veux que je prépare le dîner ? » lui lance-t-il de la cuisine.

Décidément, le vent du changement souffle sur sa vie.

Serge : Petit vilain, va

Demain. Mx

Autrement dit, aujourd'hui, 14 novembre 2008, 07 h 45, selon l'écran de la chaîne Bloomberg accroché en hauteur au plafond de la salle de marché.

Elle n'est pas encore arrivée. Serge met sa veste sur son dossier et allume son moniteur. Il n'a pas beaucoup dormi la nuit dernière. Un tic dû à la fatigue lui picote la paupière de l'œil droit.

Mais Germes d'Avenir remporte un grand succès et il y a d'autres signes de reprise sur le marché de l'immobilier. En signe de confiance, Persimmon, l'entreprise de bâtiment, a renoncé aux mesures qu'elle avait prises pour lutter contre la chute des prix de l'immobilier. Les banques islandaises se sont également stabilisées grâce au prêt de deux milliards de dollars que leur a consenti le FMI.

Du côté d'Edenthorpe Engineering, toutefois, la situation est loin d'être aussi rose. Un flash d'information annonce que les actions ont chuté à 85 pence et le bruit court que la société risque d'être placée en redressement judiciaire. Ce n'est tout de même pas ses ventes à découvert qui ont provoqué ça ? Serge vérifie rapidement sur BBC Business. Sept cents emplois sont menacés. Merde ! Il ferme les yeux et essaie de chasser de son esprit le murmure de sa conscience. Mais alors même qu'il est tenaillé par ses scrupules, une autre voix lui chuchote : « Si tu avais attendu un peu et racheté à 85 pence, tu te serais fait un sacré paquet de fric en plus. »

Plongé dans son écran, il ne s'aperçoit pas que le silence s'est abattu dans la salle. En levant les yeux, il voit que tous les regards sont tournés vers la porte. La Poule est planté sur le seuil en compagnie d'un des Américains – Craig Hampton ou Max Vearling, il ne sait plus lequel. Ils chuchotent tous les deux en parcourant la salle des yeux.

Qu'est-ce qu'ils regardent ? Qui cherchent-ils ? La Poule laisse son regard de doberman s'attarder sur lui. Son ventre se noue.

« Demain. Mx. » Une voyelle a été négligemment omise dans le mail. Mais oui, Max Vearling. Il fixe Serge droit dans les yeux en esquissant un léger sourire. Le moment est venu où on va lui glisser un mot à l'oreille et le pousser discrètement dans un bureau à l'écart, dans lequel l'attendent les inspecteurs Birkett et Jackson ou une brochette quelconque de seconds couteaux de la FSA. Il n'aurait jamais dû enfreindre le règlement. Quel imbécile. Comment a-t-il pu croire un seul instant qu'il s'en sortirait comme ça ?

Il essaie de garder son calme en cherchant autour de lui un moyen de s'échapper, mais son cœur bat si fort qu'il a du mal à aligner deux idées. Il n'y a pas d'issue dans la salle de marché, ou plus exactement, elle est bloquée par La Poule et Max Vearling. Puis ils s'avancent lentement entre les bureaux et se dirigent droit vers le desk de Titrisation – droit sur lui.

« Vous avez vu, pour Persimmon, c'est super, hein ? » Toby O'Toole se renverse sur sa chaise au moment où ils passent.

Vas-y, le lèche-cul, retiens-les le plus longtemps possible !

Max Vearling s'attarde un instant pour échanger des plaisanteries, mais La Poule continue à s'approcher. Il s'arrête devant le bureau de Serge et lui glisse à voix basse : « C'est intéressant ce qui se passe du côté d'Edenthorpe Engineering, hein Freebie ? »

Une panique aveuglante frappe soudain le cortex visuel de Serge. L'espace d'une seconde, la salle est plongée dans le noir. Puis il est ébloui par une lumière stroboscopique qui se met à pulser comme dans un cauchemar. Il se lève d'un bond et, bousculant La Poule, s'élance dans la direction opposée sans regarder autour de lui, manque de faire tomber Le Hamburger de son siège, tourne à gauche et fonce à toute allure entre les bureaux de l'allée d'à côté. Tous les regards sont braqués sur lui mais personne ne tente de l'arrêter. Autour de lui, le monde s'engourdit peu à peu et s'écroule au ralenti. Sur le côté, ses collègues agitent les bras à la manière de nageurs alanguis, comme si l'immense salle était remplie d'eau et non d'air. De grosses bulles lisses montent à la surface, peu à peu, il se noie.

Arrivé à la porte, il s'arrête et jette un coup d'œil par-dessus son épaule. Ils le fixent tous du regard, les traits déformés par les profondeurs sous-marines, poussant des piaillements de mouette inintelligibles. Il ouvre la porte et déboule dans le couloir, pantelant. Une chance – l'ascenseur est là. Il presse le bouton, descend le long de l'œsophage bruyant de FATCA, débarque dans le hall inondé de lumière – *AUDACES FORTUNA JUVAT* –, passe devant la souriante réceptionniste et se retrouve sur le trottoir. Le soleil se déverse à flots entre les hautes tours. Il n'y a personne. Il se met à courir.

Au bout de la rue, il s'engage à droite dans une venelle qui le rejette quelques rues plus loin dans Paternoster Square et il traverse en cavalant la vaste place pavée de briques – c'est quoi cette statue de moutons ? – en direction de Saint-Paul. Il halète d'un souffle rauque, la bouche ouverte. Il a la poitrine qui éclate, les yeux curieusement embués. Il court à n'en plus finir.

Puis soudain – Bam ! Le sol lui bondit à la figure. Il agite les bras mais ses jambes sont prises dans un piège qui après inspection se révèle être une laisse en cuir. À une extrémité de la laisse se trouve un gros caniche grincheux qui se met du coup à aboyer. Au ras du sol, tout ce qu'il aperçoit à l'autre extrémité, ce sont deux jambes gainées d'un caleçon rose rentré dans des bottes noires à talons hauts. À quelques centimètres de ses narines, sous ses yeux, se dresse une grosse crotte de chien encore fumante. Un filet de sang, provenant sans doute de son nez, s'écoule lentement vers celui-ci. Malgré son égarement, un éclair de lucidité lui traverse l'esprit.

« Merde ! Ça aurait pu être pire ! »

La dame en caleçon rose donne un coup sec sur la laisse qui se resserre encore autour de ses chevilles et le chien se remet à aboyer. Elle le toise avec un sourire énigmatique et lui murmure :

« Petit vilain, va ! »

Petit vilain, va. La formule éveille un vague souvenir dans les profondeurs de son cerveau.

Se pourrait-il que ce soit... Juliette ?

Il ferme les yeux et se laisse sombrer dans l'obscurité.

SERGE : Schlac !

Combien de temps s'est-il écoulé ? Serge n'en a aucune idée. Il touche son nez. Curieusement, il est toujours là, mais il est gluant, bien trop gros et lui donne des élancements qui irradient jusqu'à l'avant de son crâne. Il a également des problèmes aux yeux. Il cligne lentement des paupières et quand il les rouvre, la pièce redevient nette – le canapé massif en similicuir crème où il est couché, la tête appuyée sur un coussin indien cousu de miroirs, la télévision qui braille dans un coin. Par terre, à côté de lui, un mouchoir trempé de sang nage dans un bol d'eau rose ; un gros caniche marron est blotti contre sa cuisse. Le vacarme de la télévision est ponctué par le claquement du fouet de Juliette suivi des grognements d'extase de ses clients qui lui parviennent de la pièce voisine. Zut alors, cette femme doit avoir une sacrée force.

Il essaie de se rendormir, mais il est perturbé par ce bruit. À la télévision, il est question du sommet du G20, des dirigeants internationaux qui sont réunis à Washington pour résoudre la crise économique mondiale. Ce n'est pas trop tôt. S'il n'était pas dans un état aussi pitoyable, il pourrait probablement trouver quelques idées lui-même. Il sait que les temps sont durs, mais tout de même, le Premier ministre aurait pu se payer un costume plus chic.

Sur le plateau, deux invités discutent de la nécessité d'instaurer une régulation des banques – une jeune femme sérieuse en veste basique, qui n'arrête pas de parler d'une société fondée sur le partage de la prospérité (quel partage de la prospérité ? Elle vit au pays des Doro-Doro – jolies jambes, cela dit), et un type de la City, qui critique le gouvernement (« ... hausse aberrante des taux d'intérêt... chute des prix de l'immobilier... on commence à peine à entrevoir les signes d'une relance... »). La caméra zoome pour faire un gros plan. Zut alors ! C'est La Poule dans toute la splendeur de son costume sur mesure qui s'exprime en faisant claquer ses dents acérées de prédateur.

À cinq heures, il entend des murmures d'adieu dans l'entrée, le cliquetis d'une porte et quelques minutes plus tard, Juliette entre avec deux tasses de thé. Serge en avale une gorgée et se sent aussitôt mieux.

Elle donne une tape sur le derrière du chien. « Allez, bouge-toi un peu, Beastie. »

Il soupire en reniflant pendant qu'elle se fait une place à côté de lui sur le canapé.

Elle a mis une robe bleu ciel toute simple, cintrée en haut et évasée à la taille, qui a un côté un peu pervers, dans le genre tenue d'infirmière. Il y a des hommes que ça excite. Elle doit avoir une quarantaine d'année, trop vieille pour lui. Malgré ses cernes, elle un joli visage.

« Comment vous vous sentez, mon petit ? » Elle le prend par le menton pour lui tourner la tête vers la lumière et lui tâte l'aile du nez avec le pouce. Elle a de petites mains qui sentent le savon.

« Aïe !

— Vous pouvez me faire confiance – je suis infirmière.

— Sérieux ?

— Enfin, maintenant je suis thérapeute en lycée. Il y a des gens qui trouvent ça embarrassant, mais moi je vois ça comme un service public. »

Le lycée ? Serait-ce un euphémisme pour désigner des pratiques de flagellation sado-maso ?

« Je sais ce que vous vous dites, mon petit. Mais vous avez déjà essayé ?

— Non, mais ça doit faire mal.

— Pas si c'est bien fait. »

Il jette un coup d'œil discret à ses pieds. Ils ont l'air relativement petits. Du 42, a-t-elle dit dans le mail.

Une question remonte à la surface meurtrie de son cerveau...

« Euh... comment je suis arrivé ici ?

— En taxi. J'allais appeler une ambulance mais vous m'avez supplié de vous donner une seconde chance. Je ne pouvais tout de même pas vous laisser en sang sur le trottoir, non ?

— Oh, une bonne samaritaine. » Il a la voix étranglée par les larmes. « Mais... ça ne vous a pas fait peur ? Un inconnu...

— Beastie me protège quand mes clients deviennent un peu nerveux. Il peut être assez agressif, hein, petit vilain ? »

Beastie aboie en fouettant la queue contre la jambe de Serge.

La pièce est chaude et étouffante. Il a affreusement mal à la tête et des lumières scintillent à la périphérie de son champ de vision. Il sent une odeur répugnante dont il s'aperçoit au bout d'un moment qu'elle provient du chien.

« Vous avez été vilain ? dit-elle d'un ton enjôleur.

— Non, honnêtement. Merci, Juliette. Ce n'est pas mon truc. »

Elle caresse le ventre du chien qui grogne de plaisir et se roule sur le dos en battant l'air de ses quatre énormes pattes poilues.

« Vous travaillez à la City, hein ?

— Oui. Enfin... je ne suis plus trop sûr.

— J'ai beaucoup de messieurs de la City parmi mes clients. Je les soulage de tous... leurs embarras. » Elle croise les mains. « Réfléchissez-y, mon petit. Je vous ferai ça gratuitement. Il n'y a pas de quoi avoir peur. Vous êtes entre les mains d'une professionnelle. La salle de bains est là si vous voulez vous faire une petite toilette avant qu'on commence. » Elle a un ton pragmatique avec un léger accent régional qu'il ne reconnaît pas.

Il se lève en titubant, se demandant s'il doit prendre ses jambes à son cou.

« Salut patate », lance-t-il à la figure livide et meurtrie de coups qui lui apparaît dans le miroir de la salle de bains. Son nez est une croûte de sang séché encore suintante et une ecchymose violacée s'étend vers le haut, en lui faisant des poches autour des yeux qui l'empêchent de voir net. Il se nettoie le visage avec des kleenex qu'il tire d'une boîte en dentelle. Pour une femme qui exerce une activité aussi physique, Juliette a des goûts très poupée Barbie. La salle de bains est pleine de flacons, de lotions, de brosses, de ciseaux, de pinces, de vitamines, de rouges à lèvres. Son parfum est *Miss Dior Chérie* – le même que Babs. Il en asperge de quelques gouttes le creux de son poignet et le hume en souvenir du bon vieux temps. Les images affluent. Chère Babs. C'était une gentille fille. Une des meilleures. Il espère qu'elle a trouvé le bonheur dans sa nouvelle vie. Sa nouvelle vie douillette de lesbienne. Ça l'excite vaguement. Pour une raison ou pour une autre, il a les larmes aux yeux.

Beastie grogne derrière la porte de la salle de bains.

« Ça va, mon petit ? lui demande Juliette en le voyant revenir dans le salon d'un pas chancelant avant de s'affaler sur le canapé.

— Ça va, oui. Juste un peu... bizarre. »

Il frissonne bien qu'il fasse une chaleur étouffante dans l'appartement. Il a de nouveau mal à la tête et des aiguilles lui vrillent les tempes.

« On n'est pas obligé de faire ça tout de suite, George. Tout à l'heure, peut-être. Une fois que j'aurai terminé avec mes clients. »

George ?

« D'accord. Ou peut-être... une autre fois ? »

Il essaie de se lever, mais ses jambes se dérobent sous lui. À l'instant où il s'abandonne à la pesanteur, un autre déclic se fait dans son cerveau. « Vendredi 18 h, petit vilain. » S'il est encore là, il pourra assister à la flagellation de La Poule, peut-être même prendre des photos avec son portable – ça pourrait être utile si La Poule a besoin d'encouragement pour fermer les yeux sur les transactions irrégulières du compte bancaire 1601.

« En fait, je ne me sens pas trop bien. Je peux rester un peu... »

Juliette a l'air inquiète. « Rien ne presse. Restez aussi longtemps que vous le voulez, mon petit. J'ai un client qui vient à six heures. »

Elle va lui chercher un verre d'eau et lui tend deux petites gélules. « Tenez, prenez ça. Ça va vous aider à dormir. Étendez-vous sur le canapé. Allez, bouge de là, Beastie ! »

Elle donne une autre claque au chien. Il saute par terre, s'ébroue d'un air morose et bâille. Son haleine sent... en fait, il préfère ne pas se rappeler. Sur ce, on sonne à la porte.

« Excusez-moi, mon petit. Essayez de dormir un peu. »

Beastie lui emboîte le pas.

Il entend une voix d'homme dans l'entrée. Serait-ce... ? Il tend l'oreille, mais il est impossible de reconnaître les voix avec la télévision qui jacasse dans le fond. *Xena, la guerrière* a pris la suite des informations. Les gélules qu'il a prises n'ont pas soulagé la douleur mais l'abrutissent un peu. Quelques instants plus tard, il entend le claquement d'un fouet et les terribles gémissements qui donnent le frisson.

Une immense torpeur l'enveloppe soudain.

Il se lève d'un bond, l'esprit étrangement alerte. Le plus curieux, c'est qu'il a retrouvé à cent pour cent l'usage de ses jambes, à cent dix pour cent même, car il marche à présent d'un pas élastique comme s'il était sur la lune. Miraculeusement, son iPhone est toujours dans la poche de sa veste. Il ne va pas rater cette occasion. Il le met sur appareil photo et sort dans le couloir.

Il y a une porte légèrement entrouverte. Il colle son œil à la fente. À mesure que ses yeux s'accommodent à l'obscurité, il distingue deux silhouettes dans la pièce : Juliette en caleçon rose et bottes noires à talons aiguilles à califourchon sur un type à quatre pattes – un homme trapu tout en muscles, uniquement vêtu d'un string en léopard. Elle porte un soutien-gorge en cuir clouté qui lui fait des seins en cônes redoutablement pointus, à la manière d'une princesse guerrière. Le claquement de son fouet déchire l'obscurité et l'homme pousse un long gémissement saccadé.

« Avoue, petit vilain ! crache Juliette. Dis-moi tout ce que tu as fait de mal ! » Elle lui plante son talon dans la chair.

« Je n'ai rien fait d'illégal, maîtresse.

— Tu as bien dû faire quelque chose de mal, autrement tu ne serais pas là, hein ? »

Schlac !

« Je ne sais pas. Je ne me souviens pas.

— Je ne me souviens pas, *maîtresse*. »

Schlac !

« Bon d'accord. J'ai ouvert un compte non déclaré. C'est un délit, mais ça ne fait pas de victime, maîtresse.

— N'empêche que c'est un délit ! »

Schlac ! Le fouet luit par intermittence dans la pénombre. Serge braque l'objectif et prend une série de photos par la porte entrebâillée.

« D'accord, on a créé un instrument financier, gémit l'homme agenouillé. Écoutez, s'il y a un moyen de se faire un paquet de blé, il faut bien que quelqu'un le trouve. On ne peut pas l'empêcher. C'est dans la nature humaine. »

Schlac !

« Ils auraient dû faire voter une loi pour l'interdire. Ces imbéciles d'hommes politiques. Aussi nuls les uns que les autres. Tous des corrompus. »

Schlac !

« Et cet instrument, alors ? Ça a fait de vilains dégâts ?

— Ce n'est pas de ma faute. Le régulateur aurait dû nous en empêcher. Je n'ai rien à me reprocher ! » Il parle à toute vitesse en butant sur les mots. Il a de l'écume aux lèvres. « C'est évident, si ce n'est pas interdit par la loi, les gens vont le faire, pas vrai ?

— Faire quoi, espèce d'ignoble vermine ! »

Schlac !

« Créer un fonds douteux. Le refiler aux investisseurs. En sachant qu'il va faire faillite ! Aaahh !

— C'est mieux. Et puis ? »

Dans l'embrasure de la porte, Beastie renifle avec excitation. L'homme a le souffle haletant, ses épaules voûtées tremblent. Serge s'aperçoit qu'il tremble lui aussi.

« J'ai liquidé une usine de construction mécanique ! Aaahh ! J'ai tué le hamster de ma sœur !

— On y arrive ! crie Juliette. Et puis ?

— J'ai menti à ma maman ! »

Il s'écroule en avant, éclatant en sanglots irrépressibles.

Quand il se réveille, il a encore les larmes aux yeux et le nez endolori.

Doro : Flossie

Samedi matin, Doro et Oolie se mettent en route pour Cambridge. Doro n'a pas encore réussi à joindre Serge, mais elle a pris son portable et essaie de l'appeler à plusieurs reprises. Elle a également obtenu le numéro de Molly et Otto en téléphonant aux renseignements, pour passer après leur déposer un joli bonnet vert, mauve et blanc (les couleurs des suffragettes) qu'elle a crocheté elle-même.

Oolie babille sur sa robe de demoiselle d'honneur en regardant par la vitre du train, tandis que les champs, les arbres et les villes anonymes défilent sous le crachin de novembre. Doro étend ses jambes et ouvre le *Guardian* qu'elle a pris à la gare. La livre sterling s'effondre. Les dirigeants mondiaux du G20 n'arrêtent pas de parler de la récession, comme s'ils l'avaient prévue depuis longtemps. Gaza est assiégée. Des incendies ravagent la Californie. Mais elle ne cesse de repenser à la conversation qu'elle a eue récemment avec Clara.

Quand elle avait l'âge de Clara, on parlait encore de « faire l'amour », ce qui paraissait romantique ou encore de « coucher avec quelqu'un », ce qui avait un côté agréable et douillet. Bon, d'accord, quand ils avaient lancé la libération sexuelle, on s'était mis à dire « baiser » en une sorte de manifeste politique, de décolonisation du langage, de rejet de la pudibonderie. Mais « tirer un coup » ! Elle frémit. Comment sa propre fille pouvait-elle l'accuser d'une chose pareille ?

Quand le chariot passe, elle prend un grand thé et un muffin au chocolat qu'elle partage avec Oolie pour se remonter le moral.

Lorsqu'elles arrivent à Queens' College, Serge n'a toujours pas répondu au téléphone et elle demande le numéro de sa chambre à la loge.

Le gardien de service la regarde d'un drôle d'air.

« Ça fait plus d'un an qu'il est parti.
— Ah bon ? Il s'appelle Serge Free. F-r-e-e.
— Oui, je sais comment ça s'épelle. Il est parti l'été dernier.
— Ils ont fini de tirer leur coup là-haut ? intervient Oolie.
— Je pense, oui. »

Le cerveau de Doro s'efforce encore d'assimiler cette information parfaitement indigeste.

« On peut aller au bord de la rivière pour voir si le mec canon y est ?
— Non, on va plutôt passer voir Molly et son bébé.
— Ouais ! J'veux voir le bébé ! »

L'appartement qu'Otto et Molly occupent au-dessus de chez un coiffeur de Mill Road est minuscule, chaleureux et imprégné d'une odeur douceâtre de bébé qui submerge Doro d'une vague d'émotions. Molly leur ouvre la porte, ébouriffée, pieds nus et vêtue d'un peignoir taché de lait. Le bébé tète avec voracité, niché dans le peignoir.

« Qu'elle est mignonne !

— Qu'est-ce qu'elle fait ? demande Oolie.

— Elle tète, mon cœur. C'est comme ça que les bébés prennent du lait.

— Beurk ! »

Elles s'installent sur un petit canapé du salon, qui fait également office de cuisine et de bureau pour Otto, pendant que Molly finit de nourrir le bébé. En voyant la longue mèche auburn qui lui barre la joue et retombe sur son sein, Doro ne peut s'empêcher de repenser à Moira.

« Je suis contente d'avoir de la visite, dit Molly. Otto est souvent absent le week-end. Jen passe de temps en temps. Vous savez, la maman d'Otto ?

— Oui, je me souviens de Jen.

— Jen et Nick, ils habitent pas très loin d'ici, à Peterborough. Il enseigne toujours. Elle est avocate.

— Jen et Nick sont toujours ensemble ?

— Oui, elle a plein d'histoires marrantes sur la communauté. D'après elle, vous étiez tous cinglés.

— Mmm. Certains plus que d'autres. » Doro revoit encore Jen pratiquant le cri primal en petite culotte dans le jardin. Et dire qu'elle est devenue avocate.

« Et que devient Otto ?

— Il est à une conférence sur les logiciels libres et open source. C'est sa grande passion. C'est pour ça qu'on a appelé la petite Flossie, à cause de Free Open Source Software, F-O-S-S. C'est les Français qui ont rajouté un L pour libre, histoire de faire plus féminin.

— Ah ! » Ainsi donc, toute l'éducation anti-patriarcale n'y avait pas changé grand-chose. « Je peux la prendre un peu dans mes bras ? »

Molly passe le bébé à Doro pendant qu'elle prépare du café. Doro plonge le regard dans les sombres yeux luisants et se souvient de Clara, de Serge, d'Otto, de Star, d'Oolie – elle avait tenu tant de bébés. La douce chaleur endormie d'une vie nouvelle. Si seulement Clara et Serge voulaient bien s'y mettre !

« Coucou Flossie-Flossie ! » Elle se place dans le champ de vision du bébé avec un grand sourire et secoue la tête.

« Hip ! » Flossie recrache un filet de lait caillé.

« J'veux la tenir ! » Oolie essaie de l'attraper.

« Assieds-toi. N'attrape pas comme ça ! » Doro revoit dans un éclair un malheureux accident survenu à un hamster, il y a des années de cela. « Tends les bras doucement !

— Faut que j'sorte mes nichons ?

— Non, non, ce ne sera pas nécessaire.

— Hip, fait Flossie.

— L'est mignonne, hein ? Je préfère avoir un bébé qu'un 'amster. » Oolie contemple la petite figure du bébé qui s'est visiblement rendormi.

Ce n'était peut-être pas une si bonne idée que cela de venir avec Oolie. Le ventre de Doro se noue à la perspective de la question qu'elle va inévitablement poser ensuite.

« J'peux avoir un bébé ?

— Je crois que ce n'est...

— Ça demande beaucoup de travail ! » éclate de rire Molly, qui apporte le plateau avec une grâce de danseuse et pose la cafetière et les tasses sur la table basse en laissant retomber ses boucles souples. Comme elle est jolie, se dit Doro. Et quel plaisir d'être suffisamment âgée pour admirer la beauté d'une femme sans éprouver le moindre soupçon de rivalité.

« J'peux travailler beaucoup, répond Oolie.

— Shreupp..., murmure Flossie des profondeurs du sommeil.

— Serge a été génial, si vous saviez à quel point on lui est reconnaissants. » Molly écarte les cheveux de son visage pour servir le café. « Sans lui, on serait à la rue.

— Comment ça ?

— Cette façon qu'il a eue de nous prêter de l'argent alors qu'on allait être saisis. Otto dit que c'est plus un frère qu'un ami.

— Il vous a prêté de l'argent ?

— Oui. N'ayez pas l'air aussi surprise ! » Molly sourit en ajoutant quatre cuillères de sucre dans son café. (Comment peut-elle mettre autant de sucre et ne pas grossir ?) « Il est vraiment gentil.

— Je sais bien qu'il est gentil. C'est juste que je ne savais pas qu'il avait de l'argent.

— Je crois qu'ils sont plutôt bien payés dans les milieux de la banque.

— Les milieux de la banque ? » Elle essaie de masquer son étonnement. « Oui, bien sûr.

— En tout cas, c'est vraiment adorable de sa part de nous avoir aidés.

— Mmm. Et pour quelle banque travaille-t-il, déjà ? J'ai totalement oublié. »

Doro pousse un petit rire idiot.

« Ça commence par F, mais... moi aussi, j'ai oublié, répond Molly en riant.

— J'aime pas le café. T'as pas du thé ? les interrompt Oolie d'un air boudeur.

— Restez assise ! ordonne Doro à Molly en se levant d'un bond. J'y vais ! »

Elle est soulagée de délaisser un instant Oolie et Molly le temps de rassembler ses esprits. Elle entend Oolie qui déclare : « Maman dit que je peux avoir un bébé si je suis sage. »

Si seulement ce prétentieux de Clements entendait ça, lui et ses questionnaires d'« épanouissement personnel ».

« Où est-ce que vous rangez les sachets de thé ? lance-t-elle.

— Tu r'ssors tes nichons ? demande Oolie.

— Pas maintenant. Le placard au-dessus de l'évier. Je crois que c'est FATCA. Ça vous dit quelque chose ? dit Molly.

— T'as pas de sucrettes ? demande Oolie en mettant quatre cuillères de sucre dans son thé pour imiter Molly. Maman dit qu'y faut que j'prenne des édulcorants.

— C'est ça, oui ! » répond Doro.

Ce n'est qu'une fois dans le train qui les ramène à Doncaster que Doro s'aperçoit qu'elle a toujours le bonnet crocheté dans son sac. Oolie dort en ronflant, la bouche entrouverte. Le portable de Serge est toujours éteint. Elle regarde le paysage défiler tandis que le jour tombe, envahie par toutes les émotions qu'elle a pu ressentir depuis les années qu'elle fait ce trajet. La première fois qu'ils étaient venus dans le Nord, en 1969, ils étaient grisés par un sentiment d'exaltation et de folie.

Quand elle repense au passé, ce qui lui arrive de plus en plus souvent, elle se demande ce qui leur a pris. Ils étaient animés d'une telle conviction, à l'époque, d'une telle certitude du bien-fondé de leur mission. Depuis, toute sa vie n'est qu'un long retour vers l'incertitude – du savoir au doute, du noir et blanc aux nuances de gris, de l'étroit au flottant comme les sous-vêtements, du rigide au mou.

SERGE : Bye bye, Beastie

« Allez, debout, paresseux ! »

Une dame se tient devant Serge, un thé à la main – elle porte un peignoir moelleux et des pantoufles roses. Il est si vaseux qu'il met quelques instants à reconnaître Juliette.

« Merci. J'ai dormi combien de temps ?

— On est samedi. Vous vous sentez mieux ?

— Samedi ? Oh merde !

— Comment va votre nez, mon petit ? » Elle lui prend le menton et tourne sa tête. « Vous avez encore mal ?

— Un peu.

— C'est gonflé. Il y a peut-être une petite fracture.

— Il faut que j'y aille.

— Attendez de vous sentir mieux. Il ne faudrait pas que vous vous évanouissiez dans le métro.

— Vous avez peut-être raison. »

Affaibli, réfrénant une étrange envie de pleurer, il s'affale à nouveau sur le canapé devant la télévision, où il est encore question du sommet du G20. La crise a fait surgir du jour au lendemain des champs entiers d'experts, qui glosent à n'en plus finir sur l'affolement du marché des prêts subprimes ; à force d'avoir accordé trop de prêts à risque, on finit par ne plus en accorder du tout, car personne ne sait plus à combien s'élèvent les actifs des banques. Des milliards de livres de produits dérivés, qui ne valent peut-être pas le prix du papier sur lequel ils ont été établis, ont été vendus et revendus. On a découvert des cas de prêts hypothécaires garantis sur des biens fantômes, d'autres accordés à des gens qui n'ont jamais existé, d'autres encore cautionnés par des morts. Il semblerait que tout le monde ait été trop pressé de se faire de l'argent pour vérifier. Il écoute avec détachement. Tout ça lui paraît aussi absurde que sordide.

Les images de la nuit précédente lui titillent le cerveau. Que s'est-il passé dans cette pièce ? Il s'efforce de se rappeler. Une histoire de chien.

« Qu'est-ce que vous prenez pour le petit déjeuner, mon petit ? Des Smacks ou des Krispies ? »

On dirait des croquettes pour chien.

« Je n'ai pas vraiment faim, merci, Juliette. »

Aux informations, on a quitté le G20 pour passer à autre chose. Douze mineurs ont été tués en Roumanie. Israël impose un blocus à Gaza. Britney Spears est accusée de conduite dangereuse. Le monde est dans une situation effrayante.

Elle se penche et éteint la télévision.

« On se demande comment vous n'avez pas fait de cauchemars avec ça qui est resté allumé toute la nuit.

— Peut-être que... Juliette, est-ce qu'il vous arrive de...

– Ça, c'est autre chose que je ne comprends pas – pourquoi vous persistez à m'appeler Juliette ?

— Je croyais...

— Je m'appelle Margaret, mon petit. Je vous l'ai dit. Vous ne vous rappelez pas ? »

Juliette doit être son nom de « professionnelle ».

« Et vous m'avez dit que vous vous appeliez George. C'est joli. Comme le saint. »

Serge acquiesce en silence. Il a toujours eu de l'affection pour saint George, le patron de Doncaster, mais il ne se rappelle pas avoir jamais adopté ce nom. En fait, il n'a aucun souvenir de cette conversation.

Elle prend un gros sac noir muni d'une bandoulière rembourrée et le met à l'épaule.

« Je dois aller voir un client, George. Vous pouvez rester seul un moment ?

— Bien sûr.

— Je laisse Beastie ici. Ça lui arrive d'être agressif quand je travaille. Il est trop possessif. Petit vilain, va. »

Beastie aboie en remuant la queue.

« Si vous avez envie de sortir, il y a une jolie p-r-o-m-e-n-a-d-e à faire jusqu'à Saint-Paul en passant par Smithfield Market. N'oubliez pas de prendre un sac à crottes. Il y a des gens qui sont d'une intolérance... Vous n'imaginez pas les histoires qu'ils peuvent faire. Pourtant, il n'y a rien de plus naturel, non ?

— Mmm.

— Servez-vous dans le frigo. » Elle agite la main en direction de la cuisine et disparaît. « Bye George ! Bye bye Beastie ! Byeee ! »

*

Une fois qu'elle est partie, il va dans la cuisine et met la bouilloire à chauffer. Il commence à avoir faim, maintenant, bien qu'il ait encore des élancements au visage. Il ouvre le réfrigérateur mais ce dernier ne contient que des restes rances d'un curry à emporter, deux crumpets tout desséchés et une énorme saucisse enveloppée d'une pellicule en plastique. Il la sort avec circonspection. Il n'a jamais mangé une saucisse comme ça – en fait, ça ressemble davantage à un pénis géant enfilé dans un préservatif tout aussi géant. Il en coupe une tranche. C'est fade, ça a un vague goût de viande légèrement chimique. La texture est caoutchouteuse. Il doit se forcer à avaler. Beastie l'a suivi dans la cuisine et renifle le réfrigérateur ouvert avec avidité, la truffe frémissante, fouettant la jambe de Serge avec sa queue.

« Va-t'en, Beastie. »

La queue s'immobilise et Beastie se met à grogner. Serge approche l'énorme saucisse de ses narines. Elle ne sent pas très bon. Puis il déchiffre, sur la pellicule en plastique, en caractères à peine visibles : « Top Dog – Aliment pour chien ». Ah. Il se souvient de leur première rencontre devant Saint-Paul – Doro bouillonnant de rage, Beastie déterminé à faire sa crotte, Juliette battant en retraite, humiliée. Voilà qui explique les habitudes de propreté désastreuses du pauvre cabot. Il s'apprête à remettre la saucisse dans le réfrigérateur, quand le caniche bondit avec une force dont il ne l'aurait pas cru capable, lui arrache la chose des mains et l'emporte dans le salon. Le temps qu'il le retrouve caché derrière le canapé, il ne reste que des lambeaux de plastique mâchouillés. Tant pis.

Il humidifie les crumpets sous le robinet avant de les passer au grille-pain (un vieux truc de Solidarity Hall) et les mange lentement en regardant par la fenêtre. La vue donne sur des immeubles mornes et des pelouses miteuses parsemées d'arbres dépouillés. La pièce est petite, étouffante et encombrée de bibelots, de souvenirs ébréchés rapportés de stations balnéaires lugubres, de vieilles reproductions de Monet, de figurines d'animaux en porcelaine. Tout est tellement banal, se peut-il réellement que ce soit le décor de la scène cruelle à laquelle il a assisté la nuit dernière ? Ou était-ce un rêve ? Une minute, il a bien pris des photos, non ? Il sort son iPhone de la poche de sa veste, mais il n'y a qu'une photo floue du dôme de Saint-Paul.

La pièce, coincée entre la chambre et le salon, où Juliette (il ne réussit pas à l'appeler Margaret) reçoit ses clients est fermée à clef et il essaie la porte de sa chambre. Beastie a réapparu et grogne en montrant les crocs, la langue pendante, le souffle chaud, l'haleine fétide. Il repousse le chien du pied, referme la porte et entreprend d'inspecter la pièce. Il trouve l'attirail féminin habituel – sous-vêtements, collants, tampons, mouchoirs en papier –, rien qui suggère de quelconques pratiques sado-maso.

Elle doit bien avoir un carnet de rendez-vous ou une trace de ses clients quelque part. Sur sa table de chevet, il y a un roman en poche intitulé *Une vie de rêve* et dessous, un livret qui s'avère être le mode d'emploi de ce qui ressemble à un mini-lave-linge fixé à un lit. Hydrothérapie colonique Aqua-Clinic. Bizarre. Sur le mur, il y a une photo de Juliette bien plus jeune en tenue d'infirmière, un peu comme celle qu'elle portait aujourd'hui. Peut-être qu'elle est vraiment infirmière. Pendant qu'il inspecte la chambre, le chien jappe en grattant derrière la porte.

Il ouvre celle-ci prudemment mais Beastie l'attend et se jette dans l'embrasure en grognant et en montrant les crocs. Il essaie de claquer la porte mais celle-ci se referme malheureusement sur Beastie. Le chien pousse un aboiement déchirant puis retombe par terre en s'agitant dans tous les sens. Un filet de sang coule sur la moquette.

Il est là, à se demander quoi faire, quand il entend le bruit. Le claquement du fouet. Le long gémissement saccadé. Il se fige, tous les sens en alerte. En plein jour, le son paraît plus mécanique, moins humain. Le plus curieux, c'est qu'il semble venir non pas de la pièce voisine qui est fermée mais de l'autre bout du couloir. Il regarde Beastie, s'attendant à une réaction, mais l'animal a l'air évanoui. À moins qu'il ne soit mort. Il est pris de remords. Quel salaud, tout de même. Voilà comment il remercie Juliette de sa gentillesse – en tuant son chien ! Puis un autre bruit vient le perturber : ding ding !

Il se hâte d'emporter le corps inerte du chien dans la chambre et referme la porte. Il n'y a qu'une petite tache de sang sur la moquette – il s'en occupera après. Il colle son œil au judas, mais le visage qui apparaît dans la lentille est trop petit et trop déformé pour qu'il le reconnaisse. Il hésite. Le bon sens lui dicte de faire comme s'il n'y avait personne dans l'appartement, mais il ouvre la porte, espérant à moitié trouver La Poule sur le seuil.

« Bonjour.
— Bonjour. »
Serge se met à rougir.
« Tu attends aussi... ?
— Elle est sortie, répond Serge.
— J'ai rendez-vous. Je suis en avance.
— Tu veux entrer pour l'attendre ?
— Merci. »

Le Hamburger le suit dans le salon et s'assied avec raideur, les genoux serrés, à une extrémité du canapé moelleux. Serge s'installe à l'autre bout. Un mètre de silence embarrassé les sépare.

Au bout d'un moment, Le Hamburger demande poliment : « Tu viens souvent ?
— Non, c'est la première fois. Je ne sais pas trop... »

Il regrette d'avoir ouvert la porte. Il aimerait bien appeler un vétérinaire pour jeter un œil à Beastie. Il perçoit un faible gémissement provenant de la chambre. Le Hamburger l'entend également mais se méprend sur son origine.

« Il n'y a rien à craindre, Serge. Au début, c'est un peu pénible. On s'habitue vite.

— Ah oui ?

— Tu te sentiras mieux après.

— C'est ce que j'espère, marmonne-t-il.

— La nature de notre travail n'est pas salubre. On passe trop de temps assis sur le sous-postérieur. C'est judicieux de chercher du soulagement.

— Mouais.

— Je me suis dit que tu n'étais pas bien quand je t'ai vu partir en courant l'autre jour.

— Oui, je me sentais... merdique.

— Une urgence soudaine ?

— Exactement.

— Je crois que Margaret peut t'aider. » Le Hamburger hoche lentement la tête. « Alors tu ne connais pas la nouvelle, pour Maroushka ?

— Maroushka ? » Le cœur de Serge bat la chamade.

« La *Nutte* a été promue.

— Promue ?

— Oui. Max Vearling l'a annoncé hier, après ta fuite. Mais j'ai toujours considéré que son approche était intenable. Pas de compétence. De la corruption. » Le Hamburger renifle en parlant.

Serge renifle également. Leurs regards se croisent et ils détournent aussitôt la tête. Il y a des idées que l'on ne peut exprimer. La puanteur de la corruption est palpable. En fait, elle semble provenir de derrière le canapé.

Après un silence, Le Hamburger esquisse un sourire embarrassé.

« Alors, tu vas être initié au lycée.

— Euh… qu'est-ce que tu entends exactement par le lycée ?

— Tu ne viens pas pour l'irrigation du côlon ?

— Ah, je vois. L'I.C. » Il se force à sourire, mais son cœur s'affole. Le schéma de lave-linge fixé à un lit. Les tuyaux d'arrosage ! L'horreur ! Il se lève d'un bond.

« Il faut que j'y aille. Une… urgence soudaine ! Tu m'excuseras auprès de Juliette.

— Juliette ?

— Pardon – Margaret. Je l'ai prise pour quelqu'un d'autre. Tu sais comment c'est, quand on se met une idée dans la tête…

— Sincèrement, tu n'as rien à craindre, mon ami. »

La voix du Hamburger le poursuit dans le couloir et jusqu'au seuil de la porte.

Il appuie sur le bouton et quelques minutes plus tard, l'ascenseur arrive et s'immobilise dans un claquement de fouet retentissant. Il monte et, dans un long gémissement saccadé, l'engin le transporte au rez-de-chaussée.

Clara : L'échéance

La radio locale a annoncé la nouvelle. Edenthorpe Engineering doit fermer, entraînant la supression de plus de sept cents emplois. Quand Clara arrive à l'école, on ne parle que de ça dans la salle des maîtres. Mr Tyldesley compare la situation à la disparition des mines de charbon. Miss Postlethwaite l'assimile au destin des tisserands à la main au XVIIIe siècle. Mrs Salmon est inquiète à la perspective que de petits magouillards exigent de manger gratuitement à la cantine. Les autres professeurs tiennent des conciliabules du côté de la photocopieuse. Mr Kenny voit là le prétexte pour enfreindre l'interdiction de fumer. Quand Mr Gorst/Alan arrive pour les informer, la salle des maîtres est noyée dans un nuage de fumée et de morosité.

Clara compte le nombre d'élèves de sa classe dont les parents travaillent chez Edenthorpe. Dana Kuciak, Tracey Dawcey, Jason Taylor – et sans doute quelques autres. Des familles plongées dans l'insécurité. Des parents qui se disputent la nuit pour des questions d'argent.

Des enfants énervés, angoissés, qui font des bêtises et prennent du retard en classe. Sans oublier la provocation et la brutalité.

Na na na nère, t'as un pantalon dégueu ! Na na na nère, ta mère t'a acheté des baskets discount !

Et que va-t-il advenir des magasins et des commerces locaux ? Les gens pourront-ils encore acheter de la viande chez le boucher de Beckett Road ? Et si les enfants sont en âge de travailler, où iront-ils ?

« Ce que je ne comprends pas, dit-elle, c'est pourquoi ? Je veux dire, comment ça se fait que des prêts subprime américains puissent aboutir à la fermeture d'une usine de construction mécanique parfaitement saine dans le Yorkshire ?

— C'est la mondialisation, dit Mr Tyldesley.

— C'est ces fichus banquiers, dit Mr Kenny.

— C'est comme la crise des tulipes, n'est-ce pas Alan ? » minaude miss Hippo. (Salope !)

À l'heure du déjeuner, alors qu'elle s'apprête à filer dans la salle des maîtres pour poursuivre la conversation, Jason Taylor l'arrête dans le couloir.

« S'il vous plaît, miss, vous voulez bien m'aider ? » Il agite sous son nez une feuille froissée couverte de lignes tremblotantes tracées à la main.

« Tu sais bien que je ne peux pas, Jason.

— S'il vous plaît, miss, c'est pour ma maman, geint-il. Pour acheter une nouvelle cuisinière. »

Il a des traînées grisâtres autour des yeux comme s'il avait pleuré.

« Je suis désolée, Jason. Qu'est-ce qui s'est passé ?

— La cuisinière a explosé et maintenant qu'Edenthorpe a fermé, elle touche plus rien et elle doit choisir entre la cuisinière et l'échéance. »

Se peut-il que ce soit vrai ? On ne sait jamais que croire, avec Jason. Il a beau être un des derniers de la classe en lecture, quand il s'agit de flairer une bonne affaire, il ne perd pas de temps.

« Mais ça date seulement d'aujourd'hui, Jason. Comment se fait-il qu'elle soit déjà en retard sur ses remboursements ? »

Il a une réponse toute prête comme s'il avait anticipé la question.

« Elle peut pas racheter une cuisinière sur le catalogue à cause de sa facture de portable.

— Mais pourquoi... ?

— Parce qu'on est allés à Cromer pour les vacances, miss. Avec ma mamie.

— Cromer ?

— En août. Mamie a une caravane là-bas. C'était trop bien. J'ai dragué une fille. Mais maman a pas payé la facture de portable. Et puis la cuisinière a explosé. Et puis elle a reçu une lettre qui disait que si on paie pas l'échéance ils vont nous saisir.

— Comment ça ?

— Nous prendre la maison, miss. »

Il regarde le sol à ses pieds.

Elle a envie de le prendre dans ses bras, mais les enseignants ne peuvent plus faire ce genre de choses. Au fond d'elle-même, elle se demande quelle est la part de vérité et quelle est la part de mensonge dans ce compte-rendu alambiqué des finances de la famille Taylor. La cuisinière a-t-elle réellement explosé ? Y a-t-il eu des blessés ? Pourquoi Mrs Taylor a-t-elle des échéances de prêt à rembourser alors que les habitants du quartier occupent tous des logements sociaux ? Et pourquoi ce nom de Cromer lui dit-il vaguement quelque chose ?

« Ton père ne peut pas vous aider, Jason ?

— Mon père est mort, miss. C'était un héros de guerre. C'est pour ça qu'elle a eu l'prêt.

— Ah bon ? »

Fait-il semblant ou détecte-t-elle un soupçon de fierté dans sa voix ?

« Ils ont dit que ça changeait rien qu'y était mort parce qu'elle pouvait inclure son salaire comme s'il était encore vivant.

— Qui a dit ça ?

— Ceux qu'ont fait le prêt. First Class Finance. »

Clara soupire, se sachant battue.

« Ta maman a besoin d'être bien conseillée. Il y a le bureau d'assistance aux citoyens.

— L'y est allée, miss. Ils peuvent rien.

– Pourquoi ne demande-t-elle pas au conseiller qu'elle a rencontré à la Journée du Quartier ? Malcolm Loxley ? Il peut peut-être l'aider. »

Jason reprend sa feuille en haussant les épaules. « J'vais voir le gardien. Je parie qu'y va m'aider pour la cuisinière. »

Un instant plus tard, elle le voit passer devant la fenêtre de la classe et se diriger vers la chaufferie.

À quatre heures, Clara attend dans sa classe vide qu'Edna, la patronne de la cafétéria, vienne déposer Oolie en rentrant d'Edenthorpe, car Marcus et Doro sont à une réunion des jardiniers. Elle remet de l'ordre et range les livres par niveau en surveillant la pendule du coin de l'œil. Bientôt, Oolie n'aura plus de travail, se dit-elle. Au moment même où elle commençait à prendre son envol et mener sa vie. Le peu d'indépendance financière qu'elle a acquis – l'argent des vacances mis de côté dans une tirelire, la liberté de s'acheter des bonbons quand Doro a le dos tourné – lui a donné confiance en elle. D'autres familles seront frappées bien plus durement, évidemment. Jason est toujours devant la grille à attendre sous la pluie en se balançant d'un pied sur l'autre. Pourquoi ne rentre-t-il pas sous le préau ? Il a relevé la capuche de son sweat mais elle est totalement trempée. Il est tout gris, ruisselant, recroquevillé sur lui-même.

La Corsa d'Edna se gare enfin dans le parking et Oolie s'extirpe du siège passager en tenant un sac plastique au-dessus de sa tête. Clara lui fait signe par la fenêtre, enfile son imperméable et va à sa rencontre. Elles disent au revoir de la main à Edna.

Puis Jason s'avance furtivement. « Eh miss, c'est votre sœur qu'est barge ? »

Oolie et lui échangent un grand sourire.

Sur ces entrefaites, une femme en imperméable noir avec un parapluie rouge arrive en se dépêchant, enjambant précautionneusement les flaques d'eau avec ses hauts talons rouges – c'est bien Megan. Clara en est certaine. Ses traits ont vieilli et ses cheveux, qu'elle portait longs autrefois, sont désormais courts et lisses. Mais elle a toujours ses grands yeux gris-verts attentifs.

« Désolée, je suis en retard, mon grand, dit-elle quand Jason se précipite vers elle.

— Megan ? »

Clara s'approche avec un sourire hésitant, ne sachant pas si elle doit ou non se montrer chaleureuse, et Megan lui sourit à son tour. Puis le regard de Megan tombe sur Oolie et son sourire s'évanouit. Elle la fixe. Oolie la fixe à son tour.

« Julie ? Julie-Anna ? dit-elle à mi-voix.

— Oolie-Anna, patate. »

Megan éclate en longs sanglots.

« Qu'est-ce qu'elle a ? » souffle Oolie.

Megan lâche son parapluie pour prendre Oolie dans ses bras.

« Lâche-moi ! » Oolie recule et se retrouve à patauger dans une flaque, entraînant Megan avec elle.

« Hé, mamie ! Attention, Daffy Duck arrive ! » Jason prend son élan et atterrit dans la flaque à côté d'elles.

La gadoue gicle dans tous les sens.

« Ça suffit, Jason ! crie Megan qui se cramponne à Oolie.

— Daffy Duck ! Daffy Duck ! »

Oolie se dégage de l'étreinte de Megan et saute à pieds joints dans la flaque.

« Arrête, Oolie ! Arrête, Jason ! » hurle Clara.

Mais à force de patauger et de faire des éclaboussures, ils sont pris de fou rire. Megan a sorti un mouchoir de son sac et tamponne ses yeux cernés de deux gros ronds de mascara noir façon panda qui dégoulinent sur ses joues. Il pleut de plus en plus. Ils sont tous trempés.

« Megan ? Je suis Clara, lui dit-elle. Tu ne te souviens pas de moi ?

— Mais bien sûr que si, mon petit ! » Elle sort un autre mouchoir et laisse tomber le paquet dans la flaque tant ses mains tremblent. « Où est-ce que tu habites, maintenant ?

— Je suis à Sheffield. Mais papa et maman sont toujours à Doncaster. Hardwick Avenue. Tu te souviens de Marcus et Doro ?

— Mais bien sûr ! Comment vont-ils ?

— Bien. Tu ne veux pas venir leur dire un petit bonjour ? »

Megan hésite. Jason insiste :

« Allez mamie, on y va !

— Viens, viens ! » crie Oolie.

Une bourrasque emporte le parapluie rouge un peu plus loin.

DORO : Juste un bol cassé

La réunion des jardiniers censée déboucher sur un plan d'action a pris des allures de veillée funèbre et à l'idée de ses petits plants de choux vigoureux qui ne grandiront jamais, Doro a soudain fondu en larmes et Marcus a dû la raccompagner pour la consoler.

Ce qui explique qu'ils soient tous les deux au lit quand on sonne à la porte, à quatre heures et demie. Subitement elle se rappelle que c'est Clara qui doit ramener Oolie aujourd'hui. Elle bondit hors du lit et se rhabille précipitamment. Se retrouver à moitié dévêtue face à Edna et à Oolie c'est une chose – mais devant le sourire entendu vaguement condescendant de sa fille aînée, c'en est une tout autre.

« Une minute, j'arrive ! » s'écrie-t-elle bien que Clara ait sa propre clef. Le temps qu'elle descende les marches quatre à quatre en boutonnant encore son gilet, sa fille a déjà ouvert la porte. « Je faisais une petite sieste, explique-t-elle en surprenant le regard de Clara. J'ai bien le droit de faire la sieste, non ?

— Je t'ai amené de la visite », dit Clara.

Derrière Clara, dans l'entrée, Oolie se débat pour enlever son manteau mouillé tandis qu'une femme et un jeune garçon essuient leurs pieds.

« Bonjour, entrez donc », dit Doro en les regardant avec curiosité. Qui sont-ils ? La tête du garçon lui dit vaguement quelque chose : ce teint pâle, ces grands yeux gris, cette façon de traîner les pieds. Doro a également l'impression de connaître la femme. Cette dernière lui sourit, visiblement amusée de la voir étonnée.

« Salut papa, dit Clara en souriant à Marcus, qui descend mollement l'escalier en chaussettes tout en remontant sa braguette. Tu faisais la sieste, toi aussi ?

— Mmm. » Il se frotte les yeux. Puis les frotte à nouveau. « Megan ? »

Mais oui, c'est Megan. Doro a le tournis tant elle est submergée par des émotions contradictoires.

« Je suis contente de te voir », dit-elle en espérant que son ton est plus sincère qu'elle ne l'est en réalité. Parfois, le passé ferait mieux de rester là où il est : depuis quelque temps, il a tendance à s'immiscer un peu trop dans le présent.

« Je suis tombée sur Megan devant l'école, explique Clara. C'est la grand-mère de Jason.

— Je vois », dit Doro. (Jason, n'est-ce pas ce garçon qui a semé la pagaille avec Oolie à la Journée du Quartier ?)

« Et Jason est le fils de Carl », ajoute Megan en secouant un parapluie rouge. « Tu te souviens de Carl ? »

Doro se souvient du petit garçon renfrogné qui trucidait des insectes sous la table de la cuisine et se rappelle ce que Janey lui a dit.

« Il est mort... ?

— Une bombe au bord de la route. Dans le Helmand. C'était dans tous les journaux. » La tristesse de sa voix est mêlée d'une pointe de fierté. « Le pire, c'est qu'il n'était pas très chaud pour partir à l'armée. Il voulait aller à l'université, comme vous autres. Il adorait vous écouter parler. Tu te rappelles, il écoutait sous la table ? Mais son établissement n'allait pas jusqu'au bac et l'institut était nul. Alors il s'est engagé dans l'armée. Il disait qu'il voulait voyager. » Sa tête s'affaisse et malgré son rouge à lèvres tapageur et ses hauts talons, elle a soudain l'air d'une pauvre petite vieille.

« C'était un héros de guerre », dit Jason.

Quelle tragédie. Quel effroyable gâchis, pense Doro.

« Venez prendre un thé », dit-elle.

Ils la suivent dans la cuisine. Les restes du déjeuner traînent encore sur la table.

« Assieds-toi. Désolée, c'est le bazar.

— Tu te rappelles comme c'était crasseux dans les anciens bureaux des charbonnages ? dit Megan en souriant, avant de surprendre le regard de Doro. Excuse-moi, je ne voulais pas te vexer. »

Doro réfrène sa colère. Megan n'avait jamais été aux avant-postes de la brigade domestique. Elle s'agite, pleine de rancœur, débarrasse la table, met la bouilloire à chauffer et cherche des biscuits, mais ils ont tous disparu – Oolie a dû découvrir sa cachette. Elle ne trouve que de vieux crackers ramollis qu'elle jette à la poubelle.

Jason et Oolie sont sur le canapé et se chamaillent pour avoir la télécommande. Elle les voit par la porte ouverte.

« T'aimes Russell Brand ? demande Oolie.

— L'a une tête de pédé avec ses longs cheveux tout sales, répond Jason.

— J'veux tirer un coup avec lui.

— Faut être barge pour rêver de Russell Brand.

— Tais-toi, Jason ! le gronde Megan.

— En parlant de cheveux longs, on est tombés sur Chris Howe l'autre jour, dit Marcus. Tu te souviens de lui ?

— Celui qui passait son temps à montrer sa petite chipolata ? » dit Megan en riant. Puis elle se tait en regardant tour à tour Marcus, Doro et Clara.

Que se passe-t-il ? Doro se sent vaguement mal à l'aise.

« J'ai vu Janey Darkins chez Woolworths. Elle m'a dit que tu habitais à Elmfield.

— Cette pute. Moins je la vois, mieux je me porte. »

Doro est sidérée par sa véhémence. Puis ça lui revient. Bruno.

« Tu as encore des nouvelles de Bruno ? »

Elle hausse les épaules. « Il est retourné en Italie, non ? »

Doro verse l'eau bouillante dans la vieille théière marron et, sans lever les yeux, déclare :

« Janey dit que ce n'est pas le père d'Oolie-Anna. » Elle voulait lâcher cette remarque nonchalamment dans la conversation, mais celle-ci tombe comme un pavé dans un puits de silence.

Clara regarde autour d'elle avec un drôle de sourire en coin. Megan ouvre son sac et se met à fouiller dedans. Elle finit par en sortir un paquet de Marlboro et un briquet en plastique.

« Ça vous dérange si je fume ?
— Non. Mais...
— Ça ne la regarde pas. »

Elle tire longuement sur sa cigarette et souffle la fumée en soupirant. Marcus trouve un cendrier et le pose devant elle sur la table. Doro croit entrevoir un échange de regards entre Megan et lui.

« Il n'y a pas de biscuits ? demande Clara en disposant les tasses et le pot de lait.
— Non », répond Doro.

Elle sert le thé en silence comme si elle craignait de déranger les nuées d'anges qui passent soudain dans son salon. Megan observe Oolie et Jason par la porte ouverte. Doro ne parvient pas à déchiffrer son expression.

Clara lance par la porte : « Oolie, Jason, vous voulez du thé ? »

Ils débarquent aussitôt en se poussant du coude.

« Y a pas de biscuits ? demande Oolie.
— Quelqu'un les a tous mangés, dit Doro. Je me demande bien qui ça peut être ?
— C'est l'″amster, répond Oolie. Je l'ai vu. Le p'tit filou. »

Doro éclate de rire. Oolie adore faire marcher les gens, encore autre chose qu'elle a appris chez Edenthorpe.

« Tu n'as pas honte de mentir comme ça, Oolie !

— Quand j'aurai mon appartement, j'aurai un 'amster.

— Elle va avoir son appartement ? demande Megan.

— Oui, c'est Mr Clemmins qui l'a dit.

— Qui est Mr Clemmins ?

— Mr Clements, l'assistant social, explique Doro. Ce n'est pas encore décidé. Maintenant que tu es revenue, j'imagine... » Elle s'interrompt. Son cœur bat à tout rompre. Maintenant que Megan est revenue, va-t-elle lui arracher Oolie ? Va-t-elle reprendre sa vie en main ?

« Je vous aiderai, dit Megan. Enfin, je vous aiderai à veiller à ce que tout se passe bien pour elle. Dans son nouvel appartement. Si ça ne vous dérange pas.

— Et pourquoi veux-tu que ça me dérange ? dit Doro, en se demandant pourquoi ça la dérange autant.

— Miss a tué l'"amster de l'école, pas vrai miss ? lance Jason.

— Oh la fripouille ! réplique Clara.

— Tu veux voir ma chambre ? »

Oolie attrape Jason par le bras et l'entraîne vers la porte. Il sourit en dévoilant ses dents grises mal plantées.

« Je crois que j'ai une touche, miss. » Il glisse un clin d'œil à Clara.

Quel horrible petit garçon, se dit Doro ; ce n'est pas étonnant que Clara devienne revêche à force d'avoir à supporter des classes entières d'enfants comme lui du matin au soir, jour après jour.

« Je vous accompagne », dit Clara, et ils se ruent tous les trois dans l'escalier en piétinant les marches comme une armée affublée de jambes de bois.

Megan les suit de son regard gris-vert de félin.

« C'est un sacré numéro. »

Elle aspire la fumée de cigarette à pleins poumons et la rejette en toussant. Doro s'aperçoit qu'elle a les mains qui tremblent.

« Merci de nous l'avoir confiée », dit Marcus.

Il échange de nouveau un regard avec Megan. Il a eu raison de dire ça, songe Doro, mais tout n'a pas été dit.

« Ce que je ne comprends pas, lâche-t-elle en laissant brusquement éclater la rancœur qu'elle dissimulait derrière une politesse de façade, c'est comment tu as pu partir en l'abandonnant comme ça. »

Megan se remet à tousser et se penche, enfouissant le visage dans ses mains.

À l'étage, l'armée d'unijambistes semble être passée à l'attaque. On entend un fracas par terre, puis un bruit de casse suivi d'un cri. Marcus bondit et se précipite dans l'escalier.

Doro lève les yeux au plafond en soupirant. « Les enfants ! »

Elle s'aperçoit alors que Megan s'est mise à pleurer.

« Je suis désolée. Je ne voulais pas te faire de peine. C'est juste que je veux comprendre pourquoi tu l'as laissée. »

Megan cherche un mouchoir au fond de son sac sans dire un mot.

« Tu ne l'aimais pas ? Elle ne te manquait pas ? »

Megan se met à sangloter en geignant comme une enfant.

« Il ne voulait pas la prendre. Il disait qu'il voulait bien Carl, mais pas Julie.

— C'était qui ?

— Un type. Un homme d'affaires. De Leeds. Ça n'a même pas duré. Il m'a dit que je devais choisir entre elle et lui. »

Doro approche son fauteuil et lui passe un bras autour des épaules.

« Et tu l'as choisi, lui ? »

Megan gémit. Elle a le nez et les yeux qui dégoulinent. « Je me disais qu'elle serait heureuse avec vous. Je me disais que vous sauriez vous occuper d'elle mieux que moi. »

Elle se tamponne en vain les yeux avec le revers de sa manche. Doro va chercher un rouleau d'essuie-tout et le pose sur la table.

« Tu te disais qu'elle serait mieux ici parce que Marcus était...

— Oui. Tu me traites comme si j'étais une espèce de monstre, mais je croyais qu'il te l'aurait dit, depuis le temps. » Elle prend une autre cigarette mais ses mains tremblent tellement qu'elle réussit à peine à approcher la flamme du briquet. « Et aussi parce que tu étais là, Doro.

Tu l'aimais tellement. Merci de t'être occupée d'elle. Je ne t'ai jamais remerciée, hein ? Elle est vraiment adorable.

— C'était... » Doro s'interrompt, essayant de saisir au vol les pensées qui tourbillonnent dans sa tête.

C'était mon devoir ? C'était normal ? Il fallait bien que quelqu'un s'en charge ? Ça en valait la peine ? C'était un plaisir ?

« Ce n'était rien ! lance Marcus du haut de l'escalier. Juste un bol cassé. »

Ils sont plongés dans le noir complet. Puis, au bout d'un moment, un léger rectangle gris apparaît derrière les rideaux, coupé au milieu par une rayure d'argent pâle, dans l'interstice qui les sépare. Le gris s'éclaircit peu à peu sous ses yeux, puis elle entend le chant des oiseaux. Une grive. Un merle. Et des bruits qu'elle ne reconnaît pas. Elle tend l'oreille. Ce doit être l'aube. Depuis combien de temps est-elle là à essayer de se rendormir ? Dans l'obscurité de la chambre, elle l'entend respirer. Une respiration courte, superficielle. Sans reniflement.

« Marcus ? Tu es réveillé ?
— Oui. Et toi ?
— Oui.
— Tu ne m'en veux pas, Doro, hein ? »

Il l'enveloppe dans la chaleur somnolente de ses bras. Elle essaie de se dégager, puis se détend.

« Non, pas trop.
— Pas trop ?

— Mais pourquoi tu ne me l'as pas dit ? »

Elle est soulagée qu'il ne puisse pas distinguer sa bouche pincée dans la pénombre.

« Au début, j'hésitais. Et plus le temps passait, plus c'était difficile à dire.

— Je regrette que tu ne me l'aies pas dit.

— Moi aussi, je regrette. Mais ça n'aurait rien changé, non ? »

Elle imagine ce que sa vie aurait pu être sans Oolie. Elle serait peut-être retournée s'installer à Londres. Elle aurait peut-être eu une belle carrière, peut-être fini proviseur de son lycée. Elle serait peut-être allée en Italie pour épouser Bruno. Elle aurait peut-être écrit un best-seller. Elle serait peut-être devenue gourou...

« Non, sans doute pas », dit-elle.

Clara : L'APC

Clara a calmé sa classe avec le vieux truc de la rédaction sur la famille et rêve de filer en douce dans la salle des maîtres fumer une cigarette à la Mrs Wiseman, au lieu de regarder par la fenêtre en se demandant si hier, le bol à moitié plein de porridge qu'Oolie avait laissé au petit déjeuner avait été cassé par accident, ou si Jason avait poussé Oolie exprès. Le sourire qu'il avait eu quand Clara l'avait grondé était révélateur. C'est bizarre qu'il ne soit pas venu à l'école aujourd'hui, mais d'une manière générale son assiduité laisse pour le moins à désirer.

Elle remarque que quelqu'un a de nouveau laissé des espèces de petits gravillons noirs sous sa chaise. Il faut qu'elle en parle au personnel de nettoyage avant de partir.

Mais à l'heure de la sortie, Robbie Lewis s'approche furtivement.

« Je viens d'avoir un SMS de Jason. Les huissiers débarquent chez eux. Il vous demande de venir. Ça va être marrant. »

Si Jackie et Jason sont réellement expulsés, elle n'y peut sans doute rien, mais elle décide de passer tout de même les voir.

Il est quatre heures passées et elle sillonne les rues du quartier au milieu d'une circulation de plus en plus dense. Jason habite Hawthorn Avenue, que les gens du coin surnomment l'APC. Dès qu'elle s'engage dans la petite rue bordée de pavillons mitoyens en brique délabrés, elle voit l'élégant 4 x 4 noir rutilant orné du logo « First Class Finance » garé sur le bas-côté. Elle sonne à la porte et Jason vient ouvrir, disparaissant presque dans un tee-shirt d'adulte, le sourire fuyant.

« Maman ! Ma copine est là ! » lance-t-il dans son dos.

Il fait une chaleur incroyable dans la maison, et ça sent la friture, le pipi de chat et le désodorisant. Une télévision braille dans un coin, des voix tonitruantes ponctuées d'explosions de rire qui crépitent comme des rafales de mitrailleuse. Le sol est jonché de vêtements épars, de chaussures, d'emballages, de bouts de plastique cassés, comme si des gens avaient fui un champ de bataille. De gros cartons débordants sont empilés contre un mur. Dans l'entrée, Clara se demande si elle a pensé à fermer la voiture quand Mrs Taylor apparaît en jean serré et chemisier blanc, l'air maigre et frêle.

« J'ai eu un message…
— Entrez. Mets la bouilloire à chauffer, Jason.

— J'ai vu la voiture de Mr First Class Finance dehors…

— Trev Fertle. Trev la Magouille, on l'appelle. Il fait pas mal d'affaires dans l'APC.

— Pourquoi ça s'appelle l'APC ?

— L'avenue des parents célibataires. On a tous des prêts sur le dos. Et maintenant, il veut que je regroupe.

— Qu'est-ce que ça veut dire ?

— Je crois que ça revient à prendre un nouvel emprunt. Mais vous voyez, j'ai perdu mon boulot… » Elle soupire.

« Je suis désolée. Jason a dit que les huissiers allaient venir. Et que vous aviez besoin d'une nouvelle cuisinière.

— Quels huissiers ? Quelle cuisinière ? Ce gamin ! Jason ? Qu'est-ce que tu as encore été raconter à tout le monde ? »

Avant qu'il n'ait eu le temps de répondre, on sonne à la porte.

Mrs Taylor entrouvre la porte. « Vous ne pouvez pas entrer, Trev. J'ai de la visite. »

Mais le visiteur a coincé son pied dans la porte. Il l'ouvre de force et la bouscule pour entrer. Clara reste dans le salon, hésitant à intervenir.

« Tu m'as vraiment déçu, Jackie ! » Mr First Class Finance est plus gominé et speedé que jamais. « Tu vois ça, là-bas ? Tu sais combien ça coûte ? Cinquante mille. Comment je vais les payer ? »

Il se trémousse d'un pied sur l'autre. Son jean a l'air sur le point de glisser de ses hanches.

« Je vous l'ai dit, j'ai perdu mon boulot. Je suis en retard sur ma facture de portable.

— Je dirige une affaire, Jackie. J'ai des frais, moi. » Il donne un coup de pied dans un des cartons en le cabossant. « Tu comptes déménager à la cloche de bois ? Me laisser dans la merde ?

— Donnez-nous un répit, Trev. Deux semaines, c'est tout.

— T'as pas été sage, Jackie. »

Clara ne voit pas son regard, mais elle perçoit la menace dans sa voix.

« J'aime bien les filles pas sages. Tu sais que tu m'as toujours plu, Jackie. »

Il tend une main leste. Jackie s'écarte.

« Ne déconnez pas, Trev. »

Clara s'avance dans l'entrée, s'apprêtant à la défendre.

En la reconnaissant, Trev a le regard qui pétille. « Hé hé ! Mais c'est qu'il y a aussi la maîtresse sexy !

— Ça ne va pas, non ?

— Lâche ma mère ! Et ma copine ! Ou je te démolis ! »

Jason carre les épaules sous son tee-shirt flottant.

« Toi, l'espèce d'avorton ? Laisse-moi rire. T'as vu ça ? » Il défait la fermeture éclair de son blouson noir, attrape Jason par l'oreille en lui collant l'étiquette sous les yeux. « Versacchaay, merde ! Alors dégage pendant que je m'occupe de ces dames.

— Aïe ! Lâche-moi !

— Arrêtez ça tout de suite ! lance Clara du ton qu'elle emploie avec les petites brutes qui sévissent dans la cour de récréation. Vous agressez un mineur ! »

Elle l'agrippe par la manche. Il recule. Craaac, l'étoffe se déchire et la manche lui reste entre les mains.

« Regarde ce que t'as fait ! Tu sais combien ça coûte ? » Les boutons d'acné se détachent comme des escarbilles enflammées sur le fond violacé de sa figure orageuse.

« Une merde de Versace, vous voulez dire. » Elle jette la manche par terre et la piétine.

On sonne à la porte.

Personne ne bouge.

Mais le visiteur qui se trouve de l'autre côté a la clef, car on entend un crissement, et l'instant d'après, la porte s'ouvre et Megan fait son entrée : rouge à lèvres écarlate, hauts talons rouges, parapluie rouge. Elle est tellement plus intrépide, tellement plus culottée qu'à l'époque de la communauté.

« Qu'est-ce qui se passe ? Jason m'a dit de venir. » Elle se tourne vers Mr First Class Finance. « Je ne sais pas ce que tu vends, la Magouille, mais elle n'en veut pas.

— Hé hé, mais voilà la mamie glamour ! Je suis preneur !

— Dégage, sale parasite ! » Elle lui donne un coup de parapluie.

Ça se révèle bien plus drôle que Clara l'aurait imaginé. Elle attrape l'autre manche et tire. Megan lui arrache sa ceinture.

« On lui baisse son pantalon !

— Ouais ! Trois pour moi tout seul ! Attention à ma chemise, c'est une Ralph Lauren ! Je commence par la mamie !

– Espèce d'ordure ! beugle Jason. Attention, mamie ! »

Il recule, se penche, prend son élan et se jette tête la première dans l'entrejambe de Trev en le percutant de son crâne dur comme la pierre. Trev pousse un glapissement et se plie en deux de douleur.

— Bravo, Jason », roucoule Megan. Elle fait un clin d'œil à Clara. « Le baiser de Doncaster ! »

Clara sourit nerveusement.

On sonne à la porte.

Jason va ouvrir et le conseiller Loxley franchit le seuil en costume gris, l'air inébranlable. Il balaie la scène d'un œil perçant.

« On a appelé à mon bureau, dit-il. Que puis-je pour vous ? »

Clara croise un instant son regard et hausse légèrement les épaules d'un air perplexe.

Mr First Class Finance lève la tête.

« Papa…

— Arrête, l'interrompt le conseiller. Je ne suis pas ton père. Tu te rappelles ? Je t'ai prévenu…

— Oh merci d'être venu, monsieur le conseiller ! »

Jackie se jette à son cou. Le premier bouton de son chemisier saute.

On sonne à la porte.

Le conseiller rajuste sa cravate, Jackie rajuste son chemisier, Megan enroule la ceinture autour de son poing. Trev fourre les manches déchirées dans sa poche. Clara retient son souffle pendant que Jason va ouvrir. Une énorme masse bedonnante de muscles avachis et couverts de tatouages est plantée en maillot de corps au milieu de l'allée. Le malabar pousse un diable chargé d'une imposante cuisinière blanche rutilante. Derrière les deux apparaît Mr Philpott. Il a un bouquet de roses à la main.

« Belle nymphe ! »

Il s'avance en brandissant les roses sous le nez de Jackie. Il porte son costume marron et un parfum vaguement douceâtre qui sent le spray désodorisant. Jackie enfouit le visage dans ses mains.

« Jason, qu'est-ce que tu as encore fait ? souffle Megan. Va nous préparer du thé. »

Un sourire fugace éclaire le visage de Jason.

« Écoute, l'abruti, aboie le conseiller, on n'en a pas besoin. Reprends-la et fiche le camp.

— Fiche le camp toi-même ! » Mr Philpott gesticule d'un air théâtral. « Va-t'en dans un couvent. Je connaissais ta famille du temps où t'habitais dans les Prospects, Malc Loxley. Quand toi et tes cousins vous avez piqué toute la couverture en plomb du toit de la chapelle. Et quant à lui et sa bande d'aventuriers sans feu ni lieu – il pointe le doigt sur Trev –, on aurait dû les coller en taule pour l'incendie. Mais l'affaire a été étouffée.

— Attention à ce que tu dis, répond le conseiller.

— Quel incendie ? demande Clara.

— Bon, vous la voulez cette cuisinière, oui ou non ? s'impatiente le malabar.

– Oui, mettez-la dans la cuisine ! ordonne Mr Philpott.

— Non, s'écrie Jackie. Je la veux pas. Elle est très bien ma cuisinière !

— Attendez, mon pote. C'est une bonne cuisinière, ça. » Mr First Class Finance la jauge avec un œil de pro. « C'est quoi les caractéristiques ? Vous en voulez combien ? Peut-être... »

Mr Philpott prend l'air finaud. Jackie est visiblement soulagée. Megan, perplexe. Le malabar, imposant. Le conseiller regarde sa montre. Clara, elle, regarde tour à tour Loxley et Mr First Class Finance – c'est vrai que la ressemblance est frappante. Jason apparaît avec un plateau chargé de huit tasses de thé – brûlant, fort et sucré.

Alors qu'elle manœuvre pour descendre du bas-côté de Hawthorn Avenue où elle s'était garée, Clara voit dans son rétroviseur que le 4 x 4 a déjà été reculé jusqu'à la maison, et que Mr Philpott, le malabar, Mr First Class Finance et le conseiller hissent la grosse cuisinière rutilante par le hayon. Jackie, Megan et Jason observent la scène.

Quand elle s'éloigne, Jason lui souffle un baiser.

Le temps qu'elle retrouve la M18, c'est la tombée de la nuit. Le ciel est strié de violet, mais le paysage est plat et terne, parsemé de buissons, de haies et de petites maisons en brique rouge où l'ombre s'épaissit. Ce n'est plus la circulation de l'heure de pointe et il n'y a pas encore les embouteillages du soir. Au croisement de l'A6182 et de la ligne de chemin de fer, elle traverse un vallon broussailleux qui sert souvent de décharge sauvage. Ça a recommencé, remarque-t-elle au passage. Puis elle s'aperçoit que la quantité et la masse de sacs poubelle noirs qui ont été balancés lui disent vaguement quelque chose.

Elle est épuisée, elle a faim, et pourrait poursuivre son chemin en laissant le vent les éparpiller ou quelqu'un d'autre les nettoyer – mais ce n'est pas son genre. Elle pile, passe la marche arrière et va vérifier. Ce sont bien les sacs de déchets recyclables de l'école que Mr First Class Finance avait emportés.

Elle ouvre son coffre et range le bric-à-brac qui s'y trouve pour faire de la place. Derrière un carton de journaux également destiné au recyclage, caché derrière l'outillage pour les pneus, quelque chose de vert attire son attention. C'est son portefeuille – celui qu'elle croyait avoir été volé par Jason. Il a dû tomber de son sac. Elle vérifie : ses cartes de crédit, les trois billets de dix, tout y est.

Elle charge autant de sacs poubelle qu'elle peut en entasser dans le coffre, sur le siège passager et à l'arrière et rentre à Sheffield. Le reste attendra un autre jour.

SERGE : Dr Dhaliwal

Le lundi, Serge n'a pas eu le courage d'aller travailler – en fait, il n'est même pas sûr d'avoir le courage d'y retourner un jour –, mais par prudence, le mardi, il prend rendez-vous chez un généraliste du quartier, un certain Dr H. Dhaliwal, qui est en fait une jeune femme mince à l'air stressé, à peine plus âgée que lui, qui l'interroge en détail sur son accident.

Pourquoi n'a-t-il pas mis son bras en avant pour se protéger en tombant ? S'est-il évanoui ?

Il ne sait pas.

Elle lui confirme qu'il a le nez fracturé et écoute son cœur d'une façon qui lui semble vaguement érotique. Personne n'a prêté une telle attention à son corps depuis... depuis... les larmes lui montent aux yeux.

Comment est-il rentré chez lui ? lui demande-t-elle.

Il n'a pas envie d'aborder la question et lui répond qu'il ne s'en souvient pas.

« Si je comprends bien, vous avez perdu la mémoire ?

— Totalement. »

Elle diagnostique une légère commotion cérébrale, l'envoie faire une batterie d'examens à l'hôpital, lui recommande d'éviter l'alcool et de prendre du repos pendant une semaine. Elle lui conseille de téléphoner à son bureau pour prévenir qu'il est malade.

« Est-ce que je dois revenir vous voir ?

— Seulement si les symptômes réapparaissent. »

Mais je suis un symptôme à moi tout seul ! Toute ma vie est un symptôme ! Aidez-moi, docteur Dhaliwal !

« Merci, docteur. »

Elle lui sourit gentiment. À vrai dire, elle a de jolies fossettes.

Il n'est pas trop sûr du diagnostic de commotion cérébrale, mais curieusement, quand il l'appelle pour prolonger son congé maladie (« Je me sens vaguement angoissé. Et un peu déprimé »), elle ne discute pas.

Il passe ses journées seul dans son penthouse à regarder l'automne se changer brusquement en hiver du haut de sa fenêtre. Les nuages filent à toute allure dans le ciel et des feuilles mortes surgissent de nulle part sur son balcon. Les soirées sont fraîches. Une nuit, il se met à neiger.

Au bout de deux semaines, il commence à s'ennuyer sérieusement et il finit par se connecter et regarder ses comptes. En son absence, le Dr Black s'en est fort bien tiré. Non seulement sa réserve de liquidités est pleine, mais SYC a battu tous les records. Quand il fait le total, Serge a le souffle coupé : il vaut à présent 1,13 millions de livres sterling. Comment est-ce arrivé ? Dommage qu'il se soit précipité pour vendre Edenthorpe Engineering, autrement il vaudrait encore plus. C'est d'une simplicité incroyable, la Bourse, une fois qu'on a pigé le système. Il jette un œil aux transactions de Kenporter1601 et s'aperçoit que lui aussi a vendu. Bizarre. À voir les transactions, on dirait qu'ils ont monté à eux deux une attaque spéculative pour faire délibérément chuter le cours du titre d'Edenthorpe Engineering – même s'il a joué un rôle purement accidentel.

Par ailleurs, ses finances personnelles affichent une santé florissante. Après vérification, il apparaît que le compte de sa carte a été crédité d'un montant de 10 488, 81 livres provenant du restaurant La Poire d'Or. Très bien. Mais c'est un peu tard.

Le seul motif d'agacement, c'est la profusion de textos et d'appels manqués de Doro, sans compter les quelques-uns de Clara et d'autres d'un numéro inconnu. Il les efface tous. Dans un moment pareil, il doit se concentrer sur des idées positives.

Il téléphone aux ressources humaines de FATCA pour les informer de son état de santé et quelques jours plus tard, il a la surprise de recevoir par la poste une carte lui souhaitant un prompt rétablissement de la part de ses collègues. Il y a cinq signatures. Le Hamburger manque à l'appel, en revanche Maroushka y est – une petite signature cyrillique tout en boucles en haut à droite. Elle a pour effet d'accélérer considérablement sa guérison.

Cinquième partie

TOUT DOIT PARTIR

Clara : Pas de thé pour lui

À trois heures et demie précises le mercredi, Clara se précipite hors de sa classe, saute dans sa voiture et file à Hardwick Avenue.

Ils ont organisé une réunion de famille pour discuter du futur mode de vie d'Oolie. Mr Clements l'a organisée, Marcus et Doro ont accepté avec réticence et Oolie a insisté pour que Clara y assiste.

En franchissant le seuil, elle remarque que la maison a été nettoyée de fond en comble. Elle est accueillie par une odeur florale inhabituelle, vaguement écœurante – Doro a dû vaporiser du désodorisant.

Oolie se jette dans ses bras dans l'entrée.

« Coucou Clara. L'est pas encore là. Maman dit qu'il faut pas lui donner de thé.

— Pas de thé ? Et pourquoi ça ?

— Elle dit qu'elle veut pas qu'y s'incruste. »

Clara hausse les épaules. Décidément, Doro est de plus en plus bizarre, ces temps-ci.

« Eh bien moi, j'ai besoin d'un thé. La journée a été difficile à l'école. »

Elle va dans la cuisine mettre la bouilloire à chauffer. Oolie lui emboîte le pas.

« L'est revenu, l'"amster ? »

Une drôle d'expression lui traverse le visage. C'est la seconde fois qu'elle en parle.

« Oolie, tu es sûre que ce n'est pas toi qui l'as laissé partir ? »

Oolie fait non de la tête avec véhémence.

« C'était pas moi. C'est lui tout seul. Le p'tit coquin. L'a piqué la clef. Je l'ai vu.

— Oolie, tu mens ! Tu me fais marcher ! »

Oolie baisse la tête d'un air boudeur.

« Non, c'est pas vrai. Croix de bois croix de fer, s'y ment y va en enfer. »

Clara a toujours pensé que s'il lui arrivait parfois de s'embrouiller un peu, Oolie n'était pas capable d'inventer des mensonges. Qu'est-ce qu'elle a pu inventer d'autre ? Mais avant qu'elle n'ait eu le temps de poursuivre son enquête, on sonne à la porte et ses parents surgissent dans l'entrée. Sa mère porte un tee-shirt orné du slogan « *Rectifier l'anomalie* ». Son père a mis une cravate.

Clara écarquille les yeux. L'heure doit être grave.

Ils s'installent autour de la table de la cuisine.

« Voulez-vous du thé ? » Sa mère fixe l'assistant social d'un regard froid.

« Maman dit qu'il faut pas te donner de thé, dit Oolie.

— Non, merci, répond-il.

– Maman dit qu'elle veut pas que tu t'incrustes, rajoute Oolie.

— Très bien, j'essaierai d'être bref en ce cas. » Il cligne rapidement des yeux en sortant un dossier de sa mallette. « Vous le savez peut-être, le projet de réaménagement de Greenhill Lees comporte une résidence spécialisée. Il y a déjà une liste d'attente pour obtenir des places. Bien, vous le savez, je tiens à inscrire Oolie-Anna sur cette liste d'attente. Mais j'ai besoin de votre accord.

— Et si nous refusons de vous le donner ? demande Doro.

— Je suis sûr que vous accepterez. »

Mince alors ! Il a un sacré cran pour tenir tête à Doro comme ça, se dit Clara.

« Dis-y Clarie ! Dis-y que je veux mon appartement, intervient Oolie. J'en ai marre de vivre à la maison. Parce que papa pète tout le temps. »

Marcus se met à rire. « C'est une bonne raison.

— Qui va s'assurer qu'elle ne mange pas n'importe quoi ? s'inquiète Doro. Et qu'elle prend bien... ses médicaments ?

— Des mini-quoi ?

— Ce n'est pas la fin du monde si elle mange un bout de pizza de temps en temps, intervient Clara.

– Nous mettrons en place un accompagnement, répond Mr Clements. Nous suivrons la situation de près.

— Et Megan nous aidera, dit Clara. Elle l'a bien dit, Oolie va occuper une plus grande place dans sa vie que ça n'a été le cas jusqu'à présent.

— Ce n'est pas difficile, réplique Doro.

— Vous pourrez intervenir autant que vous le souhaitez, Mrs Lerner. Il vaut mieux commencer à lâcher du lest maintenant, de façon organisée, en mettant tous les services en place, qu'attendre une urgence...

— Il n'a pas tort, maman, dit Clara. Vous n'êtes plus tous jeunes, Marcus et toi, sauf votre respect. »

Elle a remarqué à quel point Marcus a l'air épuisé et Doro, déphasée.

« Non, ce n'est pas vrai !

— Mais si, maman. Et ça ne va pas s'arranger. »

Doro lève les yeux au plafond. Mr Clements regarde Clara d'un air désapprobateur.

« Il faut voir ça de manière positive. Et non comme quelque chose qui vous est imposé. Imaginez un peu quel beau cadeau vous faites à votre fille. L'essor de son indépendance. »

De toute évidence, il a suivi un stage de pensée positive.

« Un cadeau ! Je veux un cadeau ! s'écrie Oolie.

— Et si elle tombe E-N-C-E-I-N-T-E ?

— C'est quoi le yen thé ? demande Oolie.

— Elle rêve d'avoir un B-É-B-É.

— Écoutez, Mrs Lerner, je sais ce qui vous inquiète, dit posément l'assistant social. J'ai revu tout le dossier, jusqu'en 1994. Vous savez, dans les années quatre-vingt-dix, on voyait des cas de maltraitance partout. Depuis, on accepte... euh... des modes de vie... euh... moins conventionnels.

— C'est bien ce que j'ai dit à l'époque, rétorque Doro.

— Mmm. Par ailleurs, je me suis aperçu... (il s'agite sur sa chaise en esquissant un signe de tête presque penaud à l'adresse de Doro)... que vous n'avez jamais réglé la procédure légale d'adoption, Mr Lerner et vous.

— Parce qu'on n'était pas mariés ! Parce qu'on vivait en communauté ! Parce que l'assistante sociale qui nous avait interrogés était une espèce de bigote obsédée par la nudité et la pédophilie ! Comme vous, sans doute ! Quoi ! Comment ça tu veux que je me taise ! »

Sa mère s'en prend violemment au pauvre Marcus qui a eu le malheur de mettre le doigt sur sa bouche.

« C'est très bien, je trouve, dit calmement Mr Clements. Il faut exprimer vos inquiétudes.

— Il y a eu un incendie ! Quelqu'un a mis le feu ! Ça vous suffit, comme inquiétude ?

— Maman croit que c'est moi, mais c'est pas vrai, chuchote Oolie à Mr Clements, à voix suffisamment haute pour que tout le monde l'entende. C'était des jeunes. Je les ai vus. »

Doro a soudain les joues livides, comme une vieille dame. Elle fait pitié à Clara.

« Je crois que ça suffit pour aujourd'hui, intervient-elle. À moins que vous ayez quelque chose de constructif à ajouter ?

— Pourquoi ne pas essayer pendant six mois ? Si ça ne marche pas, on pourra toujours revenir...

— D'accord ! soupire Doro en levant les bras au ciel. Je cède à l'intimidation ! »

Elle se lève comme une somnambule et va dans la cuisine en chancelant pour mettre la bouilloire à chauffer.

« Bravo », murmure Clara à Mr Clements.

Il hausse les épaules avec un sourire.

« Vous croyez que je vais avoir droit à mon thé, maintenant ?

— Je pense, oui, répond Marcus.

— Papa, t'as encore pété », proteste Oolie.

C'est dommage, cette barbe, se dit Clara.

Doro : L'Incendie

En ce dernier samedi de novembre, Doro se dirige vers Woolworths pour aller voir Janey en longeant les trottoirs déserts du centre-ville de Doncaster, où règne une ambiance particulièrement lugubre malgré les décorations de Noël qui pendent déjà aux réverbères, ou peut-être en raison même de leur présence. Elle a des questions à lui poser sur l'incendie, des points à éclaircir. C'est si vieux, tout le monde a oublié, à part elle, et entre ce qu'elle a vu, ce qu'elle a déduit et ses déclarations de l'époque, qui s'étaient gravées dans sa mémoire comme s'il s'agissait d'un témoignage réel des faits, ses souvenirs sont embrouillés. Elle a toujours à l'esprit ce que Janey lui a dit la dernière fois qu'elles se sont croisées. « C'était des jeunes, non ? »

Mais les devantures de Woolworths sont placardées d'énormes affiches « SOLDES AVANT FERMETURE DÉFINITIVE ! » et Janey n'est pas là. Elle erre dans le magasin désolé entre les comptoirs dévalisés et les panneaux proclamant « OFFRE VALABLE DANS LA LIMITE DES STOCKS DISPONIBLES ! », en se rappelant avoir vaguement lu que Woolworths allait être placé en liquidation judiciaire. Ça paraît incroyable qu'une institution aussi immuable, qu'elle connaît depuis son enfance, puisse disparaître ainsi du jour au lendemain.

Quand elle était petite, sa mère l'emmenait dépenser son argent de poche au stand de confiseries en vrac du Woolworths de Norwich. Trente ans plus tard, à l'époque où ils vivaient à Solidarity Hall, elle avait fait la même chose avec Clara et Serge. Serge était du genre à amasser ses bonbons et à pleurer dès que les autres essayaient de lui en voler. Doro sourit en repensant aux larmes et aux chamailleries d'autrefois. Par la suite, il avait renoncé à amasser les bonbons pour collectionner autre chose : des coquilles d'escargot, des calices de plantes séchés, des pommes de pin.

Elle avait bel et bien retrouvé des restes calcinés de pommes de pin après l'incendie. Serge avait dû les ramasser dans les bois de Campsall – il n'y avait pas de pins à côté de la maison. Malgré les quatorze ans qui se sont écoulés, elle se revoit comme si c'était hier revenir en retard du travail ce jour-là à cause d'un embouteillage dans le centre-ville. Une fillette renversée par un chauffard. Le malheur avait frappé ailleurs.

Elle se souvient de l'effroi qui l'avait saisie lorsqu'en s'engageant dans l'allée, elle avait vu derrière les essuie-glaces un petit groupe de gens regarder bouche bée le camion des pompiers devant leur maison, les grands arcs d'eau qui jaillissaient des lances. Elle se souvient de l'odeur de bois calciné et de peinture brûlée, du panache de fumée qui s'élevait en tourbillon sous une vaine bruine. Mais qu'est-ce que Serge faisait là ? Il aurait dû être à l'école, à son club d'échecs. Et pourtant il était planté là, le visage ruisselant de larmes qui se mêlaient aux gouttes de pluie et aux traînées grises de cendre, paniqué pour Oolie, bredouillant qu'il avait vu de la fumée et couru jusqu'à la cabine téléphonique du village. Et elle avait cherché Oolie, se disant qu'elle allait bientôt rentrer quand, soudain, elle avait compris et s'était mise à hurler « Oolie ! Où est Oolie ? ».

Ils avaient défoncé la porte de l'annexe et l'avaient sortie. Elle était inconsciente, avec d'horribles brûlures aux bras. Doro s'était efforcée de rester calme et avait serré Serge dans ses bras en lui cachant les yeux. Ce n'est qu'à l'arrivée de l'ambulance qu'elle avait craqué et invectivé les badauds qui bloquaient le passage dans l'allée. D'où venaient tous ces gens ? Elle les connaissait à peine. Une femme l'avait prise par l'épaule. « Elle va s'en sortir, mon petit. C'est juste la fumée. »

Doro l'avait repoussée avec un mouvement de colère. Qu'est-ce qu'elle en savait ?

Les autres étaient rentrés paisiblement entre quatre et six heures – tout d'abord Otto et Star, puis Toussaint et Kollontai, suivis de Nick, Moira, Marcus et enfin Chris Howe, qui finissait à cinq heures et demie. La police avait recueilli leurs dépositions. Parmi les absents figuraient Clara, qui était à l'université, Chris Watt, qui était allée voir sa sœur à Skelmersdale, et Fred, qui était à Londres. Sans doute la police les avait-elle également interrogés.

Ils avaient questionné Oolie sur son lit d'hôpital.

« Allez. Fais un effort, mon petit. Qui était là quand tu es rentrée ? » avait gentiment insisté la policière.

Oolie avait enfoui le visage dans ses mains et s'était mise à hurler.

« Vous ne faites qu'aggraver les choses, vous voyez bien, l'avait implorée Doro. Laissez-moi lui parler seule à seule. »

L'inspectrice avait elle-même des enfants. « Je suis désolée. Ça ne tiendrait pas devant les tribunaux. Je fais mon travail, c'est tout. »

Doro savait qu'Oolie était tout à fait capable de provoquer un incendie par accident, mais se pouvait-il qu'elle ait disposé les pommes de pin avant d'y mettre le feu ? Ou Serge était-il rentré de l'école plus tôt que d'habitude et avait-il tenté une expérience ou joué à un jeu qui aurait tourné à la tragédie ? À moins qu'un inconnu n'ait cherché à faire du mal à Oolie ? Doro avait frémi en repensant à l'histoire des briques quand elle était toute petite. Pourquoi les plus vulnérables attiraient-ils autant la méchanceté ?

On avait interrogé le chauffeur du minibus qui raccompagnait Oolie.

Pourquoi était-elle seule à ce moment-là ? Pourquoi était-elle rentrée de bonne heure ?

Le chauffeur avait nié être en avance ; il la déposait toujours à trois heures et demie. Il l'avait bien laissée en haut de l'allée, avait-il affirmé. Il avait cru qu'il y avait quelqu'un à la maison, car il avait vu Oolie faire un signe de la main et disparaître à l'intérieur, ce qui signifiait que la porte était ouverte.

La dernière personne à sortir avait-elle oublié de fermer à clef en partant ? Ou quelqu'un qui se trouvait à l'intérieur l'avait-il fait entrer ? Serge, peut-être ?

C'était Serge qui avait appelé les pompiers, donc il devait être sur place ou avait dû arriver peu après. Oolie n'avait vu personne quand la porte de la maison s'était refermée et qu'elle s'était retrouvée piégée à l'intérieur de l'annexe.

« Tu as quelque chose à me dire, Serge ? » lui avait demandé Doro une fois seule avec lui. Il avait une quinzaine d'années, à l'époque.

« Pourquoi tout le monde croit que c'est moi ? » avait-il hurlé avant de fondre en larmes.

Elle n'avait pas insisté, mais elle avait enterré les fragments de pommes de pin sous les plants de fèves du jardin.

On s'était intéressé de plus près au mode de vie passablement décontracté de la communauté. De toute évidence, les policiers étaient bien plus préoccupés de savoir qui couchait avec qui que de découvrir la cause de l'incendie. Chris Howe avait confirmé leurs pires craintes quand il avait ouvert la porte à moitié nu en se mettant à pester contre le fascisme. Sur ce, les services sociaux s'en étaient mêlés et il avait même été question de placer les enfants.

Une nuit, les Chris avaient décampé avec leurs enfants sans laisser d'adresse. Jen était venue chercher Otto, et Nick avait suivi. Fred était resté à Londres. Il était revenu un week-end prendre ses livres et faire ses adieux. Seules Moira et Star, qui n'avaient nulle part où aller, étaient restées dans la communauté jusqu'au jour où elles aussi étaient parties, au début de 1995. Peut-être Doro, Marcus et Serge auraient-ils dû partir en même temps. Mais Oolie était heureuse dans sa nouvelle école et Marcus avait été promu directeur de département à l'Institut.

Pendant quelque temps, ils avaient erré tous les quatre dans l'immense maison déserte, avec son annexe brûlée, ses poutres à nu calcinées et l'odeur écœurante de fumée qui imprégnait tout. L'enquête avait traîné en longueur avant de finir en queue de poisson, faisant porter la responsabilité à Oolie. Mais au fond d'elle-même, Doro se demandait toujours comment les pommes de pin de Serge avaient pu atterrir dans le foyer. Il n'y avait pas d'autre indice. Une voisine avait cru apercevoir une silhouette fugitive qui remontait l'allée en courant, mais elle avait été incapable de donner une description ou de préciser l'heure. Était-ce Serge qui courait à la cabine téléphonique ou un vaurien qui s'enfuyait ?

Malgré l'attroupement des badauds, personne n'avait vu quoi que ce soit – ou s'ils avaient vu quelque chose, ils se taisaient. Dans les sociétés fermées, il y a toujours des commérages, des bavardages, mais en dépit de tous les efforts qu'elle déployait pour être acceptée, la communauté n'avait jamais été admise dans les rouages souterrains de cette machine à rumeur, liée à ses réseaux d'information, soumise à ses allégeances, ses querelles et ses secrets.

Mais Janey, si. Janey doit bien connaître quelqu'un qui a connu quelqu'un qui vivait à Campsall ou à Norton à l'époque. Janey doit savoir ce que l'on a dit et ce que l'on a tu.

« Vous connaissez Janey Darkins ? » demande Doro à un jeune homme aux cheveux gras du rayon des jouets, mais il se contente de hausser les épaules.

Une jeune femme du rayon des produits de beauté lui apprend qu'elle est partie. « On ferme. Tout le monde s'en va. »

*

Doro erre sans regarder où elle va et se retrouve dehors dans l'humidité hivernale, ne sachant trop quoi faire de sa matinée. Peut-être est-il préférable que ces questions restent sans réponse. Elle s'installe dans un petit café sinistre, où elle aurait pu emmener Janey boire un café amer au goût de brûlé dans un gobelet en polystyrène, et se demande s'il vaut mieux, pour Oolie, laisser les souvenirs enfouis jusqu'à ce qu'ils croupissent et disparaissent d'eux-mêmes ? Ou les déterrer pour les exposer à la lumière purifiante du jour ?

Il y a toute une industrie de la thérapie, du conseil et de l'analyse qui est fondée sur la croyance que le passé doit être exhumé et aseptisé comme un égout qui fuit. Et puis il y a le Temps, ce Guérisseur, et l'obscure et trouble consolation de l'oubli.

À pas lents, comme si elle avait toutes les peines du monde à marcher, elle remonte le trottoir désert de High Street bordé de devantures condamnées, de commerces illégaux de décorations de Noël et de boutiques qui soldent avant liquidation. Sa carte de retraitée à la main, elle attend à l'arrêt du bus en sentant peser sur elle le ciel bas et gris.

Que va-t-il advenir d'Oolie ? Comment Marcus a-t-il pu lui mentir toutes ces années ? Qu'est-ce que Serge lui cache ?

Ce dernier mois, tout ce sur quoi sa vie reposait depuis vingt ans a été bouleversé. Le jardin ouvrier, son paradis, son sanctuaire s'apprête à être détruit. Même la ville où elle habite semble se désintégrer autour d'elle. « OFFRE SPÉCIALE ! » « £1 SUPER AFFAIRE ! » « TOUT DOIT DISPARAÎTRE ! » hurlent les pancartes.

Serge : La Commission du Trésor

Le lundi, Serge décide de se rendre à pied au bureau au lieu de prendre le métro, pour se donner le temps de se préparer mentalement à ce qui l'attend. En ce matin de décembre, l'air est vif et le soleil rasant chasse les nuages de la veille et fait fondre les traces de neige au sol. Il salue les commerçants qui ouvrent leurs rideaux et sortent leurs pancartes sur le trottoir. Il salue les zombies bien peignés qui boivent un café allongé à la terrasse chauffée de Peppe's avant d'aller au bureau. Il salue le portier de FATCA et les blondes de l'accueil. Il salue les quatre types moroses et la fille maussade à moitié endormie qui sont entassés dans l'ascenseur. Il se sent bien.

Après le silence des derniers quinze jours, il est presque soufflé par le mur de bruit qui l'assaille dès qu'il pousse la porte à double battant de la salle de marché. Mais il se ressaisit et sourit. Il salue Tootie, Lucie et les Français.

Le fauteuil du Hamburger est vide. Maroushka est dans le bureau vitré, où elle parle au téléphone en faisant pivoter l'ancien fauteuil de Timo, vêtue d'une robe noire avec une veste assortie. Elle est sublime en noir, mais ça la vieillit. Elle a changé de coiffure aussi, ses cheveux sont tirés en chignon au lieu de retomber sur ses épaules. Elle croise son regard, agite les doigts puis se détourne. Il suspend son veston au dossier de sa chaise et allume son ordinateur. Ce dernier met une éternité à charger quinze jours de scanners de sécurité, de configurations, de corrections, de mises à jour, de contrats incompréhensibles, avant de redémarrer. Du coup, il va faire un tour du côté du bureau et passe la tête par la porte.

« Comment va ? »

Elle termine sa conversation téléphonique et lève les yeux.

« Tout est normal. Content te revoir dans l'équipe du titrisation, Sergei.

— J'ai appris qu'il y avait un nouveau responsable adjoint ? »

Elle croise son regard avec un sourire hésitant, d'où est désormais banni toute espièglerie de gamine.

« C'est moi. »

Il est submergé par une vague de mélancolie qui occulte l'éclat de cette belle matinée. Mais pourquoi ce mauvais pressentiment ? Il devrait être content pour elle.

« Félicitations.

— Merci, Sergei. Aussi, tu dois féliciter pour le réussite du demande du visa.

— Félicitations, déesse. Alors comme ça, tu ne vas pas rentrer avant un certain temps à Zh... dans ton pays ?

— Ici c'est meilleur opportunité pour gagner l'argent. Et puis maintenant je suis grande Anglo-fille. Reinelisabeth fishanchip tasse du thé Royal Navy Fadaises blanches du Douvres. Maintenant je demande passeport britannique. »

Il ne lui a jamais vu l'air aussi ému.

« Alors ça ne te plaît pas, le Brésil ?

— Le Brésil ? » Elle éclate de rire. « Pourquoi, Sergei ? Le personnes primitifs ils habitent Brésil. Au fait, on est dans un situation intéressante ici. On a besoin ton coopération pour le nouvelle stratégie de marché de Germes d'Avenir. On parle cet après-midi. »

Elle le congédie en faisant pivoter le fauteuil et décroche à nouveau le téléphone.

« Comment va ? » demande-t-il aux Français, qui boudent d'un air exaspéré avec une distinction très parisienne. Ils haussent leurs minces épaules saillantes sous l'élégante étoffe de leur costume et lui répondent à voix basse en jetant un coup œil en direction du bureau.

« *C'est un peu emmerdant...*

— *... avec mademoiselle. Elle est...*

— *Dis-le. C'est un monstre. Comme la Méduse...*

— Euh... une méduse ? » Il déterre ses vieilles notions de français scolaire. L'image flasque de la méduse ne colle guère à celle qu'il se fait de Maroushka.

« La Gorgone.

— Pas à ce point, quand même.
— Tu verras.
— Et qu'est-ce qui est arrivé à... ? »
Il indique le fauteuil vide du Hamburger.
« Il s'est démissionné.
— Il n'a pas de courage. »

« Comment va ? demande-t-il à Lucie et Tootie.
— Pas trop mal, en fait, répond Lucie. Certains ont disparu, mais on garde le sourire, hein ?
— Toi peut-être, réplique Tootie en parlant du nez. Moi je cherche ailleurs.
— Comment ça se fait ? Je veux dire, le fait que Maroushka ait été promue à la tête de l'équipe ? Il me semblait qu'il y avait des candidats mieux placés, pourtant...
— Tu l'as dit. Elle est là à nettoyer les bureaux, et du jour au lendemain, elle se retrouve dans le fauteuil pivotant. Il y a de quoi se poser des questions.
— Dit comme ça, évidemment. Mais... ?
– Soit elle sait quelque chose, soit elle a baisé quelqu'un. Tu as une autre explication ? »
On dirait qu'il crache son venin. Que Maroushka se révèle insupportable, c'est bien possible, mais Toby aurait sûrement été pire, se dit Serge.
« Et La Poule ?
— Toujours aussi adorable. Quoique, en ce moment, il passe le plus clair de son temps à pondre des œufs à Downing Street.

— Ah bon ?
- Apparemment, il conseille le gouvernement en matière de règlement de la crise financière.
— Merde alors.
- Tu l'as dit. Et tu ferais mieux de faire gaffe, Freebie, maintenant qu'il a trouvé la nouvelle pierre philosophale, il ne va plus avoir besoin des quants pour éliminer le risque.
— Comment ça ?
— Imagine que tu joues au casino et que tout ce que tu gagnes, tu le conserves. Et à chaque fois que tu perds, un brave bourricot appelé contribuable arrive avec un sac d'or et rembourse ce que tu dois.
— Le potentiel de gains illimité ?
— Exactement. Il suffit qu'il se mette le gouvernement dans la poche en passant son temps à les terroriser. » Tootie lance un coup d'œil en direction de la porte. « Et en parlant de... »

De là où il est, Serge sent le double déplacement d'air des battants de la porte – vouf vouf – qui s'ouvrent en lâchant La Poule dans la salle de marché. Il a grossi, visiblement. Serge remarque pour la première fois que son ventre déborde de sa ceinture ; il a une jambe de pantalon coincée dans la chaussette, révélant son mollet musclé comprimé dans sa boot, dont le talon est visiblement rehaussé. En fait, de profil, on dirait une poule ridiculement étirée.

« Freebie ! Content de vous revoir ! Comment va votre nez ? » Il pose les poings sur le bureau et se démanche le cou pour regarder dans ses narines. « Joachim a dit que vous aviez aussi des problèmes digestifs. Vous étiez obligé de courir aux toilettes en permanence. Vous auriez dû en parler. »

Serge met un moment à comprendre qu'il parle du Hamburger.

« Oui, c'était un peu embarrassant. Mais tout va bien, maintenant, merci Chef Ken. Je suis bon pour le service.

— Bien. Je vais prévenir Maroushka que vous êtes revenu.

— Inutile. Je le lui ai déjà dit », lâche Serge.

La Poule plisse les yeux. Il se penche sur ses poings. « Ça vous dirait de jouer les entremetteurs, Freebie ? »

Est-ce qu'il plaisante ? Ou serait-ce une promotion ? Serge écarquille les yeux. Ça a l'air plutôt positif. En fait, c'est trop beau pour être vrai. Et dans le monde des finances, quand quelque chose paraît trop beau, c'est généralement le cas.

« Euh… et de quoi il s'agit au juste ?

— Ça veut dire que si j'ai besoin de votre putain d'avis, je vous le demanderai. » La Poule glousse en montrant ses dents.

Serge ricane, bien que La Poule n'ait pas vraiment l'air de plaisanter.

« Vous avez raté un épisode très intéressant des marchés, Freebie. De nouvelles conditions de trading. De meilleures perspectives de croissance du chiffre d'affaires. On peut invoquer le conflit d'intérêts. Mais notre stratégie est la bonne, j'en suis sûr. Maroushka vous expliquera ça en détail. »

À présent, il est de nouveau tout sourire. Mais de quoi il parle, bon sang ?

« Vous savez peut-être que je me suis fait… disons… de nouvelles relations ? » poursuit La Poule.

Serge n'a pas vérifié les mails récemment. Y aurait-il une nouvelle femme dans sa vie ? Maroushka ? De nouveau, il sent cet arrière-goût de vomi dans la bouche. Il commence à regretter de ne pas être resté chez lui.

« Le Trésor. La commission d'orientation. »

Le torse de La Poule se bombe à mesure qu'il parle. « Nous voulons garantir l'attachement du gouvernement au rôle du secteur financier dans l'économie nationale.

— Je vois.

— Rappeler aux hommes politiques que ce qui est bon pour les banques est bon pour la Grande-Bretagne. La mentalité du monde financier leur échappe. Je n'arrête pas de leur répéter qu'il faut rassurer les marchés. Montrer qu'on est capable de discipline fiscale. Réduire le secteur public de façon drastique. Réduire, réduire. Autrement les marchés paniquent. Les obligations d'État sont rétrogradées…

— Rétrogradées par… euh… les agences de notation ?

— Exactement. Comme la Grèce. Le coût de l'emprunt augmente. Les services publics deviennent inabordables. Il y a des émeutes. La situation risque de mal tourner.

— Une grande nation mise à genoux par des cantinières.

— Réfléchissez, Freebie – pourquoi payer pour les cantinières des autres ? »

Serge songe avec nostalgie aux dragons de la cantine avec leur généreuse poitrine et leurs gros bras, qui leur servaient des louches dégoulinantes de sauce et de crème quand il était à l'école primaire de Campsall.

« J'aimais bien...

— Elles ne sont pas productives, Freebie. Personne ne s'enrichit grâce à elles. Vous imaginez, si tout était dans le secteur privé. Les écoles. Les universités. Les prisons. Les hôpitaux. Les résidences spécialisées. Les maisons de retraite. Imaginez un peu les opportunités commerciales que ça représenterait. » L'œil vif, le poil lustré, le souffle presque haletant, il reprend ses allures de doberman tout excité. « Pensez à la Russie. La fin du communisme. Des opportunités illimitées. Pour nous, c'est le moment ou jamais, Freebie. Au fait – il se penche en avant pour chuchoter à l'oreille de Serge –, on dirait qu'Edenthorpe Engineering va être racheté. Par un fonds d'investissement. »

Avant que Serge ait le temps de dire quoi que ce soit, il repart vers la porte d'un pas majestueux.

Vouf vouf – elle se referme derrière lui sur une double bouffée d'air, balayant des choses qui jusque-là lui semblaient inébranlables, des choses avec lesquelles il avait grandi, qui lui semblaient fiables et qui sont à présent réduites à néant. Vouf vouf, adieu l'industrie lourde désormais aussi légère qu'une plume, adieu les cantinières aux allures de dragons. L'ennui, c'est qu'il ne peut pas ignorer les dommages collatéraux comme ses collègues autour de lui. L'ennui, c'est que Marcus et Doro ont planté en lui une espèce de robuste chardon solidement enraciné qui le démange de l'intérieur. Il n'est pas totalement à l'aise dans ses costumes d'affaires bien qu'il en apprécie l'élégance, pas plus qu'il ne pourrait adopter la philosophie déjantée de la communauté, même s'il adore ses parents.

Le Brésil. Penser au Brésil. C'est la troisième solution. Son joker. Son parachute d'urgence.

À l'heure du déjeuner, il se borne à surfer en douce une vingtaine de minutes dans les toilettes pour handicapés. L'histoire d'Edenthorpe Engineering est pire qu'il ne l'imaginait – l'administrateur judiciaire est en contact avec un groupe d'investissement basé au Luxembourg. L'usine de Doncaster va être fermée et ses actifs cessibles vendus. L'usine de Barnsley va perdre quant à elle la moitié de sa main-d'œuvre. Sont-ils responsables à eux deux de ce désastre, La Poule et lui ? Ou ont-ils seulement initié la tendance baissière et d'autres vendeurs à découvert se sont-ils rameutés comme des loups en voyant la direction du marché, signant ainsi l'arrêt de mort d'Edenthorpe ? Aïe. En apprenant tout cela, Serge a vaguement la nausée, à moins que ce ne soit dû à l'odeur qui flotte dans les toilettes.

Le Brésil. Penser au Brésil. Il ferme la page business, ouvre le site immobilier et repère quelques endroits – son plafond de dépense est plus élevé à présent. Ça y est, il a trouvé. La maison de ses rêves ! Un modeste bungalow en bois avec un toit de chaume et de larges fenêtres à persiennes situé à l'abri d'un bosquet de cocotiers, à cinquante mètres d'une plage vierge. Le concept de « modeste » est relatif. Il y a la climatisation. Quatre chambres, dont deux avec leur salle de bains. Une piscine privée. Une route également privée menant directement au village le plus proche, à deux kilomètres de là. Il consulte le plan. Cherche l'endroit sur Google. La vision d'une mer turquoise surgit, un arc de sable argenté bordé de collines sombres peuplées de forêts. Des brisants surmontés d'écume se fracassent au large. Il la contemple. Agrandit les images. Copie et sauvegarde le lien. Il l'imprimera en rentrant chez lui et la posera demain sur le bureau de Maroushka.

*

Elle est de nouveau dans le bureau vitré, occupant la place qui était celle de Tim le Finnois.

Il attend qu'elle le convoque mais elle garde la tête baissée et tape sur son clavier en fronçant les sourcils, l'air concentré, jetant de temps en temps un œil à son écran derrière des lunettes qui n'arrêtent pas de glisser de son nez – c'est la première fois qu'il la voit avec des lunettes. Même son odeur a changé, elle est moins animale, plus fleurie. Il essaie d'attirer son regard, mais elle est perdue dans son jardin d'algorithmes.

Ce n'est que tard dans l'après-midi qu'elle lui envoie enfin un mail.

Pas de temps aujourd'hui. Demain Sergei on doit parler. Mx

Clara : Derrière la bibliothèque

Clara est troublée par l'odeur qui flotte dans sa classe. Elle semble provenir de Jason.
« C'est vrai que la barge, c'est votre sœur, miss ?
— Ne la traite pas de barge.
— Pourquoi ?
— Oh, je ne sais pas. »
Il est presque quatre heures, bon sang.
Il s'éloigne en traînant les pieds et elle s'aperçoit alors que l'odeur ne vient pas de lui, mais du coin lecture – une odeur vaguement faisandée qui lui rappelle Solidarity Hall. Elle va voir de plus près. Le fait est qu'elle est nettement plus prononcée de ce côté-là. Mais, à part un tas de petits gravillons noirs par terre semblables à ceux qu'elle a trouvés sous sa chaise l'autre jour, tout a l'air impeccable.
Par la fenêtre, elle voit Megan qui attend Jason près de la grille. Elle lui fait signe et Megan lui répond. Sur ce, quelqu'un d'autre apparaît sur le parking. Quelqu'un d'affreusement barbu. Mr Gorst/Alan est toujours mignon,

mais bien moins qu'avant. Et voilà miss Historik Postlethwaite en manteau à brandebourgs style Docteur Jivago assorti d'un chapeau péruvien avec des tresses sur les côtés. Elle se précipite vers lui puis glisse sa main dans la sienne, il se penche vers elle et l'embrasse. Malgré le chapeau. Malgré les tresses. Il l'embrasse.

Tss Tss. Il y a du mariage et des bébés dans l'air. Même Ida Blessingman lui a confié hier soir qu'elle allait convoler en justes noces avec l'avocat moustachu aux airs de serial killer. À tous les coups, il y aura une énorme pièce montée en cheesecake à la réception. Autour d'elle, la vie poursuit son cours – elle est la seule à rester engluée dans le passé, dans les secrets de Solidarity Hall.

Elle hésite à s'apitoyer sur son sort ou à se réjouir pour eux, quand brusquement, elle entend un bruit du côté du coin lecture – une sorte de raclement. Elle regarde. Elle ne voit rien – mais le raclement se poursuit. Il provient apparemment de derrière les livres. C'est une vieille bibliothèque en chêne qui date de la fondation de l'école. Elle se met à genoux pour la soulever et réussit à l'écarter légèrement du mur. Elle est assaillie par une telle bouffée de puanteur qu'elle recule aussitôt. Puis elle se penche pour regarder en retenant son souffle. Tout d'abord, elle ne distingue qu'une boule de papier déchiqueté dans un recoin, avant de s'apercevoir que c'est en fait un nid, où Horace est blotti en compagnie de quatre minuscules bébés à peine plus gros que le pouce, qui tètent allègrement. Elle contemple la scène, transportée de joie.

Puis, craignant de les blesser en remettant la bibliothèque en place, elle va chercher Mr Philpott.

« Alors comme ça, Horace est une demoiselle ? » lance Mr Philpott, ravi.

À eux deux, ils repoussent doucement la bibliothèque quasiment contre le mur. Clara sort sa boîte repas et jette quelques miettes. La responsabilité de nourrir Horace et ses quatre petits bébés l'emplit d'une joie et d'une angoisse subites. De quoi vivent-ils ? Probablement de miettes de chips et de sandwichs que les enfants apportent pour leur déjeuner. Elle se demande comment ils font pour boire, avant de se souvenir des plantes posées dans leur soucoupe sur le rebord de la fenêtre.

« Qui peut bien être le père des bébés ? s'interroge-t-elle à haute voix.

— Là où y a des 'amsters, y a du mystère. »

Elle referme la porte de la classe, éteint la lumière et le suit jusqu'à la chaufferie pour prendre un thé avant de rentrer à Sheffield.

« En parlant de mystère, l'autre jour, quand on était chez Mrs Taylor, vous avez fait allusion à un incendie. Vous disiez que les jeunes des Prospects y étaient mêlés.

— Oui, au stade de Belle Vue, chez les Donny Rovers. En 1995. »

Mmm. Ce n'est pas le même incendie.

« Tout le monde a cru que c'était une explosion de gaz. Puis ils se sont aperçus que l'abruti qui avait fait ça avait laissé son portable sur place. Son propriétaire, Ken Richardson, a écopé de quatre ans. On ne s'ennuie jamais à Donny, mon petit !

— Pauvres Doncaster Rovers.

— Une joie douloureuse. Mais on a battu le Plymouth Argyle samedi. »

Ils ont rejoint l'atmosphère douillette de la chaufferie et son odeur de mâchefer. Mr Philpott augmente le feu et met la bouilloire à chauffer. Dehors, le jour tombe mais le ciel est encore rougeoyant.

« Le propriétaire des Rovers, Johnny Ryan, l'est chirurgien esthétique, c'est lui qu'a refait la poitrine à Melinda Messenger, vous savez, la présentatrice.

— Mais il y a eu un incendie en 1994. Dans les anciens bureaux des charbonnages, près d'Askern, là où on habitait. Ma petite sœur a été brûlée. On n'a jamais su qui l'avait provoqué. Vous ne seriez pas au courant de quelque chose, par hasard ?

— Hmmm. C'est du côté des Prospects, pas vrai ? Y a beaucoup de crapulerie par là-bas. » Il verse l'eau bouillante sur deux sachets de thé.

« Ma sœur a dit que c'était des jeunes des Prospects. Ils s'en étaient pris à elle quand elle était petite. Mais il lui arrive d'inventer des choses.

— J'ai jamais rien entendu, mon p'tit. Mais on dit qu'c'est comme ça que Malc Loxley a commencé en 1988, avec un incendie. L'était dans la ferraille avec son frère. Doncaster & South Yorkshire Scrap. Ils ont mis assez d'côté pour verser un premier acompte sur l'achat d'un moulin abandonné à côté d'Elsecar. Ils l'ont assuré pour un demi-million. Puis ils l'ont r'gardé brûler. » Il sort son sachet, le presse entre ses doigts puis le jette dans la chaudière et l'écoute siffler un instant. « Mais j'vais vous dire, pour sortir d'ce trou, fallait être une crapule. C'était la seule solution, par ici. Du lait ? Du sucre ?

— Juste du lait.

— Oui, je voulais aller à la fac quand j'étais jeune – mais on m'a envoyé à la mine. J'ai tenu huit ans. Puis j'ai été blessé. J'suis à l'école depuis 1970. J' prends ma r'traite l'an prochain. C'est drôle, la vie. » Il reprend son thé et boit une autre gorgée. « Vous avez vu l'histoire de cette dame qu'a éteint un feu qui s'était déclaré dans une poêle à frire avec une culotte géante ? »

Quand Clara se met en route, la nuit est tombée. Des flocons de neige tourbillonnent derrière le pare-brise et elle frissonne, regrettant de ne pas être partie plus tôt et d'avoir succombé à la tentation de boire un thé au coin de la chaudière en écoutant les histoires de Mr Philpott.

Le mystère de l'incendie continue à couver dans son esprit. Étaient-ce les jeunes des Prospects ? Ou Oolie elle-même qui aurait inventé cette histoire pour se couvrir, de peur que Doro ne lui interdise de prendre un appartement toute seule si elle apprenait la vérité ? C'est si vieux, si embrouillé, peut-être ne découvrira-t-on jamais ce qui s'est réellement passé. Peut-être que ça n'a plus d'importance.

Elle laisse ses interrogations s'envoler comme les flocons dans la nuit et songe à la culotte géante, en repensant aux enfants de la communauté qui riaient en voyant les confortables dessous de Doro et Moira suspendus à la corde à linge. Elles se croyaient tellement libérées en couchant à droite et à gauche, à croire qu'elles avaient inventé l'orgasme. De nos jours, les filles doivent se battre pour être libres de refuser.

Pauvre Doro – Oolie va lui manquer quand elle ira s'installer de son côté. Peut-être qu'un bébé hamster lui tiendrait compagnie. Et Oolie aimerait peut-être un hamster, elle aussi, quand elle emménagera dans son nouvel appartement. Ça en fait deux de casés sur quatre – trois, car elle a l'intention d'en garder un pour elle. Mr Philpott, peut-être ?

Sur ce, elle se demande s'il est moral de briser le bonheur de cette petite famille pour la seule satisfaction des hommes. Peut-être devrait-elle simplement les laisser vivre heureux jusqu'à la fin de leurs jours derrière la bibliothèque.

Nul doute que Shakespeare et Wittgenstein détiennent la réponse.

SERGE : Une bretelle crasseuse

« Il faut du nouvelle philosophie pour comprendre le nouveau environnement économique, Sergei. »

Maroushka pivote pour lui faire face dans le petit bureau vitré en mâchonnant distraitement une mèche brune échappée de son chignon. Il réfrène l'envie de la glisser derrière son oreille.

« Je croyais que la nouvelle philosophie, c'était la reprise du marché de l'immobilier, princesse. Germes d'Avenir. »

Elle porte une jupe gris anthracite assortie d'une blouse en soie ivoire et d'une veste cintrée. La sévérité de son tailleur de femme d'affaires souligne sa silhouette menue et lui donne des allures de gamine qui joue à la dame.

« Germes d'Avenir est pour l'investisseurs ordinaires, Sergei. » Elle a croisé ses chevilles en collants sur le pied du fauteuil et balancé sous le bureau ses escarpins compensés en daim noir. « Maintenant on a le nouveau hedge fund privé. Généré du gros bénéfices en cas de défaut du Germes d'Avenir. » Elle rit nerveusement en retirant la mèche de sa bouche.

« On vend un produit aux investisseurs tout en pariant sur sa chute ?

— Ce pas interdit par le loi, dit-elle en évitant son regard.

— Non mais...

— On a le potentiel de gains illimités avec le pertes limitées. »

À l'entendre, il semblerait que Germes d'Avenir (dont il est désormais le représentant, lui rappelle-t-elle) n'est qu'un véhicule destiné à attirer les investisseurs et qu'il est truffé de prêts aussi redoutables que des bombes à retardement. Son objectif est de profiter d'un rebond à court terme des prix de l'immobilier, dit « rebond technique », qui devraient recommencer à chuter d'ici quelques mois, d'après les calculs de Maroushka. Entre-temps, elle a aidé La Poule à monter un complexe hedge fund privé, qui engrangera d'énormes profits en cas d'aggravation de la récession et d'augmentation des saisies immobilières. Quand elle tend le bras pour lui détailler un graphique affiché sur son écran, une bretelle de soutien-gorge grisâtre, qui tranche sur la soie ivoire de sa blouse, glisse sur son épaule.

« Et... euh... c'est moral ? »

Elle éclate d'un petit rire charmant et sa bretelle glisse un centimètre plus bas.

« Le morale est pour le gens ordinaires, Sergei. Pas pour nous. »

Doit-il lui dire que sa bretelle se voit ? Bien qu'elle soit crasseuse, elle est curieusement sexy.

« Dans le temps nouveau le gens ordinaires sera pauvre, seulement l'élite sera riche. C'est mieux être l'élite, Sergei. »

Si seulement il pouvait la secouer par les épaules pour l'arracher à l'envoûtement de ces graphiques illusoires et de ces nombres chimériques qui le fascinaient avant, lui aussi.

Princesse Maroushka
Entends la chanson de Serge...

Si seulement il pouvait se pencher et faire glisser cette bretelle crasseuse sur son épaule, embrasser sa clavicule saillante et plaquer les lèvres sur sa bouche affamée de gamine de douze ans, qui a recommencé à mâchonner cette mèche folle. Mais il aperçoit par la vitre La Poule qui traverse nonchalamment la salle de marché en se dirigeant vers eux, le veston déboutonné, la cravate desserrée. L'espace d'un instant, Maroushka esquisse une expression indéchiffrable – à mi-chemin entre le sourire et la grimace.

Sur ce, le téléphone sonne sur son bureau.

« Da ? » répond-elle, puis elle se met à babiller dans sa langue incompréhensible.

Qu'est-ce qu'elle mijote, cette fois ? Quand on y pense, tout est incompréhensible, chez elle – à moins qu'il ne soit trop bête pour piger.

Quand il se lève pour sortir, elle se détourne un instant de son coup de fil, pose la main sur le combiné et lui glisse : « Au fait, Sergei, toi aussi tu es pas très moral. La Poule sait que tu tradé sur le compte personnel. »

Ce qui est pour le moins évident, à présent.

*

Dans des moments comme celui-là, on a besoin de téléphoner à un ami, mais les toilettes pour handicapés sont occupées depuis une éternité.

Quand il peut enfin y aller, il aperçoit un préservatif usagé glissé derrière la cuvette. Il y en a qui ont de la chance.

Au bout du fil, Otto a la voix plus grave, moins agitée qu'avant. La paternité lui a donné du sérieux.

« Attends, mec, il a pu pirater ton compte n'importe comment. Cette clé USB que tu as trouvée, peut-être qu'elle avait un rootkit intégré. Tu croyais que c'était toi qui l'espionnais alors qu'en fait, c'était l'inverse. Hé hé.

— Merde !

— À moins qu'il ait déchiffré ton mot de passe. Il suffit que quelqu'un t'ait vu le taper quand tu te connectais.

— Impossible.

— Tu es sûr ? Tu dois avoir des gens qui passent en permanence devant ton bureau.

— Oui mais... »

« *Mais tu sais Sergei, je suis juste avec le visa étudiant.* »

Ces paroles claquent dans son esprit. Au moment où elle les a prononcées, elle se trouvait juste derrière lui, regardant par-dessus son épaule. Peut-être a-t-elle repéré ce qu'il tapait sur son clavier. De son côté, il radotait sur la lutte en Iran. Était-ce avant qu'ils s'embrassent ou après ? Il ne se souvient pas. Quoi qu'il en soit, ça n'a pas d'importance. Une main glacée lui étreint le cœur, semblable à la mort.

« Oui, il faut que je réfléchisse. Merci, Otto. Comment va Flossie ?

— Ça va. Elle commence à sourire. Enfin, les trois quarts du temps, elle vomit juste après. Un jour, l'Open Source repartira à la conquête du monde et l'arrachera aux mains de Microsoft. Au fait, je n'arrête pas de recevoir des paquets de Doro. Elle s'est mise au crochet bariolé. Tu lui as dit, pour ton boulot ? Parce que Molly raconte qu'elle est venue à Cambridge.

— Pas exactement. J'y viens. »

Mais ce sera peut-être inutile, si Molly s'en est chargée pour lui. Peut-être sera-t-il bientôt en route pour le Brésil.

« Ne t'en fais pas, mec. Passe nous voir un de ces jours.

— Promis. »

Il éteint son portable, remarquant au passage qu'il y a un nouvel appel manqué de Clara.

Clara : Des Bulldozers dans le jardin

Doro s'est enfermée dans sa chambre, refusant de sortir, et Marcus reste avec elle pour la soutenir. C'est donc Clara qui se retrouve chargée d'emmener Oolie au jardin ouvrier voir le début des travaux de sa nouvelle résidence. En chemin, Oolie gambade et fait des glissades sur la neige qui se transforme déjà en gadoue, réfrénant à peine son excitation.

« Il y a six chambres pour les résidents. Et puis j'aurai une salle de bains et des toilettes juste pour moi. Ça sera trop bien. Mr Clemmins m'a montré les photos. Et maman dit que quand j'aurai mon appartement j'pourrai avoir un bébé. »

Clara titube et se rattrape de justesse à une grille.

« Tu es sûre qu'elle a dit ça ?
— Elle a dit peut-êtr' si j'suis sage. Pasque moi j'vais être vraiment sage.
— Je me disais que tu aimerais peut-être un hamster pour commencer.

— Oui ! J'veux un 'amster ! »

Elle serre la main d'Oolie. Elle a toujours adoré cette capacité qu'a sa sœur de s'enthousiasmer spontanément pour tout.

Le jardin, encore saupoudré d'une fine couche de neige qui recouvre les carrés de potager et les arbustes à baies, ressemble à une page vierge sur laquelle tout reste à écrire. Un bulldozer rugissant entasse la terre et nivelle un espace central destiné au chantier. Deux ouvriers armés de pelles jettent la terre à l'arrière d'un camion dont la portière est curieusement ornée du logo de SYREC. Une bande de gamins de Greenhills traîne dans les parages, essayant d'attirer l'attention des ouvriers en leur lançant des remarques du style « Hé, j'peux vous prêter une pelle ! », « Filez-nous une clope ! », « Ma sœur veut tirer un coup avec vous ! ».

Elle repère parmi eux Jason Taylor et Robbie Lewis. Son arrivée est acclamée comme une distraction providentielle.

« Salut, miss ! braille Jason. J'vous ai pas r'connue tout habillée.

— Très drôle.

— Filez-nous une clope, miss.

— Je ne fume pas », ment-elle.

Sur ce, une Mini Austin se gare et une jeune femme en talons hauts et jupe droite en descend, un bloc-notes à la main. Puis un break rouge arrive et débarque un jeune homme avec un appareil photo autour du cou.

« C'est bien le chantier des jardins de Greenhills ?

— Ma sœur veut tirer un coup avec vous ! Filez-nous une clope ! Je peux essayer votre appareil ? » lancent les enfants en chœur.

Tandis que le photographe fait le point sur le bulldozer, une autre voiture apparaît, une BMW noire avec des vitres fumées. Un gros type en survêtement s'extirpe de derrière le volant et deux hommes en costume descendent de l'arrière. L'un est une espèce de malabar au crâne rasé et orné d'un tatouage, l'autre est le conseiller Malcolm Loxley. Le photographe commence à mitrailler. Le conseiller s'approche du bulldozer, prend la place du conducteur, enfile le casque de chantier de ce dernier et salue de la main le photographe, les enfants et les quelques habitants du quartier qui sont venus assister à la scène. Les ouvriers et leurs pelles posent avec le conseiller. L'appareil photo cliquète. Puis le conseiller met le bulldozer en marche arrière, avance, accélère et fonce sur un petit arbre fruitier qui dresse obstinément deux branches au milieu du champ de neige et de gadoue, le déracinant et l'envoyant rouler au bord du chantier avec les restes d'une cabane, des tuteurs de haricots et quelques vieilles chaises.

Les badauds l'applaudissent et l'acclament. Oolie se joint à eux avec enthousiasme. Clara enfonce les mains dans ses poches.

Il saute du bulldozer et vient serrer la main des spectateurs. La dame au bloc-notes le suit partout en se trémoussant sur ses talons pointus pour noter le flot de paroles qu'il déverse.

« C'est un grand plaisir pour moi de lancer le projet d'un lieu destiné aux personnes handicapées les plus vulnérables de notre communauté, et d'une galerie marchande pour les familles travailleuses de Doncaster… »

Il ne cesse de lancer des coups d'œil autour de lui. Quelques applaudissements crépitent dans l'assemblée. Clara sent sa bouche se pincer en un sourire narquois. Doro a eu raison de ne pas venir.

« … au lieu de gaspiller l'argent du contribuable en âneries politiquement correctes. »

Qu'est-ce que ça peut bien vouloir dire ?

Puis, aussi brusquement que ça avait commencé, c'est terminé. Le malabar au crâne rasé planté à côté de la BMW fait un signe de tête au chauffeur en survêtement, qui s'approche du conseiller et lui glisse quelque chose à l'oreille. Ce dernier salue les spectateurs de la main, remonte en voiture et repart. Le conducteur du bulldozer reprend sa place et redémarre, les ouvriers recommencent à pelleter, les journalistes s'en vont.

Au moment où la foule se disperse, elle remarque un jeune homme blond qui se tient au fond de l'ancien jardin, à côté du camion. Oolie l'aperçoit elle aussi et agite les deux mains. Mr Clements contourne le chantier pour venir les rejoindre, en s'enfonçant dans la boue fraîchement retournée.

« Ça y est, ils ont commencé, dit-il. Tu es contente, Oolie ?

— Oui, pasque maman dit que j'pourrai avoir un bébé quand j'y serai. »

Il rit d'un air gêné.

« Ou un hamster, s'empresse d'ajouter Clara.

— Apparemment, ce n'est pas du tout un projet d'aménagement social, dit-il. C'est dans les mains d'une nouvelle société privée. La South Yorkshire Residential Care. SYREC. Ils ont obtenu une série de contrats de résidences d'accueil dans la région. Ce projet de maison spécialisée est un nouveau départ pour eux. Je ne sais pas ce que votre mère va en dire. Elle a des opinions assez tranchées, je crois.

— C'est connu, répond Clara.

— J'aurai quand même des toilettes à moi ? » demande Oolie.

Ils repartent ensemble en direction de Hardwick Avenue. Avec la nuit qui tombe, la température a chuté et les trottoirs couverts de neige verglacée sont traîtres. Oolie glisse et il la rattrape par la main pour l'empêcher de tomber. Puis Clara dérape à son tour. Il se met au milieu, les deux jeunes femmes cramponnées à lui.

Au bout d'un moment, il serre la main de Clara et lui glisse : « *Iron Man* repasse à l'Odeon. Il paraît que c'est bien.

— Je l'ai déjà... »

Elle se mord la langue.

« C'est quoi l'éromane ? intervient Oolie.
— C'est un film, répond Clara.
— J'adore les films ! J'peux venir ?
— Non », répond Mr Clements.

SERGE : Le Lapin fantôme

Serge rentre chez lui dans la pénombre des rues désertes couvertes de neige à moitié fondue, plongé dans ses pensées, se rappelant vaguement l'entrain avec lequel il était parti ce matin. Il tente de démêler le sens de la conversation qu'il a échangée aujourd'hui avec Maroushka, guidé par la cadence immémoriale des hommes – un pas devant l'autre – qui l'aide à éclaircir ses idées. Elle ne l'a pas exactement menacé, mais elle a souligné avec son drôle de sourire de gamine espiègle qu'étant donné son rôle dans Germes d'Avenir et les transactions auxquelles il s'est livré en douce, il a intérêt à se taire. Comme s'il avait le choix.

Il emprunte des rues et des venelles tranquilles, où les boutiques et les bureaux sont fermés, en marchant prudemment car les trottoirs sont traîtres. Un taxi passe de temps en temps en faisant crisser la neige fondue dans l'humidité du soir, laissant flotter des vapeurs âcres de gasoil longtemps après avoir disparu. La main glacée de la mort lui tâte encore le cœur.

« ... je suis juste avec le visa étudiant. Quand l'études finies, je dois rentrer Zhytomyr... »

Il contourne Moorgate, traverse Chiswell Street et remonte Bunhill Row en passant devant le cimetière, où les dissidents de l'Église anglicane dorment du sommeil des justes dans leurs tombes soignées, couvertes d'un léger manteau de neige. D'habitude, il aime bien se promener de jour dans le quartier – ça lui rappelle un peu le cimetière de Mill Road à Cambridge – mais de nuit, c'est assez effrayant, à moins que cette frayeur ne vienne de lui.

« Mais La Poule demande le visa du travail permanent pour moi... »

Elle a son visa maintenant. Que lui as-tu donné en échange, Maroushka ?

Le fait qu'elle l'ait trahi est plus effarant, plus révoltant encore que si elle avait simplement couché avec La Poule. Quoique, il est probable qu'elle ne s'en soit pas privée non plus.

Soudain, un peu plus loin, près du portail du cimetière, une petite silhouette blanche jaillit des ombres des arbres qui surplombent les grilles, bondit sur le trottoir à une vingtaine de mètres de lui, et reste tapie en le fixant du regard. La silhouette a à peu près la taille et la forme d'un gros lapin blanc. Il s'arrête. Se frotte les yeux. Son cœur bat à tout rompre. Serait-ce un cauchemar ?

Une voiture solitaire passe en coup de vent. La créature ne s'enfuit pas, mais tremble légèrement. On dirait qu'elle n'a qu'une oreille. Il reprend son chemin sans la quitter des yeux.

Elle ne s'éloigne pas mais oscille légèrement, semble changer de forme, gonfler de manière grotesque. Mais qu'est-ce que… ?

Aaah ! Il trébuche.

Il s'est pris le pied entre une pédale et une roue de bicyclette et une douleur violente transperce son genou tordu sous le poids de son corps. Au moment où il tombe, la silhouette blanche bondit sur lui. Il suffoque, tend les mains et s'aperçoit que ce n'est qu'un sac en plastique rempli de papiers froissés et de restes de plat à emporter qu'un crétin a balancé. Merde ! Son genou lui fait un mal de chien. Les gens pourraient tout de même dégager les trottoirs, non ? Ce n'est pas trop demander, tout de même !

« Ça va, mon vieux ? » Un petit monsieur coiffé d'un bonnet est sorti du pub Artillery Arms, de l'autre côté de la rue.

« Oui, oui, ça va. Il me faudrait juste un taxi pour rentrer chez moi. »

La douleur le submerge, effaçant tout le reste, et les larmes ruissellent sur son visage. Il passe du rire aux sanglots, alternant entre la souffrance et l'euphorie. Tout ce qui était complexe est à présent d'une extraordinaire simplicité, comme lorsqu'on résout un théorème. Lorsqu'on peut enfin échapper à la frénésie quotidienne.

Désormais, il a la certitude qu'il ne reviendra jamais chez FATCA. Une immense vague de légèreté le soulève du trottoir, au-dessus de la douleur, au-dessus de la honte, du regret et de la peur, et le dépose recroquevillé sur lui-même à l'arrière d'un taxi qui l'emporte jusqu'à ce qu'il appelle encore chez lui mais qu'il sait devoir bientôt quitter.

Le temps qu'il se traîne dans son lit – il prend l'ascenseur, ce n'est pas ce soir qu'il grimpera les marches quatre à quatre – son genou a enflé et lui fait un mal atroce. Il va falloir qu'il voie le Dr Dhaliwal demain.

Mais avant de dormir, il lui reste encore une chose à faire. Il se sert un verre de barolo, avale deux ibuprofènes et allume son ordinateur. Il colle le lien de la propriété brésilienne. Elle est toujours là qui lui fait de l'œil derrière les palmiers, du haut de ses 499 000 livres sterling. Quand il se branche sur le compte du Dr Black, il s'aperçoit qu'il vaut à présent 1,21 millions. Il transfère la somme totale sur son compte personnel.

L'ordinateur se met à ramer comme s'il grinçait des dents. L'écran devient noir. Puis, au bout d'un moment, un message d'erreur apparaît : « Transaction refusée. »

Il réessaie pour la moitié de la somme. « Transaction refusée. »

Merde ! Il sait que l'argent est là – il l'a vu. Ou plus exactement, il a vu de gros chiffres qui sont censés représenter de l'argent. Ce n'était peut-être qu'un mirage, de la poussière de fée et non de l'argent réel. Mais s'il contacte sa banque, il est probable qu'ils lui poseront des questions. Qu'ils appelleront la Brigade des fraudes. Son cœur s'accélère – Boum ! Boum ! Boum !

Il refait une troisième tentative pour un montant tout juste suffisant pour couvrir la propriété brésilienne. Apparaît le message : « Transaction refusée. Veuillez contacter votre agence. »

Bon, bon.

Doro : Le Stimulateur

« On va voir le père Noël dans Oxfam Street ? » demande Oolie.

Le train est bondé de gens venus faire leurs achats à Londres dans la ruée de Noël, serrant leur sac à main et jacassant sur leur portable, mais Doro poursuit un objectif plus sérieux.

« Non. On va libérer Serge. »

Elle ne veut pas dire littéralement, bien sûr. Mais comme on délivre un rêveur envoûté par un sortilège dans un conte de fées. Comparée à la joyeuse cohue qui règne dans le West End, la City paraît somnolente. Elle a imprimé le plan sur Google et trouve aisément l'immense tour de verre où est emprisonné son fils.

Elle pénètre sous les halogènes d'un grand hall. Une devise en lettres dorées tarabiscotées s'étale sur un mur : *AUDACES FORTUNA JUVAT*. Elle exhume ses vieux souvenirs de grammaire latine. La fortune sourit aux audacieux. Ça c'est sûr.

« Je peux vous aider ? demande une des jolies blondes de l'accueil.

— Je cherche mon fils, Serge Free.

— Il s'appelle Sez. » Oolie sourit à la blonde qui lui rend son sourire.

« Si vous voulez bien vous asseoir... »

À cet instant précis, un grand monsieur en costume sombre sort son passe et franchit le portique de sécurité. Doro attrape Oolie par la main et lui emboîte le pas en faisant un petit signe à l'hôtesse. Elles entrent à sa suite dans l'ascenseur.

« On cherche Sez. » Oolie essaie à nouveau son sourire.

« Le seize, ce n'est pas ici », répond-il sans sourire avant de sortir à l'étage suivant.

Doro décide de ne pas le suivre et, ne sachant pas quel étage choisir, elle appuie sur le dernier bouton. La cage de verre les propulse à toute allure. Les câbles sifflent, crissent, s'enroulent, se déroulent. Des couloirs, des bureaux en open space, des hommes en costume, des femmes en talons défilent en un éclair.

« Waouh ! s'exclame Oolie. C'est trop bien ! »

Elles sortent au dernier étage. Tout est désert. Il n'y a personne à la réception. Juste devant elles, une lumière blafarde traverse une paroi de verre. Elles sont presque à la hauteur des nuages. De part et d'autre de l'ascenseur, un long couloir tapissé de moquette, bordé de panneaux de verre d'un côté et d'acajou de l'autre, dessert une enfilade de portes fermées également en acajou. Les portes de l'ascenseur se referment derrière elles et il disparaît, appelé d'en bas.

« Où est Sez ?

— Je ne sais pas. Chut ! »

Elles tendent l'oreille. Un curieux chuintement intermittent provient de derrière une des portes du couloir.

« Y tirent un coup ? demande Oolie.

— C'est possible. »

Qui que ce soit, il a une endurance phénoménale.

Brusquement, les portes de l'ascenseur se rouvrent dans un bruit sourd suivi d'un soupir. Une grande blonde en sort accompagnée d'un jeune garçon un peu boulot. Ils se jaugent tous les quatre du regard.

« Qui êtes-vous ? » lance la grande blonde à Doro. Elle porte des ballerines et elle est couverte de bijoux que Doro trouve plutôt vulgaires.

« Dorothy Marchmont, répond Doro, qui n'a pas assez de culot pour l'envoyer sur les roses. Et vous, qui êtes-vous ?

— Caroline Porter. Vous avez vu mon mari ?

— Je n'ai vu personne ici, répond Doro en décidant de ne pas mentionner le bruit qui s'est à présent arrêté.

— Tu veux voir mon stimulateur ? » chuchote le garçon à Oolie. Il a la même physionomie trisomique qu'Oolie et une expression douce, légèrement perdue.

« J'veux le stimulateur !

— Oolie ! Non ! lance Doro. Je ne sais pas du tout où est votre mari, dit-elle à la dame. Je cherche mon fils. » Puis, en voyant la tristesse de son regard, elle adoucit le ton. « Quel âge a votre petit garçon ?

— Il n'est pas si petit. Willy a vingt-quatre ans. Et votre... c'est votre fille ? »

Elles échangent un sourire.

« Oui. Oolie-Anna. Elle a vingt-trois ans. »

Oolie et Willie ont disparu, mais elle les entend un peu plus loin.

Sur ce, un minuscule lapin blanc détale dans le couloir devant elles. Doro se frotte les yeux. Puis elle s'aperçoit qu'elle ne dort pas et que ce n'est pas un lapin blanc mais une balle de golf qui file à toute allure.

« Willy ! Fais attention ! crie Caroline. Il est obsédé par le simulateur de golf », explique-t-elle.

Ah. C'était peut-être ça, le bruit.

« Je crois que mon fils travaille ici, dit Doro. Je le cherche. »

Caroline hoche la tête.

« Il y a un millier d'employés, ici. Il est trader ?

— Je ne sais pas. J'espère que non.

— Les traders sont au neuvième. Vous voulez que je vous accompagne ?

— Vous voulez bien ?

— Allez, venez.

— Et...

— Ne vous en faites pas pour eux. Ils peuvent jouer avec le simulateur de golf. Il n'y a pas grand-chose d'autre à faire, là-haut. »

Elle appelle l'ascenseur.

« Et votre mari ? demande Doro en se laissant glisser jusqu'au neuvième.

— On verra. »

Dès que la porte à double battant s'ouvre, Doro est submergée par le vacarme de la salle de marché.

« Serge ! » lance-t-elle.

Le brouhaha diminue peu à peu. Quelque huit cents paires d'yeux sont braquées sur elle.

« Serge, je sais que tu es là ! N'aie pas peur ! »

Silence.

À ses côtés, Caroline chuchote : « Waouh ! Vous avez une sacrée voix !

— Oui, j'ai beaucoup manifesté. »

Pourquoi Serge ne vient-il pas ? Il doit y avoir une explication très simple au fait qu'il ne le lui ait pas dit avant. Il a peut-être peur qu'elle l'accuse d'avoir trahi ses idéaux.

« Serge ! C'est ta maman ! Tu peux rentrer à la maison. Tout est pardonné ! »

Un frémissement d'hystérie contenue se propage dans la salle. D'un bout à l'autre de la salle de marché, des hommes en costume et quelques jeunes femmes enfouissent le visage dans les mains, les épaules secouées par le fou rire. À voir les ondulations bleues qui font place aux rouges sur les écrans, c'est à croire que les ordinateurs s'y sont mis eux aussi.

« Quoi vous voulez ? Pourquoi vous criez ! »

Une jeune furie en robe noire moulante et talons ridiculement hauts est arrivée derrière elles par la porte à double battant. C'est une jolie fille, mais elle est trop maigre et outrageusement maquillée.

« Je cherche mon fils, Serge Free.

— Vous êtes le mère de Sergei ? » La fille lui jette un regard de mépris à peine déguisé. « Je croyais vous êtes plus cultivé. »

Soudain, Caroline se précipite sur elle et l'empoigne par les cheveux.

« C'est vous ! La pute ukrainienne ! »

La fille se débat. « Tu lâches moi ! Tu pas comprends lui ! Vieille femme abandonne ! »

Caroline la prend par le cou.

La fille se défend à coups de genou et de poing, en laissant tomber son sac à main dont le contenu se renverse par terre – attirail de maquillage crasseux, brosse pleine de cheveux, pièces de monnaie sales. Une petite photo tombe en voltigeant aux pieds de Doro. Elle la ramasse. On y voit deux femmes bras dessus bras dessous qui sourient devant l'objectif. Elle reconnaît la fille avec des cheveux plus courts et un pull rayé. L'autre femme lui ressemble, mais en plus âgée, avec une informe mise en plis grise et de vilaines dents. Sa mère ? La fille lui arrache la photo des mains, ramasse ses affaires éparpillées et s'éloigne précipitamment, à l'instant même où la porte à double battant s'ouvre à nouveau et qu'un bel homme d'une cinquantaine d'années en manche de chemise s'approche d'elles.

Doro s'attendait à moitié à rencontrer dans la tour le diable personnifié, mais l'homme est plutôt sexy.

« Caroline ! Ma chérie ! Qu'est-ce qui t'amène ? » Il embrasse sa femme sur la joue.

Il a des manières charmantes, bien que Doro constate qu'il a la chemise qui sort du pantalon et la braguette à moitié ouverte. Son sourire lui rappelle celui de Malcolm Loxley.

« Willy voulait jouer au golf, alors je l'ai laissé là-haut. Tu ne l'as pas vu ? » Caroline a le visage encore cramoisi.

« Je n'ai vu personne. J'étais... en réunion. Avec la commission du Trésor. »

Il brandit une liasse de documents qui portent l'en-tête de la Chambre des communes. Il dirige aussi le pays ? s'étonne Doro.

Caroline plonge sur lui pour lui remonter sa braguette.

« Avec ta pute ukrainienne ?

— Qu'est-ce qui te prend, Caroline ? siffle-t-il. Tu es devenue folle ?

— Folle de rage, oui ! réplique-t-elle.

— Arrête, Caroline ! Tu te donnes en spectacle ! »

Mais curieusement, dans la salle, les employés ont détourné le regard de l'algarade, apparemment subjugués par leurs écrans qui continuent à onduler en rouge.

« Qu'est-ce que tu veux que ça me fasse ? Alors que tu montres ta queue à toute la ville ?

— Et qui...

— Voici mon amie...

— Doro Marchmont. Enchantée.

— Ken Porter. »

Il lui tend une grosse main légèrement poisseuse.

Doro saute sur l'occasion. « Je cherche mon fils, Serge Free. »

Pourquoi cette grimace ?

Soudain, un mugissement de sirènes envahit la salle. L'écho se répercute sur les surfaces dures surchauffées en un hurlement menaçant : « Whaaa ! Whaaa ! Whaaa ! » Puis la lumière s'éteint, les écrans de télévision suspendus clignotent puis deviennent noirs, et tous les moniteurs des postes de travail, tous les ordinateurs s'éteignent les uns après les autres. Dans une ultime salve de bips et de carillons d'adieu, tout le système s'enraye.

« C'est l'alarme incendie ! hurle quelqu'un au fond de la salle.

— Une alerte à la bombe ! » crie un autre.

Dans une scène de panique baignée par la seule lumière délavée des grandes baies vitrées, des dizaines – non, des centaines – de prisonniers jettent leurs chaînes et se ruent vers la porte à double battant.

« Oui, libérez-vous, zombies ! » s'écrie Doro en voyant passer devant elle la marée humaine qui se précipite vers l'escalier en suivant les balises lumineuses au sol, car les ascenseurs ne fonctionnent pas.

« Oh non ! Willy est là-haut ! hurle soudain Caroline.

— Oolie aussi !

— Vite ! Il faut monter ! » Caroline l'attrape par la main et, luttant contre le flot de costumes gris, elles grimpent une, deux, trois... six volées de marches. Le mari suit à la traîne.

Arrivés au dernier étage, ils s'immobilisent tous les trois, essoufflés, et tendent l'oreille. Tout est d'un calme sinistre. Il n'y a personne. De faibles échos leur parviennent d'en bas ; les sirènes se sont tues, mais on perçoit un brouhaha de voix et Doro met un instant à distinguer un autre bruit plus proche, un murmure qui monte et descend, un peu comme un ronflement.

« Il faut qu'on parle calmement, ma chérie », dit le mari en attrapant Caroline par le bras.

Doro remarque qu'il a une veine mauve sur la tempe. Son œil gauche est agité d'un tic.

« D'abord, il faut trouver les enfants, l'interrompt-t-elle.

— Allez voir dans le simulateur de golf. » Caroline lui indique une direction. « Par là. Je regarde dans la salle de réunion. »

Doro n'a aucune idée de ce à quoi peut bien ressembler un simulateur de golf, et elle passe la tête dans plusieurs bureaux vides. Au bout du couloir, une porte s'ouvre sur une pièce plongée dans le noir. Alors qu'elle essaie de s'accoutumer à l'obscurité, une lumière s'allume soudain et sur le mur du fond, à l'autre bout de la pièce tout en longueur, surgit un paysage de verdure ondoyant, une vallée peuplée d'arbres, une rivière en arrière-plan et des collines au lointain. Elle en a le souffle coupé. Devant la rivière en 3D plus vraie que nature se trouvent des amas rocheux et des monticules qui peu à peu se révèlent être non pas des monticules, mais des vêtements éparpillés. Des chaussures noires. Un pantalon marron roulé en boule. Une petite culotte blanche. Non loin, une machine ronronne en cliquetant. Le murmure vient également de là et cette fois, ça ressemble incontestablement à un ronflement.

« Oolie ? »

Le paysage tremble et se met à enfler, et elle s'aperçoit alors que ce n'est qu'un drap tendu sur lequel le paysage est projeté.

« Oolie ? Willy ? »

« Espèce de sale pervers... » La voix stridente de Caroline claque comme un fouet au bout du couloir.

Quelques instants plus tard, elle déboule avec son mari dans la pièce. Elle le gifle à l'aide de ce qui ressemble à un petit gant de latex mouillé et il recule en criant : « Arrête, Caroline ! J'ai mis une capote au moins !

— Chut ! murmure Doro. Regardez ! »

Elle écarte le drap suspendu, et dans le recoin ménagé à l'arrière, qui est à présent baigné par l'étrange lueur du paysage projeté, les deux jeunes gens apparaissent, blottis dans les bras l'un de l'autre comme des chérubins.

« Désolé, papa. » Willy s'assied dans la flaque de lumière, s'étire et passe ses mains trapues dans ses cheveux. « J'ai essayé de l'éteindre, mais je crois que je me suis trompé de bouton. »

Oolie ouvre les yeux, cligne des paupières et un sourire s'épanouit sur son visage. D'une voix somnolente, elle dit : « On va avoir un bébé. »

Dans le paysage tremblant qui miroite au loin, un minuscule lapin blanc détale et plonge dans un trou.

Épilogue
MARCUS : Aïe !

Aaïïïee ! Il a encore plus mal aujourd'hui. Cet après-midi il doit aller à l'hôpital discuter des résultats des examens avec le médecin et, si nécessaire, il faudra qu'il en parle à Doro. Il aurait peut-être dû lui dire avant, mais pourquoi la paniquer alors que les symptômes sont si vagues ? Une fatigue générale, de légers ballonnements, davantage de flatulences que d'habitude (ce qui n'avait pas échappé à la petite Oolie) et dernièrement cette constipation pénible. Espérons qu'un bon traitement suffira à le guérir. Avec un peu de chance, Doro n'aura pas à le savoir. Ça n'a rien à voir avec le fait de ne lui avoir rien dit, pour Oolie. S'il le lui avait caché, c'était par égoïsme, parce qu'il ne se sentait pas capable d'affronter ses accusations, et il n'en est pas fier. Mais là, c'est pour elle. L'ennui, avec Doro, c'est qu'elle s'affole toujours.

Heureusement, il a réussi à tenir bon hier pendant le mariage, une cérémonie joyeuse qui s'est déroulée on ne peut plus sobrement au bureau de l'état civil de Doncaster, si ce n'est qu'Oolie s'est mise à gambader allègrement dans une robe couverte de rubans bleus en embrassant tout le monde. Et Dieu sait ce qui a persuadé Doro de porter ce chapeau calamiteux qui ressemblait plus à un cuiseur vapeur qu'autre chose. Depuis qu'elle est bénévole chez Oxfam, elle rapporte des tas de fripes, mais Serge jure qu'il l'a acheté dans une boutique chic de Shoreditch.

Il était content de voir Serge et sa nouvelle amie, une fille adorable et pleine de bon sens. Médecin. Indienne. Elle avait l'air enceinte – il n'a pas osé lui demander. Apparemment, ils parlent de venir s'installer dans le Yorkshire quand il aura terminé sa thèse. Doro serait ravie, d'autant plus que Clara est partie et qu'Oolie a déménagé. Aaïïïee ! Qu'est-ce qu'il a mal !

Il était content de voir Otto, aussi, avec Molly et leurs deux petits, mais on se demande bien pourquoi ils leur ont donné des noms aussi ridicules. Flossie et Wiki. Et qu'est-ce que ce sera la prochaine fois, Reboot et Backup ? Ça lui rappelle ces pauvres enfants, Toussaint et Kollontai. On devrait tuer les parents. Les gamins s'en sont bien sortis malgré tout. Nick et Jen étaient là, eux aussi, à gagatiser devant les bébés. Il a toujours pensé que Nick était limite Asperger et Jen totalement givrée, mais ils se sont curieusement réinventés en parfaits grands-parents petits-bourgeois. On se demande bien ce que Doro pouvait lui trouver.

Star n'a pas pu venir – elle a encore été arrêtée pour une histoire de manifestation sur le climat – mais Moira était là. Elle a un peu grossi mais elle a toujours une poitrine aussi sublime. C'est drôle, il n'aurait jamais pu dire une chose pareille à l'époque sans craindre les foudres du Femintern. C'est comme ça que Fred Baxendale les appelait. Il était là, lui aussi. Un peu dégarni. Avec le même pull. Accompagné de sa dix-neuvième compagne. Ou vingtième. Il ne fait plus le compte. Le pull que, si l'on en croit Doro, il a acheté en 1971 aux soldes d'hiver de John Lewis leur a survécu à toutes. On se demande bien ce qu'elles lui trouvent.

Après, il y a eu une petite réception à Hardwick Avenue, avec des pâtés au soja, de la salade de haricots et un gratin de lentilles. En souvenir du bon vieux temps, a décrété Doro. Personnellement, il n'a jamais été fana de ce type d'écologie politique, qui lui a toujours paru antimarxiste. En fait, il allait régulièrement se prendre un bon steak en douce au Little Chef d'Adwick. Autre chose qu'il n'a jamais dit à Doro.

Il y a une limite à la quantité de lentilles qu'on peut ingurgiter dans une vie.

Lors de la réception, il a croisé des gens curieux qui avaient l'air de s'être invités. Le gardien de l'école de Clara était là, à se lamenter au sujet de sa parcelle envahie par les mauvaises herbes en compagnie d'un de ses amis, un vieil ingénieur ukrainien qui avait travaillé à l'usine de tracteurs de McCormick de Wheatley Hall en 1955 et certains des jardiniers que connaissait Doro. Il y avait une blonde fripée d'Askern, qui s'est faufilée discrètement à côté de lui dans la cuisine et lui a demandé s'il se rappelait avoir couché avec elle pendant la grève. Il a hoché la tête avec un sourire en feignant l'enthousiasme, mais il n'en avait pas le moindre souvenir. Et puis une femme en caleçon rose accompagnée d'un caniche marron qui n'a pas arrêté de lui répéter que le lycée lui ferait le plus grand bien. Elle disait que Serge lui avait parlé de son état. Tout de même, il charrie. Aïe aïe aïe !

C'est dommage que Clara n'ait pas pu venir, mais elle leur a envoyé un message affectueux de Copacabana où elle est partie fonder une école pour les enfants des bidonvilles avec l'assistant social d'Oolie. Doro a été effondrée quand ils se sont mis ensemble. Apparemment, elle ne le supporte pas. Dieu sait pourquoi. C'est un garçon équilibré, issu du milieu ouvrier, et Oolie s'est vraiment prise d'affection pour lui.

En parlant d'Oolie, cette histoire de grossesse nerveuse a beaucoup tracassé tout le monde. Si on lui avait demandé son avis, il aurait pu leur dire que cela ne déboucherait sur rien, car les hommes trisomiques sont le plus souvent stériles, c'est bien connu. Avant de partir, Clara lui a donné un bébé hamster à la place et visiblement, ça a marché. Et Doro l'aide à créer un jardin là où elle habite, en plantant des fleurs, des légumes et un prunier. Oolie et le jeune homme sont toujours ensemble – il est même question qu'il vienne s'installer avec elle. Il est venu au mariage avec son épouvantable mère. Elle a acheté un cadeau à Oolie pour la pendaison de crémaillère, un petit minuteur en verre lumineux. 280 livres seulement, a-t-elle dit à Doro. Elle l'avait repéré dans un magazine de luxe. La pauvre Doro a failli s'évanouir. Visiblement, elles sont devenues assez copines, toutes les deux. On se demande bien pourquoi. Megan était là, elle aussi. Elles se sont saoulées toutes les trois et ont fondu en larmes au beau milieu de la réception. C'était affreusement embarrassant.

Aïe ! Assez de bavardages inutiles pour aujourd'hui. Le temps presse et il y encore des questions sérieuses à résoudre. Comme prévu, le capitalisme s'écroule sous le fardeau de ses propres contradictions. Et il est heureux de constater qu'ils ont contribué à sa chute chacun à leur manière. Clara en défendant les enfants des opprimés, Doro avec ses préoccupations environnementales, Oolie en relevant un défi grâce aux ressources de l'État et plus encore, Serge en pénétrant courageusement au cœur de l'usine diabolique, qu'il a réussi à déstabiliser temporairement. Une opération d'entrisme d'une audace exceptionnelle.

Quant à lui, il doit encore terminer son grand ouvrage théorique, l'histoire du mouvement autonome des années soixante-dix s'achevant sur une analyse de la façon dont il pourrait ouvrir la voie à une renégociation du contrat social dans le contexte de l'après-krach. Il a beau y travailler depuis sept ans, il reste encore de nombreux points à éclaircir. En fait, à mesure que le temps passe, c'est de moins en moins clair. Tout change si vite. Ça dépend en grande partie des résultats des prochaines élections législatives. Le monde va-t-il se diriger vers une forme de capitalisme plus régulé ? Ou va-t-on lâcher les financiers du globe pour anéantir ce système pourri ? Il a une telle contribution à apporter. Si seulement il n'était pas aussi épuisé en permanence.

Aaïïïee ! Il change de position dans son fauteuil en se penchant en avant pour soulager la douleur. C'est mieux. Le mariage est une bonne chose de faite. Évidemment, Doro avait des doutes, mais il l'a convaincue que ça pouvait les aider pour l'adoption d'Oolie. Et le fait est que c'est sans doute mieux ainsi. C'est une femme merveilleuse, sensuelle, passionnée, avec le cœur sur la main – il a eu de la chance de partager sa vie avec elle. Et si cet après-midi les résultats ne sont pas bons, au moins, elle touchera ce qui reste de son épargne retraite. Aïe !

Remerciements

De nombreux cerveaux, supérieurs au mien pour la plupart, se sont penchés sur ce livre. Je tiens tout d'abord à remercier ceux qui m'ont si généreusement aidée dans mes recherches sur le monde financier, et tout particulièrement Peter Morris, sans lequel je ne me serais même pas lancée dans ce projet, Robert Deri, Roger Leboff, Roger Johnson, Gareth Jones, Steven Bell, Robert Farrer-Brown et John Scott, qui à eux tous m'ont conseillée sur la crise financière, la vente à découvert et la vente à découvert à nu, le spread betting, les produits dérivés et les options, l'agencement des banques d'investissement et leur structure interne, le rôle des analystes quantitatifs et des traders, l'échelle des salaires, les procédures de sécurité, l'organisation des services, les arnaques et les fraudes, les agences de notation et les agissements qu'abritent les toilettes pour handicapés. Tout le mérite leur revient et s'il y a des erreurs, j'en suis seule responsable.

Je remercie Gary Clemitshaw et Alison Tyldesley de m'avoir expliqué le programme de l'école primaire. Merci aussi à Dorothy Kidd, Sheila Ernst, Dave Feickert, Dave Kent, Max Farrar et tant d'autres qui m'ont rafraîchi la mémoire et apporté leurs encouragements et leurs lumières sur l'époque de la libération de la femme et des communautés. Si la description qu'en donnent ces pages n'est pas fidèle à la réalité, c'est uniquement de ma faute.

Un grand merci également à tous ceux qui ont lu le manuscrit à divers stades de son écriture, suggéré leurs commentaires et rectifié des erreurs : Donald Sassoon, Sonia Lewycka, Carl Cramer et Shân Morley Jones. Merci à Martin et Juliet Pierce de m'avoir ouvert les portes de leur cabinet d'écriture et abreuvé de tasses de thé.

Je remercie enfin mon agent Bill Hamilton et mon éditrice Juliet Annan – qui ont à eux deux éliminé plusieurs personnages mineurs, retranché de médiocres intrigues secondaires et d'une manière générale peaufiné le texte – et les fabuleuses équipes de Penguin et Fig Tree sans lesquelles ce livre n'existerait pas.

11123

Composition
NORD COMPO

*Achevé d'imprimer en Espagne
par CPI BOOKS IBERICA
le 3 septembre 2018.*

Dépôt légal : septembre 2018.
EAN 9782290094860
OTP L21EPLN001639N001

ÉDITIONS J'AI LU
87, quai Panhard-et-Levassor, 75013 Paris

Diffusion France et étranger : Flammarion